2023修订版

监察法学教程

秦前红 主编

叶海波 执行主编

喻少如 副主编

法律出版社
LAW PRESS·CHINA
——北京——

图书在版编目(CIP)数据

监察法学教程：2023修订版/秦前红主编.――北京：法律出版社，2023
ISBN 978－7－5197－7428－8

Ⅰ.①监… Ⅱ.①秦… Ⅲ.①行政监察法－法的理论－中国－教材 Ⅳ.①D922.114.1

中国版本图书馆CIP数据核字（2022）第241414号

监察法学教程（2023修订版）
JIANCHA FAXUE JIAOCHENG
（2023 XIUDING BAN）

秦前红	主　　编	策划编辑 沈小英
叶海波	执行主编	责任编辑 刘晓萌 杨大康
喻少如	副 主 编	装帧设计 汪奇峰

出版发行 法律出版社	开本 710毫米×1000毫米 1/16
编辑统筹 法治与经济出版分社	印张 27.25　　字数 429千
责任校对 王　丰　李慧艳	版本 2023年1月第1版
责任印制 吕亚莉	印次 2023年1月第1次印刷
经　　销 新华书店	印刷 天津嘉恒印务有限公司

地址:北京市丰台区莲花池西里7号(100073)
网址:www.lawpress.com.cn　　　　　　　销售电话:010－83938349
投稿邮箱:info@lawpress.com.cn　　　　　客服电话:010－83938350
举报盗版邮箱:jbwq@lawpress.com.cn　　 咨询电话:010－63939796
版权所有·侵权必究

书号:ISBN 978－7－5197－7428－8　　　　　　　定价:99.00元
凡购买本社图书,如有印装错误,我社负责退换。电话:010－83938349

作者简介

秦前红 教育部"长江学者奖励计划"特聘教授,武汉大学法学院教授、博士研究生导师。主要从事宪法基础理论、司法制度和国家监察制度研究。

朱福惠 山东大学法学院(威海)特聘教授。主要从事中国宪法原理、监察法与检察制度研究。

杨解君 南京工业大学碳中和法律与政策国际研究院教授、博士研究生导师。主要从事行政法与行政诉讼法、能源法与环境法、法理学与宪法学研究。

周刚志 湖南师范大学法学院教授、副院长。主要从事宪法、文化法、财税法和监察法研究。

喻少如 西南政法大学行政法学院、纪检监察学院教授、博士研究生导师,副院长,重庆市地方立法研究协同创新中心副主任。主要从事行政法与行政诉讼法、司法行政和监察法研究。

叶海波 深圳大学法学院教授、博士研究生导师,副院长,深圳大学合规研究院执行院长、廉政研究院副院长。主要从事宪法、行政法、港澳法、监察法和党内法规研究。

庄　汉 武汉大学法学院副教授。主要从事行政法与行政诉讼法研究。

姚　锋 湖南大学期刊社副编审。主要从事文化法研究。

李俊丰 广东第二师范学院马克思主义学院副教授。主要从事法学理论研究。

苏绍龙 武汉大学法学院讲师。主要从事宪法基础理论、人民代表大会制度和党内法规基础理论研究。

刘怡达 湖南大学法学院副教授。主要从事宪法学、党内法规和监察法研究。

石泽华 武汉大学法学院讲师。主要从事宪法基础理论、基本权利和监察法研究。

陈家勋 华南理工大学法学院副教授。主要从事宪法基础理论、检察制度、行政法研究。

张晓瑜 华东政法大学纪检监察学院讲师。主要从事宪法学,纪检监察学和党内法规学研究。

主要规范性文件简称与全称对照表

简称	全称
《宪法》	《中华人民共和国宪法》
《立法法》	《中华人民共和国立法法》
《监察法》	《中华人民共和国监察法》
《监督法》	《中华人民共和国各级人民代表大会常务委员会监督法》
《全国人大组织法》	《中华人民共和国全国人民代表大会组织法》
《地方人大和政府组织法》	《中华人民共和国地方各级人民代表大会和地方各级人民政府组织法》
《人民检察院组织法》	《中华人民共和国人民检察院组织法》
《刑法》	《中华人民共和国刑法》
《刑事诉讼法》	《中华人民共和国刑事诉讼法》
《公务员法》	《中华人民共和国公务员法》
《代表法》	《中华人民共和国全国人民代表大会和地方各级人民代表大会代表法》
《监察官法》	《中华人民共和国监察官法》
《法官法》	《中华人民共和国法官法》
《检察官法》	《中华人民共和国检察官法》
《政务处分法》	《中华人民共和国公职人员政务处分法》
《审计法》	《中华人民共和国审计法》

续表

简称	全称
《国家赔偿法》	《中华人民共和国国家赔偿法》
《监察法实施条例》	《中华人民共和国监察法实施条例》
《刑事诉讼法司法解释》	最高人民法院《关于适用〈中华人民共和国刑事诉讼法〉的解释》
《行政监察法》	《中华人民共和国行政监察法》（已废止）

目 录

绪 论 001

第一编 监察法的基本理论

第一章 监察法概述 021
　第一节 监察法的概念 022
　第二节 监察法的特点 029
　第三节 监察法的功能 037
　第四节 监察法律关系 043

第二章 监察法的渊源 051
　第一节 宪法 052
　第二节 法律 054
　第三节 法规和规章 059
　第四节 司法解释 063
　第五节 其他规范性文件 066

第三章 监察法的原则 068
　第一节 党的领导原则 069
　第二节 集中统一与权威高效原则 071
　第三节 监察全覆盖原则 073

第四节 依法独立行使监察权原则 076

第五节 人权保障原则 078

第六节 监察法治原则 081

第七节 配合制约原则 083

第二编 监察法的历史与发展

第四章 境外监察法的历史与发展 091

第一节 境外监察法概述 092

第二节 北欧国家议会监察专员模式 103

第三节 英美国家议会监察模式 111

第四节 新加坡独立监察机关模式 117

第五章 我国监察法的历史与发展 120

第一节 古代中国的监察法 122

第二节 民国时期的监察法 146

第三节 中华人民共和国成立后的监察法 150

第三编 监察机关和监察范围

第六章 监察体制 161

第一节 多元监察体制及其流变 162

第二节 多元监察体制的问题与挑战 169

第三节 一元专责监察体制的确立 173

第七章 监察机关和监察官 175

第一节 监察机关的宪法地位 176

第二节 各级监察委员会 186

第三节 监察官 192

第八章　监察对象　204

　　第一节　监察对象的确定标准　205

　　第二节　公务员及"参公"管理的人员　207

　　第三节　行使公权力的其他有关人员　210

第四编　监察权限

第九章　监察权限概述　219

　　第一节　国家监察体制改革的法理意涵　220

　　第二节　国家监察机关的反腐败职能及监察权限　233

第十章　监察监督　239

　　第一节　监察监督的内涵　240

　　第二节　监察监督的内容与方式　242

　　第三节　监察监督与纪检监督的区别与联系　244

第十一章　监察调查　248

　　第一节　监察调查的内涵　249

　　第二节　监察调查的内容　250

　　第三节　监察调查的措施　252

　　第四节　监察调查与纪检审查的区别与联系　270

第十二章　监察处置　274

　　第一节　监察处置的内涵　275

　　第二节　监察处置的内容与手段　276

　　第三节　监察处置与纪检处理的区别与联系　285

第五编　监察程序

第十三章　监察程序概述　293

第一节　监察程序的基本原则　294
　　第二节　规范监察程序的重要性　297

第十四章　线索处置与初步核实程序　301
　　第一节　问题线索及其处置　302
　　第二节　初步核实的概念和措施　305
　　第三节　初步核实的程序　307

第十五章　立案程序　310
　　第一节　立案的条件和程序　311
　　第二节　立案后调查方案的确定　313
　　第三节　立案后通知有关单位和个人　314

第十六章　调查程序　317
　　第一节　调查程序的整体要求　318
　　第二节　调查措施的执行程序　319
　　第三节　严格按照调查方案进行调查　323
　　第四节　调查取证工作　324

第十七章　审理程序　327
　　第一节　审理工作应遵循的原则　328
　　第二节　案件审理部门受理案件　330
　　第三节　案件审理部门审理案件　332

第十八章　处置程序　336
　　第一节　处置的根据和依据　337
　　第二节　对有职务违法但情节较轻公职人员的处置　338
　　第三节　对违法公职人员的政务处分　341
　　第四节　移送审查起诉　350
　　第五节　向监察对象所在单位提出监察建议　353
　　第六节　撤销案件　355

第六编　对监察的监督、救济与法律责任

第十九章　对监察的监督　361

第一节　对监察的监督的理论基础　362

第二节　对监察的监督的概念、原则与类型　371

第三节　对监察的监督的具体方式　383

第二十章　监察救济　396

第一节　监察救济概述　397

第二节　监察复审、复核　404

第三节　监察申诉　408

第四节　监察赔偿　410

第二十一章　监察法律责任　413

第一节　监察法律责任概述　414

第二节　监察法律责任的法治价值　417

第三节　监察法律责任的主体、事由与类型　420

后　记　424

再版后记　426

绪　　论

一、监察法学的研究对象和范围

(一) 研究对象

监察法学又可称为监察法科学,它既是社会科学的一种,也是法学学科的一个门类。科学不仅是人类认识世界所取得的成果,也是人类认识世界、改造世界的思想武器。人类在混沌初开之际,受制于智识的框限和认识工具的约束,对世界的认知是直感和模糊的,因此,那时真正意义的科学是不存在的。随着经验的不断积累,人类观察、分析世界的能力渐次提升,研究工具的不断改良,尤为重要的是教育本身的专门化,人类才有能力对不同领域、不同层次的知识进行分门别类,这样,科学也就随之被创造出来。在科学研究中,研究对象往往是区分不同学科的依据。对象奠定了研究的客观性和稳定性,同时,这也是一种理解关系的视角。正是由于各门学科都以具有矛盾特殊性的特定客体为研究对象,从而使各门学科成为一门独立的学科,同时又由于与其他学科存在研究对象的交叉性和共享性,使它们构成某类学科群,或者彼此之间形成极密切的联系。法学作为研究人的行为规则的一门科学,法规范本身就成为法学与其他社会科学学科的主要区别之一。

监察法学是法学的一个重要分支学科。作为监察法学研究对象的监察法是作为法的一个部门的监察法(或者称为部门监察法),而不限于监察法本身。作为法的一个部门的监察法,应包括监察宪法、监察法、监察组织法、监察官法、监察程序法、监察赔偿法等。由于中国的国家监察机关在构造上的高度政治性,即作为国家机关的监察机关与执政党的纪检机关合署办公,约束党的纪检机关的党内法规同时也约束监察机关，甚至在很多情况下以党内法规来补强或者替代监察行为规则的供给不足，因此，广义的监察法其实包括了有关监察的党内法规。作为法学一个部门的监察法学，不仅要研究现行的监察法和监察法文件，而且要研究监察法在历史上的沿革以及发展趋势；不仅要研究本国的监察法，而且要研究其他国家和地区的监察法；不仅要研究监察法本身，而且要研究监察法和有关社会现象的关系；不仅要研究纸面上的监察法，而且要研究现实中的监察法，即监察法的产生、实施、运用的实际情况。具言之，监察法学的研究对象主要有以下几个方面：第一，监察法的起源、属性、类型、特点、内容和形式、发展和演进过程。第二，监察法的具体规范、监察规范的特点及其在社会生活中的作用。第三，中外监察制度和监察法思想的比较及其发展史。第四，监察法同政治、经济、文化以及其他法的部门的关系。当代监察法学由于学科分化，在学科属性上有广义和狭义之分。狭义的监察法学是指以法教义学为内容的规范科学；广义监察法学在此之外包括以监察法律的现实性、政治性为研究对象的监察法社会学、监察法政治学。这两者呈现交叉、重叠的情形，任何轻率地将两者贸然分离并加以对立的做法，均易流于以偏概全。

当下中国监察法学的研究，必须注意研究对象的若干特殊性，具体论之，其包括以下方面：

1. 监察法规范的特殊性

监察机关作为与执政党纪律检查机关合署办公的特殊机关，其行为调整规范包括：《宪法》《监察法》《刑法》《刑事诉讼法》《公务员法》《法官法》《检察官法》《事业单位人事管理条例》《政务处分法》《行政机关公务员处分条例》《事业单位工作人员处分暂行规定》《关于国有企业领导人员违反廉洁自律"七项要求"政纪处分规定》《人民法院工作人员处分条例》《监狱和劳动教养机关人民警察违法违纪行为处分规定》《检察人员纪律处分条例》《财政违法行为处罚处分条例》《公安机关人民警察纪律条令》《海关工作人员处分办法》《违反土地管理规定行为处分办法》《环境保护违法违纪行为处分暂行规定》《城乡规划违法违纪行为处分办法》《档案管理违法违纪行为处分规定》《海域使用管理违法违纪行为处分规定》《关于违反信访工作纪律处分暂行规定》《税收违法违纪行为处分规定》《统计违法违纪行为处分规定》《违规发放津贴补贴行为处分规定》《安全生产领域违法违纪行政纪处分暂行规定》《行政机关机构编制违法违纪行为政纪处分暂行规定》《违反规定插手干预工程建设领域处分规定》《设立"小金库"和使用"小金库"款项违法违纪行为政纪处分暂行规定》《用公款出国（境）旅游及相关违纪行为处分规定》《违反行政事业性收费和罚没收入收支两条线管理规定行政处分暂行规定》《关于企业中由行政机关任命的人员参照执行〈行政机关公务员处分条例〉的通知》《关于办理受贿刑事案件适用法律若干问题的意见》《关于办理行贿刑事案件具体应用法律若干问题的解释》《关于审理挪用公款案件具体应用法律若干问题的解释》《关于办理渎职刑事案件适用法律若干问题的解释》《关于行贿罪立案标准的规定》《关于渎职侵权犯罪案件立案标准的规定》《关于办理国家出资企业中职务犯罪案件具体应用法律若干问题的意见》《关于审理贪污职务侵占案件如何认定共同犯罪几个问题的解释》《中国共产党章程》《中国共产党纪律处分条例》《中国共产党廉洁自律准则》《中国共产党党内监督条例》《关于党内政治生活的若干准则》《关于新形势下党内政治生活的若干准则》《中国共产党问责条例》《中国共产党巡视工作条例》《纪律检查机关监督执纪工作规则》《中共中央八项规定六项禁令》《党政领导干部选拔任用工作条例》《中国共产党纪律检查机关案件检查工作条例》《中国共产党纪律检查工作条例实施细则》《中国共产党党员权利保障条例》《中国共产党纪律检查机关控告申诉工作条例》《国家监察委员会特约监察员工作办法》《监察机关没收追缴和责令退赔财物办法》《监察机关审理政纪案件的暂行办法》《监察机关调查处理政纪案件办法》《监察机关参加生产安全事故调查处理的规定》《党政领导干部选拔任用工作责任追究办法（试行）》《干部选拔任用工作监督检查和责任追究办法》《关于严厉整治干部选拔任用工作中行贿受贿行为的通知》《推进领导干部能上能下规定》《纪检监察机关办案工作保密规定》《党的纪律检查机关案件审理工作条例》《关于审理党员违纪案件工作程序的规定》《关于公务员被采取强制措施和受行政刑事处罚工资待遇处理有关问题的通知》《关于查处党员违纪案件中收集鉴别使用证据的具体规定》《党政主要领导干部和国有企业领导人员经济责任审计规定实施细则》《党政主要领导干部和国有企业领导人员经济责任审计规定》《纪检监察工作中国家秘密及其密级具体范围的规定》《关于纪检监察机关和审计机关在查处案件中加强协作配合的通知》《关于实行党

风廉政建设责任制的规定》《地方党委委员纪委委员开展党内询问和质询办法(试行)》《纪检监察机关查办案件涉案财物价格认定工作暂行办法》《关于严格禁止利用职务上的便利谋取不正当利益的若干规定》《关于监察机关在查办案件中公安机关予以协助配合的问题的通知》《关于对党员领导干部进行诫勉谈话和函询的暂行办法》《关于坚决制止开具虚假发票公款报销行为的通知》《关于严禁党政机关到风景名胜区开会的通知》《违反〈国有企业领导人员廉洁从业若干规定〉行为适用〈中国共产党纪律处分条例〉的解释》《关于领导干部不得参加自发成立的"老乡会""校友会""战友会"组织的通知》《国有企业领导人员廉洁从业若干规定》《农村基层干部廉洁履行职责若干规定(试行)》《违规发放津贴补贴行为适用〈中国共产党纪律处分条例〉若干问题的解释》《规范中管干部辞去公职或者退(离)休后担任上市公司基金管理公司独立董事独立监事的通知》《关于退出现职接近或者达到退休年龄的党政领导干部在企业兼职任职有关问题的意见》《关于党的机关、人大机关、政协机关、各民主党派和工商联机关公务员参照执行〈行政机关公务员处分条例〉的通知》《关于受党纪处分的党政机关工作人员年度考核有关问题的意见》《关于受党纪处分公务员年度考核有关问题的答复意见》《关于处分违犯党纪的党员批准权限的具体规定》……以上不厌其烦的列举旨在说明,中国监察法学的研究如果仅以国家法律、法规为限,将是一叶障目不见泰山,会严重遮蔽了对监察机关运作的真实性研究。另外,监察机关依循国家法律、党内法规两套规则体系运作的现实,是监察法治的常例还是一个暂时的现象,亦亟须从法理上予以阐释。

2. 规则内部的融贯自洽

国家法层面的监察规范颇为粗疏,相关的解释、实施机制也颇不健全,调整监察事项的党内法规在密度、强度上远超前者,大量的党内法规不仅调整党内事项,而且产生广泛的外部化效果,对公民、社会组织的权益产生重要影响。对上述现象如何进行价值评判和制度改良,当是中国监察法学需要认真研究的议题。有关监察的党内法规存在针对同一事项的规范名称不一、内容重复冲突,性质和效力不明的情况,这表明党内法规制定理论和制定技术的滞后,这也是中国监察法学研究必须认真对待的问题。监察机关在相关规则供给不足的情况下,存在直接援引国家行政机关、司法机关、企业事业单位内部纪律惩戒规则作为执纪执法依据的情况,而上述规则通常视为一个机关(单位)内部自治的核心领域。在监察全覆盖与机构内部自治之间如何保持合理的平衡,如何划定监察权的合理边界？这些也是处理监察法学研究对象时需特别认真对待的问题。

3. 监察机关的复杂性

对于监察机关的定位,基于国家监察机关与党的纪检机关合署办公、党的领导明确写入《监察法》等理由,很多人将监察机关定位为政治机关。我国《宪法》第123条明确规定:"中华人民共和国各级监察委员会是国家的监察机关。"《监察法》第3条规定:"各级监察委员会是行使国家监察职能的专责机关,依照本法对所有行使公权力的公职人员(以下称公职人员)进行监察,调查职务违法和职务犯罪,开展廉政建设和反腐败工作,维护宪法和法律的尊严。"监察机关的政治定位与法律定位总体是一致的,但也存在某种紧张关系。在依法治国、建设社会主义法治国家的大背景下,依法治国首先是依宪治国,依法执政首先是依宪执政,因而必须运用法治思维、法治方式来处理监察改革与社会现实变动不居的问题。过度强调监察机关的政治性,会消解监察行为的稳定性、可预期性,损害监察法实施的法律效果、社会效果,从而反噬监察机关的政治性。监察机关作为行使国家监察职能的专责机关,依法开展反腐败工作、统筹协调国际反腐败协作是其主要任务之一,而政治犯不引渡是国际法的重要原则之一,过于强调监察机关的政治性,也会使中国的反腐败国际追逃、追赃陷入被动。

4. 监察派驻机构的功能与定位

监察机关对行使公权力公职人员的全覆盖,在一定意义上是通过监察组织的全覆盖来达成的。其中,监察派驻机构的科学设置尤为重要。我国《监察法》第12条规定:"各级监察委员会可以向本级中国共产党机关、国家机关、法律法规授权或者委托管理公共事务的组织和单位以及所管辖的行政区域、国有企业等派驻或者派出监察机构、监察专员。监察机构、监察专员对派驻或者派出它的监察委员会负责。"据此需要研究的问题如下。

第一,派驻对象与监察对象能否形成一一对应的关系。按照我国《监察法》第15条有关监察对象具体化的规定,工会、共青团、妇联、红十字会、法学会等并未被明确列举为监察对象,然而上述单位实际上被纳入派驻范围。如何根据法解释技术,将上述单位的有关人员纳入监察对象,从而实现《监察法》第12条与第15条的科学合理衔接,这是厘清监察法学的研究对象时必须处理好的问题。

第二,在我国行政区划建制中,地区、盟、旗等行政区域不设本级人大,应由省级监察委员会派驻监察机构。但是,从监察试点实践来看,各地主要采取省级人大常委会产生地区、盟、旗等监察委员会的做法。那么,省级人大常委会产生的此类监察机关,应将其定位为独立的一级监察机关,还是省级监察委员会的派出机关?

第三,各地的经济开发区、高新技术开发区、航空港、风景区等"新区"是否可以被解释为《监察法》第12条指涉的"所管辖的行政区域"?乡镇一级政权机关不设对应的监察机关,如果向乡镇一级派出监察组织,其应被视为"监察派出机关",还是"监察派出机构"?监察派出机关与派驻机构是同位的,还是有所区隔?监察机关向政府部门派出机构,与向政法机关以及企事业单位派出有何不同?是否各自有不同的运作规律?这些也是关乎监察实效甚至监察改革成败的重大问题。

(二)研究范围

不少教科书和论著往往对"研究对象"和"研究范围"不加区分,严格来说,这是不妥当的。"研究对象"是对应于研究主体的"他者",而"研究范围"即为"研究边界"。该边界取决于研究主体的研究能力、研究方法、研究视角和研究客观条件,也取决于监察法学自身面临的研究对象、任务和所欲达致的目标。中国的监察法学固然要形塑自己的主体性品格,体现本土性、时代性、现实性特点,但并不拒斥人类文明的共同成果。因为监察内含制约权力、防止腐败的使命,是公权力产生以来人类面临的共同课题,人类不懈的探索和总结已累积无数宝贵的经验,更何况进入全球化时代,诸多腐败问题跨越国界,反腐败需要国际社会通力合作才能取得良好成效。

我国《监察法》第6条规定:"国家监察工作坚持标本兼治、综合治理,强化监督问责,严厉惩治腐败;深化改革、健全法治,有效制约和监督权力;加强法治教育和道德教育,弘扬中华优秀传统文化,构建不敢腐、不能腐、不想腐的长效机制。"该条所指中华优秀传统文化,当然既指中国传统吏治中处理"德治"与"刑治"关系的有益思想,又指深植于中国传统之中的监察思想。"百代皆行秦政制",中国的监察制度有两千多年的历史,从秦代开始创立"三公"制度,即设丞相统领百官,设太尉执掌军事指挥,设御史大夫以监察百官,以后历朝历代虽然官制不断调整,但监察制度始终赓续连绵。按钱穆先生所言:"中国传统讲究设官分职,而如何管理与监察称职与否,则系于御史与谏官。在汉代,设有官属副宰相的御史大夫管理监察政府,所辖含中央和地方。而真正行事的又再行分配,一为御史丞,负责监察中央与地方政府之责;一为御史中丞,负监察王室包括皇帝之责。至唐代,台谏分职,御史台负纠察百官之责,谏官则专对天子谏诤过失而设。御史台由皇帝任命,已不属宰相的部属,成为一独立机关。至宋,则台谏两职人选皆不出丞相,意即台谏人选决定权在皇帝,这样谏官失去制约皇权之用。台谏与政府对立,对政府持异见而不需负实责,成为政府的一大羁绊。台谏官员习气渐横,是非太多,激起政治反动,为众人所不屑。久之,作用懈怠。尔后,明朝废除台谏官制度,于六部分设给事中。"[1]

揆诸中国古代监察制度的演进过程,体现出以下几个特点:第一,监察服务于中央集权尤其是皇权统治,造成行政权的凝滞和地方权力的衰落,给正常的官僚管理秩序带来了严重影响,造成国家政治生态的失衡。第二,监察权本为监督行政权而设,但随着监察机构的不断膨胀,却反而吞噬甚至取代行政权。例如,汉代本作为监察官的十三州刺史逐渐取代地方行政长官,通过监察权力行使者兼管行政权、军事权,而导致监察权的行政化。第三,中国古代监察权不是现代意义上的公共政治权力,其权力的获得与丧失完全取决于皇权,与社会大众的公共意志无涉;监察官的选择任用也并无明晰的标准,而完全取决于任用者的个人偏好,故监察官质素的好坏,取决于个人理性这种不可靠的因素。第四,古代监察权定位于纠举官员的行为得失,而不是立基于治理国家的公共权力功能分际之上,这又造成监察范围的边界不清。监察官员时常超越公共政治的边界而直入官员的个人空间、社会交往、家事活动乃至内心思想,从而造成监察任务繁重、监察机构膨胀、监察成本超越国家财力支撑。据上而论,当代监察法学在充分吸取中国古代监察传统历史润养的同时,如何合理舍弃其糟粕、适度框定研究范围、尊重历史本身的客观规律,实为当代监察法学必须谨慎把握的重要议题。

为了建立健全中国的监察制度,西方的议会监察专员制度也应是中国监察法

---

[1] 钱穆:《国史新论》,三联书店2005年版,第86~90页。

学研究的对象。作为国家制度的一个重要组成部分的监察专员制度,发轫于1713年瑞典国王查尔斯十二世设立的最高监察专员办公室(office of supreme ombudsman);1719年后,该职位被改造为大法官制度(chancellor of justice),其职能是对法官和公务员是否履职进行监督。1809年瑞典颁布了新宪法,根据社会新的情势需要,在该宪法中设立了独立于行政机关的议会专员。自20世纪60年代以降,监察专员制度跨出斯堪的纳维亚半岛而不断向世界其他地区开疆拓土,此项制度被以后世界诸多国家所效仿,并成为监察制度领域独具特色的奇花异草。但一个值得注意的现象是,其他国家在效行瑞典议会监察专员制度时,并不是简单移植,而是根据主客观的需要进行了本土化的改造。此种重新"装修"所造成的一个难题是,面对形形色色的监察专员制度,如何寻找"监察专员"的最大公约数。国际律师协会(international bar association)于1974年对"监察专员"的意涵给予了界定,认为一个"妥恰指涉"的监察专员应具备三个特征:其一,该机构由宪法或议会通过立法设定,由一个独立的高级别的官员担任首脑;其二,该机构受理有冤屈的公民对政府机构、政府官员或者工作人员所进行的申诉;其三,该机构有权进行调查、提出改正建议以及发布报告。素以保守著称的英国也在1967年设立了议会监察专员(parliamentary ombudsman),但该机构在制度设计上并不与瑞典所代表的北欧模式完全相同,它们之间的差异在于:针对英国中央政府各部门的申诉只能通过议员转交监察专员,民众没有通向议会监察专员的"直接入口",这是所谓的过滤机制。另外,由于议会监察专员设立之初的目的仅在于监督中央政府各部门,地方政府、医疗服务机构以及大量公共机构(如事业单位、国有企业等)被排除在外,在后来的制度演进过程中,这些监察"缝隙"逐渐被填平,从而形成了多样化、分散化的公共机构监察专员。

尽管英国社会对议会监察专员的合宪性问题还存在理论上的争议,[1]但议会监察专员制度起到了良好的效果。在世界各国议会制度中,英国的议会制度与中国的人民代表大会(以下简称人大)制度具有最大的通约性。"议会主权"与"法的

---

[1] 关于议会监察专员合宪性的理论学说有"经典的分权理论""修正的分权理论""成长的独立价值说"三种。

统治"是英国议会奉行的两大基本原则,而中国的人大制度是根本政治制度,社会主义法治原则也是人大在内的所有国家机关必须遵守的原则。英国议会监察专员制度在不触动英国根本政治架构的前提下,有效地嵌入现有的政治体制中,以最小的代价达成了最大的改革收益。中国自1954年《宪法》确立了人大之下的"一府两院"制度后,尽管近40年也有多种机构改革甚至政治改革,但从未触动这个宪制结构。为了达成高效权威反腐败的目的,并改变过去行政监察范围过窄、反腐败力量分散的状况,党和国家最高决策部门决定进行一场"伤筋动骨"的改革,即把行政监察机关和检察院反贪、反渎、职务犯罪预防三部门职能统一整合成国家监察职能,国家政权组织体系也因此由过去人大之下的"一府两院",演变为人大之下的"一府一委两院"。按照宪法和法律的规定,中国人大有组织地产生其他国家机关,有对其进行监督的实实在在职权,并被赋予备案审查、合宪性审查、质询、特定问题调查、撤职等职权,同时,还另有一套国家信访机构体系。以类似于在人大中设立监察制度的方式,不仅可以整合现有的反腐败资源,也可以最大限度地减少改革带来的阵痛,并保持现有制度运作机理的圆通,提升人大的权威。在这一方案下,人大监督、监察监督与检察院的法律监督三者之间关系如何处理?国家监察与审计监督、信访制度如何整合?监察全覆盖与司法机关独立行使职权之间如何协调?这些也成为监察法学研究中尤为紧迫且难度巨大的问题。

二、监察法学的研究方法

中国法学的发展已逐渐摆脱了既往简单粗糙的状态,进入一种"问题凸显,方法精致"的格局。此种格局奠定了法学学科的自主性,也建立了法学学科与其他学科的分别。监察法学作为法学学科的一门独立二级学科,除了其必须具备独特的研究对象、研究范围、独特的知识话语体系外,还必须具有与其他法学学科既相同又相异的研究方法。

(一)监察法教义学

法教义学的研究可以追溯到对古代罗马法的发掘研究。伯尔曼指出,12世纪的法律科学家如同今天的法律科学家一样,通常从事的是很晚以后被称为"法律教条学"(legal dogmatics)的工作,即系统地阐述法律规则的细节以及它们的相互关联、它们对于具体类型的情况的适用。在西方法学历史上,法教义学更主要的是与德国的历史法学和概念法学相联系的。19世纪自然科学取得了非常重要的成果,这也影响同时期法学家的理论研究。他们逐步摆脱了罗马法的魔力,越来越受自然科学的影响。他们试图将法学作为一种科学来进行研究。从总体上,可以说法教义学自始跟解释学相关,到后来跟西方历史法学与概念法学有密切的关系。后者为法教义学提供了重要的方法论基础。在对法的本质及其适用的过程的理解上,这种法教义学乃致力于客观地认识概念、封闭的法体系理念以及机械的逻辑演绎推理方法等。自19世纪以来,越来越多的法律学者认为法教义学的任务主要在于对法概念进行逻辑分析,建构法律体系,并将概念体系运用于司法裁判。[1]中国政法大学的雷磊教授认为,法教义学可以从三个面向来认知:"在裁判理论上,法教义学坚持三个基本主张:(1)法教义学反对摆脱'法律约束'的要求,主张法律(规范)对于司法裁判的约束作用。(2)法教义学反对过度夸大法律的不确定性,主张司法裁判的法律(规范)属性。(3)法教义学反对轻视规范文义的倾向,主张认真对待文本本身。在法概念论上,法教义学反对'事实还原命题',主张法律的规范属性。在法学理论上,法教义学反对纯粹的描述性法学理论,秉持规范性法学理论的立场。"[2]

由于国家监察立法没有采取惯行的立法路径,即过去的国家机关立法大多是先有组织法再有官员法,然后还有行为法、程序法等。这样的立法模式于监察体制改革而言被认为缓不济急,于是采取了"综合立法模式",即在一部法典中包含了上述所有立法元素。又由于监察机关被定位为政治机关与国家机关的结合,既往大量调整党的纪检机关的规则继续对国家监察机关起指导作用,在此情况下,如何梳理监察法规范体系的意义脉络、保持其规范意义的融贯性,就成为监察法教义学必须处理的重要问题。拉伦茨就提出,"解释规范时亦须考量该规范之意义脉络、上下关系体系地位及其对该当规范的整个脉络之功能为何","以体系的形式将之表现出来,乃是法学最重要的任务之一"。[3]

---

[1] 参见焦宝乾:《法教义学的观念及其演变》,载《法商研究》2006年第4期。
[2] 雷磊:《什么是我们所认同的法教义学》,载《光明日报》2014年8月13日,第16版。
[3] [德]卡尔·拉伦茨:《法学方法论》,陈爱娥译,商务印书馆2003年版,第317页。

监察法教义学的研究方法必须首先解决监察权配置的逻辑起点问题。如果仅以高效权威的反腐为目的构建监察法规范体系，并以权力反腐为手段达成该目的，那么在监察法规范内部或许能够实现一种整全、系统的解释，但在处理监察法与宪法、其他法律的关系时，就可能出现价值冲突、意义抵触。比如，如何将宪法确立的尊重保障人权原则、法治原则、法律面前人人平等原则，行政法中的比例原则、过错与惩处相当原则等体现在监察执法过程中被调查人的权利保障上？纪法贯通和法法衔接是推进国家监察体制改革的重要环节。在《监察法》与《刑事诉讼法》、《刑法》、《监督法》以及《立法法》不一致的情况下，是通过法律解释、具体实施细则的制定使它们之间保持一致，还是通过修改《刑事诉讼法》等相关法律的方式加以解决？以上问题都要通过监察法教义学的研究，为完善监察立法提供更有益的支持。

监察法中有不少不确定语词，如"秉公用权""权力寻租""利益输送"等，均非经典的法言法语。在法治主义立场下，如何界定上述语词的确定意涵，对严格监察立法至关重要。我国《监察法》第 3 条规定："各级监察委员会是行使国家监察职能的专责机关，依照本法对所有行使公权力的公职人员（以下称公职人员）进行监察，调查职务违法和职务犯罪……"第 4 条规定："监察委员会依照法律规定独立行使监察权，不受行政机关、社会团体和个人的干涉。"第 5 条规定："国家监察工作严格依照宪法和法律，以事实为根据，以法律为准绳；在适用法律上一律平等，保障当事人的合法权益……"第 11 条规定："监察委员会依照本法和有关法律规定履行监督、调查、处置职责……"按照上述条款规定，监察委员会进行监察是"依照本法"，开展"监察工作是依照宪法和法律"，履行监督、调查、处置职责是"依照本法和有关法律"，而按照最通常的理解，监督、调查、处置是监察权的具体行使方式，监察工作与监察权行使基本上亦可相互替换。那么，要解决上述 3 个条款中所表述的监察行为法律依据不一致的问题，就必须借助体系解释的方法，得出监察机关行使监察权不能仅限于《监察法》，《宪法》和其他法律但凡与监察权的行使相关，监察机关就必须恪守。又如，《监察法》第 31 条和第 32 条规定，国家监察机关可以向检察机关提出"从宽处罚的建议"；第 45 条第 3 款规定，"对不履行或者不正确履行职责负有责任的领导人员，按照管理权限对其直接作出问责决定，或者向有权作出问责决定的机关提出问责建议"；第 5 款规定，"对监察对象所在单位廉政建设和履行职责存在的问题等提出监察建议"。2020年通过的《政务处分法》第23条规定,对公职人员有违法行为、情节严重的,可由"监察机关建议有关机关、单位给予降低薪酬待遇、调离岗位、解除人事关系或者劳动关系等处理"。这里需要研究的是,上述条款所涉的"从宽处罚建议""监察建议""问责建议""建议",是否同属于监察建议的不同类型,还是各自有着不同功能定位、内容构成、效力指向的建议?监察建议与监察决定有何不同?监察建议的作出主体、程序、法律效力是什么?监察建议是否必须有一定的限度?比如,监察机关能否使用监察建议要求法院再审或者要求人大机关必须作出某种决定等。上述问题如果不能从理论上充分厘清,必然会导致监察建议的滥用,从而损害监察机关的权威,侵蚀其他国家机关、社会组织的正常运行秩序。

国家监察立案管辖在反腐败的路径依赖之下采行依据被调查对象行政级别的不同而由相应监察机关管辖的制度,这与刑事诉讼以属地管辖为主的制度安排殊为不同。这在逻辑上可能导致在未来的监察实践中,国家监委办理的案件,因被调查人犯罪情节较为轻微,可能判处有期徒刑以下的刑罚,而只能移交基层检察院依法审查起诉和基层法院审理裁判。反之,基层监察机关调查的案件却因为"小官大贪"而可能判处无期徒刑甚至死刑,因而必须移送市级检察院依法审查起诉和中级法院审理裁判。个别的案件因为案情特殊酌情采取移送管辖的方式倒也无妨,但常规办案也采取频繁、不确定的案件移送方式,势必会造成执法、司法的不稳定性,耗费巨大的法治协调成本,也影响法治统一。

监察机关查封、扣押、冻结公民、企业、社会组织的财产没有明确的时限规定。我国《监察法》第23条规定:"监察机关调查涉嫌贪污贿赂、失职渎职等严重职务违法或者职务犯罪,根据工作需要,可以依照规定查询、冻结涉案单位和个人的存款、汇款、债券、股票、基金份额等财产。有关单位和个人应当配合。冻结的财产经查明与案件无关的,应当在查明后三日内解除冻结,予以退还。"第25条规定:"监察机关在调查过程中,可以调取、查封、扣押用以证明被调查人涉嫌违法犯罪的财务、文件和电子数据等信息……查封、扣押的财物、文件经查明与案件无关的,应当在查明后三日内解除查封、扣押,予以退还。"财产、财物和相关文件资料是其所有人或者持有人开展经营活动或社会活动的物质基础,也是个人享有人格尊严的重要载体。一旦监察机关采取过度限制措施，将对社会秩序产生极大的损害，因此，在保障监察机关正常开展监察工作与保护公民个人和企业、社会组织的财产权之间，必须保持良性的平衡，以防止监察权的滥用。在上述规定中，仅有监察机关查明冻结、查封、扣押不当，应当退还的期限限制，而并无监察机关查明财物、文件与案件是否存在关联、存在何种关联的期限约束，这给监察机关的不当拖延或怠于履责留下了制度空白，是制度设计上的不周延。

《监察法》作为全国人大通过的基本法律，在其贯彻实施中，如果与全国人大通过的其他基本法律的内容相冲突或者不能相互衔接应该如何处理，也是监察法教义学必须研究处理的重大问题。由于国家监察体制改革是前所未有的重大政治体制改革，国家监察机关是一个全新的国家机关，我国《监察法》是对《行政监察法》等有关法律法规的代替，又由于监察职权与其他国家职权的非同质性，因而造成《监察法》与其他国家法律在调整某些表面上类似的事项时，是否能够简单依照《立法法》规定的法律冲突解决规则来处理，在理论上是值得斟酌推敲的。比如，疑罪从无是刑事法律的基本适用原则，按照此原则，"证据不足，无法形成完整证据链条的案件应该作为无罪处理"，但我国《监察法》第45条规定："对涉嫌职务犯罪的，监察机关经调查认为犯罪事实清楚，证据确实、充分的，制作起诉意见书，连同案卷材料、证据一并移送人民检察院依法审查、提起公诉……监察机关经调查，对没有证据证明被调查人存在违法犯罪行为的，应当撤销案件，并通知被调查人所在单位。"这里的"没有证据""证据不足"两种情形，如果不能作出如此解释，那"证据不充分"的处理情形能否依照刑事法律的原则来处理？如果依照刑事法律的原则来处理，又与《监察法》排斥《刑事诉讼法》适用的初衷如何协调？

我国《监察法》根据《宪法》而制定，严格遵守并服从宪法是法治统一的基本要求，宪法的原则和规则必须在监察立法和监察执法中得到严格贯彻。以此审视《宪法》和《监察法》的相关规定，不难发现有一系列内容需要进行法教义学上的整合。比如，我国《宪法》第33条规定，"国家尊重和保障人权"，被限制人身自由的当事人获得律师会见和律师帮助的权利，及时告知当事人家属被限制的时间、地点和原因的权利，都是人权保障的具体内容。《监察法》未规定被调查人被采取留置措施后的律师会见问题，且可以因某种事由不通知家属，此规定与《宪法》第33条规定的精神是否相符？《宪法》第123条规定"中华人民共和国各级监察委员会是国家的监察机关"，《监察法》第3条规定"各级监察委员会是行使国家监察职能的专责机关"。国家监察机关与"行使国家监察职能的专责机关"是否为等同关系？《宪法》第37条规定："任何公民，非经人民检察院批准或者决定或者人民法院决定，并由公安机关执行，不受逮捕。"该条所指"逮捕"到底是狭义的刑事诉讼中的强制措施逮捕，还是泛指一切限制人身自由的强制措施？如果指涉后者，那么《监察法》规定的留置措施决定程序如何与本条规定相兼容？

我国《宪法》第40条规定："中华人民共和国公民的通信自由和通信秘密受法律的保护。除因国家安全或者追查刑事犯罪的需要，由公安机关或者检察机关依照法律规定的程序对通信进行检查外，任何组织或者个人不得以任何理由侵犯公民的通信自由和通信秘密。"按照本条规定，宪法仅授权公安机关或者检察机关可以对中华人民共和国公民的通信进行检查，监察机关并未获得授权。《监察法》第25条第1款规定："监察机关在调查过程中，可以调取、查封、扣押用以证明被调查人涉嫌违法犯罪的财物、文件和电子数据等信息。采取调取、查封、扣押措施，应当收集原物原件，会同持有人或者保管人、见证人，当面逐一拍照、登记、编号，开列清单，由在场人员当面核对、签名，并将清单副本交财物、文件的持有人或者保管人。"第28条规定："监察机关调查涉嫌重大贪污贿赂等职务犯罪，根据需要，经过严格的批准手续，可以采取技术调查措施，按照规定交有关机关执行。"从文义解释的角度来看，调取、查封、扣押与检查的意涵明显不同。依循常理，没有检查则无调取、查封和扣押。而技术调查措施是指监察机关在查获特定的职务犯罪中，依据国家赋予的特殊调查权力，运用各种专门的技术调查手段和秘密调查力量收集证据、查明案情的专门特殊的调查手段，包括但不限于电子、电话监听监控、电子侦听、秘密拍照录像、秘密跟踪调查、秘密搜查、秘密获取某些物品、邮件检查等专门性技术手段。按照我国《监察法》第28条的规定，技术调查是否可以扩大解释为包括通信检查？技术调查是监察机关不得独立采行的调查措施，而必须依赖其他专门国家机关配合执行。基于上述，对于《监察法》第28条与《宪法》第40条关于通信检查文义解释不一致的情况，可以基于法秩序安定性要求作合宪性推定，但为了防止此项权力的滥用而损害宪法规定的精神内核，必须严格依照监察法的要求进行程序控制,而且对于规则空缺或模糊之处,可以考虑暂时通过建立监察机关与其他相关国家机关的工作协调机制予以解决。在实践运行充分后,可以考虑在总结经验教训的基础上,经由全国人大常委会的解释决定,细化对技术调查措施的法律规制。

我国《监察法》第67条规定:"监察机关及其工作人员行使职权,侵犯公民、法人和其他组织的合法权益造成损害的,依法给予国家赔偿。"现行《国家赔偿法》仅调整行政赔偿和刑事司法赔偿两种情形。由于监察机关被定位为既不是行政机关,又不是司法机关,因此,现行《国家赔偿法》无法适用于监察损害赔偿。为了保证监察损害赔偿规定的贯彻实施,也需要通过法律解释和法律修改建立健全相应制度。

(二)监察社科法学

监察社科法学的研究进路注重整合法学与其他学科,研究与法律相关的经验事实。"从观察视角来看,社科法学可以从宏观社会、微观社会和微观个体的视角展开研究。而且随着实地调查的变化,研究者也需要经常进行视角的转换。从认识论来看,社科法学主张批判主客两分、法律/社会的二元对立观念,强调研究'视域融合':即有关法律经验事实的知识要通过研究者、他者和共同面对的世界这样一种三角关系获得。从研究方法来看,社科法学倾向于实现:定性方法与定量、经验事实与理论抽象、经验研究与规范研究的有机整合。"[1]社科法学也可以分为不同的知识类型,或称为研究面向。其中,国内已形成规模的是法律社会学、法律经济学、法律认知科学。监察社科法学作为一种刚开始而远未成熟的研究进路,亟须从以下层面开展对监察法现象的深入研究,以因应监察法实践的紧迫要求。

1. 监察党规学。我国已颁行的《监察法》采取综合立法、简明立法的思路,并未按照传统的国家机关立法路径分步骤制定组织法、官员法、程序法,而是融上述立法内容于一炉;为了规避立法难点,求取立法的最大公约数,《监察法》采用了立法宜粗不宜细的思路,这导致实践中一些监察行为处于无法可依的规则空缺状态,国家监察机关不得不求助于纪检部门,借助党内法规的规则帮助监察权顺利运行。党内法规的效力范围是什么?党内法规能否对公民、社会组织的权利义务产生外

---

[1] 侯猛:《社科法学的研究格局:从分立走向整合》,载《法学》2017年第2期。

部效力？监察党内法规与监察法律法规各自发挥作用的畛域是什么？监察党内法规如何与监察法律法规有效衔接……这些问题都有待展开深入并有实效性的研究。

2. 监察法政治学。国家监察制度改革肇启以后，政治学者、法律学者皆密集地展开研究，形成了诸多有价值的成果，比如，国家监察与代议机构自治、监察全覆盖与依法独立行使审判权、监察监督与学术自由、监察监督与基层自治的关系等方面。但以上研究大多局限于规范主义、制度主义的阐释，缺乏经验层面的观察和研究；大多局限于宏观层面的理论论证，缺乏对某一具体的监察主体行为的全景描述，从而未能形成对监察规范与监察事实间互动的精细观察。

3. 监察法经济学。法经济学是运用有关经济学的理论、方法研究法学理论和分析各种法律现象的学说。法经济学的核心在于，所有法律活动，包括一切立法、司法以及整个法律制度，事实上是在发挥分配稀缺资源的作用，因此，所有法律活动都要以资源的有效配置和合理利用，即效率的最大化为目的，所有的法律活动基于此都可以用经济学的方法来分析和指导。在西方国家，很多人曾片面地认为法和法学所要解决的问题是公平或正义这样的问题，而经济学所要解决的则是效益问题，即如何有效利用资源、增加社会财富的总量。[1] 经济学本质上是实证科学，注重数据分析。而法律是调整人们相互关系的行为规范，人们的行为难以进行定量分析，因此，人们极少运用经济学理论和方法去分析法律制度。但20世纪以来，尤其是第二次世界大战以来，法律在经济生活中的作用越来越大，人们开始认识到法律与经济有不可分割的联系。对法律的经济分析在可能的条件下不仅是定性的，而且是定量的，从而使人们可以精确地了解各种行为之间的经济效益的差异，进而有助于改革法律制度，最终有效地实现最大程度的经济效益。[2] 国家监察体制改革是一场前所未有的重大政治体制改革，它引致了国家机关组织体系和国家权力配置架构的重大变化，也导致各种政治利益和政治关系的重大调整。面对这样一项全新的改革，我们并没有现成的经验可以参照和依循，因此，监察制度的总

---

[1] 参见高静：《法经济学在我国的传播》，载《理论界》2009年第4期。
[2] 参见时显群：《西方经济分析法学在中国》，载《现代法学》2002年第1期。

体改革和每一项具体改革举措成败利弊到底如何,政治效果、社会效果怎样,都可以借助经济学的分析方法和研究手段进行精准的定量分析,以为改革决策、制度完善提供有益的支撑。

三、本书的定位和编写思路

本书以监察权的运行为主线安排整个逻辑体系,主要针对高等学校本科生、研究生学习监察法的需要,同时兼顾监察实务部门掌握监察法基本理论和基本知识体系的需要,力求做到表达简明平实、线条清晰、篇幅适当。本书坚持法治理念和原则,保持政治敏锐性;不回避争议问题,但尽量采纳通说,不过多纠缠于争议问题;直面监察制度运行的实践,紧密结合监察实践已有的案例,以案释法、以案析理。其目的在于培养和训练学生观察、分析监察法现象,解决宪法问题的能力。总之,本书强调监察法学的学术意识与实践功能,突出原理与经验的探讨,力求完整地体现"原理—规范—现实"的部门法研究思路和方法论体系。监察法学有独立、完整的调整对象和特有、自足的研究方法,这其实决定了监察法学不能被视为宪法学、行政法学、刑事诉讼法学的分支学科,而应然成为法学之下的一门独立二级学科,但其与宪法学、刑事诉讼法学、行政法学的关系理应成为本学科的研究重点。由于当下法学学科课程体系安排的实际状况以及本书篇幅安排的有限性,因而本书只能对上述内容略而不述。辩证唯物主义和历史唯物主义的研究方法是中国一切社会科学研究必须遵循的方法指南,也是本书贯彻始终的根本性研究方法。在本书有关研究方法的介绍中,之所以未将辩证唯物主义、历史唯物主义的研究方法单独阐述,是因为对理所当然之事不必赘述。

国家监察机关是与执政党纪检机关合署办公的机构,在我国《监察法》采取简约立法模式的情况下,大量监察行为的规则都习惯性地依赖党的纪检法规的供给,而且《监察法》本身也借用了很多纪检规则的术语表达,从而形成不确定的"政法语词"。在当下中国的法政结构下,监察法律法规如何与党规党纪衔接协调?如何对党的纪检法规在监察领域的应用进行合宪性、合法性检视,既坚守法治底线,拒斥一切存在即合理的谬见,又不因过度拘泥而造成秩序冲突,这是监察法学研究面临的最大难题。总之,监察法学的研究既要仰望星空,又要脚踏实地;既不能过度浪漫主义，又不能抱持完全的鸵鸟主义。适度地平衡和妥协，才能行稳致远。

　　本书由国内多位对监察法研究保持长期关注且研究成果颇丰的学者协力编撰而成。由于观察视角、写作风格、研究能力的个体差异，因此，本书的整体一致性未必能符合读者所期，其中错误也在所难免，敬请广大读者批评指正。

第一编

监察法的基本理论

本编讨论监察法的概念、渊源、原则等监察法基本问题,回答监察法是什么、外在表现形式有哪些、表达何种价值理念、遵循何种原则等问题。

第一章　监察法概述

知识结构图

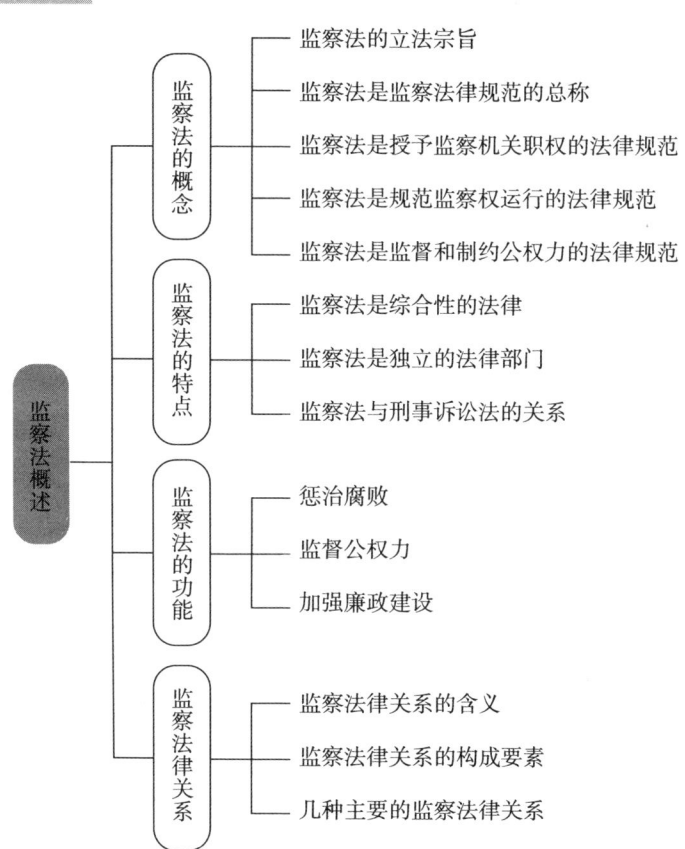

第一节　监察法的概念

2018年3月20日,第十三届全国人大第一次会议通过《监察法》。《监察法》的通过标志着我国党和国家监督体系的重新建构,形成了新的国家监察体制。这部《监察法》是国家监察的基础性和主干性法律,是反腐败国家立法的重要组成部分。

一、监察法的立法宗旨

我国是最早建立独立监察机构、制定专门监察法律的国家,具有深厚的监察文化传统。[1] 中华人民共和国成立以来,为了加强对权力的监督,我国建立了党的纪检机关、行政监察机关和检察机关共同查办违纪、职务违法和职务犯罪案件的体系与机制。[2] 实践证明,这一机制发挥了对党员领导干部和国家机关公职人员的监督作用,但不能适应我国反腐败的新形势,也不能体现国家治理体系与治理能力现代化的新要求,必须进行改革与调整。党的十八届四中全会指出,全面推进依法治国,必须形成完备的法律规范体系、高效的法治实施体系、严密的法治监督体系、有力的法治保障体系,形成完善的党内法规体系,继而提出要加快推进反腐败国家立法,完善惩治和预防腐败体系,形成不敢腐、不能腐、不想腐的有效机制。在这一背景下,党的十九大报告进一步提出,健全党和国家监督体系要制定国家监察法,依法赋予监察委员会职责权限和调查手段。

根据《监察法》第1条和第2条的规定,制定监察法是为了深化国家监察体制改革,加强对所有行使公权力的公职人员的监督,实现国家监察全面覆盖,深入开展反腐败工作,推进国家治理体系和治理能力现代化,监察法坚持中国共产党对国

---

[1] 张晋藩教授认为,中国古代的监察立法经历了从复杂到简单、由地方到中央、由单行法规到完整法典,是中国古代法律体系中独具特色的部分。参见张晋藩:《中国古代监察机关的权力地位与监察法》,载《国家行政学院学报》2016年第6期。

[2] 秦前红教授认为,这套体系可以概括为"三驾马车"模式,即纪委主导、检察院保障,政府监察机关补充,三轨并行、相对独立。参见秦前红:《困境、改革与出路:从三驾马车到国家监察——我国监察体制的宪制思考》,载《中国法律评论》2017年第1期。

家监察工作的领导,构建集中统一、权威高效的中国特色国家监察体制。这表明我国监察法以建立符合中国国情、具有中国特色的监察体制为目标。我国《监察法》的起草和通过符合《立法法》的规定,[1]吸收监察体制改革的试点经验,通过法律将党集中领导反腐败工作的经验和机制固定下来,实现党内监督与国家监督、纪律检查与监察调查的有机结合,建构具有中国特色的社会主义监察制度。[2]

二、监察法是监察法律规范的总称

法律规范和文本意义上的监察法,其含义有狭义和广义两种。狭义的监察法是指全国人大制定的《监察法》,而广义的监察法是以《监察法》为核心的法律规范的总称。[3]

我国《宪法》第62条规定,全国人大制定和修改刑事、民事、国家机构的和其他的基本法律。我国《宪法》第67条规定,全国人大常委会制定基本法律以外的其他法律。可见,全国人大制定的法律属于规定国家制度的基本法律,《监察法》的立法目标和内容表明,它属于《宪法》第62条规定的基本法律。因此,由全国人大根据《宪法》和《立法法》制定《监察法》符合监察体制改革的目标和监察委员会的宪法地位。《监察法》共9章69条,其内容涵盖监察基本制度的各个方面。

广义的监察法除全国人大制定的《监察法》之外,还包括全国人大常委会制定的监察机关的组织、职权、工作程序方面的法律,国家监察委员会制定和发布的监察法规,国务院有关公务员奖惩和任免方面的行政法规,最高人民法院和最高人民检察院有关职务犯罪定罪量刑、证据认定方面的司法解释等。所以,广义的监察法是监察法律规范的总称。

---

[1] 2016年10月党的十八届六中全会闭幕以后,全国人大常委会法制工作委员会成立了国家监察立法的工作机构,在大量调研的基础上起草了《监察法(草案)》。2017年6月下旬,全国人大常委会对《监察法(草案)》进行初审。2017年11月7日至12月6日,《监察法(草案)》在中国人大网全文公开,征求社会公众意见。2017年12月,全国人大常委会对《监察法(草案)》进行二审,2018年3月二审修改稿提交十三届全国人大审议通过。

[2] 谢超:《监察法对中国特色反腐败工作的法治影响》,载《法学杂志》2018年第5期。

[3] 本书根据行文的需要,分别在广义和狭义的语境下使用"监察法"的概念。

三、监察法是授予监察机关职权的法律规范

监察法设置监察机关并授权其行使监察权,是授予监察机关职权的法律规范。

(一)设置各级监察机关

宪法有关监察制度的规定是制定监察法律规范的宪法依据。依照我国《宪法》规定,监察委员会行使的权力是监察权,监察委员会是行使监察职能的国家机关。宪法创制了一种"国家监察权",其目的在于完善人大制度下行政权、监察权、审判权和检察权的国家权力结构。[1] 各级监察委员会均由本级人大产生,向其负责,受其监督。《监察法》根据《宪法》的规定设置监察机关,规定监察机关的职责及与其他国家机关之间的相互关系。监察机关的设置符合我国国家机关设置的基本原理,即在中央和地方分别由本级人大产生国家机关,形成层次清晰的国家机关体系。我国《监察法》第7条规定,国家监察委员会是最高监察机关,省、自治区、直辖市、自治州、县、自治县、市、市辖区设立监察委员会。该规定表明,我国的地方国家监察委员会只设三级,乡镇一级不设置监察委员会。《宪法》和《监察法》的规定表明,我国已通过改革形成了新的独立监察体制,此种独立监察体制具有鲜明的时代特色。[2]

(二)授予监察机关职权

我国《宪法》规定监察机关行使监察权,但没有明确哪些权力属于监察权,而是规定"监察委员会的组织和职权由法律规定"。

《监察法》规定,监察委员会是行使监察职能的专责机关,也是反腐败的专门机关。监察委员会的职权有四个方面:第一,对公职人员依法履职、秉公用权、廉洁从政从业和道德操守情况进行监督和检查;第二,对公职人员的职务违法和职务犯罪进行调查,监察委员会的调查是集党纪调查、职务违法调查和职务犯罪调查于一体的调查体制;[3]第三,监察委员会有权对公职人员的轻微违法行为通过谈话、通

---

〔1〕 参见徐汉明:《国家监察权的属性探究》,载《法学评论》2018年第1期。
〔2〕 参见朱福惠:《国家监察体制之宪法史观察——兼论监察委员会制度的时代特征》,载《武汉大学学报(哲学社会科学版)》2017年第3期。
〔3〕 参见陈瑞华:《论监察委员会的调查权》,载《中国人民大学学报》2018年第4期。

报批评等方式作出处理,对职务违法的公职人员作出政务处分,对构成职务犯罪的公职人员移送人民检察院依法审查起诉;第四,开展廉政建设和反腐败工作,维护宪法和法律的尊严。

四、监察法是规范监察权运行的法律规范

任何国家权力都要在宪法和法律范围内运行,这是依法治国的基本要求。监察委员会行使监察权,必须遵守监察法等法律法规,并且,在法理上确立监察权必须受到制约的理念,对监察委员会自身的监督制约力度须足以防止监察体制改革过犹不及,监察权的运用应当与被调查人权利的保障两者在实践上依法协调实现。因此,我国《监察法》对监察机关行使职权的程序、条件和法律责任作出了明确规定,其目的在于规范和限制监察权的运行。

(一)规定行使监察职权的程序

《监察法》对监察工作的每一个步骤都规定了严格的程序,如对报案、举报及问题线索的处理程序,对立案调查的审批程序,各级监察机关管辖案件的程序以及移送管辖的程序,职务违法和职务犯罪调查程序,对被调查人采取强制措施的批准程序,对被调查人作出的处置程序,反腐败国际合作的组织与实施程序等。

(二)规定行使监察职权的条件

为了规范监察权的运行,《监察法》除规定严格的监察程序外,还对监察机关行使权力设定具体条件,以规范监察机关和监察人员合法行使权力。《监察法》第42条规定:"调查人员应当严格执行调查方案,不得随意扩大调查范围、变更调查对象和事项。"监察机关的调查权和处置权必须遵守《监察法》设定的条件;第45条规定,对职务违法的公职人员应当根据情节轻重分别作出处置,对职务犯罪的公职人员应当依法移送人民检察院依法审查起诉,对不履行和不正确履行职责的领导人员应当问责。

(三)规定行使监察职权的法律责任

《监察法》明确规定监察机关和监察人员的法律责任,对调查工作结束后发现立案依据不充分或者失实、案件处置出现重大失误、监察人员严重违法的,应当追究负有责任的领导人员和直接责任人员的责任。监察机关行使监察职能,必须遵守宪法、法律和党的纪律。《监察法》还规定，监察机关应当规范行使监察权，对于立案调查和留置被调查人，应当严格履行批准手续；对于不应当冻结、查封、扣押的被调查人的财产应当及时解除；监察机关及其工作人员行使职权，侵犯公民、法人和其他组织的合法权益造成损害的，依法给予国家赔偿。对于非法取得的证据应当予以排除；不得虐待、威胁、利诱、刑讯逼供的方式对待被调查人；对于监察人员的违法失职行为应当追究其法律责任，构成犯罪的依法追究刑事责任。

五、监察法是监督和制约公权力的法律规范

一切公权力都应当受到监督和制约，不受监督和制约的权力必然走向腐败，这是历史的经验与教训。我国非常重视对公权力的监督与制约，不断健全党和国家监督体制。《监察法》的制定与实施是监察体制的创新，使监察对象范围更宽，监督内容覆盖面更广，将公权力置于全方位监督下，对健全党和国家权力监督体系具有重要意义。[1]

《中国共产党纪律检查委员会工作条例》第 30 条第 1 款专门提到党和国家监督体系。第 30 条第 2 款规定："深化纪检监察体制改革，推进纪律监督、监察监督、派驻监督、巡视监督统筹衔接，整合运用监督力量，构建系统集成、协同高效的监督机制。坚持以党内监督为主导，促进人大监督、民主监督、行政监督、司法监督、审计监督、财会监督、统计监督、群众监督、舆论监督等各类监督有机贯通、相互协调，健全信息沟通、线索移交、措施配合、成果共享等机制，形成常态长效的监督合力。"坚持和完善党和国家监督体系，其重要目标即构建党统一领导、全面覆盖、权威高效的监督体系，保证权力在宪法和法律范围内活动，防止权力滥用。监察委员会是行使国家监察职能的专责机关，对公职人员行使公权力的监督主要由监察机关负责。《监察法》第 6 条规定，国家监察工作坚持标本兼治、综合治理，强化监督问责，严厉惩治腐败，深化改革、健全法治，有效制约和监督权力。《监察法》的制定与实施，对于构建集中统一、权威高效的中国特色国家监察体制，优化监察机关的内部

---

[1] 参见梁梦霞：《监察法填补了权力监督的空白》，载《中国纪检监察》2018 年第 7 期。

权力结构,构建多职能一体的反腐败专门机构具有重要意义。[1]

(一)监督公职人员遵守纪律

《中国共产党党内监督条例》第6条规定:"党内监督的重点对象是党的领导机关和领导干部特别是主要领导干部。"《中国共产党纪律检查委员会工作条例》第3条第1款规定,党的各级纪律检查委员会"是党内监督专责机关,是党推进全面从严治党、开展党风廉政建设和反腐败斗争的专门力量";第3条第2款规定,党的各级纪律检查委员会的主要任务"是维护党的章程和其他党内法规,检查党的理论和路线方针政策、党中央决策部署执行情况,协助党的委员会推进全面从严治党、加强党风建设和组织协调反腐败工作"。

在监察机关与党的纪律检查机关合署办公的背景下,促进执纪执法贯通,实现依纪监督和依法监察、适用纪律和适用法律有机融合,是本轮国家监察体制改革的重要目标之一。纪检监察机关对公职人员中的党员进行纪律监督,对违反党纪的党员作出党纪处分。党纪处分实行纪在法前的原则,"要把纪律建设摆在更加突出位置,坚持纪严于法、纪在法前","用纪律管住全体党员",实现党内监督与国家监察的贯通。

(二)监督公职人员遵守法律、法规和道德准则

《监察法》第6条规定:"加强法治教育和道德教育,弘扬中华优秀传统文化,构建不敢腐、不能腐、不想腐的长效机制。"第11条第1项规定:"对公职人员开展廉政教育,对其依法履职、秉公用权、廉洁从政从业以及道德操守情况进行监督检查。"第45条第1款第1项规定:"对有职务违法行为但情节较轻的公职人员,按照管理权限,直接或者委托有关机关、人员,进行谈话提醒、批评教育、责令检查,或者予以诫勉。"《监察法实施条例》第14条规定:"监察机关依法履行监察监督职责,对公职人员政治品行、行使公权力和道德操守情况进行监督检查,督促有关机关、单位加强对所属公职人员的教育、管理、监督。"

根据上述规定,监察机关不仅监督公职人员的依法履职、秉公用权情况,还要

---

[1] 参见刘艳红、夏伟:《法治反腐视域下国家监察体制改革的新路径》,载《武汉大学学报(哲学社会科学版)》2018年第1期。

监督公职人员的廉洁从政从业、道德操守等情况。监察机关对于报案或者举报等方式,应当受理并按照有关规定处理。对监察对象的问题线索,监察机关应当按照有关规定提出处置意见,履行审批手续,进行分类办理;经过初步核实,对监察对象涉嫌职务违法犯罪,需要追究法律责任的,监察机关应当按照规定的权限和程序办理立案手续。

(三)调查公职人员的职务违法和职务犯罪

监察机关的调查权不是一般意义上的立法调查权、行政调查权或者司法调查权,而是监察调查权。立法调查,是指《宪法》和《监督法》规定的县级以上各级人大及其常委会针对特定问题进行的查明事实真相的活动。行政调查,是指行政机关为了行政管理的需要查明特定事项、收集相关信息的日常行政管理活动,或者为了查明违法行为人的违法事实,作出行政处罚的决定。司法调查,是指法院为查明案件事实或者核实证据而展开的法庭调查活动。监察调查则是监察机关查明公职人员职务违法和职务犯罪的事实、收集证据、采取强制措施的活动,具有违法犯罪调查的法律效果。但是,监察调查不同于公安机关对普通刑事犯罪的侦查,监察调查只针对职务违法和职务犯罪活动,一般情况下并不针对普通刑事犯罪;[1]监察调查适用监察法,而司法机关追诉普通刑事犯罪适用刑事诉讼法。

监察机关调查职务违法和职务犯罪,可以根据《监察法》的规定,行使谈话、讯问、查封、扣押、冻结、搜查、勘验、留置、通缉、限制出境和技术调查等强制措施,需要协助的,可以要求公安机关、人民检察院和人民法院以及其他执法机关予以协助或者要求其他执法机关执行。

(四)对公职人员的职务违法和职务犯罪进行处置

监察机关是通过处置权的行使监督公职人员履行职责。监察机关对违法的公职人员作出政务处分决定;对构成职务犯罪的公职人员,及时将案件调查终结报告及起诉意见书,一并移送人民检察院依法审查提起公诉;监察机关对于不履行职责

---

〔1〕《监察法》第34条规定:"人民法院、人民检察院、公安机关、审计机关等国家机关在工作中发现公职人员涉嫌贪污贿赂、失职渎职等职务违法或者职务犯罪的问题线索,应当移送监察机关,由监察机关依法调查处置。被调查人既涉嫌严重职务违法或者职务犯罪,又涉嫌其他违法犯罪的,一般应当由监察机关为主调查,其他机关予以协助。"因此,监察机关在一定条件下对一般犯罪行为也可以进行调查。

或者怠于履行职责的领导干部进行问责,问责包括责令辞职、引咎辞职、作出检讨等;对于违法情节较轻的可以谈话提醒、批评教育、责令检查或者予以诫勉。

综上所述,监察法是设立监察机关并授予其反腐败职权,规范监察权的运行,监督和制约公权力的监察法律规范的总称。

第二节 监察法的特点

一、监察法是综合性的法律

《监察法》是基础性、主干性的法律。《监察法》虽然只有69条,但对监察机关的组织、权限、行为和程序均作出了原则性规定。虽然这些规定在以后的立法中需要进一步具体化,但《监察法》兼具组织法和程序法的特点极为明显。

我国一般对国家机关的组织和工作程序分别立法,以保证立法的专门性。但是,《监察法》既有组织法规范,又有权限、行为和程序方面的规范,共同形成综合性较强的法规范体系。产生这一现象的原因有以下几方面:第一,《监察法》的制定是监察体制改革实践的需要。20世纪80年代至90年代形成的分散型监察体制,不能有效整合反腐败资源,必须进行改革,改革的目标在于实现党对反腐败工作统一领导,形成集中统一、权威高效的反腐败体系。2016年年底进行的监察体制改革,将党的纪检、行政监察和检察机关的反贪、反渎和职务犯罪预防3个部门整合,形成新的反腐败体制。由于需要及时将监察体制改革的实践成果通过法律形式予以固定和推进,《监察法》只能既规定监察机构及其职能,又规定监察权限和监察程序。第二,新的监察机构的运行需要法律依据。监察委员会的运行必须符合法治原则,因此,监察机关的组织、职权和工作程序必须通过立法予以规范,以保障监察机关能够及时有效地执行反腐败职能。第三,《监察法》必须确立监察制度的基本框架。由于《监察法》是反腐败专门立法,而且在我国的权力监督体系中增加了新的内容,只能通过监察立法将监察体制嵌入现行监督体系之中,使国家机关之间监督权限和监督方式相互贯通。[1] 由于实践的限制,有关监察机关的组织、监察官

---

[1] 参见秦前红、叶海波等:《国家监察制度改革研究》,法律出版社2018年版,第77页。

的任职资格和程序、监察机关的调查程序等法律还缺乏立法经验的支持,只能先制定综合性的法律。

(一)《监察法》对监察机关的组织作出一般规定

国家机关的组织与职权一般由专门的法律作出规定,如我国《全国人大组织法》《地方人大和政府组织法》《国务院组织法》《人民检察院组织法》《人民法院组织法》等均为规定国家机关组织和法律地位的专门法律。同时,国家机关的工作人员也有专门的法律进行规范,如《公务员法》《法官法》《检察官法》等。《监察法》并不是专门规定监察机关组织的法律,只对监察机关的组织和职权作出一般规定。

《监察法》规定,监察机关分为四级,国家监察委员会是最高监察机关,统一领导地方各级监察委员会,县级以上地方各级监察机关受上级监察委员会的领导。监察机关办理案件实行区域管辖原则,但上级监察机关可以将自己的案件交给下级监察机关管辖,上级监察机关也可以管辖下级监察机关的案件;下级监察机关可以根据情况将案件请求上级监察机关管辖。对于管辖异议的,可以向其共同上级监察机关提出管辖权请求。

《监察法》并没有对监察机关的内部机构设置作出明确规定。《监察法》第36条规定,监察机关建立线索处置、调查、审理工作机制;监察机关应当设立相应的工作部门履行线索管理、监督检查、督促办理、统计分析等管理与协调职能。在实践中,监察机关设立案件管理室、执纪监督室、案件审理室等业务部门,履行《监察法》赋予的职责。

监察机关的组织包括建立监察官制度,监察官为具有专门知识的监察机关工作人员,只有具备监察官资格才能从事相关的调查和处置工作。《监察法》明确规定要建立监察官制度,依法确定监察官的等级设置、任免、考评和晋升等制度。

(二)《监察法》对监察机关的权限作出一般规定

各级监察委员会是履行监察职能的专责机关,《监察法》专章规定了监察权限。所谓监察权限是指监察机关为履行监督、调查和处置职权而有权采取的各种措施。《监察法》规定,监察机关在监督和调查过程中,有权依法向有关单位和个人了解情况,收集、调取证据,询问证人;有权对可能违法的监察对象进行谈话或者要求其说明情况;有权要求涉嫌职务违法的被调查人作出陈述;对涉嫌职务犯罪的被调查人,有权进行讯问,并要求其如实供述。根据《监察法》第22条规定的情形和条件,将被调查人留置于特定场所。根据《监察法》的有关规定,对涉案单位和个人的财产进行查询、冻结,对被调查人的身体、物品和住处进行搜查,有权采取勘验检查、鉴定、通缉、限制出境和技术调查措施。

(三)《监察法》规定监察程序

监察程序是指监察机关进行监督、调查和处置而应遵守的工作程序。在《监察法》中,规定监察程序的条文并不多,但非常具体明确,这体现了程序公正与公开原则。

1. 工作程序的顺畅衔接

《监察法》规定了工作程序衔接机制。监察机关应当对通过各种方式收集监察对象的违法犯罪线索,依法分类处理。对于需要初步核实的,应成立核查组,核查结束后,要写出初步核实情况报告并提出处理建议。经过初核后,认为被调查人构成职务违法和职务犯罪的,应办理立案手续并作出调查决定。调查决定作出后,应制定调查方案,根据调查方案依法行使调查权限。调查终结后,根据违法犯罪情节作出相应的处置。因此,从线索处理到立案再到调查处置,主要工作环节都有程序规范,以保障监察机关的监察活动高效运作。

2. 严格的批准程序

为了保障职务违法和职务犯罪案件得到及时调查,防止错案的发生,《监察法》设置了严格的批准程序。可以说,任何监察工作中的决定,都需要经过批准程序才能作出。如监察机关的初步核查是违法和犯罪调查的发动程序,为了慎重起见,需要经过监察委员会批准才能成立核查组;立案必须依法履行批准手续,调查人员在调查过程中遇到的重要事项,需要集体研究并请示批准;对被调查人员采取留置措施必须报请上级监察机关批准或备案。

3. 合理的期限

为了保障监察机关依法履行职权,防止违法侵犯被调查人的权利,《监察法》对监察机关办理职务犯罪调查案件规定了一定的期限。如《监察法》规定留置的期限为3个月,特殊情况下可以延长一次,延长时间不得超过3个月。监察机关对被调查人采取留置措施后,应当在 24 小时内通知其家属和所在单位。监察对象对监察机关作出的涉及其本人的处分决定不服的,可以在收到处分决定 1 个月内向作出处分决定的监察机关申请复审,复审机关应当在 1 个月之内作出复审决定。

二、监察法是独立的法律部门

监察法是独立的法律部门,监察法的内容包括监察机关的性质、地位、组织、职权和工作程序等,是监察机关设置的规范和依据,发挥了监察基本法的功能。

(一)监察法的独立性

监察法既不属于传统的宪法、行政法,也不属于刑事诉讼法,而是独立的法律部门。监察机关的性质、地位、组织和任期属于宪法规范范畴,但监察法不仅规定监察机关的设置,还要规定监察机关的权限、职能和程序。《监察法》规定监察机关对公职人员依法履职和廉洁从政等职务行为进行监督检查,对职务违法的公职人员,经过立案调查,查明违法事实后,作出政务处分决定,对不履行职责的国家机关负责人进行问责。[1] 同时,《监察法》规定监察机关对涉嫌职务违法犯罪、需要追究法律责任的监察对象,应当按照规定的权限和程序进行立案调查、采取调查措施,依法收集违法犯罪证据,调查终结后,对涉嫌职务犯罪的,将调查结果移送人民检察院依法审查、提起公诉。这些监察措施是《监察法》规定的针对职务违法犯罪的特殊手段,不适用《刑事诉讼法》。由此可见,监察法与宪法、行政法和刑事诉讼法关联,但不属于任何一个法律部门。所以,《监察法》作为一个法律文本是这个法律部门的基础性和主干性法律,是全国人大制定的基本法律,其核心是反腐败国家立法。

(二)监察法体系

监察法体系是一个以《监察法》为核心的法律体系,《监察法》对监察机关的组织、职权、权限、程序、法律责任等只作了较为原则性的规定,虽然《监察法》对新监察体制的建构以及监察委员会的运作提供了法律依据,但这些规定比较原则。当前,我国监察立法存在"分散化"特征,这表现为以《监察法》为基础性法律,随后制

---

[1] 参见朱福惠:《国家监察法对公职人员纪律处分体制的重构》,载《行政法学研究》2018 年第 4 期。

定《监察官法》《政务处分法》等单行法律,以及《监察法实施条例》等监察法规。为了适应监察实践和反腐败国家立法的需要,随着反腐败实践的发展,如何加快立法进程从而使监察立法体系化,是值得深入研究的重要课题。

1. 监察委员会的监督和调查程序规范。监察机关的主要职权是对公职人员进行监督,对职务违法和职务犯罪进行调查,但是,《监察法》对监察机关如何监督规定得较宏观,对监督事项、途径、方式、方法等均没有作出具体规定,这不利于监察机关依法履行监督职责。《监察法实施条例》在此基础上虽作出进一步细化规定,但其作为监察法规无法直接规定法律保留事项。由于职务违法犯罪案件的复杂性,监察机关调查职务犯罪既不属于刑事侦查,也不属于行政调查,而是兼具行政调查和刑事侦查特征的特别调查性质,[1] 为此,可以考虑适时制定专门的监督法和调查法。其中,监督法对监察委员会接受举报,处理移送调查的违法犯罪线索,处理巡视巡察组移送的公职人员违纪违法问题,处理派驻或派出机关发现的违纪和违法问题等作出规定,从法律层面进一步明确规定监察委员会的日常监督工作;调查法主要规定监察机关对职务违法和职务犯罪的调查程序,通过制定监察委员的监督和调查程序方面的法律,在法律层面细化规定调查程序的启动与立案,调查措施的适用,技术调查的决定与执行,证据的收集与保存,留置场所的管理,调查终结程序等,有助于规范调查行为,提高犯罪调查的效率。

2. 监察委员会的组织规范。我国《监察法》规定了监察机关的组织机构,但并没有规定各级监察委员会的组织架构,也没有规定监察委员会的内部组织体系及其权力制约关系。我国《宪法》第 124 条第 4 款规定:"监察委员会的组织和职权由法律规定。"因此,可以考虑适时制定专门的监察委员会组织法,对监察机关的组织体系作出全面规定。同时,《监察法》规定国家实行监察官制度,但并没有规定监察官设置什么样的等级以及如何任免。为此,2021 年 8 月 20 日第十三届全国人大常委会第三十次会议表决通过了《监察官法》。该法确定了监察官的等级设置、任免、考评和晋升等事项,自 2022 年 1 月 1 日起施行。

从监察法体系的构成来看,基于监察法规与狭义法律、各类法规以及法律解释

---

[1] 参见秦前红:《监察体制改革的逻辑与方法》,载《环球法律评论》2017 年第 2 期。

等之间的关系,可以明确其在我国法律体系中的地位,进而形成以《宪法》为核心,以《监察法》为纲领性和主干性法律,以全国人大常委会制定的有关监察工作的专门法律为基础,以国家监察委员会制定的监察法规和规范性文件为具体执行性规范,以涉及监察权运行的其他法律法规为补充的内在协调一致的监察法规范体系。总之,监察法规范体系是中国特色社会主义法律体系的重要组成部分,其具有独立于其他法规范体系的属性,既区别于其他法规范体系,又与其他法规范体系关联、融通和衔接。[1]

三、监察法与刑事诉讼法的关系

现代刑事诉讼的特点之一,是各种刑事诉讼均由司法机关按照刑事诉讼程序展开,其目标在于规范和限制刑事追诉权的启动,保障犯罪嫌疑人和刑事被告人的刑事诉讼基本权利。监察体制改革前,职务犯罪的侦查权由人民检察院行使;监察体制改革后,《监察法》规定,职务犯罪的调查权由监察机关行使,称为职务犯罪调查。但是,监察委员会对职务犯罪的调查与普通刑事案件的侦查,在性质上是一样的,都具有追诉犯罪的法律效果。[2]

监察机关不是司法机关,而是行使监察职能的专责机关。因此,它不具有司法机关的属性和权力,其职务犯罪调查程序不直接适用《刑事诉讼法》,而是适用《监察法》。但是,《监察法》与《刑事诉讼法》的关系极为密切,这主要表现在以下几个方面。

(一)《监察法》有关职务犯罪调查的原则与《刑事诉讼法》的原则具有内在一致性

我国《监察法》规定了职务犯罪的调查原则,这些原则主要有:第一,保障被调查人权利的原则。《监察法》规定,监察机关在调查期间应当遵守人权保障原则,严禁侮辱、打骂、虐待、体罚或者变相体罚被调查人员及涉案人员。监察机关应当保障被留置人员的饮食、休息和安全,并保证提供医疗服务。监察机关应当依法保障监察对象的申诉权。第二,严格遵守立案标准原则。监察机关的职务犯罪调查虽

---

[1] 参见朱福惠、聂辛东:《论监察法体系及其宪制基础》,载《江苏行政学院学报》2020年第5期。
[2] 参见陈光中:《关于我国监察体制改革的几点看法》,载《环球法律评论》2017年第2期。

然不是刑事侦查,但属于刑事诉讼的发动,具有刑事侦查的法律效果。因此,《监察法》对职务犯罪的立案标准作出了与刑事诉讼法大致相同的规定。如立案之前需要经过初步核实,只有经过初步核实发现被调查人有职务犯罪证据,需要追究刑事责任的,才能立案调查。第三,严格遵守法定程序原则。监察机关在调查过程中,必须严格遵守《监察法》关于立案、留置等的批准程序,严格按照《监察法》规定的条件和程序对涉嫌职务违法和职务犯罪的被调查人进行处置。第四,非法证据排除原则。非法证据排除原则为我国刑事诉讼的基本原则,凡非法收集的证据均不能作为证据使用,公安机关、检察机关和人民法院在其办理刑事案件的过程中均适用这一原则。《监察法》规定,以非法方法收集证据不能作为案件处置的依据。

(二)《监察法》有关职务犯罪调查的证据规则与《刑事诉讼法》的证据规则大致相同

《监察法》规定,监察机关依照监察法规定收集的物证、书证、证人证言、被调查人供述和辩解、视听资料、电子数据等证据材料,在刑事诉讼中可以作为证据使用。这一规定不仅符合我国《刑事诉讼法》第54条第2款的规定,也与《刑事诉讼法》第50条第2款关于证据的种类一致,只是没有被害人陈述一项,这是由职务犯罪的特征决定的。

《监察法》规定,监察机关在收集、固定、审查、运用证据时,应当与刑事审判关于证据的要求和标准相一致。这一规定为原则性规定,它表明监察机关收集证据证明犯罪的活动需要符合以审判为中心的司法体制改革方向,《刑事诉讼法司法解释》第75条规定,行政机关收集的证据材料,经法庭查证属实,且收集程序符合有关法律、行政法规规定的,可以作为定案的根据。所以,监察机关收集证据的活动只有符合刑事审判关于证据的要求和标准,且经过法庭质证后,才能被法院作为定案的依据。该解释第72条具体规定了应通过证据证明的案件事实范围,并对各种证据的审查与认定规定了明确的标准。

《监察法》规定,监察机关对职务违法和职务犯罪案件,应当进行调查,收集被调查人有无违法犯罪以及情节轻重的证据,查明违法犯罪事实,形成相互印证、完整稳定的证据链。这一规定与我国《刑事诉讼法》第52条的规定一致,其规定,审判、检察和侦查人员必须依照法定程序,收集能够证实犯罪嫌疑人、被告人有罪或者无罪、犯罪情节轻重的各种证据,以保证定罪量刑的准确性。

《监察法》规定,以非法方法收集的证据应当依法予以排除,不得作为案件处置的依据。该规定与我国《刑事诉讼法》第56条的规定一致,《刑事诉讼法》规定以非法方法收集的言词证据应当予以排除;收集物证、书证不符合法定程序,可能严重影响司法公正的,应当予以补正或者作出合理解释;不能补正或者作出合理解释的,对该证据应当予以排除。《关于办理刑事案件严格排除非法证据若干问题的规定》对收集证据的非法方法以及收集证据的合法程序作出了具体规定,这些规定同样适用于监察机关的调查工作。

(三)《监察法》规定的职务犯罪调查程序与《刑事诉讼法》的规定相当

监察机关调查职务犯罪案件,从犯罪事实的初步核实开始到调查终结的全部过程,与《刑事诉讼法》关于犯罪侦查的程序大致相同。监察案件的初步核实,相当于公安机关在普通刑事案件的初查程序,初步核实和初查的目的都在于初步查明是否存在犯罪事实和证据;如果没有犯罪事实,或者只能构成违法事实,不需要追究刑事责任的,不能进入立案阶段。监察机关立案调查和公安机关对普通刑事案件的侦查,均是通过各种合法手段和方式查明犯罪事实,收集犯罪证据,追究犯罪嫌疑人刑事责任的过程。监察机关调查终结后,需要向检察机关提出案件调查终结报告,起诉意见书等法律文件,作为人民检察院依法审查起诉的依据,这些与普通刑事诉讼侦查终结程序基本相同。

(四)《监察法》关于职务犯罪调查终结移送人民检察院依法审查起诉的程序规定与《刑事诉讼法》的规定大致相同

《监察法》规定,监察机关经调查认为犯罪事实清楚、证据确实、充分的,应当制作起诉意见书,连同案卷材料、证据一并移送人民检察院依法审查、提起公诉。人民检察院经审查,认为犯罪事实已经查清,证据确实、充分,依法应当追究刑事责任的,应当作出起诉决定。人民检察院经审查,认为需要补充核实的,应当退回监察机关补充调查,必要时可以自行补充侦查。这一规定与我国《刑事诉讼法》第162条第1款、第175条第2款和第176条第1款的规定大致相同。

《监察法》规定,人民检察院对有刑事诉讼法规定的不起诉情形的,经上一级人民检察院批准,依法作出不起诉的决定。监察机关认为不起诉的决定有错误的,可以向上一级人民检察院提请复议。这一规定与《刑事诉讼法》第179条的规定也基本相同,其区别在于,人民检察院对监察机关移送审查起诉的案件要作出不起诉决定的,必须报请上级人民检察院批准。

第三节 监察法的功能

从监察体制改革的背景来看,制定《监察法》的重要目的之一,即构建集中统一、权威高效的中国特色国家监察体制。《监察法》的功能主要体现在惩治腐败、监督公权力和加强廉政建设等方面,从而在监察效能、规制公权和保障人权之间取得价值平衡。

一、惩治腐败

(一)腐败的危害

腐败是指国家机关以及行使公权力的公职人员利用其权力从事贪污、贿赂、浪费公共资财以及生活腐化堕落等行为。腐败是公权力的消极产物。公职人员的腐败会对国家的政治生活和社会生活产生严重的危害,这主要表现在:第一,危害执政党的执政地位。腐败行为将公权力作为谋取个人私利的工具,公职人员的腐败会导致执政党与人民关系的恶化,不利于夯实执政党的执政合法性。第二,损害政府的管理能力。公职人员的腐败衍生了行政效率低下、官僚主义严重和渎职、政府机关风气不正等一系列现象,进而破坏政府与公民之间的信任关系。第三,危害社会稳定。腐败之风会引致社会不正之风,政府腐败会引致社会腐败。在这种社会风气下,社会公众的正义感下降,生活作风颓废,犯罪率上升,理想信念丧失,进而激化社会矛盾。

由于腐败具有严重的危害性,因此各国都通过各种手段与方式加强预防与打击,各国推进腐败治理目标的实现,主要遵循从"机制创新"和"体制完善"两个维度展开。[1] 如新加坡即从20世纪50年代开始,制定了一套完备有效的反贪战略

---

[1] 参见魏昌东:《监察法与中国特色腐败治理体制更新的理论逻辑》,载《华东政法大学学报》2018年第3期。

和法规体系,其成功经验是实施"实施综合式的反腐战略",将反贪腐工作纳入国家廉政体系之中,形成制度反腐、立法反腐、社会反腐的统合机制。新加坡的反腐败不仅体现在国家制度层面和党政高层领导人的廉政建设上,还体现在加强法治反腐,新加坡制定《防止贪污贿赂法》《没收贪污贿赂利益法》作为专门的刑事法律,这些法律是一般刑事法的特别法,赋予专门反腐败机构——贪污调查局以特别调查权,其调查程序也不同于一般刑事诉讼程序。[1] 英国的监察体制是议会专门机构监察制。为了打击腐败,1967 年英国通过《议会监察专员法例》,正式成立议会监察专员署,监察政府公职人员行为的合法性,对政府官员的腐败行为进行调查。1996 年修改《预防腐败法》,此后又相继制定专门的法律对医疗卫生领域的腐败行为进行打击,形成以议会监察为核心的监督体系。[2]

改革开放以来,我国在经济建设方面取得了巨大成就,但一些公职人员缺乏廉洁自律的意识和制度约束,导致反腐败形势严峻。公职人员的腐败严重削弱党和政府的治理能力,危害党的执政合法性。为了遏制腐败行为,党的十八大以来,我国通过全面从严治党和加强党内监督的方式,从加强廉洁从政和全面惩治腐败两个维度达到反腐败的目的。监察体制改革前,我国存在纪法不衔接、不贯通的状况,监察体制改革后,开始加强党内监督,《中国共产党章程》将反腐败作为重要的政治任务,《中国共产党纪律处分条例》《中国共产党党内监督条例》明确规定对党员领导干部的违纪行为进行处分的基本原则、条件和程序。《监察法》颁布实施后,一切公职人员的职务行为必须受到监察机关的监督,实现了监察全覆盖。

(二)《监察法》建构反腐败体系

党的二十大通过的《中国共产党章程》明确规定全面从严治党和加强党内监督的重点是"深入推进党风廉政建设和反腐败斗争,以零容忍态度惩治腐败,一体推进不敢腐、不能腐、不想腐。"2015 年 10 月中共中央印发《中国共产党廉洁自律准则》,其中关于党员领导干部廉洁自律的规定共有 4 条,即廉洁从政、廉洁用权、廉洁修身、廉洁齐家。《中国共产党党内监督条例》规定对各级党组织、党员领导干

---

[1] 参见金波:《新加坡的制度反腐经验》,载《国际关系学院学报》2009 年第 4 期。
[2] 参见张恒:《英国监察制度:在漫长周折的道路上不断形成》,载《中国监察》2004 年第 15 期。

部的监督包括"推进党风廉政建设和反腐败工作情况和廉洁自律、秉公用权情况",并要求建立党中央统一领导,党委(党组)全面监督,纪律检查机关专责监督,党的工作部门职能监督,党的基层组织日常监督,党员民主监督的党内监督体系。《中国共产党纪律处分条例》第7条第2款规定:"重点查处党的十八大以来不收敛、不收手,问题线索反映集中、群众反映强烈,政治问题和经济问题交织的腐败案件,违反中央八项规定精神的问题。"该条例分则部分将党的纪律界定为:政治纪律、组织纪律、廉洁纪律、群众纪律、工作纪律、生活纪律等。违反这些纪律的行为应当受到纪律处分。从该条例的规定来看,违反组织纪律、贪污受贿、渎职、生活作风腐化、道德败坏均构成腐败。可见,党内法规对腐败的范围界定较为宽泛,并不限于职务犯罪。

我国《监察法》并没有对腐败下一个明确的定义,但《监察法》通过规定监督检查和立案调查的事项范围,对公职人员的腐败行为进行了间接界定。《监察法》第11条第1项规定的监督检查事项为依法履职、秉公用权、廉洁从政、道德操守四个方面,其确定的监督范围较广,包括了道德规则、纪律规则和法律规定。不过,在调查活动方面,根据《监察法》第11条第2项的规定,监察机关主要针对涉嫌贪污贿赂、滥用职权、玩忽职守、权力寻租、利益输送、徇私舞弊以及浪费国家资财等职务违法和职务犯罪行为进行调查,这些行为与《刑法》第八章规定的贪污贿赂罪和第九章规定的渎职罪大致相同,属于法律规定的犯罪行为。

我国《监察法》的颁布施行,有助于促进纪法贯通,健全党中央统一领导、各级党委统筹指挥、纪委监委组织协调、职能部门高效协同、人民群众参与支持的反腐败工作体制机制。从执纪监督的范围来看,包括腐败行为在内的一切违纪行为均应当受到监督和查处;从职务违法和职务犯罪的范围来看,其限于《刑法》《监察法》等法律的规定,这些职务违法和职务犯罪违反党纪,但违反党纪的行为并不一定都构成犯罪。监察委员会对职务违法和职务犯罪的线索进行处理,对涉嫌职务违法和职务犯罪的监察对象进行调查,查明违法和犯罪事实后依法作出处置。党的纪律检查委员会根据《中国共产党党内监督条例》和《中国共产党纪律处分条例》的规定,对负有反腐败和廉洁从政管理责任的党委(党组)负责人或者党组织,依法进行问责。监察机关在工作中需要协助的,有关机关和单位应当依法予以协助。有关国家机关在履行职责过程中发现公职人员涉嫌贪污贿赂、失职渎职等职务违法或者职务犯罪的问题线索，应当移送监察机关，由监察机关依法调查处置。

二、监督公权力

本轮国家监察体制改革的重要目标，以及建立监察委员会的重要功能，在于加强对公权力的监督，整合各方资源，形成监督合力。《监察法》在监督公权力方面主要有3个方面的特征。

（一）监督对象覆盖所有公职人员

一切行使公权力的公职人员均应当受到监督，不能存在监督空白地带。《监察法》第15条关于监察对象的范围，规定了6类公职人员和有关人员。其意在于，将所有行使公权力的公职人员都纳入国家监察对象的范围，实现国家监察对象全面覆盖。这6类监察对象包括：（1）中国共产党机关、人民代表大会及其常务委员会机关、人民政府、监察委员会、人民法院、人民检察院、中国人民政治协商会议各级委员会机关、民主党派机关和工商业联合会机关的公务员，以及参照《公务员法》管理的人员；（2）法律、法规授权或者受国家机关依法委托管理公共事务的组织中从事公务的人员；（3）国有企业管理人员；（4）公办的教育、科研、文化、医疗卫生、体育等单位中从事管理的人员；（5）基层群众性自治组织中从事管理的人员；（6）其他依法履行公职的人员。

（二）监督机构体系化

党的各级纪律检查委员会是党内监督专责机关，各级监察委员会是行使国家监察职能的专责机关。在纪检和监察合署办公的背景下，纪检监察机关在公权力监督层面内形成了一整套监督网络。

一方面，党内监督的体系化，对于坚持和完善党和国家监督体系具有重要作用。《中国共产党党内监督条例》第9条规定："建立健全党中央统一领导，党委（党组）全面监督，纪律检查机关专责监督，党的工作部门职能监督，党的基层组织日常监督，党员民主监督的党内监督体系。"《中国共产党纪律检查委员会工作条例》第30条规定："深化纪检监察体制改革，推进纪律监督、监察监督、派驻监督、巡视监督统筹衔接，整合运用监督力量，构建系统集成、协同高效的监督机制。坚持以党内监督为主导,促进人大监督、民主监督、行政监督、司法监督、审计监督、财会监督、统计监督、群众监督、舆论监督等各类监督有机贯通、相互协调,健全信息沟通、线索移交、措施配合、成果共享等机制,形成常态长效的监督合力。"

另一方面,《宪法》和《监察法》明确规定了监察委员会的组织体系。国家监察委员会是最高监察机关,负责全国监察工作;省、自治区、直辖市、自治州、县、自治县、市、市辖区设立监察委员会,地方各级监察委员会负责本行政区域内的监察工作。根据《监察法》第12条和第13条的规定,各级监察委员会可以向本级中国共产党机关、国家机关、法律法规授权或者委托管理公共事务的组织和单位以及所管辖的行政区域、国有企业等派驻或者派出监察机构、监察专员。派驻或者派出的监察机构、监察专员根据授权,按照管理权限依法对公职人员进行监督,提出监察建议,依法对公职人员进行调查、处置。

(三)监督方式的多样性

我国《监察法》第四章整章规定了监察机关的监察权限事项。监察机关依法行使监督权和调查权,根据监督、调查结果依法作出不同处置。从《监察法》的规定来看,监察机关的监督、调查措施之间具有相当关联性。对可能发生职务违法的公职人员,依照监察权限由监察机关直接或者委托有关机关和人员进行谈话和说明情况;对涉嫌职务违法的被调查人,监察机关可以要求其就涉嫌违法行为作出陈述,必要时,向被调查人出具书面通知;对涉嫌贪污贿赂、失职渎职等职务犯罪的被调查人,监察机关可以进行讯问,要求其如实供述涉嫌犯罪的情况。从法律效果来看,监察机关监督公职人员时,帮助被调查人从思想和党性的高度认识其违法行为的危害,促使被调查人充分认识自己违法行为的性质,认识到职务违法对党和国家造成的严重危害,从而向监察机关如实陈述或者供述自己的违法犯罪行为。这既可以获得从宽处理的机会,也可以提高案件的调查效率。

监察机关根据监督、调查结果依法作出的处置,也具有监督的效果。如对有职务违法行为但情节较轻的公职人员,监察委员会按照管理权限,直接或者委托有关机关、人员,进行谈话提醒、批评教育、责令检查,或者予以诫勉;对不履行或者不正确履行职责负有责任的领导人员,按照管理权限对其直接作出问责决定,或者向有权作出问责决定的机关提出问责建议;对监察对象所在单位廉政建设和履行职责存在的问题等提出监察建议。[1] 这些规定体现监察委员会处置职务违法和职务犯罪适用教育与监督并重的原则，对轻微的职务违法人员以批评教育为主，组织处理为辅，通过责令检查和诫勉达到其吸取教育、认识错误的目的。对于负有责任的领导干部，应当对其管理的公职人员的职务违法和犯罪行为承担政治和管理责任，通过问责达到明确岗位责任，监督领导干部依法履职的目的。对于监察对象所在单位，监察机关有权发出监察建议，要求该单位对廉政建设中存在的问题和漏洞依法予以整改和补救，通过加强制度建设达到监督公职人员廉洁从政的目的。有关单位对于监察委员会的监察建议，如果无正当理由拒不采纳监察建议，由其主管部门、上级机关责令改正，对单位给予通报批评；对负有责任的领导人员和直接责任人员依法给予处理。

三、加强廉政建设

加强廉政建设是监察法确立的基本目标，对实现"不能腐"和"不想腐"的目标具有重要的意义。《监察法》总则部分明确规定廉政建设和反腐败教育是监察委员会的职责之一，第11条也将对公职人员进行廉政教育作为监察委员会的监督职责。廉政建设主要包括廉政制度建设和反腐败教育两个方面。

（一）廉政制度建设

我国《监察法》将"开展廉政建设"与"反腐败工作"并列表述，在第3条中规定各级监察委员会"开展廉政建设和反腐败工作"。在廉政制度建设中，监察委员会与各级党委和党组、各级党政机关和事业企业组织都发挥着重要作用。

第一，加强党内监督制度的建设。《中国共产党党内监督条例》第5条规定了党内监督的8项内容。从党内监督制度完善的角度来考察，这些内容包括党的政治建设、组织建设、作风建设、廉政建设等。

第二，加强监察监督制度建设。《监察法》第45条规定，监察机关根据监督、调

---

[1] 监察建议是借鉴检察建议而产生的一种监督方式，我国检察机关运用检察建议监督行政机关及其公务人员，检察建议还是行政公益诉讼的前置程序，在实践中发挥了较好的作用。监察建议是监察机关监督公职人员所在单位的重要手段。参见朱福惠、张晋邦：《监察体制改革与宪法修改之学理阐释》，载《四川师范大学学报（社会科学版）》2017年第3期。

查结果,依法"对监察对象所在单位廉政建设和履行职责存在的问题等提出监察建议"。例如,监察机关督促重要领域、重点行业和重大事项建章立制,有助于实现预防违法犯罪的效果;加强各级国家机关和事业企业组织领导班子的重大事项决策程序的建设,加强监察机关对重大事项决策的参与,有助于实现监督关口前移,形成不能腐的制度体系。

(二)加强反腐败教育

我国《宪法》规定了法治原则,国家机关及其公职人员不仅要依法处理公共事务,而且自身必须严于律己,遵守宪法和法律,接受人民的监督;我国《宪法》还规定国家机关应当树立为人民服务的原则,国家机关及其公职人员应当以人民的利益为目标,实现公正执法,建立便民服务观念,使人民感到司法的公平正义。

《监察法》第6条规定,要"加强法治教育和道德教育,弘扬中华优秀传统文化";第11条规定,监察委员会依法"对公职人员开展廉政教育"。监察机关可以通过网络和媒体等途径,运用各种形式,如讲座、答疑、咨询、案例教学等对公职人员进行反腐败教育,通过反腐败教育增加公职人员的法治观念和廉洁从政观念,引导公职人员遵纪守法,形成不想腐的自觉。

第四节 监察法律关系

一、监察法律关系的含义

监察法律关系,是指受监察法规范和调整的因监察机关开展监察活动而形成或引发的各种权利义务关系。这种关系既包括在监察活动过程中所形成的监察主体与监察相对人之间的监察法上的权利义务关系,也包括因监察活动而产生或引发的救济或监督关系。在广泛意义上,监察机关与监察对象所在单位之间、监察机关与监察人员以及其他监察工作参与人之间的权利义务关系,也可以纳入监察法律关系。监察法律关系既有作为法律关系而具有的共性,也有一定的特性。

(一)监察法律关系是一种权力监督关系

监察机关是行使监察职能的专责机关,对于一切行使公权力的公职人员进行监督,由此监察机关与监察对象之间形成了一种监督与被监督的关系。如果基于权力监督的定位来考察,这种监督与被监督关系立基于一种特殊的权力支配关系,而不是平等主体之间的权利义务关系。其意味着,监察机关是监督者,公职人员是被监督者,监察机关的权力表现为一种职责和义务,而被监察对象享有一定的法定权利,受到监察法的保障。

(二) 监察法律关系是受监察法规范和调整的关系

只有受监察法规范和调整的关系,才属于监察法律关系。监察机关与其他国家机关之间的关系,如果属于由宪法调整,即是宪法关系,不属于监察法律关系。例如,我国《宪法》规定,监察机关由人民代表大会产生,对其负责、受其监督,由此监察机关与权力机关之间形成了特定的宪法关系。《监察法》规定,监察机关对一切行使公权力的公职人员进行监督,对于违法犯罪行为进行立案调查,根据监督、调查结果依法作出处置,由此监察机关与监察对象之间形成了特定的监察法律关系。

如果在广泛意义上定义监察法律关系,那么受监察法规范和调整的监察机关与其他有关机关和单位的关系,也属于监察法律关系。例如,《监察法》规定,在监察工作中需要协助的,有权依法要求有关机关和单位予以配合,有关机关和单位应当依法予以协助,由此监察机关与有关机关和单位形成了特定的监察法律关系。

(三) 监察机关作为监察法律关系的主要主体,享有权力承担职责

法律关系的内容是权利与义务,在私法关系中,这种权利与义务关系的特征较明显。但是,国家机关行使权力是法律关系产生的基础,国家机关的权利在法律上表现为权力和职责,这是公法关系最突出的特点。国家机关为了履行法律赋予的职责,维护宪法和法律的权威,必须严格按照法律的规定行使职权。监察委员会作为宪法和法律赋予的行使监察权的专责机关,有监督、调查和处置职权。但与一般权利概念不同,监察机关不能放弃行使权力,监察委员会如果不履行监督的职责,就是违法和失职。

二、监察法律关系的构成要素

一般来说,法律关系的构成要素是主体、内容与客体。监察法律关系的构成要

素,包括监察法律关系的主体、监察法律关系的内容和监察法律关系的客体。

(一)监察法律关系的主体

监察法律关系的主体,是与监察主体有着相互联系,但又有重要区别的概念。所谓监察法律关系的主体,或称监察法主体,是指监察法调整的各种监察法律关系的参与者,包括组织和个人,其中组织包括国家机关(主要是监察机关)、企事业单位、社会团体和其他组织,个人包括监察对象以及调查活动中的被调查人、涉案人员及其特定关系人等。所谓监察主体,是监察法主体的一种,是监察管理法律关系中的一方当事人,具有相对恒定性,与另一方当事人共同构成相应监察法律关系中的双方。参考行政法学有关原理,监察主体不仅享有监察职权,而且能够以自己名义行使监察职权,独立承担相关监察行为的法律职责。

首先,监察机关是监察法律关系的主体,而且是最重要的主体,在监察法律关系中占有主导地位。在所有监察法律关系中,监察机关都是法律关系的主体,没有监察机关参加的法律关系,不形成监察法律关系。各级监察委员会及其派驻机构、派出专员,都属于监察法律关系的主体。不过,根据《监察法》规定,监察委员会的派驻机构、派出专员"根据授权,按照管理权限依法对公职人员进行监督,提出监察建议,依法对公职人员进行调查、处置",因此,监察委员会的派驻机构、派出专员只有在特定条件下,才能够作为监察主体而存在。例如,如果某个派驻监察机构超越监察权限作出某种监察行为,其在该监察法律关系中仍旧构成一方主体,但不一定构成监察主体,因为其不一定能够独立承担该监察行为的法律责任。

其次,审判机关、检察机关、执法部门是监察法律关系的主体。我国《宪法》和《监察法》明确规定,监察机关行使监督、调查和处置职权时,有关机关和单位应当依法予以协助。例如,公安机关对监察机关留置、通缉、限制出境、技术调查等依法予以协助;检察机关针对监察机关移送的涉嫌职务犯罪案件,依法审查、提起公诉;人民法院依法配合监察机关查封、扣押和冻结财产,对检察机关提起公诉的涉嫌职务犯罪案件依法进行审判。又如,《监察法》第18条规定了有关单位如实提供情况的义务;第34条规定,有关国家机关在履行职责过程中,如果发现公职人员有职务违法和职务犯罪的问题线索,应当将线索移送监察机关依法调查处置。

再次,监察对象以及调查活动中的被调查人、涉案人员及其特定关系人等,是监察法律关系的主体。所有公职人员作为监察对象,均须受到监察委员会的监督。监察机关行使监督权时,公职人员必须配合并接受监督和检查,公职人员属于被监督者。公职人员如果有违纪和违法行为,应当接受监察委员会的调查,此时的公职人员即成为《监察法》上的职务违法和职务犯罪嫌疑人,应当接受监察委员会的调查和处置,成为《监察法》上的被调查人。监察机关可以依法对其采取包括限制人身自由在内的强制措施,可以对其违法和犯罪行为予以政务处分并移送人民检察院依法审查起诉。此外,《监察法》第22条、第32条、第40条、第57条和第65条中提到的"涉案人员"和"特定关系人",也是监察法律关系的主体。例如,根据《监察法》第22条第3款,如果公民向公职人员行贿,成为涉嫌行贿犯罪的"涉案人员",监察机关可以依照该法的规定,对其采取留置措施。

最后,一般公民。在特定条件下,公民也可以成为监察法律关系的主体。《监察法》规定,监察机关行使监督、调查职权,有权依法向有关单位和个人了解情况,收集、调取证据。有关单位和个人应当如实提供。任何单位和个人不得伪造、隐匿或者毁灭证据。可见,公民有配合监察机关的义务。同时,公民还有权向监察机关举报公职人员的违纪和违法行为,向监察机关提供公职人员违纪和违法的线索。

(二)监察法律关系的内容

监察法律关系的内容,是指监察法律关系的主体在监察法律关系中的权利与义务的总和。就监察机关而言,其有权行使宪法和法律规定的监察权,同时也要履行宪法和法律规定的行使监察职能的职责,包括依法保障其他监察法律关系主体的权利和利益等。因此,监察法律关系的内容是权力和责任的统一体。

监察机关在行使监督和调查权时,可以要求其他国家机关依法予以协助和配合,其他国家机关有协助和配合的义务。但是,监察机关有保守国家秘密、商业秘密和个人隐私的义务。监察机关在行使监督权时,有要求公职人员配合调查,有要求被监督对象陈述事实的权力;监察机关在行使调查权时,对被调查人行使讯问、搜查、留置等强制措施,被调查人有接受调查的义务,但监察机关必须依法保护被调查人的合法权利,对于不应当查封、扣押和冻结的财产,应当及时解除强制措施,对于不应当立案调查的,应当撤销案件,对于被调查人的个人隐私依法予以保护,被调查人也有权依法要求监察机关保护其合法权利。

监察机关与监察人员的关系,也是监察法律关系的一部分,同样表现为权利义务关系。监察机关要求监察人员依法行使职权,对于失职和违法行使职权的监察人员,其有权调查并追究其法律责任;监察人员有权要求监察机关依法保护其法定权利,监察机关有保障监察人员的生活待遇,保护其执法独立性的义务。

由于监察法律关系的复杂性,在监察程序的不同阶段,监察法律关系主体的权利义务关系会发生变化。如监察委员会在职务违法和职务犯罪的调查阶段,人民检察院有协助与配合的义务;而在审查起诉阶段,监察机关则有配合人民检察院的义务,人民检察院有制约监察机关的权力。

(三)监察法律关系的客体

在法理学上,法律关系的客体是权利与义务指向的对象。通常来说,物、行为、人身、精神财富等均可成为法律关系的客体。但是,在不同的法律关系中,法律关系的客体并不完全相同,如民事诉讼法律关系的客体没有物的概念,而包括案件事实、诉讼请求和程序事项。[1] 监察法律关系的客体与一般法律关系的客体也不相同。监察法律关系权利与义务指向的对象,主要是公职人员的违纪、违法事实和监察机关行使监察权的行为两种。

所谓公职人员的违纪、职务违法和职务犯罪的事实,是指公职人员违反党的纪律和国家法律,客观上产生了职务违法和职务犯罪的事实,如贪污公款和国有资产、受贿、滥用职权、玩忽职守等。违反党的纪律必须接受党的纪检部门的纪律审查,而违反法律则必须受到监察机关的监察调查,纪检监察机关依法对违纪、违法行为作出处置。监察机关通过接受举报、行使监督检查权等方式发现公职人员的违纪和违法事实,一旦发现线索即开始初步核实,如果掌握部分事实和证据,可以立案调查。因此,监察法律关系围绕违纪和职务违法事实而展开。

所谓监察机关行使监察权的行为,是指监察委员会依法依规对公职人员行使监督、调查和处置的行为。监察机关的监察行为对被监察对象和监察法律关系的参加人具有拘束力,监察机关在调查和处置过程中,与被调查人以及其他参与人之

---

[1] 参见齐树洁主编:《民事诉讼法》(第2版),厦门大学出版社2008年版,第53页。

间产生权利与义务关系,没有监察机关行使监察权的行为,就不会产生监察机关与其他参与人之间的权利与义务。如监察机关对被调查人调查终结后,依法作出的政务处分,即形成了监察机关与被调查人之间的权利与义务,监察机关有权作出政务处分决定,被调查人有权依监察法的规定向监察机关申请复核,监察机关依法应当保障被调查人的申诉权利。

三、几种主要的监察法律关系

(一)监察委员会与被调查人之间的关系

监察委员会依法行使监察权,对 6 种监察对象依法进行监督。监察机关发现公职人员存在职务违法和职务犯罪的事实,经过初步核实,认为需要立案调查的,经过批准可以立案调查。此时,监察机关与被调查人之间则形成了监督与被监督、调查与被调查的关系,这是最主要的监察法律关系,由此在监察机关与被调查人之间则形成了权力义务关系。

监察委员会依照法律对被调查人进行调查,有权根据《监察法》的规定适用强制措施,有权要求被调查人如实供述自己的违法和犯罪事实,有权要求其他国家机关依法予以协助与配合。被调查人有权要求保护其合法权益,享有不受虐待和非法取证的权利。监察委员会有义务保护被调查人的基本权利,如对于已经留置的被调查人,监察机关应当保障被留置人员的饮食、休息和安全,提供医疗服务,不得疲劳讯问和侮辱、打骂、虐待、体罚或者变相体罚被调查人。

(二)监察委员会与监察人员之间的关系

监察委员会与监察人员之间是监察机关内部的监督与管理关系。根据《宪法》和《监察法》的规定,国家监察委员会是国家最高监察机关,领导地方各级监察机关;上级监察机关领导下级监察机关。因此,我国《监察法》第 15 条第 1 款将监察机关的公职人员纳入监察对象,即上级监察机关有权对下级监察委员会及其派出和派驻机构的监察人员进行监督,如果监察人员存在职务违法和职务犯罪事实,上级监察委员会应当依法予以调查并作出处置决定。在此种情形下,监察委员会与监察人员之间形成了监察机关与被调查人的监察法律关系。

除存在上述监察法律关系外,监察委员会与监察人员之间还存在另外一种法律关系,即监察委员会与监察人员工作上的内部监督关系,这是一种特殊的监察法律关系。如我国《监察法》第 55 条规定:"监察机关通过设立内部专门的监督机构等方式,加强对监察人员执行职务和遵守法律情况的监督,建设忠诚、干净、担当的监察队伍。"如果监察机关工作人员在从事监察工作时存在违反工作纪律或者违反法定程序的情形,由监察机关的内部专门监督机构进行监督;如监察工作人员打听案情、过问案件、说情干预;未经批准接触被调查人、涉案人员及其特定关系人或者存在交往情形;监察人员有法定回避情形应当自行回避而不回避的;监察人员应当依法解除查封、扣押、冻结措施而不解除的。这些违反工作纪律的情形,虽然违法情形较轻,但损害监察机关的权威性,应当由监察机关作出处理。

(三)监察委员会与其他国家机关之间的关系

监察机关在行使监察权时与其他国家机关产生的监察法律关系,表现为监察机关在监督、调查和处置活动中与有关机关和单位之间的关系。

监察机关与审判机关、检察机关和执法部门之间的关系,首先是协助与配合的关系,其次是制约的关系。就协助和配合而言,监察委员会有权要求其他国家机关协助和配合调查,有权要求其他国家机关移送职务违法和职务犯罪线索,有权要求公安机关依法协助和配合搜查、通缉,有权要求其他国家机关配合进行技术调查,有权要求人民法院和人民检察院配合冻结、没收财产。

此外,监察机关还必须受到司法机关的制约,如监察机关在职务犯罪调查终结后,应当将案件和证据移送人民检察院依法审查起诉,人民检察院可以将案件退回监察委员会补充调查,经上级人民检察院批准后,可以作出不起诉的决定。人民法院可以依照我国《刑事诉讼法》的规定,对案件进行非法证据排除,也可以建议人民检察院补充侦查。

监察机关对不履行或者不正确履行职责负有责任的领导人员,按照管理权限对其直接作出问责决定,或者向有权作出问责决定的机关提出问责建议;对监察对象所在单位廉政建设和履行职责存在的问题等,可以提出监察建议。

监察机关对不履行或者不正确履行职责负有责任的领导人员,按照管理权限对其直接作出问责决定,或者向有权作出问责决定的机关提出问责建议;对监察对象所在单位廉政建设和履行职责存在的问题等,可以提出监察建议。根据《监察法》第62条的规定,有关单位拒不执行监察机关作出的处理决定,或者无正当理由拒不采纳监察建议的,由其主管部门、上级机关责令改正,对单位给予通报批评;对负有责任的领导人员和直接责任人员依法给予处理。

第二章 监察法的渊源[1]

知识结构图

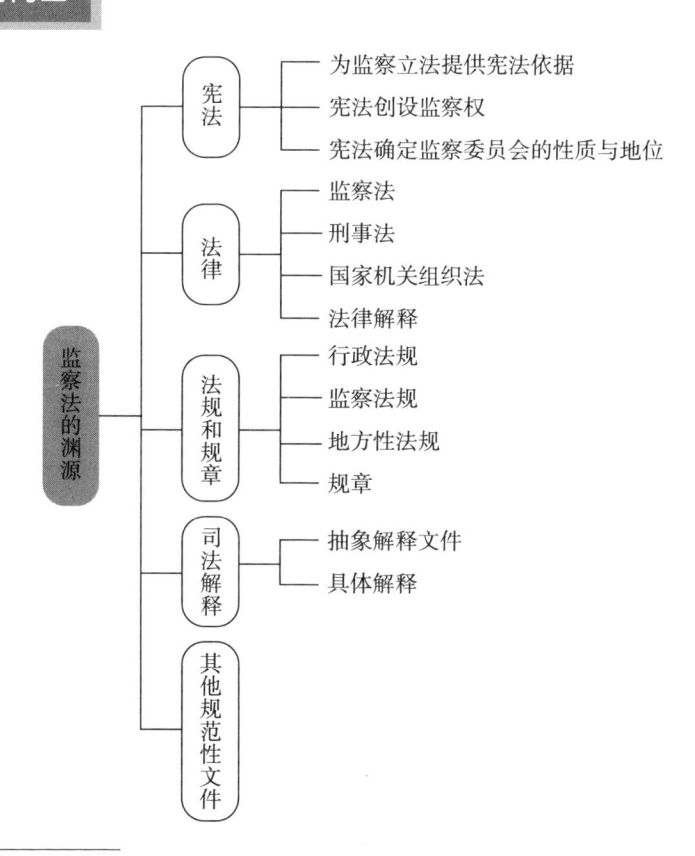

- 监察法的渊源
  - 宪法
    - 为监察立法提供宪法依据
    - 宪法创设监察权
    - 宪法确定监察委员会的性质与地位
  - 法律
    - 监察法
    - 刑事法
    - 国家机关组织法
    - 法律解释
  - 法规和规章
    - 行政法规
    - 监察法规
    - 地方性法规
    - 规章
  - 司法解释
    - 抽象解释文件
    - 具体解释
  - 其他规范性文件

---

[1] 本章所指的监察法是指作为法律部门的监察法,而不是狭义上的《监察法》。

在法理学上,法的渊源是指法的内容的表现形式,即法的形式渊源。而法的形式渊源又可以分为正式意义上的法的渊源和非正式意义上的法的渊源。监察法作为独立的法律部门,其形式渊源主要是正式意义上的法的渊源,包括宪法、法律、法规、规章和规范性文件、司法解释文件等。与传统法律部门的形式渊源不同的是,监察法的形式渊源有两个方面值得重点关注:一是党内法规。党内法规的制定主体是党的机关,不属于国家法律的范畴,从一般法理学意义上来讲,它不属于法的正式渊源。但是,我国实行党的纪检机关与监察机关合署办公的体制,由此党内法规是否属于监察法的渊源有待研究。二是党的政策文件、政府机关的规范性文件以及监察机关、司法机关的指导性案例。党的政策文件以及政府的规范性文件在一定程度上对监督范围和方式产生了实际影响。司法机关的指导性案例对职务违法、犯罪的构成、定性以及法律适用也产生着相当程度的影响。

第一节 宪 法

宪法是监察法的重要渊源。宪法是国家的根本法,具有最高法律效力。宪法规定国家机关的组织与职能,确立国家机关行使权力的原则和条件,确认公民的基本权利与义务,调整国家机关之间、国家机关与公民之间的关系。宪法的内容和地位决定了它是制定《监察法》的依据,同时也是创设监察权、设置监察机构、规定监察机构与其他国家机关之间关系的最高法律依据。

一、为监察立法提供宪法依据

监察体制改革前,我国的监察体制是行政监察体制,即在国务院和地方人民政府设立监察机关,行使监察权,对行政机关及其公务员以及国有企业和事业单位的部分工作人员进行监督和违法调查。监察体制改革后,新设立的监察委员会是与"一府两院"平行的国家机关,其法律地位高于原行政监察机关,标志我国的行政监察体制转变为国家独立监察体制。监察体制的转变,导致监察权的性质、监察机构的地位与职权均发生变化。我国先修改《宪法》设立监察机关,授予其监察权,进而制定《监察法》,《监察法》是《宪法》创设监察权的结果。

二、宪法创设监察权

监察权是一种国家权力,它既可以由代表机关行使,也可以由行政机关行使,还可以由几个国家机关共同行使。监察权的范围在不同国家以及不同历史阶段并不相同,有些国家将监察权视为监督国家机关及其公职人员的权力,有些国家则将监察权视为反贪污腐败的权力。但无论将监察权定位为何种性质的国家权力,均需宪法作出明确规定。

第十三届全国人大第一次会议通过《宪法修正案》,这是现行《宪法》的第5次修改。《宪法修正案》的主要任务之一在于确立监察机关的宪法地位,为监察法的制定提供宪法依据。《宪法修正案》专设监察委员会一节,在《宪法》中增加5个条文专门规定监察委员会,将原第123~138条相应改为第128~143条。我国《宪法》规定,监察委员会行使监察权。在人大制度下,行政机关、监察机关、审判机关和检察机关都由人民代表大会产生,对其负责、受其监督,这5种权力都是执行法律的权力,它们的不同点在于职权范围与权力行使的方式不同差异,它们之间的关系不是权力分立与制衡关系,而是权力分工基础上的配合与制约关系。

我国《宪法》创设的监察权,是指监察委员会对公职人员的监督权,它是国家监督权的重要组成部分。国家监督权是指宪法和法律规定的有权主体对国家机关及其公职人员行使权力的监督,其对应着由多个主体构成的一整套监督体系。从监察监督和检察监督的关系来看,二者在监督的对象、内容和方式等方面有不同。第一,监察监督的对象主要是行使公权力的公职人员,检察监督的对象主要是国家机关、国有企业和事业单位。如检察机关的行政公益诉讼,针对的是不履行职责的行政机关,并不针对公职人员本人;检察机关的抗诉,针对的是人民法院,而不是法官。第二,监察监督的内容主要是公职人员的职务违法和职务犯罪行为,检察监督的范围则包括国家机关行为的合法性、适用法律的准确性和合理性。第三,监察监督的方式主要是对公职人员的职务违法和职务犯罪进行调查和处置,通过纪律处分、政务处分、违法和犯罪调查等方式追究公职人员的纪律责任和刑事责任;检察监督目前主要通过诉讼监督的方式进行,以此纠正国家机关的违法和不合理的行为。

三、宪法确定监察委员会的性质与地位

国家机关的地位由宪法确定,这是宪法配置国家权力的重要功能之一。我国的国家机关体系由宪法确定,监察委员会作为国家机关,其地位与"一府两院"相同,但低于本级人大及其常务委员会。

在监察机关与人民代表大会的关系上,我国《宪法》第3条第3款规定,监察机关由人民代表大会产生,对其负责、受其监督。监察委员会应当向本级人大常委会作出专项工作报告,接受本级人大及其常务委员会的监督;各级监察委员会均由主任、副主任和委员组成,每任期同本级人大每届任期相同。国家监察委员会主任连续任职不得超过两届。

在监察机关的内部关系上,我国《宪法》第125条规定,地方各级监察委员会应当受到上级监察委员会的领导,国家监察委员会作为最高监察机关,领导地方各级监察委员会;它表明我国国家监察机关实行垂直领导,各级监察机关都是国家的监察机关。地方各级监察委员会要向本级人大及其常务委员会和上级监察机关负责。

在监察机关的独立性上,我国《宪法》第127条规定,监察机关依照法律规定独立行使监察权,不受行政机关、社会团体和个人的干涉;监察机关办理职务违法和职务犯罪案件,与审判机关、检察机关和执法部门相互配合、相互制约。

第二节 法　　律

监察法的渊源主要是法律,包括全国人大及其常委会制定的法律以及立法性决定,也包括全国人大常委会发布的法律解释。

一、《监察法》

我国《宪法》第124条规定:"监察委员会的组织和职权由法律规定。"该规定是制定《监察法》的重要宪法依据。如上文所述,我国《宪法》只规定了监察委员会的性质、地位、组成和任期,监察委员会的权限、程序、法律责任等均由《监察法》作

出具体规定。

(一)规定监察法的基本原则

《监察法》的基本原则是监察机关行使监察职能应当遵守的基本准则,是宪法价值在《监察法》中的体现。这些原则包括党的领导原则,依法监察原则(也称为监察法治原则),集中统一、权威高效原则,依法独立行使监察权原则,配合与制约原则,惩治与预防相结合原则等。

(二)规定监察机关的职权

监察机关是反腐败的专门机关,《宪法》规定监察机关是行使监察权的机关,《监察法》规定监察机关是行使监察职能的专责机关。《监察法》的规定表明监察机关是对公职人员依法履职、秉公用权、廉洁从政和道德操守行使监督的专门机关,并对监督工作负责。监察机关行使对公职人员职务违法和职务犯罪的调查权,调查期间可以行使包括查封、扣押、讯问、搜查、留置等强制措施。监察机关还行使处置权,对违纪违法的公职人员进行党纪、政务处分,对构成职务犯罪的公职人员移送人民检察院依法审查起诉。

(三)规定监察程序和法律责任

监察机关行使监察权必须根据法定程序,《监察法》对监察程序,包括举报线索的处理、案件的初步核实、立案调查的标准和批准程序、强制措施适用的条件、处置的条件和批准程序均作出了明确规定。

监察机关行使监察权,其他国家机关、社会团体和公民应当配合和协助,否则应负法律责任。如不执行监察机关作出的处理决定,无正当理由拒不采纳监察建议,或者拒不提供材料或者提供虚假证据,都应当由监察机关依法予以作出相应处理。此外,监察机关及其工作人员违纪、违法行使职权,对负有责任的领导人员和直接责任人员依法予以相应处理。

二、刑事法

刑事法是刑法和刑事诉讼法的总称。监察机关调查职务犯罪案件,在性质上属于对犯罪的调查,从这个意义上讲,其具有与刑事追诉相似的法律效果。因此,我国《刑法》有关职务犯罪的规定,以及犯罪的构成、形态、共犯、罪数、刑事责任和刑罚之适用等条文既是监察机关调查职务犯罪的法律规范，同时也是司法机关追究职务犯罪的法律依据。我国《刑法》第八章规定的贪污贿赂罪、第九章规定的渎职罪及其认定，均为监察机关调查职务犯罪所适用，是监察法的重要渊源。

刑事诉讼法是调整刑事诉讼的法律规范。虽然公职人员的职务违法和职务犯罪调查不适用刑事侦查法律，但监察机关调查的案件应当移送人民检察院依法审查起诉，人民检察院依法提起公诉后，人民法院应当根据刑事诉讼法进行审判。所以，刑事诉讼法的有关审查起诉和审判的规范是监察法的重要渊源。第一，刑事诉讼法关于证据的条件与标准、非法证据排除规则适用于职务犯罪案件的审查起诉和审判活动。《监察法》规定非法证据排除适用于职务犯罪调查，规定监察机关收集证据应当达到刑事审判的标准。由于检察机关、审判机关针对职务犯罪案件的审查起诉活动、审判活动，均要求符合《刑事诉讼法》关于证据的诸多规定，故而后者在职务犯罪调查中也有相当意义。第二，刑事诉讼法关于审查起诉的规定适用于职务犯罪案件，人民检察院经过审查提起公诉的案件标准必须符合刑事诉讼法的规定，人民检察院认为犯罪事实和证据需要补充核实的，可以退回监察委员会补充调查或者自行补充侦查，补充调查或补充侦查后必须达到刑事案件起诉标准，人民检察院才能提起公诉。人民检察院认为监察委员会调查终结的案件，属于《刑事诉讼法》上不起诉的案件，应当依法作出不起诉的决定。第三，人民法院适用《刑事诉讼法》对职务犯罪的被告人进行审判。法院审判过程中适用《刑事诉讼法》关于证据的规定、关于质证的规定、关于辩护的规定以及关于缺席审判的规定。

三、国家机关组织法

国家机关组织法是关于国家机关组织、活动原则和职权与法律责任的法律规范。我国的国家机关组织法包括两部分，第一部分是机构组织法，包括《全国人大组织法》《地方人大和政府组织法》《国务院组织法》《人民法院组织法》《人民检察院组织法》《村民委员会组织法》《城市居民委员会组织法》。第二部分是公务人员法，包括《代表法》《公务员法》《法官法》《检察官法》等。

（一）机构组织法关于国家机关的组织和职权的规定

我国《监察法》规定监察对象包括6类公职人员和有关人员。确定监察对象的主要标准之一,是公职人员所在机关和单位的性质和职权。机构组织法对国家机关组织和职权的规定,是监察机关依法行使监督权的法律依据,也是监察机关行使处置权的依据。机构组织法决定该机构的性质、行使公权力的范围、法定职权等,如《地方人大和政府组织法》第8条规定县级以上地方各级人大的职权,表明地方各级人大是地方国家权力机关,行使国家权力。《人民法院组织法》规定了各级人民法院和专门人民法院的组织与职权,确定了人民法院的审级制度和审判工作的原则,列举了各级人民法院的案件管辖权,表明各级人民法院是国家的审判机关,代表国家行使审判权。

(二)公务人员法的规定

公务人员法是指确立公职人员资格、产生、任免程序、权利与义务的法律,一般是指国家工作人员。公务人员法之所以成为我国《监察法》的渊源,主要是因其规定了以下事项:

1. 公职人员的确定标准。我国公职人员与公务人员的概念有一定相似性,《监察法》并没有明确公职人员的判断标准。不过,法律对公职人员资格和行使职权的性质作出的规定,故是判断公职人员的标准。如我国《刑法》第93条规定:"本法所称国家工作人员,是指国家机关中从事公务的人员。国有公司、企业、事业单位、人民团体中从事公务的人员和国家机关、国有公司、企业、事业单位委派到非国有公司、企业、事业单位、社会团体从事公务的人员,以及其他依照法律从事公务的人员,以国家工作人员论。"可见,《刑法》确定国家机关工作人员的标准是公务标准,即只要是从事公务的人员均属于国家工作人员。公务标准也是我国法律确定公务人员范围的基本标准。如我国《代表法》第2条规定:"全国人大和地方各级人大代表,代表人民的利益和意志,依照宪法和法律赋予本级人大的各项职权,参加行使国家权力";《代表法》第3条规定了代表有选举、表决等权利。根据《代表法》的规定,代表享有执行代表职务的权力和相应的法律保障。因此,《代表法》第46条规定:"代表应当正确处理从事个人职业活动与执行代表职务的关系,不得利用执行代表职务干涉具体司法案件或者招标投标等经济活动牟取个人利益。"该规定明确了各级人大代表行使的权力是国家公权力,因此,属于公职人员的范畴,代表不得利用代表身份受贿或者从事与其代表身份不相符合的活动。所以,人大代表理应成为监察的对象,只是监察机关行使监督权和职务犯罪调查权时,需要遵守《宪法》和《代表法》有关代表职务保障方面的规定。

2. 公职人员的职权。我国《监察法》对公职人员范围的确定,除依据公务人员所在机关来判断外,还确立了职权标准,即国家机关和国有企业事业组织中从事公务的人员。它表明,即使某些人员在国家机关和国有企业事业组织中工作,但如果不行使公权力,即没有法定的职权,就不属于监察的对象。如《检察官法》第2条规定:"检察官是依法行使国家检察权的检察人员";《检察官法》第7条规定,检察官有监督、公诉、侦查等4项职责。它表明,助理检察官以上的专门检察人员属于公务人员。我国的高等学校是法律法规授权的组织,属于《监察法》规定的公办教育机构,行使《教育法》《高等教育法》授予的公权力。因此,高等学校的校级领导属于行政机关任命的工作人员,而高等学校的管理人员按照行政岗位和行政级别从事管理活动,行使公权力,属于监察法上的公职人员。但是,我国《教师法》第7条规定的教师权利包括教学、科研、参加培训、指导学生等,这些权利不属于公权力,即教师没有行使管理职权。因此,不属于公职人员,只有教师根据学校的安排从事招生、考试和录取工作等管理活动时,才行使管理职权,属于监察法上的公职人员范畴。

3. 对职务违法公职人员的处置。《监察法》规定公职人员职务违法需要追究法律责任,由监察机关作出政务处分决定。政务处分本质上是一种纪律处分,由于监察机关对中国共产党机关、人大机关、政协机关、民主党派机关的公职人员作出纪律处分,所以,使用行政处分的概念不太适当。《监察法》以"政务处分"代替"行政处分"的概念,但由于监督对象的不同,政务处分必须与公务人员法有关纪律处分的规定相结合,且适用这些法律有关纪律处分的规定。《公务员法》第61条第1款规定:"公务员因违法违纪应当承担纪律责任的,依照本法给予处分或者由监察机关依法给予政务处分;违纪违法行为情节轻微,经批评教育后改正的,可以免予处分。"第62条规定:"处分分为:警告、记过、记大过、降级、撤职、开除。"《法官法》专章规定对法官的考核、奖励和惩戒事项,明确列举了法官不得从事的违法乱纪行为,该法第46条第1款规定,法官有违法违纪行为的,应当给予处分;构成犯罪的,依法追究刑事责任。第46条第2款规定:"法官的处分按照有关规定办理。"该法

第 11 条第 2 项还规定："非因法定事由、非经法定程序,不被调离、免职、降职、辞退或者处分。"这些法律关于纪律处分的规定、适用对象、适用条件的规定,监察机关在作出政务处分时必须执行。

四、法律解释

我国《立法法》规定,当法律规定需要进一步明确具体含义或者法律制定后出现新的情况,需要明确适用的法律依据时,由全国人大常委会进行法律解释。全国人大常委会的法律解释属于立法解释。全国人大常委会对法律的解释与法律具有同等效力,是监察法的渊源。全国人大常委会关于职务犯罪及刑事追诉的解释以及关于《监察法》的解释是监察法规范体系的一部分。

第三节 法规和规章

一、行政法规

行政法规在我国法律体系中具有较高的地位。行政法规与监察工作相关的法规或者条款,均属于监察法体系的组成部分。

（一）《行政机关公务员处分条例》

《行政机关公务员处分条例》全面规定公务员的权利与义务,规定公务员法律责任。该条例第 1 条规定,为了严肃行政机关纪律,规范行政机关公务员的行为,保证行政机关及其公务员依法履行职责。2005 年《公务员法》制定后,为了实施公务员法,对公务员的纪律责任作出更加具体的规定,该条例被通过施行。行政机关公务员违反法律、法规、规章以及行政机关的决定和命令,应当承担纪律责任的,适用该条例给予处分。《行政机关公务员处分条例》规定的纪律处分种类与《公务员法》的规定一致,但对公务员受处分的期间和法律后果作出明确规定,对 6 种处分决定适用的条件予以细化,对处理的权限和程序也作出了严格的规定,是我国处分行政机关公务员的重要依据。但是,由于《行政监察法》已经废止,因此,必须及时修改《行政机关公务员处分条例》,使之与《监察法》保持一致。

(二)《中国人民解放军文职人员条例》

《中国人民解放军文职人员条例》是规范军队文职人员的法规,由国务院和中央军委共同制定。《中国人民解放军文职人员条例》规定,文职人员是指在军队编制岗位依法履行职责的非服兵役人员,是军队人员的组成部分。文职人员在军队和社会生活中,依法享有国家工作人员相应的权利,履行相应的义务。因此,解放军文职人员属于国家工作人员,行使管理职权,是监察法上的监督对象。虽然该条例没有规定纪律处分制度,但是规定了辞退和解聘。该条例第 64 条规定,文职人员正在接受审计、纪律审查、监察调查,或者涉嫌犯罪,司法程序尚未终结的,不得辞职或单方面解聘。这一规定表明文职人员违纪或者职务违法,应当接受监察调查与处置。

(三)行政法规中的监察规范条款

在行政法规中,有不少条款涉及监察规范,或者可以为监察机关适用。这些条款属于监察法的渊源。部分法规将某些工作人员作为纪律处分的对象,同时,规定从事某些违法行为需要受到纪律处分。例如,《财政违法行为处罚处分条例》规定,财政收入执收单位及其工作人员有违反国家财政收入管理规定的行为,应当受到纪律处分。对单位给予警告或者通报批评,对直接负责的主管人员和其他直接责任人员给予警告、记过或者记大过处分,情节严重的,给予降级或者撤职处分。该处分条例主要考虑到财政违法的主体和行为特征,因此,对纪律处分的对象和违法行为作出不同于《行政机关公务员处分条例》的规定。这些规定适用于财政收入执收单位的工作人员,监察机关行使监督权时应以此为依据。

二、监察法规

监察法规是国家监察委员会制定的,在全国范围内监察领域施行适用的具有普遍拘束力的一种法规范形式。这包含四个方面的要素:第一,监察法规是"法规"。根据《宪法》第 58 条和《立法法》第 7 条的规定,只有全国人大及其常委会才能行使"国家立法权",即只有最高国家权力机关和它的常设机关制定的法律,才能称作(狭义)法律。第二,监察法规是具有"普遍拘束力"的法规。从监察法规来讲,作为面向不特定多数人之规范性文件,它并不限于指向公民和监察内部的狭隘拘束力,同时进一步意味着对其他国家机构的"普遍拘束力"。第三,监察法规是关于"监察事项"的法规。监察法规应当也只得针对监察领域有关事项作出规定,由此区别于行政法规、军事法规等在其他特定领域内适用的法规。第四,监察法规是在"全国范围"施行适用的法规。作为"中央一级国家机构"的国家监察委员会所制定的法规,监察法规通常情况下在全国范围内生效施行,由此区别于地方性法规等仅在本地域内施行适用的法规。[1]

2019年10月26日,第十三届全国人大常委会第十四次会议通过《全国人民代表大会常务委员会关于国家监察委员会制定监察法规的决定》。根据该决定,国家监察委员会根据宪法和法律,制定监察法规。监察法规规定的事项包括"为执行法律的规定需要制定监察法规的事项"和"为履行领导地方各级监察委员会工作的职责需要制定监察法规的事项"两个方面,但不得与宪法、法律相抵触。同时,还决定还规定了监察法规的决定和公布程序、备案审查和撤销机制。根据决定,监察法规应当经国家监察委员会全体会议决定,由国家监察委员会发布公告予以公布;监察法规应当在公布后的30日内报全国人民代表大会常务委员会备案;全国人民代表大会常务委员会有权撤销同宪法和法律相抵触的监察法规。

经2021年7月20日国家监察委员会全体会议决定,《监察法实施条例》已公布并于2021年9月20日起施行。这是国家监察委员会根据《全国人民代表大会常务委员会关于国家监察委员会制定监察法规的决定》制定的第一部监察法规。该条例分为总则、监察机关及其职责、监察范围和管辖、监察权限、监察程序、反腐败国际合作、对监察机关和监察人员的监督、法律责任、附则等9章,共287条,与监察法各章相对应。

三、地方性法规

地方性法规由具有地方立法权的人大及其常委会制定,其效力低于法律和行政法规。有些法规在确定行政管理责任主体、划分行政管理权限、明确行政纪律等方面,发挥着不可替代的作用。这些规定可以在监察机关,尤其是地方监察机关对

---

[1] 参见秦前红、石泽华:《监察法规的性质、地位及其法治化》,载《法学论坛》2020年第6期。

公职人员行使监察权的过程中产生重要的规范作用。

例如,《青海省饮用水水源保护条例》规定,县级以上人民政府水行政主管部门负责对本行政区域内饮用水水源的统一管理和监督工作。县级以上人民政府环境保护主管部门负责对本行政区域内饮用水水源污染防治实施统一监督管理。县级以上人民政府水行政、环境保护和其他有关行政主管部门不履行职责,或者存在滥用职权、玩忽职守、徇私舞弊的行为的,由其上级行政机关或者监察机关责令改正;对直接负责的主管人员和其他直接责任人员依法给予处分。

四、规章

规章分为部门规章和地方政府规章两类。规章的效力低于行政法规,人民法院办理案件时并不直接适用规章作为依据,但可参照适用。在我国,规章的数量众多,其中有的规章可以为监察机关行使监督和处置权提供依据。

(一)《事业单位工作人员处分暂行规定》

《事业单位工作人员处分暂行规定》系人力资源和社会保障部与原监察部共同制定。事业单位工作人员违法违纪,应当承担责任的,依照该规定给予处分。处分的种类为:警告、记过、降低岗位等级或者撤职、开除4种。《事业单位工作人员处分暂行规定》对处分期间以及处分的后果作出明确规定,同时还规定处分各种处分的适用条件和程序。由于事业单位工作人员不是公务员,因此并不适用《公务员法》和《行政机关公务员处分条例》,而适用《事业单位工作人员处分暂行规定》,因此,可以为监察机关监督事业单位公职人员提供依据。

(二)《事业单位公开招聘违纪违规行为处理规定》

《事业单位公开招聘违纪违规行为处理规定》由人力资源和社会保障部制定。事业单位公开招聘中违纪违规行为的认定与处理,适用该规定。该规定将应当承担违法违纪责任的主体分为单位主管部门和招聘工作人员两类,对于招聘单位在公开招聘中的违法违纪行为,事业单位主管部门或者事业单位人事综合管理部门应当责令限期改正;逾期不改正的,对直接负责的主管人员和其他直接责任人员依法给予处分。对于招聘工作人员的违法违纪行为,由相关部门给予处分,并将其调离招聘工作岗位,不得再从事招聘工作。该规定的特点在于区分了两类责任主体的违法违纪行为,并且规定了处分的程序。

(三)地方政府规章中有关公职人员管理责任的规定及纪律处分条款

地方政府规章众多,构成监察法体系的专门性地方政府规章较少,但许多地方政府规章规定了地方政府或者组织在某些专门行政管理事项方面的责任,规定行政纪律及纪律处分程序。如《江西省英雄烈士纪念设施保护管理办法》规定,县级以上人民政府负责英雄烈士保护工作的部门及其工作人员违反本办法的规定,未依法履行英雄烈士纪念设施保护和管理职责,或者在实施监督管理中滥用职权、玩忽职守、徇私舞弊的,应当责令改正,情节严重的,按照有关规定对直接负责的主管人员和其他直接责任人员依法给予处分。再如《桂林市国有石刻保护资金管理办法》规定,在石刻保护资金管理和使用过程中发现违纪违法问题线索,应及时移送纪检监察机关处理。国有石刻保护资金使用单位截留、挤占、挪用国有石刻保护资金或者不按本办法规定的用途使用国有石刻保护资金的,由文物行政主管部门责令其改正;对相关主管部门主要负责人及直接责任人员,依照国家有关法律法规的规定,给予纪律处分或处罚。

第四节 司法解释

司法解释是由审判机关和检察机关单独或者联合发布的具体应用法律的解释性文件。这些司法解释如果涉及职务犯罪的构成、认定和法律适用,或者对职务犯罪的立案调查、审查起诉和证据的认定产生影响的,也属于监察法的渊源。

司法解释有两种,一种是抽象解释文件,它是司法机关适用法律的整体性解释,其规范结构与法律基本相同,有些解释文本的条文比解释对象的条文还多;另一种是司法机关对下级机关就适用法律问题的答复,这些答复性文件往往针对特定的案件或者某些法律适用问题作出的具体解释,可以为下级司法机关在处理案件时适用。

一、抽象解释文件

(一)《刑事诉讼法司法解释》

《刑事诉讼法司法解释》是最高人民法院对《刑事诉讼法》具体适用的解释,共

655 条。该解释是监察机关调查职务违法和职务犯罪案件的重要法律依据。在以审判为中心的司法体制改革背景下，监察机关犯罪调查立案标准和证据标准必须符合刑事审判的要求，否则不能定罪量刑。所以，监察机关调查职务犯罪必须遵守《刑事诉讼法》以及《刑事诉讼法司法解释》，这是依法监察原则的具体体现，《刑事诉讼法司法解释》中主要有两部分内容与监察法相关。

1. 证据规则。《刑事诉讼法司法解释》第四章（第 69 条至第 146 条）均属于对刑事诉讼法中证据的解释，其中，第一节"一般规定"第 71 条规定"证据未经当庭出示、辨认、质证等法庭调查程序查证属实，不得作为定案的根据"，第 72 条列举了 11 种需要证据证明的案件事实；第二节到第八节详细规定了法院对各种证据的审查内容及认定规则；第九节"非法证据排除"明确了非法证据的含义、法院排除非法证据的程序；第十节"证据的综合审查与运用"明确规定对证据的真实性应当综合全案证据进行审查。《刑事诉讼法司法解释》关于证据规定的规定，在监察机关职务犯罪调查中也有重要的意义。监察机关职务犯罪调查虽然直接适用《监察法》，但职务犯罪案件的审查起诉和审判活动适用《刑事诉讼法》。同时，《监察法》明确规定职务犯罪调查适用非法证据排除规则，而且证据必须达到刑事审判的标准。因此，《刑事诉讼法司法解释》对监察机关调查职务犯罪具有一定的指引价值。

2. 补充侦查和证据调取。法庭调查是证明犯罪的关键环节，《刑事诉讼法司法解释》对法庭调查期间补充侦查和证据调取作出详细规定，以保障案件审理的高质量。《刑事诉讼法司法解释》第 274 条规定，公诉人发现案件需要补充侦查，建议延期审理的，合议庭可以同意，但建议延期审理不得超过两次。补充侦查期限届满后，人民检察院未将补充的证据材料移送人民法院的，人民法院可以根据在案证据作出判决、裁定。《监察法》规定，监察机关调查终结的案件，移送人民检察院依法审查起诉，如果证据充分、确实，已经形成证据链的，人民检察院应当及时提起公诉。但是，在法庭调查阶段，如果人民检察院认为证据不足，或者证据存在瑕疵，需要补充侦查，必然会导致监察机关需要调查或者协助人民检察院侦查的问题。《刑事诉讼法司法解释》第 275 条还规定，人民法院向人民检察院调取需要调查核实的证据材料，或者根据被告人、辩护人的申请，向人民检察院调取在调查、侦查、审查起诉期间收集的有关被告人无罪或者罪轻的证据材料,应当通知人民检察院在收到调取证据材料决定书后3日内移交。该规定表明,监察机关调查终结后,如果没有向人民检察院移送全部证据材料,或者在补充调查后没有向人民检察院移送全部证据材料,可能影响到定罪量刑的,在人民法院要求调取时,有在法定期限内移送的义务。

(二)《人民检察院刑事诉讼规则》

《人民检察院刑事诉讼规则》于2019年12月2日由最高人民检察院第十三届检察委员会第二十八次会议通过,自2019年12月30日起施行。作为最高人民检察院对刑事诉讼法的司法解释,其涉及刑事诉讼所有的制度和程序问题,内容极为详尽。该规则对职务犯罪范围的解释,对审查起诉、不起诉、证据规则和非法证据排除的规定,对监察机关职务犯罪调查具有一定的价值。

《人民检察院刑事诉讼规则》第17条针对人民检察院办理直接受理侦查的案件的管辖问题作出明确规定,人民检察院办理直接受理侦查的案件,发现犯罪嫌疑人同时涉嫌监察机关管辖的职务犯罪线索的,应当及时与同级监察机关沟通。经沟通,认为全案由监察机关管辖更为适宜的,人民检察院应当将案件和相应职务犯罪线索一并移送监察机关;认为由监察机关和人民检察院分别管辖更为适宜的,人民检察院应当将监察机关管辖的相应职务犯罪线索移送监察机关,对依法由人民检察院管辖的犯罪案件继续侦查。

司法机关的抽象解释文件还有:最高人民法院、最高人民检察院、公安部、国家安全部、司法部《关于办理刑事案件严格排除非法证据若干问题的规定》,最高人民法院、最高人民检察院《关于适用犯罪嫌疑人、被告人逃匿、死亡案件违法所得没收程序若干问题的规定》,最高人民法院、最高人民检察院《关于办理贪污贿赂刑事案件适用法律若干问题的解释》,最高人民法院《关于审理掩饰、隐瞒犯罪所得、犯罪所得收益刑事案件适用法律若干问题的解释》,最高人民法院、最高人民检察院《关于办理行贿刑事案件具体应用法律若干问题的解释》,最高人民法院、最高人民检察院《关于办理渎职刑事案件适用法律若干问题的解释》,最高人民检察院《关于工人等非监管机关在编监管人员私放在押人员行为和失职致使在押人员脱逃行为适用法律问题的解释》[1]等。这些解释文件直接针对职务犯罪而制定,对于职务犯罪案件的审判和法律适用产生规范作用。

二、具体解释

具体解释,是指最高人民法院和最高人民检察院采取答复的形式对法律适用进行解释。这些解释直接适用于职务犯罪案件性质的认定,或者职务犯罪范围的界定,在司法实践中发挥非常重要的作用。如最高人民检察院在回复宁夏回族自治区人民检察院《关于国库券等有价证券是否可以成为挪用公款罪所侵犯的对象以及以国库券抵押贷款的行为如何定性等问题的请示》的批复指出,国家工作人员利用职务上的便利,挪用公有或本单位的国库券的行为以挪用公款论;符合《刑法》第384条、第272条第2款规定的情形构成犯罪的,按挪用公款罪追究刑事责任。最高人民法院《关于村民小组组长利用职务便利非法占有公共财物行为如何定性问题给四川省高级人民法院的答复》指出,对村民小组组长利用职务上的便利,将村民小组集体财产非法占为己有,数额较大的行为,应当依照《刑法》第271条第1款的规定,以职务侵占罪定罪处罚。最高人民法院《关于国家工作人员利用职务上的便利为他人谋取利益离退休后收受财物行为如何处理问题给江苏省高级人民法院的批复》指出,国家工作人员利用职务上的便利为请托人谋取利益,并与请托人事先约定,在其离退休后收受请托人财物,构成犯罪的,以受贿罪定罪处罚。

第五节 其他规范性文件

因为监察法是一个独立的法律部门,涉及宪法、行政法、刑事法,所以监察法规范体系极为广泛。国际条约和中央军事委员会制定的监察规定也属于监察法的正

---

[1] 最高人民检察院《关于工人等非监管机关在编监管人员私放在押人员行为和失职致使在押人员脱逃行为适用法律问题的解释》规定,工人等非监管机关在编监管人员在被监管机关聘用受委托履行监管职责的过程中私放在押人员的,应当依照《刑法》第400条第1款的规定,以私放在押人员罪追究刑事责任;由于严重不负责任,致使在押人员脱逃,造成严重后果的,应当依照《刑法》第400条第2款的规定,以失职致使在押人员脱逃罪追究刑事责任。

式渊源。

我国《监察法》专章规定了反腐败的国际合作,因此,我国签署的反腐败国际条约,构成监察法的渊源。《联合国反腐败公约》是唯一一份具有法律约束力的国际性反腐败法律文件。该公约为世界各国政府对各种腐败行为的定罪、惩处、责任追究、预防、国际合作、资产追回以及履约监督机制提供了法律依据。该公约于2005年12月14日开始生效。全国人大常委会关于批准《联合国反腐败公约》的决定于2005年10月27日发布,自2005年10月27日起施行。除《联合国反腐败公约》外,2014年亚太经济合作组织(Asia-Pacific Economic Cooperation,APEC)部长级会议上通过《北京反腐败宣言》,并成立 APEC 反腐执法合作网络,旨在与亚太各国加大追逃追赃等合作,携手打击跨境腐败行为。2016年9月5日,二十国集团(G20)杭州峰会成功召开,峰会通过了《二十国集团反腐败追逃追赃高级原则》《二十国集团2017—2018年反腐败行动计划》,在华设立 G20 反腐败追逃追赃研究中心。

《监察法》第68条规定,中国人民解放军和中国人民武装警察部队开展监察工作,由中央军事委员会根据本法制定具体规定。这同样是监察法的渊源。

第三章 监察法的原则

知识结构图

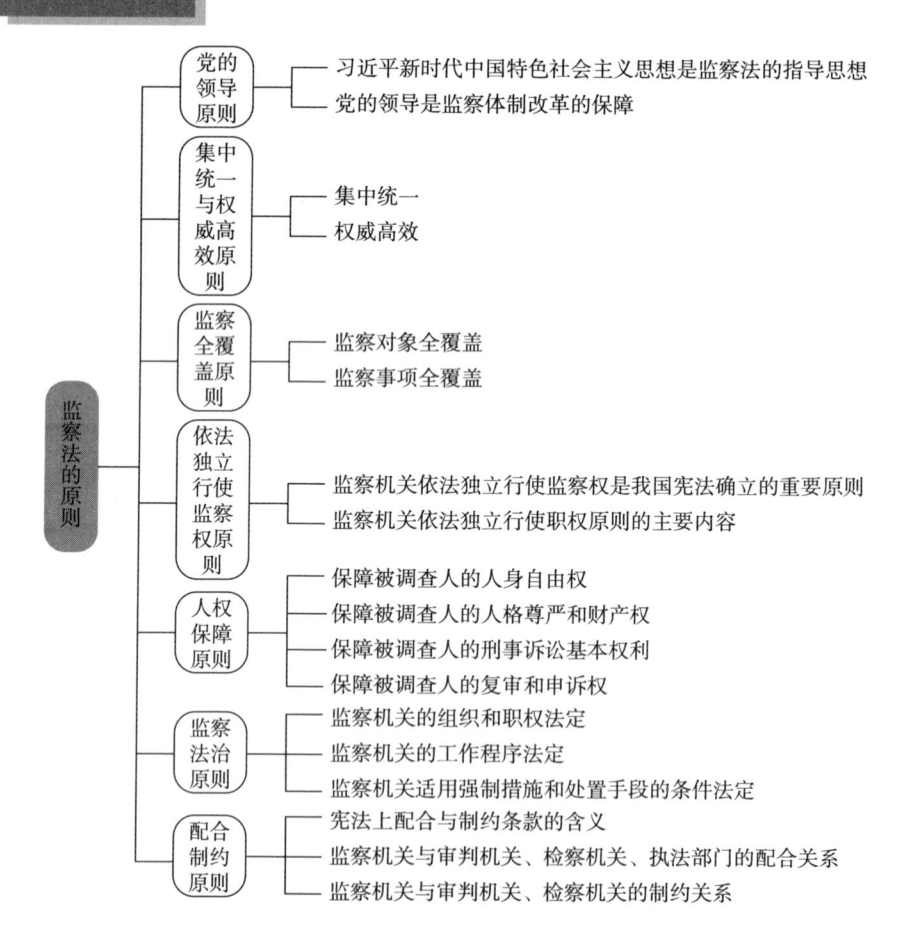

```
                    ┌─ 党的领导原则 ─┬─ 习近平新时代中国特色社会主义思想是监察法的指导思想
                    │               └─ 党的领导是监察体制改革的保障
                    │
                    ├─ 集中统一与权威高效原则 ─┬─ 集中统一
                    │                         └─ 权威高效
                    │
                    ├─ 监察全覆盖原则 ─┬─ 监察对象全覆盖
                    │                 └─ 监察事项全覆盖
                    │
  监察法的原则 ─────┼─ 依法独立行使监察权原则 ─┬─ 监察机关依法独立行使监察权是我国宪法确立的重要原则
                    │                         └─ 监察机关依法独立行使职权原则的主要内容
                    │
                    ├─ 人权保障原则 ─┬─ 保障被调查人的人身自由权
                    │               ├─ 保障被调查人的人格尊严和财产权
                    │               ├─ 保障被调查人的刑事诉讼基本权利
                    │               └─ 保障被调查人的复审和申诉权
                    │
                    ├─ 监察法治原则 ─┬─ 监察机关的组织和职权法定
                    │               ├─ 监察机关的工作程序法定
                    │               └─ 监察机关适用强制措施和处置手段的条件法定
                    │
                    └─ 配合制约原则 ─┬─ 宪法上配合与制约条款的含义
                                    ├─ 监察机关与审判机关、检察机关、执法部门的配合关系
                                    └─ 监察机关与审判机关、检察机关的制约关系
```

我国监察机关作为行使监察权的专责机关,其特殊性、独立性植根于中华民族传统文化源流,这是新监察体制的重要特色。[1]《监察法》是在监察体制改革的基础上,充分吸收我国纪检监察体制改革的经验,结合我国反腐败工作的实际情况而制定的。因此,监察法确立了与我国监察体制相适应的原则,这些原则是监察委员会和其他国家机关、监察活动参与人共同遵守的准则。

第一节 党的领导原则

党的领导原则是监察法确立的基本原则,我国《监察法》第 2 条规定:"坚持中国共产党对国家监察工作的领导。"该规定确立了党在监察工作中的领导地位,在中国特色社会主义法治语境下,监察制度改革要与党的领导和人民当家作主相结合,实现与中国政党制度合理衔接。[2]

一、习近平新时代中国特色社会主义思想是监察法的指导思想

中国共产党以马克思列宁主义、毛泽东思想、邓小平理论、"三个代表"重要思想、科学发展观、习近平新时代中国特色社会主义思想作为自己的行动指南。党的领导原则首先表现在,监察法坚持以马克思列宁主义、毛泽东思想、邓小平理论、"三个代表"重要思想、科学发展观、习近平新时代中国特色社会主义思想为指导。中国共产党以马克思主义为指导思想,在其发展的历史过程中,始终坚持将反腐败作为党的建设的重要内容,我国 20 世纪 50 年代即建立了党的纪检监督与国务院的行政监察监督相结合的反腐败体制;改革开放以来,确立了党的纪律检、政府行政监察和检察机关侦查职务犯罪的反腐败机制;在长期反腐败斗争中取得了成功经验,也有值得总结的不足。习近平新时代中国特色社会主义思想是马克思主义中国化的最新成果,是党和国家的指导思想,继承和发展了马克思主义。习近平新时代中国特色社会主义思想的主要内容之一就是全面从严治党,加强党内监督,加

---

[1] 参见陈光中、邵俊:《我国监察体制改革若干问题思考》,载《中国法学》2017 年第 4 期。
[2] 参见秦前红、叶海波等:《国家监察制度改革研究》,法律出版社 2018 年版,第 14 页。

强党对反腐败工作的统一领导。党的十八大以来,全面加强党内监督、依法严惩腐败是党的建设的重要内容。党的十八届六中全会指出,加强党内监督是马克思主义政党的一贯要求,是我们党的优良传统和政治优势。因此,增强党的自我净化、自我完善、自我革新、自我提高能力,提高党的领导水平和执政水平,增强拒腐防变的能力是党的领导原则在政策上的体现。党的十九大报告提出,只有以反腐败永远在路上的坚韧和执着,深化标本兼治,保证干部清正、政府清廉、政治清明,才能跳出历史周期率,确保党和国家长治久安。党的二十大报告要求坚决打赢反腐败斗争攻坚战持久战,并进一步指出:"腐败是危害党的生命力和战斗力的最大毒瘤,反腐败是最彻底的自我革命。只要存在腐败问题产生的土壤和条件,反腐败斗争就一刻不能停,必须永远吹冲锋号。"

二、党的领导是监察体制改革的保障

监察体制改革是重大政治体制改革,2016年11月中共中央办公厅印发《关于在北京市、山西省、浙江省开展国家监察体制改革试点方案》,部署在3省市设立各级监察委员会。2016年12月25日第十二届全国人大常务委员会第二十五次会议根据党中央的试点方案作出决定:在北京市、山西省、浙江省开展国家监察体制改革试点工作。党的十九大报告总结了监察体制改革的试点经验,明确提出要健全党和国家监督体系,确立了监察法的立法原则:加强对权力运行的制约和监督,深化国家监察体制改革,组建国家、省、市、县监察委员会,同党的纪律检查机关合署办公;实现对所有行使公权力的公职人员监察全覆盖;制定国家监察法,依法赋予监察委员会职责权限和调查手段,用留置取代"两规"措施;构建党统一指挥、全面覆盖、权威高效的监督体系;把党内监督同国家机关监督、民主监督、司法监督、群众监督、舆论监督贯通起来,增强监督合力。

党的十八届六中全会通过的《中国共产党党内监督条例》为《监察法》的制定奠定基础。该条例确立了党内监督体系,我国《监察法》确立国家监督体系。《中国共产党党内监督条例》明确规定了党的中央委员会全面领导党内监督工作,各级党委应当加强对同级纪委和所辖范围内纪律检查工作的领导,检查其监督执纪问责工作情况,规定党的各级纪律检查委员会是党内监督的专责机关,履行监督执纪问责职责。《中国共产党纪律处分条例》规定,党组织和党员违反党章和其他党内法规,违反国家法律法规,违反党和国家政策,违反社会主义道德,危害党、国家和人民利益的行为,依照规定应当给予纪律处理或者处分的,都必须受到追究,明确规定党纪处分的种类与适用程序。这些党内法规对党内监督和党纪处分的规定,是《监察法》确定监督对象、监察权限和监察程序的依据之一。这些党内法规的制定与实施是党领导反腐败工作的主要内容,《监察法》的制定使党内监督与国家监察贯通,纪律审查与监察调查衔接,形成系统的国家权力监督体系。

第二节 集中统一与权威高效原则

我国《监察法》的制定在于构建集中统一、权威高效的中国特色国家监察体制。监察体制改革前,党纪监督、行政监察和职务犯罪侦查三项反腐败职能分别由不同的国家机关行使:党纪监督由党的纪检部门负责,行政监察由行政监察机关负责,职务犯罪侦查由人民检察院负责。这种体制导致反腐败资源分散,不同的反腐败机构职能不同、适用的法律法规不同、处置程序不同,导致一个腐败案件经过多机关不同程序进行处理,严重影响反腐败的效率。监察体制改革的目标之一即在于,建立集中统一、权威高效的反腐败体系。

一、集中统一

所谓集中统一,是指各项反腐败的职权集中并由监察机关统一行使。监察体制改革首先就是要改变反腐败资源分散的状况,将党的纪检部门、行政监察机关和人民检察院的反贪、反渎和职务犯罪预防部门整合,组成与"一府两院"平行的监察委员会,监察委员会的建立标志着集中统一的监察体制形成。

(一)反腐败职能集中

监察委员会的监察权本质上是宪法和法律赋予的监督公职人员合法行使职权的权力,其核心是反腐败的职权。无论是各级党政机关工作人员,还是国有企业和事业单位的管理人员,只要其行为违反党内法规或者法律,构成职务违法或者职务犯罪的,均由各级监察委员会依照监察权限进行监督、调查和处置。国家监察委员会与党的纪律检查委员会合署办公,具有政治机关的性质。因此,各级纪委监察机关,必须根据党章以及党内法规履行党内监督的专责,监督各级党组织及党员是否遵守党的政治纪律和政治规矩,是否遵守廉洁纪律,对违反党纪的党员和党员领导干部以党的纪律检查委员会名义进行审查并作出纪律处分决定。各级监察委员会作为国家监察专责机关,属于宪法明确规定的国家机关,依照法律规定对公职人员的职务违法和职务犯罪行为进行调查,根据监督、调查结果,依法作出相应处置。所以,监察委员会集违反党纪、职务违法和职务犯罪调查以及处置于一身,实现了反腐败资源的集中。

(二)反腐败机构统一

监察体制改革后,监察委员会与党的纪律检查委员会合署办公,形成党政合署机构。监察委员会还整合了由人民检察院转隶过来的反贪、反渎和职务犯罪预防部门,因此,监察委员会事实上既是党内监督的专责机构,又是行使国家监察职能的专责机关。反腐败的职能由监察委员会统一行使,从而实现党内监督和国家监察的贯通,实现党的纪律与国家法律之间的衔接协调。

监察机关是职务违法和职务犯罪的主要调查和处置机关。《监察法》第34条规定,有关国家机关在履行职责的过程中,如果发现公职人员涉嫌贪污贿赂、失职渎职等职务违法或者职务犯罪的问题线索,应当将线索移送监察机关由监察机关调查处置;如果被调查人既有普通刑事犯罪,又有职务犯罪的,一般应当由监察机关为主调查,其他机关予以协助。

二、权威高效

所谓权威高效是指监察机关行使监察职能具有权威性,并且能够在监督、调查和处置过程中提高效率,提升反腐败的效果。

(一)监察委员会反腐败工作的权威性

中国共产党是执政党,我国多数公职人员是中国共产党党员,党的纪律检查机关对党员的监督同时可以覆盖多数公职人员。在纪检监察机关合署办公的背景下,这在监督对象上保证了监察机关反腐败工作的权威性。另外,《宪法》对于监察委员会地位的确立,也是其权威性的重要制度保障。《宪法》设置独立的监察机关,将监察机关与行政机关、审判机关、检察机关并列,从而将监察委员会明确为国家机构的重要组成部分,各级监察委员会由人民代表大会产生,对其负责、受其监督。

(二)监察委员会反腐败工作的高效率

纪检监察机关针对公职人员的违纪、职务违法和职务犯罪案件,统一立案并进行审查调查和案件审理、处置工作。在此基础上,《监察法》通过两个方面提升反腐败工作效能。第一,对监察委员会接受举报,办理案件线索以及初步核实和立案调查等作出了明确的规定,并规定监察机关应当建立问题线索处置、调查、审理各部门相互协调、相互制约的工作机制。监察机关应当设立相应的工作部门履行线索管理、监督检查、督促办理、统计分析等管理协调职能。监察机关内部各承办部门权限分工明确,办事流程合理。监察机关内部工作程序的优化对提高监督的效率发挥了重要作用。第二,《监察法》还通过优化案件管辖权提升办案效率,规定上级监察机关可以办理下一级监察机关管辖范围内的监察事项,必要时,也可以办理所辖各级监察机关管辖范围内的监察事项。监察机关之间对监察事项的管辖有争议的,由其共同的上级监察机关确定。上级监察机关可以将其所管辖的监察事项指定下级监察机关管辖,也可以将下级监察机关有管辖权的监察事项指定给其他监察机关管辖。监察机关认为所管辖的监察事项重大、复杂,需要由上级监察机关管辖的,可以报请上级监察机关管辖。《监察法》明确案件管辖实行上级监察机关全面管理的原则,可以有效防止因管辖权争议而导致案件拖延的情况,提高监督和调查的效率。

第三节 监察全覆盖原则

监察全覆盖,是指监察机关履行对所有公职人员的监督职责,凡行使公权力的公职人员都要受到监察委员会的监督。我国《监察法》第1条规定:"加强对所有行使公权力的公职人员的监督,实现国家监察全面覆盖,深入开展反腐败工作,推进国家治理体系和治理能力现代化。"可见,监察全覆盖的目的在于,加强对公职人员的监督和深入开展反腐败工作。

党的十八大以来,为了加强对公权力的监督,防止公权力的滥用,党中央提出监督全覆盖的观点。首先，较早提出的是审计全覆盖，2015年12月中共中央办公厅、国务院办公厅印发《关于实行审计全覆盖的实施意见》，通过对一定周期内依法属于审计监督范围的所有管理、分配、使用公共资金、国有资产、国有资源的部门和单位，以及党政主要领导干部和国有企事业领导人员履行经济责任情况进行全面审计，实现审计全覆盖。审计全覆盖的目的在于监督公共资金的使用，监督财政权力行使的合法性和合理性，是发现职务违法和职务犯罪线索的重要手段与方法。其次，是党内监督、巡视巡察的全覆盖。从党的文件以及党内法规的规定来看，监督全覆盖是权力监督的新形态，体现权力监督的制度化、体系化和经常化。

党内监督全覆盖主要包括以下几个方面：第一，监督对象全覆盖，不容许存在不受监督的党员和党组织。所有党员和党的组织必须接受党中央、地方各级党委以及各级党的纪律检查委员会的监督。第二，监督的内容全覆盖，党内法规、党的文件规定的党员和党组织应当遵守的纪律以及应当履行的义务都是监督的内容，包括党员和党组织遵守政治纪律、工作纪律、生活纪律、廉洁纪律的情况，对违纪行为进行调查并作出党纪处分决定，党的各级纪律检查委员会是党内监督的专责机关。党员如果违法犯罪受到刑事处罚应同时受到党纪处分，以实现党内监督无禁区的目标。第三，实现巡视巡察全覆盖。中央和省、自治区、直辖市党委一届任期内，对所管理的地方、部门、企事业单位党组织全面巡视。省、自治区、直辖市党委应当推动党的市和县委员会建立巡察制度，使从严治党向基层延伸。第四，管党治党责任全覆盖。党内监督是全党的任务，各级党委（党组）负主体责任，党委书记是第一责任人，党委组成人员履行各自的监督职责，勇于监督。[1]

监察对象全覆盖是全面依法治国和全面依规治党的体现，是实现公权力监督全覆盖在监察领域的体现，它与党内监督全覆盖、审计监督全覆盖共同构成权力监督的新制度体系。

一、监察对象全覆盖

我国《监察法》第15条规定，监察机关对6类公职人员和有关人员进行监

---

〔1〕 参见申晓香：《实现党内监督全覆盖——回望全面从严治党波澜壮阔的征程之三》，载《中国纪检监察报》2017年10月14日，第1版。

察:(1)中国共产党机关、人民代表大会及其常务委员会机关、人民政府、监察委员会、人民法院、人民检察院、中国人民政治协商会议各级委员会机关、民主党派机关和工商业联合会机关的公务员,以及参照《公务员法》管理的人员;(2)法律、法规授权或者受国家机关依法委托管理公共事务的组织中从事公务的人员;(3)国有企业管理人员;(4)公办的教育、科研、文化、医疗卫生、体育等单位中从事管理的人员;(5)基层群众性自治组织中从事管理的人员;(6)其他依法履行公职的人员。

监察法主要根据两个基本标准来确定监察对象的范围:一是人员标准,即法律法规规定属于公职人员的,均属于监察的对象;二是职权标准,即法律法规并没有明确规定其属于公职人员的范畴,但行使的是公权力,应当属于监察对象的范围。所以,《监察法》第15条并没有全部使用公务员的概念,而是使用公务员、参照《公务员法》管理的人员、从事公务的人员、管理人员、履行公职的人员等多种概念。在实践中,行使公权力的公职人员范围较广,如具有公共管理职能的行业协会以及检验、检测等鉴定机构的工作人员,其行使的职能是法律法规授权或者国家机关委托行使的公权力,属于监察的对象。国有企业的管理人员虽然不属于国家工作人员,但属于行使公权力的管理人员。

二、监察事项全覆盖

监察事项是指监察机关对监察对象的哪些行为实施监察。监察委员会与党的纪律检查委员会合署办公,因此,纪检监察机关不仅对监察对象的职务违法和职务犯罪行使监察权,还可以监督党员是否违反党的纪律。

《监察法》对公职人员的约束分为两部分:第一部分是对公职人员的监督。《监察法》规定,监察机关对公职人员依法履职、秉公用权、廉洁从政从业以及道德操守情况进行监督检查。监察机关监督的范围包括公职人员履行职责过程中的合法性和规范性,也包括道德规范的遵守。所以,从监察机关对公职人员的监督方面来讲,监督事项已经覆盖了公职人员的职务行为以及与其公职人员身份相关的道德与个人生活问题。第二部分是对公职人员涉嫌贪污贿赂、滥用职权、玩忽职守、权力寻租、利益输送、徇私舞弊以及浪费国家资财等职务违法和职务犯罪进行调查。可见,监察机关对公职人员的监督范围比调查范围更广,监察机关的调查限于对公职人员职务违法和职务犯罪的调查,主要是对公职人员贪污贿赂和渎职等腐败问题的调查。对于公职人员的其他违法和犯罪行为,主要根据刑法、刑事诉讼法、行政处罚法和民事诉讼法等法律进行处理。

第四节 依法独立行使监察权原则

一、监察机关依法独立行使监察权是我国宪法确立的重要原则

监察委员会是行使监察职能的专责机关,有权对一切行使公权力的公职人员进行监督,有权调查职务违法和职务犯罪,并根据监督、调查结果依法作出相应处置。根据《监察法》的规定,监察机关有权对涉嫌职务违法和职务犯罪的公职人员采取强制措施。监察机关的性质和职权表明,它是具有执法性质的机构。为了保障执法的公正性和权威性,防止其他国家机关和公民干涉审判机关、检察机关的活动,我国《宪法》第131条规定:"人民法院依照法律规定独立行使审判权,不受行政机关、社会团体和个人的干涉。"《宪法》第136条规定:"人民检察院依照法律规定独立行使检察权,不受行政机关、社会团体和个人的干涉。"《审计法》第5条规定,审计机关依照法律规定独立行使审计监督权,不受其他行政机关、社会团体和个人的干涉。因此,审判独立、检察独立和审计独立是我国宪法和法律确认的重要原则。为了保障监察执法的公正性和权威性,我国《宪法》第127条第1款规定:"监察委员会依照法律规定独立行使监察权,不受行政机关、社会团体和个人的干涉。"《监察法》第4条第1款也作出相同规定。

二、监察机关依法独立行使职权原则的主要内容

《宪法》第127条第1款和《监察法》第4条第1款规定的监察机关依法独立行使监察权原则,有其特定的规范内涵。其要求监察机关的独立性受到宪法和法律的保障,监察机关在《监察法》规定的监督范围内行使监察权,以及监察工作人员

独立等。[1] 概括而言，可以从形式要求和价值理念两个方面切入，从而阐释这项原则。

1. 在形式要求上，监察委员会统一、独立行使监察权，不受行政机关、社会团体和个人的干涉。

根据《监察法》的规定，监察委员会履行职责，除接受中国共产党的领导、本级人大及其常务委员会的监督以及人民法院和人民检察院的制约外，不受其他国家机关、社会团体和个人的干涉。监察委员会依照《监察法》以及其他法律规定行使职权，任何其他国家机关、社会团体和个人均不能要求监察机关按照其意见办案，不得向监察委员会打听案件的进展情况，不得利用其政治和行政影响力或者个人声誉为被调查人说情，也不得阻碍监察委员会的调查与处置。《监察法》还规定，监察委员会对职务犯罪的调查和处置受到司法机关的制约，此种制约包括人民检察院依法审查起诉阶段，退回补充调查和不起诉，也包括人民法院依法审查证据以及提出退回补充侦查的建议等。

必须注意的是，监察委员会内部工作人员也不得违反上述原则。《监察法》第57条规定，对于监察人员打听案情、过问案件、说情干预的，办理监察事项的监察人员应当及时报告，发现办理监察事项的监察人员未经批准接触被调查人、涉案人员及其特定关系人，或者存在交往情形的，知情人应当及时报告。有关情况应当登记备案。为了保障监察机关工作人员不受外部因素之影响，《监察法》规定了监察机关工作人员的回避制度，确定回避的四种情形：监察对象或者检举人的近亲属的；担任过本案的证人的；本人或者其近亲属与办理的监察事项有利害关系的；有可能影响监察事项公正处理的其他情形的。监察机关工作人员有上述情形的应当自行回避，监察对象、检举人及其他有关人员也有权要求监察机关工作人员回避。

2. 所谓监察机关依法独立行使监察权原则，在实质上蕴含着"人大制度之下监察系统一体化与监察官独立办案相结合"的价值理念。

从系统内部组织运作来看，我国不同层级的审判机关之间是"监督"关系，而不同层级的监察机关之间则是与检察系统相似的"领导"关系。参考检察系统，新

---

[1] 参见姜明安：《论监察法的立法目的与基本原则》，载《行政法学研究》2018年第4期。

中国成立以来其外部领导体制经历了反复与发展的曲折路线，以现行《宪法》和《人民检察院组织法》有关规定为框架，当前我国确立了人大制度之下的检察系统一体化原则与检察官独立办案相结合的格局。为什么在坚持检察系统一体化原则的基础上，要着重强调检察官独立办案原则呢？这是因为，一方面，检察系统一体化原则强化了检察内部管理、提升了检察效能；另一方面，"司法的亲历性特点、办案责任制以及理性谦抑理念，也要求尊重检察官办案之实质独立性，避免承办检察官沦为检察长、检察委员会或者其所属部门的'代理人'。"[1]

就监察机关而言，所谓"人大制度之下监察系统一体化与监察官独立办案相结合"的价值理念，可以概括为以下五个方面：第一，监察机关由权力机关产生、对其负责、受其监督。监察机关必须向本级人大常务委员会作专项工作报告，本级人大可以通过执法检查、质询、罢免等方式监督监察委员会的工作；第二，各级监察机关自身是一个不可分割的整体；第三，上下级监察机关之间实行上命下从关系、国家监察委员会是国家监察机关；第四，实行主任与监察委员会相结合的内部领导体制；第五，实行监察官独立办案。[2]

第五节　人权保障原则

人权保障是法治的基本原则，也是法治的目的。我国《宪法》第 33 条规定，国家尊重和保障人权，确立了人权保障的原则。国家的立法、行政、监察、审判和检察机关的各项活动都必须确保尊重和保障人权，并以此作为其履行职能的准则。《监察法》第 5 条规定："国家监察工作严格遵照宪法和法律，以事实为根据，以法律为准绳；在适用法律上一律平等，保障当事人的合法权益。"该规定所指的当事人是指参加监察活动的参与人，包括受到监督的公职人员、被调查人、职务违法和职务犯罪嫌疑人、证人、见证人、监察机关工作人员等。由于监察措施对公民的人身、财产

---

〔1〕　秦前红、石泽华：《新时代法律监督理念：逻辑展开与内涵阐释》，载《国家检察官学院学报》2019 年第 6 期。

〔2〕　参见秦前红、石泽华：《监察法规的性质、地位及其法治化》，载《法学论坛》2020 年第 6 期。

构成限制或剥夺,必须对当事人的权利予以保障,实现惩治腐败与保障人权的结合。[1]

一、保障被调查人的人身自由权

公民的人身自由权是公民参加国家政治生活、经济生活和社会生活的基础,是公民基本权利的重要内容。在狭义上,其主要指向的是人身自由不受侵犯,即公民享有不受任何非法搜查、拘禁、逮捕、剥夺和限制的权利。我国《宪法》第37条第1款规定:"中华人民共和国公民的人身自由不受侵犯。"第37条第3款规定:"禁止非法拘禁和以其他方法非法剥夺或者限制公民的人身自由,禁止非法搜查公民的身体。"

监察机关的主要职能是监督、调查和处置。监察机关有权采取强制措施,为了体现人权保障原则,《监察法》对被调查人的人身自由权作出明确规定。监察委员会对被调查人采取强制措施必须具有合法性基础,并依法保障被调查人的人身自由权。《监察法》围绕对被调查人人身自由权的保障,从实体和程序两个方面作了诸多规定。如用留置措施取代"两规"措施,严格规定留置措施的决定和批准程序,留置措施的执行程序和场所,被留置人员的饮食、休息和安全事项等;再如,对于不需要继续采取技术调查措施的应当及时解除,对于不需要继续采取限制出境措施的应当及时解除;等等。

二、保障被调查人的人格尊严和财产权

关于人格尊严究竟是一项独立的基本权利,还是属于名誉权、荣誉权等人格权,或者属于人身自由权的范畴,学界还存在一定分歧。人格尊严是基本权利的核心价值。[2] 我国民事法律和刑事法律均对人格尊严的保障作出明确规定,《监察法》也对被调查人的人格尊严的保护作出具体的规定。《监察法》关于保障被调查人人格尊严的规定,主要包括以下几个方面:第一,监察机关可以对被调查人采取

---

[1] 参见陈光中、兰哲:《监察制度改革的重大成就与完善期待》,载《行政法学研究》2018年第4期。
[2] 参见刘志刚:《人格尊严的宪法意义》,载《中国法学》2007年第1期。

留置措施，由于留置具有剥夺人身自由的性质，因此《监察法》规定，监察机关应当保障被留置人员的饮食、休息和安全，提供医疗服务；第二，《监察法》规定禁止疲劳讯问，体现对人权的尊重。讯问被留置人员应当合理安排讯问时间和时长；第三，严禁侮辱、打骂、虐待、体罚或者变相体罚被调查人和涉案人员；第四，明确规定搜查女性身体，应当由女性工作人员进行。

财产权是宪法确认和保障的基本权利。自近代宪法以来，财产权受到宪法和法律的严格保护。监察法对被调查人财产权的保护较严格。例如，规定查封、扣押的财物、文件经查明与案件无关的，应当在查明后 3 日内解除查封、扣押，予以退还；又如，监察机关冻结的财产经查明与案件无关的，应当在查明后 3 日内解除冻结，予以退还。

三、保障被调查人的刑事诉讼基本权利

刑事基本权利，是指宪法确认和保障的公民在刑事侦查、起诉和审判过程中所享有的权利。虽然《监察法》不是《刑事诉讼法》，但是其援引《刑事诉讼法》的部分程序性规定，或者作出了与刑事诉讼法相似的程序性规定。第一，严禁刑讯逼供。严禁以威胁、引诱、欺骗及其他非法方式收集证据，以非法方法收集的证据应当依法予以排除，不得作为案件处置的依据。第二，知情权。立案调查决定应当向被调查人宣布，并通报相关组织。涉嫌严重职务违法或者职务犯罪的，应当通知被调查人家属，并向社会公开发布。第三，终止调查权。监察机关经调查，对没有证据证明被调查人存在违法犯罪行为的，应当撤销案件。

四、保障被调查人的复审和申诉权

1. 监察对象的复审、复核请求权。根据《监察法》第 49 条的规定，监察对象对监察机关作出的涉及本人的处理决定不服的，可以在收到处理决定之日起 1 个月内，向作出决定的监察机关申请复审，复审机关应当在 1 个月内作出复审决定；监察对象对复审决定仍不服的，可以在收到复审决定之日起 1 个月内，向上一级监察机关申请复核，复核机关应当在 2 个月内作出复核决定。复审、复核期间，不停止原处理决定的执行。复核机关经审查，认定处理决定有错误的，原处理机关应当及

时予以纠正。

2.被调查人及其近亲属有申诉权。如果监察机关及其工作人员有《监察法》第60条规定的行为之一,被调查人及其近亲属有权向该机关申诉。根据《监察法》第60条的规定,受理申诉的监察机关应当在受理申诉之日起一个月内作出处理决定。申诉人对处理决定不服的,可以在收到处理决定之日起一个月内向上一级监察机关申请复查,上一级监察机关应当在收到复查申请之日起二个月内作出处理决定,情况属实的,及时予以纠正。

上述权利保障同样适用于涉嫌行贿犯罪或者共同职务犯罪的涉案人员。

第六节 监察法治原则

法治原则是我国宪法确立的基本原则,我国《宪法》第5条规定:"中华人民共和国实行依法治国,建设社会主义法治国家。"党的十八届四中全会《关于全面推进依法治国若干重大问题的决定》明确提出,依法治国是坚持和发展中国特色社会主义的本质要求和重要保障。党的二十大报告指出,全面依法治国是国家治理的一场深刻革命,关系党执政兴国,关系人民幸福安康,关系党和国家长治久安。必须更好发挥法治固根本、稳预期、利长远的保障作用,在法治轨道上全面建设社会主义现代化国家。《监察法》第5条规定:"国家监察工作严格遵照宪法和法律,以事实为根据,以法律为准绳;在适用法律上一律平等。"监察体制改革的主要内容就是建立完善的监察机关人员的产生规范、组织规范、职权行使规范和监督规范,规范监察职权依法行使。[1] 监察委员会的设立,以监察全覆盖的方式,监督所有行使公权力的公职人员;同时,监察委员会自身也应当受到人大的监督。[2]

一、监察机关的组织和职权法定

监察法治原则首先表现在监察机关的组织和职权由法律规定,监察机关必须

---

〔1〕 参见叶海波:《国家监察体制改革试点的法治路径》,载《四川师范大学学报(社会科学版)》2017年第3期。

〔2〕 参见刘小妹:《人大制度下的国家监督体制与监察机制》,载《政法论坛》2018年第3期。

严格遵守法律的规定。我国《宪法》和《监察法》对监察机关的性质与地位作出了明确规定，它为监察机关的组织建设提供了合法性基础。《宪法》第124条第4款规定："监察委员会的组织和职权由法律规定。"监察机关的组织，主要包括监察委员会与其他国家机构的组织关系、上下级监察委员会之间的组织关系、监察委员会的内设机构及其工作职责、监察委员会的派驻机构与派出专员及其工作职责，以及监察官的选任条件、待遇、任免和职务保障等。《监察法》没有对监察机关的组织作出特别详细的规定，其目的在于通过进一步总结经验，为以后制定监察委员会组织法和监察官法留有空间。2021年8月20日，第十三届全国人大常委会第三十次会议表决通过了《监察官法》，该法自2022年1月1日起施行。《宪法》规定监察委员会由主任、副主任和委员组成，但是监察委员会副主任和委员的法定人数没有规定，监察委员会的领导体制是否属于主任负责制也并不明确。随着深化监察体制改革的不断推进，全国人大及其常务委员会需要针对监察委员会的组织和职权制定专门法律，不断完善监察制度。

二、监察机关的工作程序法定

监察机关的工作程序是监察机关为履行职权而遵守的法定程序。《监察法》规定了监察委员会的监督程序、调查程序和处置程序。如监察委员会对问题线索规定分类处理程序，对调查工作规定初步核实程序和立案启动程序，对处置工作规定了政务处分与撤案程序以及复审与申诉程序等。监察机关的工作程序有两个特点：一是初步核实、立案调查、启动调查措施、撤案等程序的运行，均需要通过严格的批准手续，或者需要经过监察委员会集体讨论作出决定；二是监察委员会的调查必须严格遵守调查方案，调查人员应当严格执行调查方案，不得随意扩大调查范围、变更调查对象和事项，其目的在于保证调查工作在监察法的范围之内。

三、监察机关适用强制措施和处置手段的条件法定

监察委员会调查职务违法和职务犯罪，在特定情况下需要被调查人采取强制措施。强制措施具有损益性，不同的强制措施会对被调查人的人身自由、财产权和隐私权等基本权利产生不同程度的限制。为了既保障调查工作的顺利展开，又保障被调查人基本权利不受非法损害,《监察法》除规定强制措施需要严格履行批准手续外,还要求其必须符合特定的适用条件。例如,留置措施是剥夺被调查人人身自由的极为严厉的强制措施,《监察法》针对留置措施规定了极为严格的条件。首先,被调查人已经涉嫌严重职务违法和职务犯罪,此处的"严重"二字表明被调查人的违法犯罪为情节严重或者数额较大,依照刑法的规定应当判处较重刑罚的犯罪嫌疑人。其次,监察机关已经掌握被调查人的部分违法犯罪事实与证据。如果仅仅怀疑被调查人有违法犯罪事实,但没有掌握证据,不能对被调查人采取留置措施。再次,被调查人仍有重要问题需要查清且有《监察法》第 22 条规定的情形之一。监察法为留置规定严格的条件,其目的在于保证留置措施的合法适用,防止监察机关及其工作人员滥用留置权力。

监察机关根据监督、调查结果,依法作出相应处置。《监察法》第 45 条第 1 款规定了 5 种处置形式,除了谈话提醒、批评教育、责令检查和予以诫勉外,还规定了政务处分决定、问责决定和问责建议、移送审查起诉以及监察建议。对于监察对象而言,处置措施将对其基本权利产生重大影响,因此必须根据监督、调查结果,按照违纪违法情节依法作出对应的处置。首先,处置对象包括违法公职人员、负有责任的领导人员、监察对象所在单位等不同类型,对违法公职人员适用政务处分;对负有责任的领导人员如果认定其不履行职责或者没有正确履行职责的,应当问责;监察对象所在单位如果存在廉政建设存在问题,应当由监察机关提出监察建议,对存在的问题进行整改。其次,对违法公职人员的处分分为情节较轻、情节较重和涉嫌职务犯罪三种,分别作出不同的处置。对情节较轻的,可以谈话提醒、批评教育、责令检查或者予以诫勉;对情节较重的,依照法定程序作出政务处分;对构成职务犯罪的,移送人民检察院依法审查起诉。《监察法》的这些规定对规范监察机关合法行使处置权具有重要的意义。

第七节 配合制约原则

《宪法》第 140 条规定:"人民法院、人民检察院和公安机关办理刑事案件,应当分工负责,互相配合,互相制约,以保证准确有效地执行法律。"配合与制约原则一直是司法机关办理刑事案件的重要准则。在监察体制改革过程中,有学者明确提出宪法上的配合与制约原则应当适用于监察机关与司法机关之间的关系。[1] 监察委员会入宪后,《宪法》第127条规定,监察机关办理职务违法和职务犯罪案件,应当与审判机关、检察机关、执法部门互相配合,互相制约。从而将配合与制约原则适用于监察机关与其他国家机关。《监察法》第4条作出了与《宪法》第127条相同的规定。

一、宪法上配合与制约条款的含义

《宪法》第127条和第140条规定的配合与制约原则的含义并不完全相同,二者的区别表现在四个方面。

1. 监察机关与审判机关、检察机关、执法部门之间的配合与制约,主要适用《监察法》,同时也部分适用《刑事诉讼法》有关审查起诉和审判方面的规定;人民法院、人民检察院和公安机关办理刑事案件的配合与制约,适用《刑事诉讼法》。所以,《宪法》第127条规定的配合与制约,是监察机关与司法机关、执法部门之间的配合与制约;《宪法》第140条规定的配合与制约,是人民法院、人民检察院和公安机关之间的配合与制约。

2. 监察机关与审判机关、检察机关和执法部门之间的配合与制约,其主体包括执法部门。执法部门是一个比较宽泛的概念,凡具有执法职能的行政机关、行业协会、事业组织均可以成为与监察机关配合与制约的主体。与之不同的是,办理刑事案件的配合与制约主体,只能是法院、检察院和公安机关。

3. 监察机关与审判机关、检察机关和执法部门之间的配合与制约关系,是以监察机关为主建立的法律关系,监察机关在配合与制约过程中居于主导地位。这是因为,监察机关是行使监察职能的专责机关,对职务违法和职务犯罪的调查权由监察机关统一行使,其他国家机关并不行使调查权;司法机关办理刑事案件,刑事侦查权在公安机关和检察机关之间进行分工,自诉案件则可以由人民法院直接受理。

---

[1] 参见朱福惠、张晋邦:《监察体制改革与宪法修改之学理阐释》,载《四川师范大学学报(社会科学版)》2017年第3期。

人民法院、人民检察院、公安机关办理刑事案件的地位相等,只是在刑事追诉的各个阶段发挥的作用不同而已。[1]

4. 监察机关与审判机关、检察机关、执法部门之间都有配合关系,但并不都存在制约关系。如监察机关与执法部门之间的关系,主要是配合关系;监察机关与检察机关、审判机关之间的关系,则既存在配合关系,又存在相互制约关系。人民法院、人民检察院和公安机关办理刑事案件,既有配合关系,也有制约关系,但依照《刑事诉讼法》的规定,其是以制约为主的法律关系。

二、监察机关与审判机关、检察机关、执法部门的配合关系

《监察法》对监察机关在监察工作中需要协助时有关机关和单位的协助义务,作出了较为明确的规定,其目的在于建立集中统一、权威高效的监察体制。《监察法》规定的"配合",主要是指协助监察机关监督、调查与处置。这里的配合,既包括有关机关和单位对监察机关调查活动的依法协助,也包括案件线索移送和管辖方面的配合。

(一) 职务违法和职务犯罪调查中的配合

职务违法和职务犯罪的调查较为复杂,如果没有其他国家机关的配合,监察机关的调查工作可能面临诸多困难。监察法对职务犯罪调查过程中的配合作出较全面的规定。

1. 金融、证券机构的配合。监察机关查询、冻结涉案单位和个人的存款、汇款、债券、股票、基金份额等财产,有关单位和个人应当配合。

2. 公安机关的配合。监察机关进行搜查时,可以根据工作需要提请公安机关配合,公安机关应当依法予以协助。监察机关调查涉嫌重大贪污贿赂等职务犯罪,根据需要,经过严格的批准手续,可以采取技术调查措施,按照规定交有关机关执行。依法应当留置的被调查人如果在逃,监察机关可以决定在本行政区域内通缉,由公安机关发布通缉令,追捕归案。监察机关对被调查人及相关人员采取限制出境措施,由公安机关依法执行。

---

[1] 参见朱福惠:《检察机关对监察机关职务犯罪调查的制约》,载《法学评论》2018年第3期。

3. 人民法院和人民检察院的配合。被调查人逃匿,在通缉一年后不能到案,或者死亡的,由监察机关提请人民检察院依照法定程序向人民法院提出没收违法所得的申请,人民检察院和人民法院应当予以协助。

(二)案件移送方面的配合

在案件移送上,人民法院、人民检察院以及执法部门的配合主要包括:国家机关在工作中发现公职人员涉嫌贪污贿赂、失职渎职等职务违法或者职务犯罪的问题线索,应当移送监察机关,由监察机关依法调查处置。被调查人既涉嫌严重职务违法或者职务犯罪,又涉嫌其他违法犯罪的,一般应当由监察机关为主调查,其他机关予以协助。

三、监察机关与审判机关、检察机关的制约关系

监察机关调查和处置权的运行应当受到司法机关的必要制约,从而增强职务违法和职务犯罪调查的合法性,保障职务犯罪案件审判的质量,尽量避免冤假错案的发生。

(一)审判机关对监察机关的制约

监察机关对职务犯罪案件调查终结后,应当将案件移送人民检察院依法审查起诉,人民检察院依法提起公诉后,人民法院才能对职务犯罪案件进行审理。人民法院在审理案件过程中,应当对犯罪事实和证据进行审查,依我国《刑事诉讼法》的规定作出判决。不过,人民法院对事实和证据进行审查后,如果认为指控的犯罪不能成立或者依法宣告无罪,可能间接影响监察机关的立案和调查。可见,监察机关与人民法院之间也存在间接的制约关系。

(二)检察机关与监察机关的相互制约

检察机关是刑事追诉的主要机关,监察机关调查终结的案件应当依法制作起诉意见书,并且将证据材料一并移送人民检察院依法审查起诉。因此,在审查起诉阶段,应当严格落实《宪法》规定的检察机关依法独立行使检察权原则,发挥人民检察院法律监督机关的作用。[1]

---

[1] 参见陈卫东:《职务犯罪监察调查程序若干问题研究》,载《政治与法律》2018年第1期。

人民检察院根据《监察法》和《刑事诉讼法》的规定,对证据、事实进行审查,对起诉罪名的准确性,对调查活动的合法性一并进行审查。如果认为事实清楚、证据充分确实的,应当及时向人民法院提起公诉;如果认为事实不清、证据不足的,应当退回监察机关补充调查或者自行补充侦查。人民检察院还可以决定起诉或者不起诉,决定是否接受监察机关提出的从宽处理的建议等。此外,人民检察院对调查终结的案件进行审查,主要适用刑事诉讼法。人民检察院认为职务犯罪调查终结的案件符合刑事诉讼法不起诉情形的,应当报请上级检察机关批准后作出不起诉决定,监察机关认为人民检察院不起诉决定有错误的,可以向上一级人民检察院提请复议。监察法的这些规定,形成了监察机关与检察机关的"制约模式",即在尊重监察机关在职权范围之内独立行使调查权的同时,通过检察机关依法行使审查起诉决定权和调查活动引导权,从而实现监察机关与检察机关的制约。[1]

---

[1] 参见左卫民、唐清宇:《制约模式:监察机关与检察机关的关系模式思考》,载《现代法学》2018年第4期。

第二编

监察法的历史与发展

  本编集中梳理境外和我国监察制度的发展演变,包括北欧国家议会监察专员模式、英美国家议会监察模式、新加坡独立监察机关模式,以及古代中国的监察法、民国时期的监察法和中华人民共和国的监察法,旨在通过境外实践和我国历史上监察制度变迁的梳理,呈现监察制度的历史和实践理性。

第四章　境外监察法的历史与发展

知识结构图

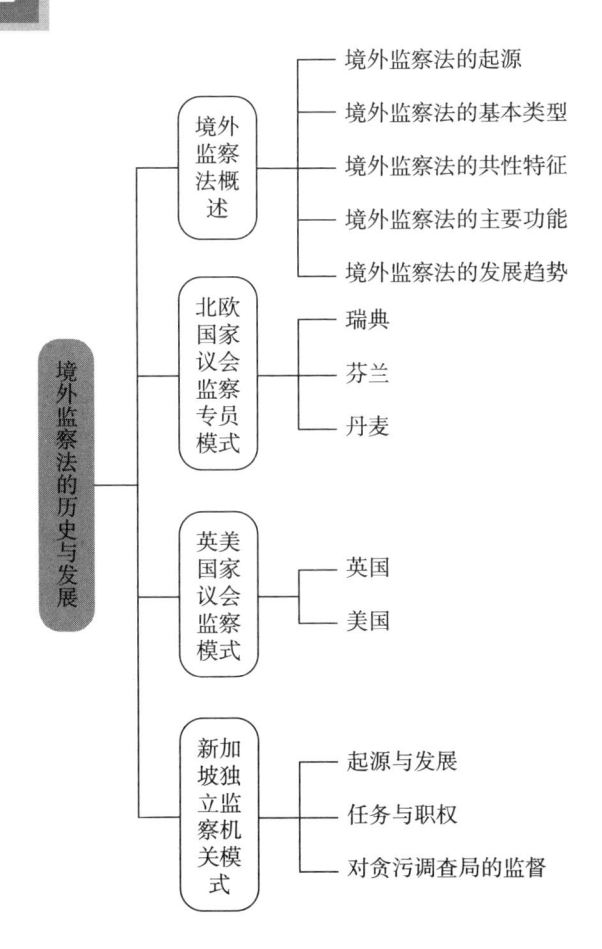

- 境外监察法的历史与发展
  - 境外监察法概述
    - 境外监察法的起源
    - 境外监察法的基本类型
    - 境外监察法的共性特征
    - 境外监察法的主要功能
    - 境外监察法的发展趋势
  - 北欧国家议会监察专员模式
    - 瑞典
    - 芬兰
    - 丹麦
  - 英美国家议会监察模式
    - 英国
    - 美国
  - 新加坡独立监察机关模式
    - 起源与发展
    - 任务与职权
    - 对贪污调查局的监督

现代世界各国的监察制度,肇始于1809年的北欧瑞典,并盛行于20世纪。根据国际监察组织(International Ombudsman Institute,IOI)的统计,截至2014年年底,其已有199个成员,涵盖全球100多个国家或地区,监察法制的构建与监察权的独立行使已蔚为世界潮流。基于各国政治、经济、社会和传统文化等基本国情的不同,境外监察法的发展也呈现出多元化的类型,并各具特色。本章拟对境外监察法的历史与发展进行介绍与分析,从中吸取经验教训,以资对我国监察法的理论与实践提供参考。

第一节 境外监察法概述

境外监察法发源于北欧瑞典。1809年瑞典宪法确立了"议会监察专员";1919年刚独立的芬兰仿效瑞典模式设立监察制度;1954年丹麦参考瑞典模式并加以改造,创立了监察制度的"丹麦模式",并自斯堪的纳维亚半岛开始向外传播。新西兰在1962年成为第一个设立监察机关的英联邦成员方。自20世纪60年代中期开始,英国、瑞士、法国、葡萄牙、奥地利,纷纷以"丹麦模式"为蓝本设立议会监察专员。此后,加拿大、美国陆续在有些州设立地方监察机构。21世纪后,各国如星火燎原般设立独立监察机构,这类机构在大洋洲、亚洲、南美洲、非洲各地迅速蔓延开来。本节将对境外监察制度的缘起、基本类型、共性特征、主要功能及发展趋势等予以分述。

一、境外监察法的起源

境外各国的监察制度,通常是该国宪法体制的构成部分。这种以限制公权力、维护公民权利为目的的制度设计,究其实质,在于对国家权力中影响公民权利最大的行政权进行监督与控制。一般而言,民主法治国家对行政权的限制,主要有议会的立法权与财政权,法院的司法审查等,这就是为西方国家所普遍接受的孟德斯鸠提出的"三权分立"的制度设计。

然而,行政权的扩张膨胀和议会力量的衰落式微已成为不争的事实,20世纪的一个显著特点是,宪法体制的重心由议会转向行政机关。如何加强对行政部门的监督成为世界各国共同面临的难题。[1] 第二次世界大战以后,随着行政权不断扩大,福利国家出现,行政机关被赋予相当程度的自由裁量权,出现的问题在性质上是"多中心的",不是立法、行政、司法三机关所能分别解决的,因而需要一个综合性机构,这就是议会监察专员制度出现的政治背景。[2] 为了保护公民权益,现代国家发展出另一种独立控制政府和救济公民权利的监察权。这种廉政分支并非传统三权中的任何一权,而是"切实构建一个分立的、廉政的分支,对于现代宪法的起草者来说是当务之急。这一新的分支应当被赋予权力,并以持续的监督作为刺激"。[3] 议会监察专员的形成正是为了保护公民权利,对行政权进行监督与控制,以发挥反腐廉政功能。

二、境外监察法的基本类型

北欧国家与英联邦国家的监察法,可称为传统监察制度,其主要目的在于监督"不良行政",确保公职人员依法行政,维持政府施政的公平性,寻求"不良行政"的解决办法。20 世纪 70 年代,人权监察机构兴起于南欧的葡萄牙与西班牙,并扩展至拉丁美洲、加勒比海和部分非洲国家。人权监察机构也称为混合式监察机构,兼具监察专员与人权委员会的角色。此外,还有些国家设有其他形式的混合式监察机构,这类监察机构负有反贪、环境保护等多重使命。

(一)议会监察专员制度

"监察专员"(Ombudsman)一词,最早出现于北欧瑞典,依据瑞典文,该词意为"代表人",原本是代表国王,之后则改为代表议会监督和管控政府官员。《大英百科全书》对议会监察专员的定义为:"一国立法部门的专员,替公民对官员滥权的申诉展开调查。"肇始于斯堪的纳维亚半岛的监察专员制度大致区分为两种基本形态:其一为"瑞典模式",监察专员不仅是调查员,同时也是检察官,可以"起诉"个

---

[1] 参见[英]威廉·韦德、克里斯托弗·福赛:《行政法》(第10版),骆梅英等译,中国人民大学出版社2018年版,第682页。

[2] 参见龚祥瑞:《比较宪法与行政法》,法律出版社2012年版,第487页。

[3] [美]布鲁斯·阿克曼:《别了,孟德斯鸠:新分权的理论与实践》,聂鑫译,中国政法大学出版社2016年版,第84页。

别官员,特别是检视个别官员的行为是否在刑法容许范围内;其二为"丹麦模式",基于司法独立原则,监察专员原则上不能审查法官,而只能审查行政官员,因此,也被称为议会行政监察专员,此种模式为大多数国家所效仿。

大多数英联邦国家以"丹麦模式"为基础和蓝本设立了独立的监察机关。新西兰在1962年成为第一个设立监察机构的英联邦成员国家。1967年,英国国会开始设置监察专员。自20世纪60年代中期开始,遍布美洲、非洲、亚洲与太平洋地区的其他英联邦成员方,也设立了监察制度。

从20世纪60年代开始,监察制度在国际上获得广泛的认同,越来越多的国家设立了监察组织,一直持续至今。例如,美国的5个州与2个附属地(1969年开始),法国于1973年,意大利于1974年,奥地利于1977年,荷兰于1981年,爱尔兰于1980年,冰岛于1998年,韩国于1994年,比利时于1995年,摩洛哥于2002年,均设立了监察机构。

传统监察机构一般是由立法部门任命,但独立于立法部门之外的公权力部门。传统监察专员获得授权,对行政行为进行调查、评估与处置,以监督行政部门依法施政。传统监察机关的通行定义为:"依据宪法或由立法部门、议会决议所成立的办公室,由独立、高阶官员领导,对立法部门负责,受理受害民众对于政府机关、官员与雇员的投诉,具有调查、建议与提出报告的权力"。[1] 议会监察专员是在三权分立的架构下,隶属于议会的一种监察制度,议会监察专员模式负责监督和控制政府部门的活动,以瑞典、芬兰等国为典型代表。目前,全世界采行议会监察专员制度的国家,约占2/3,可以说是目前国际监察制度的主流模式。

(二)混合式监察制度

混合式监察机构具有多重使命,同时具有监察专员与人权委员会的角色。一种为人权监察机构,其功能兼具行政监督与人权保障;另一种混合式监察机构则身负反贪、环保等职责。

---

[1] M. Seneviratne, *Ombudsmen: Public Services and Administrative Justice*, Butter-worths Lexis Nexis,2002,p. 197 – 237.

1. 人权监察机构

这种混合型的监察机关,由传统的监察机关和人权机关所组成。人权监察组织具有不同的角色,一方面近似传统监察专员,另一方面类似单纯的人权委员会。人权监察机构的历史可以追溯到20世纪70年代葡萄牙及西班牙所设立的混合式组织。葡萄牙的正义保护官成立于1975年,除监督行政外,也被赋予保护和推动人权与自由的权力。西班牙在1978年制定了一部新宪法,设置了"护民官",负责监督新宪法与政府行政中对于人权的保护。20世纪80年代后期,因政治与经济的发展带动新一波混合式监察组织的设立。其中一个趋势是,有些政府由军事统治过渡为民主治理,以中南美洲国家居多;另一个发展是,苏东剧变后,中欧、东欧各国转变为民主治理。此外,还有国际组织与捐助国对于发展中国家的影响,以及建立良好治理的压力。拉丁美洲、加勒比海地区、中欧及东欧、非洲、亚洲与太平洋地区各国在建立民主治理的进程中,设立了许多混合式人权监察机构,使其涵盖保护与推动人权的使命,可视为这些国家想要发展民主与建立良好治理最显著的表现。此外,近年来,有些国家将传统监察机构改制为混合式监察机构,如芬兰、牙买加、加纳与坦桑尼亚等国。

爱尔兰、澳大利亚的某几个州与加拿大部分省份,越来越多的传统监察专员负有额外或第二职责,如监督信息自由、隐私权保护、举报人保护等。

不同使命、称谓的人权监察机构,主要设置在下列这些国家:(1)欧洲:西班牙、葡萄牙、芬兰、希腊以及中欧与东欧大部分国家;(2)拉丁美洲:危地马拉、哥斯达黎加、萨尔瓦多、洪都拉斯、尼加拉瓜、巴拿马、哥伦比亚、秘鲁、玻利维亚、厄瓜多尔、牙买加、阿根廷与巴拉圭;(3)非洲:加纳、莱索托、纳米比亚、坦桑尼亚与津巴布韦;(4)亚洲与太平洋地区:部分中亚国家、斯里兰卡、泰国与斐济。

混合形态的监察机关通常比传统监察专员具备更多额外权力,诸如展开法律行动的权力、担任陈情者的法律顾问以及进行人权教育和宣传计划等。这些混合式机构的性质,有些较接近监察机关,如西班牙、阿根廷、秘鲁的护民官;有些较接近人权委员会,如墨西哥的人权委员会。

2. 其他混合式监察机构

还有一种混合式监察机构被赋予打击贪污的使命。有些国家没有设立特定对抗贪污腐败的组织，而是赋予监察机构额外的反贪使命；还有些国家认为，针对反贪腐，监察专员办公室可以弥补其他专责机关的不足。具有此功能的监察组织主要出现在政府贪污问题较严重的国家和地区，如非洲、亚洲、太平洋与加勒比海地区。

大部分监察专员有间接处理环境问题的职权，如果环境权受到宪法或其他国内法保护时，有些人权监察专员可以调查涉及人权的环境问题。此外，非洲的纳米比亚和莱索托的人权监察组织，具有明确的环保使命。还有少数国家，设有专业的环境监察专员。

（三）独立设置的监察机构

韩国、波兰均设置了独立的监察院，其中，韩国监察院直属于总统，波兰监察院直属于议会。监察权为第四种权力，此类型的监察机构在形式上独立于立法、行政、司法机关之外，从组织和性质上看，都是实质上的独立机构，独立行使监察权。

（四）行政监察

行政监察是指国家行政机关内部设立的专门机构，对其他行政机关和行政人员的行政行为进行全面监督。这些行政性监察机关被称为"行政监察专员公署"，因为具有某些传统监察制度的特征，故又被称为"准监察专员公署"。但传统监察制度独立于立法机关外的特征，则为行政监察制度或准监察制度所不及，在行政首长的意志下，集中处理陈诉案件的机关，属于行政体系的内部监督机制。因为不是完全独立的机构，其性质上仍是行政机关，只能算是"准监察专员"的性质。行政监察专员不同于传统议会监察专员，通常没有文件调阅权和召开听证会的权力，也缺乏完整的调查权，而且隶属于行政机关，所以，其独立性和公正性受到质疑。总之，典型的监察机关具有"外部性"，独立于行政机关，且是保护公民权利的监察机关，行政监察机关的特性和典型行政机关不同，并不符合典型监察机关的定义。例如，日本总理府总务厅所辖行政监察局，是属于行政监察性质的机关。日本行政监察是在性质上属于行政权内部关于行政绩效的考核与监察的一种行政行为，故日本行政监察局只是行政权内部的机关，并非独立于行政权而与立法权、司法权相并列的机关。

三、境外监察法的共性特征

境外监察法制虽各具特色，但也有若干共性可寻。

（一）立法目的的双重性

传统监察机关与人权监察机关，实质上均具有行政监督与人权保障的双重目的。人权监察机关被授予保障人权的权力，因此，其具有作为国内人权机制的明确使命，主要负责处理人权申诉案件。相较之下，尽管传统监察机关并未明确人权保障的使命，但实务上监察专员也调查涉及人权的申诉案，并援引国际人权规范作为解决途径。还有少数已设置的传统监察机关，如芬兰、牙买加，在其原有职责基础上，增设明确的人权保障功能。

因此，除监督行政外，境外监察制度也被赋予保护和推动人权与自由的权力，对行政行为进行监督，以达到人权保障的终极目的。

（二）独立性

为了维持监察机关本身的公正、超然与权威，必须在制度与功能上维持其独立性。监察专员不受任何外力的干扰。议会必须使监察专员有充分的权力进行调查和评估。监察专员必须要有适当的预算、资源和人力，才能确保其工作品质。监察专员必须享有法律保障，监察专员的任期及待遇，均应由法律予以确保。北欧国家监察专员在形式上虽然隶属于议会，属于立法权的范畴，但在实际运作上，监察专员一经议会选任，即独立行使职权，同样不受立法、行政、司法权的任何干涉，故其实质上属于"第四权"的形态。这一制度特别强调监察专员的独立性、客观性和公开性，这为监察专员活动的公正性和意见的权威性奠定了基础。监察专员的力量并不是因为位高权重，而是因为其独立、公正和公开的活动方式。[1] 以丹麦监察专员制度为例，丹麦《监察专员指导原则》第15条第3项规定，监察专员行使职务，独立于议会，监察专员通常相当注意保持其独立性，并避免被视为介入议会和政府以及政府官员间的政治冲突。

---

[1] 参见吴天昊：《议会行政监察专员制度的新发展》，载《上海行政学院学报》2008年第6期。

（三）非司法性

议会监察专员的工作方式不同于司法部门对控告人提出的事实作出裁判，其主要是进行调查，通过对有关部门的调查，找出导致控告人提出控告的原因。在普通法系国家，法院的司法审查处于救济链条的末端，作为一种审查行政机关作出的违法（越权）行为的救济制度，过去和现在均受到成本、期间和起诉资格要求的限制。归根结底，司法审查程序倾向于强调对抗式争议解决方式，而不是新建立的议会监察制度所采取的更具纠问式、调查性的方式。[1] 另外，相较于司法审查，议会监察专员强调了经济和程序相对简单的特点，具有可以在使争议双方当事人免受诉讼的限制或花费的情况下解决争议的潜能。

（四）补充性

议会行政监察专员制度以非司法的手段来达到监督行政权、保护公民权的目的，是对传统行政监督制度的重要补充和创新。[2] 法院的审查，主要限于行政行为合法与否，而并不过问行政决定适当与否的问题。[3] 为了弥补法院的不足或与之互补，当司法救济体系不存在或不实际时，监察机关可以扮演更重要的角色，监察机构在保障和促进人权角色的特质和程度上主要因该机构的种类而定。比如，在英国，凡可向行政裁判所提出控诉、可由法院进行司法审查的案件，行政监察专员不得进行调查。但是，行政监察专员认为法院、行政裁判所解决的案件不适当时，可对这种案件进行调查。

四、境外监察法的主要功能

监察制度对于监督政府和保护人权，在法治社会中发挥着重要的功能。

（一）监督行政

20世纪，行政权大为扩张，其官僚主义招致许多不满，全球许多国家设立监察制度以因应。虽然瑞典早在1809年就创设了监察制度，但直到20世纪60年代，才

---

〔1〕 参见［英］彼得·莱兰、戈登·安东尼：《英国行政法教科书》（第5版），杨伟东译，北京大学出版社2007年版，第143页。

〔2〕 参见吴天昊：《议会行政监察专员制度的新发展》，载《上海行政学院学报》2008年第6期。

〔3〕 参见龚祥瑞：《比较宪法与行政法》，法律出版社2012年版，第484页。

扩展至斯堪的纳维亚半岛以外。加拿大最高法院曾指出："赋予监察机构权力是期望以此处理司法、立法与行政部门无法解决的问题。"[1]监察机构是制衡行政权的另一道防线,监察权的运作可以弥补法院与行政裁判所的不足,相对于其他官方的争议解决机制,监察机构具有非正式、快速与易于接近等优点。典型的监察专员介于议会、政府与公民之间,以调节三者之间的关系,每一个普通公民都可以就政府公职人员的不法行为直接向监察专员投诉,获得法律救助。因此,监察专员扮演着政府与民众间沟通桥梁的角色。

监察机构的主要功能,在于确保公职人员遵守规范,克服"不良行政",确保公职人员遵守法律规范,维持政府施政的公平性,并为"不良行政"找到解决办法。第二次世界大战后,行政权大量扩张,立法机关将广泛的自由裁量权授予行政机关,各国无不殚精竭虑对行政权加以控制,于是,监察权成为司法系统外对行政权加以控制的另一种有效的机制。以英联邦国家为例,监察专员的主要任务就是监督政府部门或特定公共机构,对因"不良行政"造成不当行为的申诉案件进行调查。所谓"不良行政"包括政府可以避免的延误、程序错误或不遵守正确程序、不告知民众可以诉请求助的相关权利、不公正、偏见或成见、提供易误导或不适当的意见、拒绝回答合理的问题、无礼、不为错误道歉、在处理民众的投诉时犯错误、该提供适当的补偿时却没有提供等。

尽管世界各国的监察制度不尽相同,但监督行政是监察制度最主要的功能。就消极层面而言,负责监督行政机关违法失职的行为,以达到澄清吏治,肃贪防腐的目的;就积极层面而言,可以促进良好行政和行政效率。监察机制可以提高政府透明度,有助于建立国家的良好治理。

(二)人权保障

监察专员的监察行为,还可以视为人权的实践机制,监察专员阻止行政机关不当或滥用公权力而致妨害公民基本权利的情形发生。即使是传统监察机构也能解决有关人权方面的申诉,在人权维护与推动上扮演重要角色。监察机构属于国内非司法性的机构,可负责落实国际人权法。传统监察以监督不良行政为主,新兴民

---

[1] B. C. Development Corp. v. Friedmann (1985) 1 W. W. R. 193 (S. C. C.) at 206.

主国家的监察专员强调人权保护,也提升了传统民主国家监察机关对人权保护的重视。因此,监察专员也被形象地称为"护民官",其作为公民权利守护者的功能主要体现为:(1)受理公民投诉,开展调查并解决纠纷;(2)发起主动调查、开展日常视察;(3)监督实施国际人权公约,促进国家人权状况改善。[1]

目前,在实务上,传统民主国家监察机关较少处理不良行政案件,而以处理公民基本权利、社会福利、消费者权益保护等案件为主,同时扮演"人权保护者"和"纠纷解决者"的角色。因此,在民主法治国家,监察专员同时身为保护者和监督者,角色合二为一。例如,丹麦监察专员扮演捍卫个人对抗滥用公权力的保护者,而新西兰的监察专员被称为"民众捍卫者监察专员"。

新兴民主国家面临着法律体制不稳固、政体转型、社会危机等复杂情形,以及以下挑战:(1)侵犯人权的历史;(2)正义伸张不易;(3)缺乏合法解决政府与公民之间争议的机构和途径;(4)没有行政法及正式请愿程序的基本架构;(5)以权谋私的贪官污吏;(6)歧视原住民和少数民族。所以,这些国家更需要监察专员对人权的保护。琳达·瑞芙指出,稳定民主国家中,人权机构通常是在更广大的机构网络下运作,如法院和特别法庭。可是,正在民主化过程中的国家,监察专员扮演更中心的角色,因为他对人权陈情案,甚至是不良行政的调查,提供了一个可行的方法,以作为诉诸司法和其他效果不彰的政治机构的替代渠道。所以,发展中国家出现"监察—人权"混合形态的机构,混合行政监察机关、人权委员会和人权宣传教育机构,以满足发展中国家民主化过程之需,一方面监察行政机关,另一方面保护公民权益、教育国民、提升人权水准。

(三)仲裁功能

监察专员作为仲裁者(或称为"调停者""调解者""斡旋者")的角色,这是法国和英联邦国家的模式。其监察专员通常不需要解决合法性问题,而是以亲民和公正的方式解决公民与政府间的争端。仲裁者通常没有受过法律训练。以法国为例,监察专员的职位皆为卸任的政治家所担任。荷兰的监察专员在接到申诉案件

---

[1] 参见李红勃:《人权、善政、民主:欧洲法律与社会发展中的议会监察专员》,载《比较法研究》2014年第1期。

之初,也经常利用调解的方式,化解各方的争议。自 1994 年以来,监察专员决定只要各方条件允许,尽量以调解方式解决。这一政策使相当比例的申诉案件、原属调查并应出具相关报告的案件,改以调解方式获得解决。

五、境外监察法的发展趋势

监察专员制度在承继与创新的过程中,呈现多元化形态。监察专员的概念已扩展到其他领域,包括公、私部门甚至国际层面。

(一)继承性与创造性

境外监察制度虽然大多源自瑞典的议会监察专员制度,但是,各国的历史传统、文化背景、政经体制都不完全相同,为了适应各国主客观因素的差异性,监察制度的内容和实际运作,几乎没有完全相同的模式。即使同属北欧国家的瑞典、芬兰、丹麦、挪威,也有制度上的差异。早期瑞典监察专员制度的任务聚焦于司法行为,主要在于监督司法机关,所以又被称为"司法监督专员",全世界只有芬兰的监察制度接近瑞典原型。其他国家大多移植丹麦改良式的议会监察专员制度,特别是英联邦国家,丹麦模式以行政权为监督重点,较之瑞典和芬兰以司法权为监督重心的制度设计,更易为其他国家所接受。西班牙的国家护民官制度则是中南美洲国家的蓝本。未来境外监察制度的发展趋势,应是适合各国具体国情,对他国监察制度进行创造性转化,而形成制度的差异性和独特性。

(二)形态多样化

随着监察专员制度的发展,监察专员的形态越来越多样化。从隶属关系来看,传统模式隶属于议会或立法部门,现代模式则隶属于立法、行政、司法部门或独立的廉政部门;从管辖范围来看,则包括国际、国家、地方等不同类型的监察专员形态;就组织架构而言,传统监察专员采取个人制,目前,有些国家则以委员会形式组成;其他如监察专员的资格、选任程序、任期、职权等,都各有差异。

(三)专业监察专员制度的设置

一般目的的监察专员,对政府进行全面性的监督,其成功运作,造就了大量的特殊监察专员,许多国家设置特殊监察专员,负责处理单一目的或特定行政领域的申诉事项。例如,信息获取、警政、军事部门、监狱、健康服务或官员伦理行为。另外,有些监察专员被授权从事保障特定权利,例如,保护环境、保护少数族群、原住民、残障者或儿童,以及处理文化或语言权利。[1] 这些特殊监察专员,又被称为"专业监察专员"。专业监察专员监察范围和对象较特定,不如一般监察专员全面,其权力通常仅限于忠告、谘商、表达意见、立法提议等,不能行使一般监察专员具有的弹劾、起诉、惩戒等权力。

从各国的例子来看,瑞典、挪威、以色列设置了军事监察专员;加拿大、美国康涅狄格州、密歇根州、俄勒冈州设有监狱监察专员;加拿大、英国设有警政监察专员;加拿大有语言监察专员、信息自由与隐私权保护监察专员;匈牙利有信息保护与少数族群监察专员;瑞典有反歧视监察专员;芬兰有个人信息保护监察专员、两性平等监察专员与少数族群监察专员;英国有健康服务监察专员;澳大利亚的新南威尔士州设有隐私权监察专员、电信业监察专员。此外,还有很多国家设有长期医疗与监狱监察专员。

(四)私部门采用监察专员制度

监察专员模式也已被私部门广泛采用,作为解决内部争端的形式,或作为处理顾客投诉之用。例如,公司、企业、大学、银行、退休金、私立健康医疗场所、建筑业公会、保险、投资、财产中介、法律服务、丧葬服务等私人机构。瑞典、芬兰的儿童监察专员、瑞典的媒体监察专员、公平机会监察专员、芬兰的保险监察专员、消费者监察专员、新西兰的银行监察专员、保险监察专员、荷兰的退休金、财产保险、丧葬服务保险监察专员、爱尔兰的保险和信用机构监察专员、新加坡的银行监察专员、澳大利亚维多利亚州的石油和电力工业监察专员,这些都属于私领域的监察专员。典型的监察专员是公职身份,所以私部门设置的监察专员虽然也被称为监察专员,但并非通常定义下的监察专员或监察机构。

(五)国际监察专员的出现

欧盟在1995年9月1日,设置了第一个超国家层级的监察专员——欧盟监察专员。欧盟监察专员办公室是根据《马斯特里赫特条约》第8条第4项以及第138

---

[1] 资料来源:I.O.I.网:http://www.law.ualberta.ca/centres/ioi/eng/about_ioi.html,最后访问日期:2018年2月1日。

条第 5 项的规定成立的,作为欧盟公民权的一部分。监察专员主要调查有关欧盟机构和相关团体违法失职行为的申诉,例如,欧洲执行委员会、欧盟部长理事会、欧洲议会、欧洲审计院、欧洲法院、欧洲经济社会委员会、区域委员会、欧洲中央银行、欧洲投资银行、欧洲刑警组织等。在欧洲议会的认可下,欧盟监察专员有权定义不良行政和关注人权、法治以及良好行政的原则,并处理欧盟公民或任何居住在欧盟成员国国内的自然人或法人的申诉案。

(六)地方监察专员的设置

原则上,单一制国家通常只设有中央层级的议会监察专员,联邦制国家才设有地方监察专员,或者除了设置联邦监察专员之外,也设置地方性或自治区的监察专员。但也有一些例外情形,世界上有些国家除了有中央层级的监察机关外,还有地方监察专员办公室,如丹麦、英国、澳大利亚、阿根廷、墨西哥、西班牙。其中,丹麦除了中央层级的议会监察专员之外,还有格陵兰自治区监察专员;英国除了议会行政监察专员外,还设立了英格兰地方行政监察专员和威尔士地方行政监察专员;西班牙有国家护民官和自治区护民官;也有一些国家只有地方层级的监察机关,如加拿大、印度、意大利和美国。

(七)重视预防效果

传统上,监察权本质上为法律性的事后监督权,而非政治性的事前监督,但现代监察观念特别重视预防的效果,许多国家的监察专员可以对政策提出建议或意见,提出良好行政规则的标准,或者对立法草案提出意见,这些都可以达到预防的效果。

第二节　北欧国家议会监察专员模式

国际律师协会对监察专员的界定为:以宪法或法律为依据,由议会或立法者任命,独立行使职权,接受公民针对政府的投诉,开展调查,根据调查结果可对政府提出建议或批评,并将结果向议会和公众报告。[1] 虽然瑞典最早创设了监察制度,

---

[1] See Per Erik Nilsson, The Ombudsmanas Mediat or, Reformer, and Fighter, in *International Handbook of the Ombudsman: Evolution and Present Function*, Vol. 1, 65, Geralded., Greenwood Press 1983.

但最常见的传统监察模式是仿效丹麦与挪威所建立的,并不具有调查司法部门或起诉官员的权力,其目的在于增进政府行政绩效与促进政府履职尽责。监察专员制度的基本理念可以简要概括为:由一名完全独立于行政机关的官员专门调查相关人员对行政机关不良行政提出的申诉。议会监察专员成为立法部门控制行政部门及官僚体系的工具,是立法部门直接从受侵害民众身上发掘行政违法行为,进而提供特定国家救济补偿的手段。

一、瑞典

瑞典是世界上第一个设立议会监察专员的国家,现代监察专员的起源是瑞典于1809年设立的司法监察专员。瑞典1809年新宪法授予议会监督行政权的功能,创设了一项议会任命的监察机构的新制度:司法监察专员由议会任命,具有监督公共行政与司法的权力,并可起诉未能履职尽责的官员。

(一)起源与发展

为什么瑞典议会要创设这样一个监察机构?根据当时宪法委员会的备忘录可知,委员们觉得由议会所任命的监察专员,才能推动"公民真正的心声"。此监察专员的主要任务在于建立公职人员施政的监督体系,且独立于政府。瑞典设立这一机构的目的,在于监视法律法令的执行,限制国家工作人员不合法、不公平的行为,以完善行政管理,保障公民的合法权益。[1] 该制度从一个单纯的立法部门任命的监督机关,逐渐演变为经由民众陈诉而启动的程序。

瑞典设有4位议会监察专员,多具有法学背景,或是律师出身。其中,1位为首席监察专员,另外3位为监察专员,任期均为4年,由议会选举产生,可以连选连任,但是很少有超过三任的。他们分别受理一切控告国家机关(包括行政机关、司法机关、军事机关)和企(事)业单位及其工作人员(包括法官、文官、军官、经理人员)的申诉案件,有权进行调查、视察、批评、建议以至提起公诉。[2] 首席监察专员同时负责监察公署的行政工作,却与其他3位监察专员一样,平等而独立地行使职

---

〔1〕 参见龚祥瑞:《比较宪法与行政法》,法律出版社2003年版,第483页。
〔2〕 同上。

权。不过,4位监察专员所负责的监察对象,则有所区别,其职权划分情况大致如下:首席监察专员负责监督法院、检察系统、警政;第二位监察专员负责监督狱政、武装部队、税务、海关、裁判执行、社会保险等;第三位监察专员负责监督社会福利、公共健康、医疗、教育等业务;第四位监察专员负责监督行政法院、房屋与建筑、移民、外交事务、环境保护、农业与动物保护、劳动市场,以及其他各位监察专员所未负责监督的业务。

(二)任务与权限

议会监察专员的监督对象,包括中央及地方政府及其所属职员,以及其他所有执行公共事务的人士。但下列几类人士除外:(1)内阁阁员、各部部长;(2)议员;(3)地方政府中直接由民选产生的官员;(4)司法总监;(5)中央银行理事及总裁;(6)其他监察专员。

监察专员对议会负责,脱离国王控制而独立行使权力,其主要职权是以议会代表的身份,监督行政与司法机关是否违背人权保障的原则,瑞典的议会监察专员兼具检察官的角色,对于未被移送法院的失职案件,如果经过监察专员的介入与调查,可以移送法院侦办。在实际运作过程中,监察专员目前多以对相关行政机关批评或谴责的方式,予以鞭策,并公之于众,以期对政府机关或公务员形成压力,但很少以径行移送法院的方式处理。

瑞典监察专员的主要职权包括以下10项:(1)受理公民申诉,这是议会监察专员最主要的监察任务与方式;任何人如果遭受政府侵害时,均可向议会监察专员申诉,外国人也无例外。(2)巡察权,即议会监察专员有权巡察任何政府机关,以发现违法或不当的行政行为,并加以改善。(3)主动调查权。议会监察专员可以不经公民投诉,主动行使调查权,以调查官员可能犯下的错误。(4)起诉权。如果某位官员不守法令,以致造成行政行为的疏忽或无能,此时议会监察专员可以居于特别检察官的地位,以渎职罪的罪名起诉此位官员。目前,起诉已渐次被提醒或警告所取代。(5)官方文件调阅。议会监察官员有权要求与案件有关的政府机关提供所有相关的档案资料或记录,且可进入重要的军事设施,查阅机密的军事文件。(6)建议权。包括下列数种情形:请主管机关对申诉事项再加以考虑;建议改正错误,议会监察专员可将其意见转送有关上级机关,建议给予某些官员以行政处分等,但此建议不具有强制力;建议撤销或变更处分;建议变更引起争议的行政法律规范;建议修改引起申诉的法令。(7)报告公开权。监察专员必须于每年10月15日前向议会提出报告书,并分别送至各有关部门,其内容主要是全国的调查报告与资料,以及议会监察专员所作的其他主要裁定,如果涉及批评行政机关或行政人员,往往也附有当事人的答辩书。(8)豁免权。为保障其职权的行使及地位的超然独立,议会监察专员的任何措施、意见或言论,均不受法院审查,不负刑事或民事责任,也不受议会支配。(9)裁量权。议会监察专员有权决定其调查的方式与范围,决定其建议的内容、次数以及形式。(10)警告或申诫权。警告往往是针对一些错误并不严重的官员。

监察专员不仅受理公民申诉,还可以主动发掘问题或线索。其从报纸上、个人谈话间、职员的建议,以及本人对法院和行政机关所作例行巡察获得资料。监察专员有助于被冤枉的被拘禁者。监察专员不能为公民直接平反冤狱,但可以对法官和其他官员发出警告,这对作风建设产生了良好的影响。

瑞典监察专员每年都会出版年度报告书并送交议会。中央政府也会对各级政府及官员发送相关的监察裁决书。此外,监察专员也会向议会提出建议,包括当前法律或行政命令中的缺失、冲突之处,其结果往往引起议会的重视,并据以作为修法的重要依据。议会对监察专员的职权运作则是充分尊重其自主性,议会无权对监察专员发号施令,但是,对于监察专员提交议会的年度报告,议会将安排常设委员会针对此年度报告,提出意见书。

二、芬兰

芬兰是继瑞典之后,全球第二个设立议会监察专员的国家。

(一)起源与发展

芬兰独立后,在1919年宪法中设置了议会监察专员制度。根据芬兰新宪法的规定,议会监察专员一任4年,可连选连任,其选举产生方式与议会议长相同。监察专员共有一正两副,合计3人。议会监察专员的职责是监督法院、政府机关、公务人员执行公务,监督范围及于公共企业雇佣人员,以及其他有义务执行公共职能的人员。议会监察专员也要监督基本权利与人权的履行情况。

(二)任务与权限

芬兰议会监察专员的监督对象包括:(1)政府、部长与总统;(2)法院与法官,包括最高法院在内;(3)政府官员与机构;(4)地方政府与区域机构;(5)市议会议员;(6)政府、市政机关与其他公职机关的聘任人员,包括军人与警察;(7)国营企业,只要是他们执行着公共权威的任务;(8)失业基金和保险公司,只要是他们为法定利益和年金制度而负责;(9)其他私人性质的法人机构及其职员,当其接受委托,无论是基于法律或是契约规定从事公共事务。

不属于议会监察专员监督的对象则包括:(1)议会及议员;(2)司法总监;(3)外国机构或国家组织;(4)银行、企业组织、房屋公司;(5)辩护律师或其他私有领域的专业人士;(6)非营利组织;(7)私人、个体。

芬兰议会监察专员独立于政府,根据其个人判断而采取行动。议会监察专员虽然要将其观察与活动定期向议会作报告,但议会不得就他们所处理的个案进行干预,也不可要求他们进行某种特定任务。

根据芬兰宪法的规定,监察专员与副监察专员必须具有"杰出的法律知识"。他们不可由议员兼任,也不可以同时兼任其他任何公职,或是管理、执行任何可能危害其公正性及执行任务的公共或私人任务。如果在当选监察专员时他们正在履行其他公职,则必须停止该项职务。

监察专员与副监察专员在处理其任务中,具备相同的权威,而且可各自独立行使职权,彼此不相统属。目前,芬兰监察专员与副监察专员之间,按照以下原则进行业务分工:(1)监察专员:有关国家最高机关、特别重要的事务,以及社会福利、社会安全、健康照护及儿童人权等事项;(2)第一位副监察专员:警政、检察事务、狱政、扣押、移民及语言立法;(3)第二位副监察专员:法院、武装部队、边境卫队、交通运输、市政与环保部门以及税务机关。

监察专员与副监察专员均独立行使职权,且普遍受到议会的尊重。如果有极特殊的理由,议会的宪法委员会可以提议在他们的任期尚未结束前解除其职务,但必须得到2/3出席的议员的同意。如果监察专员有任何违法行为,那么应在议会宪法委员会的提议下,由议会通过决议,送交最高弹劾法院。如果监察专员、副监察专员确实被证明有罪,最高弹劾法院就可以解除其职务。

公民应以书面方式申诉,也可以通过传真或网络方式进行。使用的语言则包括芬兰语、瑞典语及其他语言。申诉的内容应包括:申诉的对象;争议的事情或事件的简要内容;申诉人认为该项决策或行动之所以违法或侵犯其权益;申诉人希望监察专员采取哪些措施;申诉人的姓名、签字、街道住址或电子邮件地址以及电话号码等。如果有相关决策或档案的复印件,那么申诉人可以附上。

在调查程序方面,监察专员对申诉人的姓名、提供的资料等,除非有法律规定,否则均应予以保密。但是,对匿名检举则不予调查。此外,监察专员在得到相关信息且无人投诉的情况下,也可以主动进行调查。

经过调查后,监察专员可能会作出以下处置:(1)对涉案的政府官员提起控诉,但总统与政府阁员不得被列为起诉对象;(2)对政府官员违法行为或轻忽职责的行为予以谴责;(3)对如何正确解释法律表达其看法;(4)要求政府当局或官方注意到良好行政的必要性;(5)要求政府重视对宪法与人权的实践及其相关条件的改善;(6)建议政府有关部门改正错误,重新更正;(7)要求政府与议会注意相关法令中的缺失,以及如何进行补正。

但是,监察专员无权作出以下决定:(1)对正在进行上诉的事情横加干涉;(2)对正在法院或政府机关进行裁决或审判的事情发挥影响;(3)修正或推翻申诉者所反对的政府决策内容;(4)认为政府应对当事人的损失作出何种补偿;(5)对申诉案件提供法律协助或辅导,换言之,监察专员不应越俎代庖,扮演不属于其应有职权职责范围的任何角色。

芬兰的监察专员还可对议会立法适当与否表达意见。芬兰1995年修改宪法,直接赋予监察专员人权保障的特别职责范围。

三、丹麦

丹麦议会监察专员制度是以瑞典议会监察专员制度为范本的改良式监察制度。

(一)起源与发展

第二次世界大战后,丹麦制定了新宪法,宪法委员会提醒应设置1~2位监察专员,监督军队及行政部门。1954年丹麦设置行政监察专员的法案通过,次年产生了第一位监察专员。根据丹麦有关规定,监察专员必须具备法学素养,其职权与瑞典类似,几乎可以调查有关中央政府的一切控诉,其中包括国营部门、军队、公共事业等,但无权调查有关司法部门的控告。丹麦推行行政监察专员制度,其目的为:一是代表议会强化国家最高权力机关对政府部长和行政官员的监督;二是代表公民利益维护法律和秩序,作为"因政府不公正、专横、滥用职权而受侵害的公民的保护人",受理公民对行政机关及其雇员的指控。从1962年起,监察职能进一步扩及地方政府,但只能调查地方官员或议会各委员会所作的裁决,不能对地方政府全体会议所做的决定予以审理,以免妨碍地方自治的权限。至1996年5月,丹麦议会通过监察法修正案,对监察的范围作了删增,如增加对教会的监察,删除旧法中监察专员参与公务员惩戒的规定等。

丹麦议会监察专员由议会选举产生,并代表其监督内政和中央及地方政府的行政措施及其人员,但不包括法官。监察专员本身必须为大学法律系毕业,但不得为议会成员。在行使职权时,其"陈述自己对案件的看法"一向具有主导性,对所提出的意见很少受到争议。

(二)任务与权限

丹麦议会监察专员主要的任务与职权如下:

1. 受理公民申诉

这是议会监察专员制度最主要的监察任务与方式。任何公民遭受政府侵害时,均可向议会监察专员申诉,外国人也不例外。申诉者不一定是申诉案中的直接利害关系人。原则上,即使是政府当局或官员,也可以向监察专员投诉。地方政府向监察专员投诉中央政府当局,也没有限制。公民向监察专员申诉时,会被要求尽量以书面并具有申诉者本人签名的申诉书状为之。除非申诉者提出具有说服力的理由,匿名的申诉书状通常会被拒绝接受。

2. 巡察权

国会监察专员有权巡察任何国家机关,借以发现违法或不当的事件,并加以改善。此项职权规定在丹麦《议会监察专员指导原则》第3条第3项。由于办公室的幕僚人员有限,巡察仅占监察工作极少部分。

3. 调查权

在丹麦《监察专员法》第 6 条第 5 项规定下，监察专员可以主动进行调查。发起主动调查的决定，通常是基于监察专员在调查某件投诉案件时所发现值得进一步探究的问题，或是报章、媒体中所报道的内容引起监察专员注意。每一个公民都可以向监察专员提出申诉，但申诉必须满足 3 个前提条件，才能被监察专员受理。第一，申诉行为的时效；第二，上一级行政机关能够改变的行政决定，在未决定是否改变前，不能投诉；第三，受理当事人或与案件有直接利害关系的人提出的申诉，投诉必须以书面形式，且签字画押。[1]

4. 追诉权

追诉权是瑞典监察专员行使的权力，是指如果有某位官员不守法，以致造成在作出行政行为时疏忽或无能，此时议会监察专员可以渎职罪名并居于特别检察官之地位，起诉此官员。但丹麦监察专员严格说起来并无起诉官员的权力，只有权指挥检察官追诉部长以外的官员，但这种情形极少见。因此，其职权比瑞典、芬兰要小。

5. 建议权

就丹麦的行政机关而言，遵循监察专员的建议可以说是固定的传统。在实际操作中，监察专员的建议通常都会产生效用，而使其意见和判决具有同等效力。所谓建议权包括下列数种情形：(1)请主管机关对申诉事项再加考虑；(2)建议变更或撤销行政行为；(3)建议修改引起申诉的法律或行政法规。

6. 调卷权

1996 年丹麦议会通过新修订的监察法规定，监察专员可以调阅任何与案件相关的正式、非正式计算机档案与网络资料等文件，并可以要求被调查机关提出书面报告。

(三)对议会监察专员的监督

在丹麦议会制度中，普遍认为监察专员与议会的关系不应只是从属关系。监察专员通过议会遴选出来，议会一旦对其丧失信任可随时将其免职。另外，丹麦

---

[1] 参见张腾腾:《丹麦监察专员制度对中国廉政工作的启示》,载《黑龙江社会科学》2016 年第 3 期。

《监察专员法》第 3 条规定:"议会必须设立管理监察专员业务活动的通则。"《议会监察专员指导原则》第 16 条第 2 项规定,"如果监察专员发现案例相关情势会引起大众质疑其公正性时,应将该结果告知议会监察专员委员会,并由委员会来决定取代其功能的适当人选"。这两条规定了管理监察专员业务活动及监察专员有主动提出自律的责任。

(四)丹麦议会监察制度被奉为蓝本的原因

丹麦的监察制度为何如此卓有成效并成为其他国家效仿的蓝本,用美国著名学者琳达·C.赖夫(Linda C. Reif)提出的评判一个监察专员机构是否成功的 11 项标准来审视,丹麦国会监察专员的成功经验可以归纳为如下几条:(1)国内民主政治发展成熟;(2)监察专员独立于行政机关;(3)监察专员管辖范围广;(4)监察专员权限大;(5)公众容易接近监察专员机构;(6)监察专员机构与其他机构实现了有机协调;(7)有充足的资金及人力保障;(8)监察专员机构具有很高的透明度和责任度;(9)监察专员的个人能力强、素质高;(10)政府对监察专员机构的意见能作出及时有效的回应;(11)监察专员对社会公众而言具有权威性。同时,丹麦国会监察专员制度在不断地进行创新、改革和完善,持续探索更高效、便民和实效的路径和方法。[1]

第三节 英美国家议会监察模式

议会监察,是指代议制机关对政府机关的人员、财物、施政和其他法定事项的监察,包括同意、弹劾、纠举、纠正、审计和监视以及为完成这些任务所必需的质问、视察和调查,以对违法失职的行为进行事前预防和事后惩处。英美国家的议会,代表人民监督政府,在立法权和财政权外,通常都享有监察权。

一、英国

英国议会行政监察专员制度已被 1967 年通过的《议会行政监察专员法》所确

---

[1] 参见郑宁:《丹麦国会监察专员制度考察》,载《团结》2010 年第 5 期。

立,并被此后的立法所发展。英国监察专员制度产生的导火索是克里切尔高地事件,该事件暴露出英国传统行政救济制度中存在的明显缺漏。1961年《公民与行政:冤屈的解决》报告的出炉,直接催生了英国的监察专员制度。同时,制度模仿与制度竞争也是英国缔造监察专员制度的内驱力,北欧国家和英联邦国家议会监察专员制度的实践无疑对英国产生了波及效应。

(一)起源

英国议会对政府各部门的监察权非常广泛。对于内阁阁员的监察,英国议会没有同意权,但可用不信任案使他们去职。英国议会的监察中,质询尤为重要,英国下议院在会期中,大约有一半时间专用以批评政府的政策和行政。议员对政府各部门的质询,都须由有关部门的首长予以口头答复,必须用心应对。这是议会用以监督政府并揭发政府弊政的主要方法。

此外,国家政务日趋繁复,议会无暇自订那么多的法律加以控制,于是委托政府颁布行政命令。对于委任立法的执行情况,议会经常用质询等方式进行监察。从1994年开始,议会设置行政命令委员会加以监察。

对于政府财政的监察,英国不仅设有审计部,议会内部设有国库支出委员会作日常性调查。自从国营企业发展后,议会设有13人委员会负责监察国营企业。

1967年英国议会在监察制度方面又迈出一大步,设置了议会监察专员。英国监察专员的职权比北欧的小,主要针对"不良行政"加以调查,且主要受理由议员所转来的申诉案件。监察专员不能推翻行政机关的决议,而只能提出改进建议。此外,英国监察专员的地位也不如北欧的监察专员。

(二)《议会行政监察专员法》的主要内容

1. 立法目的

监察专员共同担负两项核心使命:调查申诉与保障良好行政。[1] 从功能上分析,该制度具有两种功能:一是对申诉的非司法救济;[2] 二是加强对行政自由裁量

---

[1] 参见[英]彼得·莱兰、戈登·安东尼:《英国行政法教科书》(第5版),杨伟东译,北京大学出版社2007年版,第145页。

[2] 参见[荷]勒内·J.G.H.西尔登、弗里茨·斯特罗因克:《欧美比较行政法》,伏创宇等译,中国人民大学出版社2013年版,第241页。

权的审查。[1] 英国议会行政监察专员的监察对象聚焦于"不良行政行为",其目的在于强化对行政自由裁量权的审查。由于法律对不良行政没有明确界定,议会监察专员对不良行政有很大的解释空间。[2] 一切不公平、不合理以及压迫性的作为或不作为都可能被认为是不良行政。[3] 在不同的议会立法中出现的高频词诸如"偏见""疏忽""粗心""迟延""无资格""不称职""专断"等,都被认为是"不良行政"的注脚。在实践中,议会监察专员对不良行政采纳相当宽泛的解释,可认定为不良行政的申诉类型包括对误导性的陈述或建议、对作出决定时不合理的迟延的申诉。[4]

2. 职权与限度

英国《议会行政监察专员法》规定,对可以向法院或行政裁判所申请救济的案件,议会行政监察专员不能进行调查。可见,议会监察专员不是替代法院或行政裁判所,而是作为其有益的补充。但是,对议会行政监察专员管辖权的限制有一个例外,根据该法第5节第2条的规定,如果行政监察专员认为,在某种情况下期待受害人向法院或行政裁判所起诉为不合理时,即不具有期待可能性时,行政监察专员可以不顾法院管辖权的存在,对向他申诉的案件进行调查。从这个例外规定可以看出,行政监察专员和法院管辖权的界限并非泾渭分明。如今,英国法院也有扩大对行政事务监督权的趋势,二者管辖权重叠的可能性更大。

英国《议会行政监察专员法》法律附表三中所列举的不受调查的事项不在行政监察专员的管辖范围内。这些事项包括:(1)外交行为;(2)政府在国外所采取的行为(但英国领事对于在英国有住所的人所采取的行为除外);(3)对海外领地所采取的行为;(4)引渡和对逃犯所采取的行为;(5)刑事侦查活动、保护国家安全的行为,包括与护照有关的行动;(6)在联合王国内部或在国际任何法院中的诉讼程序以及部队内部的纪律处分程序;(7)特赦权的行使;(8)卫生行政事务(另设卫

---

[1] 参见陈宏彩:《行政监察专员制度比较研究》,学林出版社2009年版,第39页。
[2] 参见王名扬:《英国行政法》,中国政法大学出版社1987年版,第254~255页。
[3] 同上,第255页。
[4] 参见[荷]勒内·J.G.H.西尔登、弗里茨·斯特罗因克:《欧美比较行政法》,伏创宇等译,中国人民大学出版社2013年版,第243页。

生行政监察专员);(9)商业交易和合同事项(但土地的强制征购和买卖以及多余的征购土地处理例外);(10)文职人员及军职人员的人事管理事项(包括待遇、纪律、解雇在内),或者政府有权采取、决定或批准的人事行政行为,如内政部长拒绝批准某个警察长官的任命;(11)英王授予荣誉、恩赐、特赦、豁免、特许证。行政监察专员对自己管辖权的范围保有自由裁量余地,例如,行政监察专员认为法律的意义不明或案件需要迅速处理时,可以不顾法院管辖权的存在而对案件进行调查。

3. 申诉程序

无论自然人或团体(不限于法人)由于行政机关自己实施的或委托其他组织或人员代为实施的行政管理因管理不良而利益受到侵害时,都可以提出申诉。议会行政监察专员是议会的代理机构,一切申诉案件必须先向下议院议员提出,受害人不能直接向行政监察专员提出申诉。议员征得申诉人同意后转送行政监察专员处理,如果议员认为申诉无理由时,可以不转送行政监察专员调查。受害人向议员提出申诉的日期不得迟于知道或应当知道不良行政发生侵害后1年内,监察专员认为情况特殊,可以延长。监察专员对管辖内的案件是否调查有自由决定权,没有任何法律上的限制可以强制监察专员必须进行调查。

4. 调查程序

监察专员决定进行调查后,必须通知有关部门的负责人和有关的行政官员对受害人的申诉陈诉意见。调查必须私下进行,监察专员自由决定调查的方式,例如,应当取得哪些证据,询问哪些证人,是否允许当事人由律师代理等。在取得证据方面,监察专员具有高等法院所有的全部强制权,能够要求任何人提供证据。对于妨碍调查工作的人,可以要求高等法院科以藐视法庭罪。由于监察专员负有保密义务,除内阁会议文件外,任何证据都不能对他保密,但如果内阁部长证明某些文件不能公开发表时,他不能在报告中透露文件的内容。

监察专员在调查程序的各阶段必须写出各种报告,他必须向转送案件的议员报告调查的结果或者拒绝调查的理由,调查报告也必须送交有关部门和有关的行政官员。如果监察专员认为必要时,其可以就不良行政的情况和补救的建议向议会两院提出一个特别报告。此外,其每年必须向议会两院提出一个报告,总结全年的工作,还可以提出其他应当提出的报告,这些报告由议会中的行政监察专员特别委员会审查。

5. 处理结果

监察专员没有权力决定救济方法,其只能提出建议,通常是建议行政机关在法律规定以外补偿受害人的损失,或者修改原来的行政决定。在绝大多数情况下,行政机关能够接受监察专员的建议。究其缘由,首先,因为监察专员和行政机关通常处于合作关系,能够说服行政机关接受他的建议;其次,因为议会中的专门委员会和有关的议员能够利用行政监察专员的报告对行政机关施加某些压力;最后,行政机关如果拒绝建议,监察专员可能提出一个特别报告继续施压。

如果发现确实具有不良行政的情形,监察专员通常会建议给申诉者进行一定的赔偿,或者采取其他措施减轻因不良行政给申诉者造成的不公待遇。尽管监察专员的建议不具强制性,各部门没有义务必须遵照监察专员的建议行事,但各部门基于声誉的考虑通常会接受建议。比如,巴洛·克洛斯事件涉及一个对导致许多投资者的终身储蓄损失的经纪业务的调查,商业和工业部被指控一直无视公司不法行为的证据,监察专员的调查结论表明,商业和工业部的一些不良行政行为导致了投资者的损失,监察专员建议该部门向申诉者赔偿。虽然商业和工业部并不承认他们存有不良行政,但他们确实向投资者支付了总计大约1.5亿英镑的赔偿,当然部分是出于对监察专员的尊重。[1]

(三) 运行效果

监察专员制度已被纳入英国行政法,成为其不可或缺的一部分,且重要性绝不亚于行政裁判所、司法审查等其他法律救济制度。议会监察专员制度的建立不仅跨越法律体系与司法权、行政权的限制,跨越政治、行政裁量及官僚作风,也跨越国家父爱主义及福利国家心态,更将每位公民受到政府公平对待的权利予以制度化。[2] 与法院的司法审查及行政裁判所等法律救济制度相比较,议会行政监察专

---

[1] See R. Gregory and G. Drewry, *Barlow Clowes and the Ombudsman*, Public law, 1991, p. 192, 408.

[2] 参见[英]Gerald E. Caiden:《行政监察官与正义的追求》,杨戊龙译,载《政治科学论丛》2006年第30期。

员制度具有灵活性、适应性、有效与低廉等非司法救济途径的优势,但也存在不能直接受理申诉、管辖范围窄、权力有限性等不足。正如有论者总结的,在英国的宪政框架下,监察专员的最佳定位是"防火员",即试图维持和提升行政行为的总体水准,而如果期待建立的是一个行政裁判所、司法审查之外的控权机关,发挥灭火队员的作用,那么我们将对现有的议会监察专员制度表示失望。[1]

《议会行政监察专员法》实施后,议员受理的申请每年稳步增加至大约1500件。其中,引人注目和比较典型的案件主要有:1967年萨克豪森(Sachsenhausen)案,[2]舰队街(Fleet Street)临时雇员案,1974年考特邮轮公司(Court Line)事件,1989年巴洛·克洛斯(Barlow Clowes)公司事件,1996年海底隧道铁路连接案,等等。《议会行政监察专员法》的执行全凭建议本身的说服力量、议会的批评和舆论压力,没有任何法律上的限制。

(四)发展与推广

英国《议会行政监察专员法》颁行以后,这一制度得到了进一步的发展,地方行政监察专员、医疗保健监察专员、北爱尔兰监察专员纷纷设立。1969年《议会行政监察专员(北爱尔兰)法》通过,1972年与1973年的《全民健康服务重组法》又分别成立了苏格兰、英格兰和威尔士卫生监察专员。1974年《地方政府法》决定设立英格兰和威尔士两个地方行政监察专员。

到了20世纪80年代,监察理念与监察原则已从"政府"部门扩展到私营部门,监察专员理念蔚为潮流。例如,英国已经设立养老金监察专员、保险业监察专员和建筑协会监察专员。可见,监察专员制度有存在的必要和发展的价值。

二、美国

美国的国会监察权有5种:对总统委任的行政人员和法官的监察;对委任立法的监察;对政府支出和公款的监察;立法的否决权;对外交事务的监察。

根据美国宪法第1条的规定,国会的主要功能是立法。国会的立法功能是制

---

[1] 参见[英]彼得·莱兰、戈登·安东尼:《英国行政法教科书》(第5版),杨伟东译,北京大学出版社2007年版,第188页。

[2] 参见王名扬:《英国行政法》,中国政法大学出版社1987年版,第259页。

定国家大政方针,并为执行它们而建立机关和分配经费。随着行政功能的增长和行政裁量权的扩张,为了对行政部门进行监督,议会采用了传统的方法,也使用了一些新的监察方法。

美国联邦议会没有设置监察专员,但在美国 50 个州中,设置州议会监察专员的已有 5 个州。

第四节　新加坡独立监察机关模式

新加坡的廉政举世闻名,而贪污调查局又是新加坡廉政建设的重要推动力量。新加坡的贪污调查局背后的理论基础、思想观念是新权威主义。所谓新权威主义是李光耀的主张,他主张政治上专制、经济上自由的政策。这种政策据称代表了亚洲价值,被认为是亚洲国家经济发展的成功模式。

一、起源与发展

贪污调查局是新加坡打击公共部门与私人企业贪污行为的独立机关,成立于 1952 年,被赋予广泛的调查权,局长直接向总理负责。新加坡人民行动党上台执政后,于 1960 年制定了《反贪污法》。这部新加坡廉政建设的根本法对贪污调查局的职责和体制进行了很大修改,赋予了贪污调查局许多特权并改善了贪污调查局本身的领导指挥机制,大大加强了贪污调查局在反腐败中的作用,为贪污调查局在后来的廉政建设中屡建奇功奠定了基础。几十年来,贪污调查局真正起到了高效反腐败的作用。贪污调查局秉公执法,严格调查。凡调查腐败属实者,无论职务多高,照判照罚不误。反贪调查局体制导致新加坡政权组织和普通的"三权分立"有了很大差别。新加坡的贪污调查局独立于"三权"之外。从 1970 年以来,贪污调查局就归由总理公署直接管辖。[1]

---

〔1〕 参见曹云华:《亚洲的瑞士:新加坡启示录》,对外经济贸易出版社 1997 年版,第 66 页。

二、任务与职权

根据新加坡的《反贪污法》，总统直接任命贪污调查局局长，有权根据需要任命贪污调查局的副局长以及一定数量的助理局长和特别调查官，可以设立不同级别的助理局长和特别调查官。贪污调查局局长由总理直接领导，对总理负责，在行使其职权方面不受其他任何机关的限制。[1]

新加坡贪污调查局的鲜明特色，主要表现在其特权方面：贪污调查局既是监察机关又是执法机关，为了让它能够高效执行任务，新加坡法律赋予其广泛的特权。这些特权的广泛程度令一般国家的检察机构望尘莫及，主要有以下几个方面：(1)贪污调查局局长和特别调查员可以不用逮捕证逮捕任何涉嫌贪污受贿的人，以及任何遭到指控、掌握可靠情报和被怀疑与违反反贪污法令有关的人。(2)局长或特别调查员无须公诉人员的命令也可行使刑事诉讼法所赋予的一切或任何有关警方调查的特别权力调查贪污受贿行为。(3)有权入屋搜查，没收被认为是赃物或其他罪证的任何银行存款、股票或银行保管箱等。(4)有权进入各部门、机构，要求其官员、雇员及其他任何人提供所需的任何内部资料。(5)要求涉嫌贪污受贿者对其合法收入以外的财产说明其来源。(6)有权要求任何人根据授权官员的要求披露或提供有关情报或账户文件物品。这些调查不但可以向涉嫌违法者本人调查，还可以调查其妻子儿女。(7)行为跟踪权，即贪污调查局的探员有权对所有政府工作人员的行为进行跟踪，暗地调查其活动，如果发现可疑或违纪行为，探员有权用秘密拍摄的方式收集证据。[2]

贪污调查局体制中最值得借鉴的是，限制公务员的隐私权和扩大贪污调查机构的调查特权。关于限制公务员的隐私方面，新加坡的做法是要求公务员进行财产申报，并在日志上记录自己的行为。在办公时间有人来访，必须详细记录来访者身份姓名还有来访事由。日记本必须随身携带，不允许乱丢乱放，不得遗失。每周一上班时要将日记本送交主管官员检查，查完后签名送还。

---

[1] 参见郑维川：《新加坡治国之道》，中国社会科学出版社1996年版，第274页。
[2] 参见曹云华：《亚洲的瑞士：新加坡启示录》，对外经济贸易出版社1997年版，第65页。

三、对贪污调查局的监督

对贪污调查局的监督方式,除了总理对贪污调查局自上而下的管理和监督以外,主要表现为其他机关的公务员对贪污调查局的监督。贪污调查局秉公执法,对新加坡公务员队伍起到很大的威慑作用,其权力相当大,但并不能为所欲为,它自身也受到来自各方面,尤其是其他机关公务员的监督。比如,警方、税收署、移民局等对贪污贿赂十分敏感的部门,更注视着调查局的每一位成员。调查局成员在办案过程中行为稍有不轨,就可能被告到总理那里,查实后将受到严厉的处分。因此,贪污调查局每一位成员在办案中和生活中都必须十分小心,其行为必须十分检点。[1]

---

[1] 参见宋振国、刘长敏等:《各国廉政建设比较研究》(修订版),知识产权出版社2013年版,第272~273页。

第五章 我国监察法的历史与发展

知识结构图

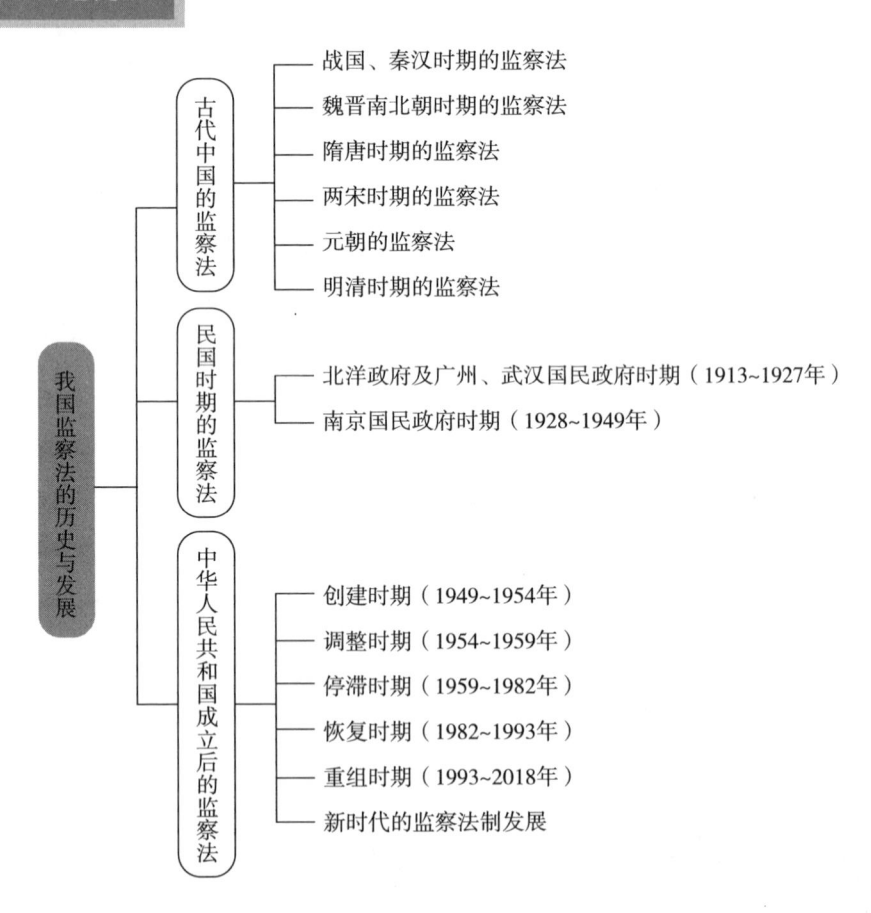

- 我国监察法的历史与发展
  - 古代中国的监察法
    - 战国、秦汉时期的监察法
    - 魏晋南北朝时期的监察法
    - 隋唐时期的监察法
    - 两宋时期的监察法
    - 元朝的监察法
    - 明清时期的监察法
  - 民国时期的监察法
    - 北洋政府及广州、武汉国民政府时期（1913~1927年）
    - 南京国民政府时期（1928~1949年）
  - 中华人民共和国成立后的监察法
    - 创建时期（1949~1954年）
    - 调整时期（1954~1959年）
    - 停滞时期（1959~1982年）
    - 恢复时期（1982~1993年）
    - 重组时期（1993~2018年）
    - 新时代的监察法制发展

监察者,"监视而观察"[1]之义也。在传统中国的文官制度中,治官是头等大事,因而监察制度在其中扮演重要的角色,发挥着重要的作用,监察法也在此过程中产生并不断发展。中国古代的监察法,既是传统中国文官制度和监察制度的有机组成部分,也是中国古代法律体系的有机组成部分,其不容忽视。正如张晋藩教授所总结的,"在封闭的政治法律文化氛围中产生的中国古代监察法,以其特有的制度建构、多元的监察体系、全面性的监察规范,鲜明地表达了中华民族在运用法律约束权力、规范权力,把握监察法与法律体系整体之间的互动关系,以及适应中国国情特点而形成的监察法制模式等方面的伟大创造力"。[2] 中国历史上的监察法制,可作为当今的监察法和监察制度之镜鉴。

从法律和政治的角度来看,中国古代并无严格区分司法、行政等的思想观念,故其时与监察相关的法律具有浓厚的政治色彩,与国家的监察制度密不可分,而监察制度本身也是整个国家或朝廷的政治制度中的一环。反过来看,国家监察制度的建立和运行,也需借助相关法律而行。因此,欲了解中国历史上的监察法,必然离不开对监察制度,甚至整个政治制度的了解。这是学习中国古代监察法时需注意的一大特点。

从中央和地方的角度来看,中国历史上各时期的监察法,一般既规定了中央的监察制度,也规定了地方的监察制度。从监察权的指向、范围和监察法的实践来看,中国古代监察机关的职权主要包括立法监察、行政监察和司法监察这三个方面。大体上,立法监察主要包括提出立法建议、提出修法建议、对任意修改成法提出驳正;行政监察主要包括监察行政机关及官员的行为、监察各行政机关的公文流程、监察官参与考课;司法监察主要包括会审定狱、审录囚徒、查核积案。[3] 限于篇幅,本章对历代监察法的介绍主要从立法规定层面展开。

关于我国监察制度和监察法产生的确切时间,学界有不同的观点,但基本上认为是在春秋至秦王朝这段时期,有的则更上溯至原始社会,认为在原始社会就产生

---

[1] 《诗经·大雅·思齐》。
[2] 张晋藩:《中国监察法制史稿》,商务印书馆2007年版,第22页。
[3] 参见张晋藩:《中国古代监察机关的权力地位与监察法》,载《国家行政学院学报》2016年第6期。

了监察的萌芽。[1] 一般认为,完整意义的监察制度,产生于秦汉时期。[2] 从历史上看,虽然在夏商、西周时期,便已经开始出现运用法律治理官吏,实行权力监督的做法,但当时的监察法令仍极为粗疏;战国时期官僚制度的形成之时,也是我国古代监察制度和监察法的正式出现之机。因此,本章将战国、秦汉时期作为对中国监察法的历史与发展予以介绍和讨论的起点。

第一节 古代中国的监察法

中国古代监察法制的历史发展,大体上可以分成三个阶段:(1)形成阶段——战国、秦汉;(2)发展阶段——三国两晋南北朝、隋唐;(3)完备阶段——宋、元、明、清。[3]

一、战国、秦汉时期的监察法

(一)战国时期

夏商和西周时期,虽然专门的监察机构和监察法尚未出现,但统治者已认识到"治官"的重要性,当时的一些职官也已担有监察之责。例如,史官的主要职责,是将国家政事,尤其是君主和官员的言行真实地记录下来,其后果为被记录者所看重,因此,这种"记事"本身便含有监督之意味[4]——实际上,后世的"御史"正是由此发展而来。这些思想和实践,成为后世监察法的滥觞。

春秋战国时期,百家争鸣,各种政治、法律学说相应地丰富起来,监察思想也随之发展。典型体现者,即当时各家对吏治重要性的认识普遍提高。尤其值得注意的是法家的监察思想。战国时期,法家已成为显学,商鞅甚至将法家思想实践于秦国,奠定了秦统一六国的基础。在法家的思想中,对官吏的监督是极重要的一环,

---

[1] 参见本书编委会编著:《中国历代文官制度——文官之监察》,国家图书馆出版社2014年版,第1页。
[2] 参见马作武:《秦汉时期监察制度形成及思想探源》,载《政法论坛》1999年第3期。
[3] 参见张晋藩:《中国监察法制史稿》,商务印书馆2007年版,第2~17页。
[4] 参见马作武:《秦汉时期监察制度形成及思想探源》,载《政法论坛》1999年第3期。

甚至形成了一整套控制官吏以维护君主专制的理论和策略。法家一方面认识到君主的统治不能不依赖于官吏之辅助,另一方面又认为君臣之间的关系乃"事合而利异",[1]因此,法家非常重视治吏,认为"明主治吏而不治民"。[2] 至于如何治吏,法家认为,一是靠"术",二是靠"法"。例如,商鞅曾言,"使吏非法无以守,则虽巧不得为奸";[3]而韩非子也认为,应"明法而以制大臣之威"。[4]

上述思想,为监察制度和监察法的确立提供了思想理论基础。到战国时期,随着社会经济的发展、各国之间兼并战争的进行,各国进一步加强中央集权的需要越来越迫切。由此,官僚制度便逐渐建立起来。官僚制度的确立对监察制度的形成和发展具有十分重要的意义。其一,职官体系的扩大及官僚和国君之间的冲突,使对官僚系统进行监督变得必要且迫切。其二,由于监督的对象是整个官僚系统,监督的执行和过程如何避免利益冲突和勾结等情况,成为一个重要的问题;战国时期国君近臣系统满足了这个需要,而后世最主要的检察官御史其实也源于此。其三,职官管理的制度化,要求对监察官吏本身的管理也规范化,这为监察活动的有序和效率提供了保证。[5]

战国时期监察制度确立的一个主要标志,是御史专任监察体制的初建。御史一职源于"史官",到战国时期,御史的监察职能得到了强化,不仅可以随王监察大臣,还可以监察地方官吏。此外,专职谏官、对地方上的巡行视察以及对各级管理的上级考核,也是当时开始出现并应用的重要监督方式。

与此相应的是,监察法律此时也开始出现。魏国的李悝制定的《法经》,是中国历史上第一部比较系统的成文法典。据《晋书·刑法志》记载,《法经》分为盗、贼、网、捕、杂、具六篇,其中的"杂"律便对假借不廉、逾制等职官犯罪行为作出了规定。[6]可以认为,这些规范官吏行为的条文,便属于今人所称的监察法的范畴。虽然整体而言,这些监察法规数量并不多,但由此仍可见,当时的监察活动已在相

---

[1] 《商君书·禁使》。
[2] 《韩非子·定法》。
[3] 《商君书·慎法》。
[4] 《韩非子·南面》。
[5] 参见张晋藩:《中国监察法制史稿》,商务印书馆2007年版,第49~50页。
[6] 同上书,第55页。

当程度上得以展开,并以这些律法作为具体的行为准则和法律依据;否则,这些律法本身便无必要,也就不可能得到系统地制定,从而流传于世。

需指出的是,先秦诸家的监察思想虽重于对各级官吏的控制,但也存在认为君主也应接受臣民的监督这一方面。与此相对应的是,战国时期各国专司监察的职官往往也负有谏议之责,甚至设置专门的谏官成为当时的一种趋势。[1] 虽然在君主专制下,谏议对君主所起的监察作用极其有限,但不可否认的是,谏议的制度和实践在当时还是具有一定的现实意义的。

(二)秦代

秦灭六国,建立起了统一的中央集权皇朝,并设置了一整套的官僚政治制度以维持统治。在地方上,则用郡县制取代了分封制。这就让监察制度和监察法的发展既成为必要,又变得可能。

秦王朝设置了专门的监督机构。秦代的中央监察机关称为御史府,亦称御史大夫府或御史大夫寺。御史大夫为其最高长官,即最高监察官,负责统率全部监察官员来对其他政府机关及其官员的违法行为进行纠举、弹劾。御史大夫下,设御史中丞和御史丞,直接辅助御史大夫行监察之责。而御史府中的一般官员则称为御史,部分御史在朝廷中负责日常监察工作,其他则常驻地方郡一级政府,以实施对地方的监察。这些驻地方的监察官员被称为监郡御史,又称监御史、监察史或简称为"监"。由此可见,秦王朝时期,一个从御史大夫到御史、从中央到地方的较严密、独立的监察体系已建立起来,"这就标志着秦朝以御史制度为主体的监察制度已经建立"。[2]

秦朝时期,监察官员地位有了较大的提高。秦朝有"公""卿"之分,御史大夫在身份和政治待遇上只属于"卿",比丞相和太尉低了一个档次。但御史大夫同时也任副丞相,与丞相和太尉一起位列三公,即属于皇帝之下的最高级官员之一,不仅能参议国事,甚至还具有司察丞相非法行为、弹劾丞相的重要职权。[3] 御史的禄秩虽然较低,但常驻地方的监御史之地位却相当高。他们常与郡守、郡尉一起并

---

[1] 参见马作武:《秦汉时期监察制度形成及思想探源》,载《政法论坛》1999年第3期。
[2] 邱永明:《中国古代监察制度史》,上海人民出版社2006年版,第67页。
[3] 参见熊伟:《秦汉监察制度史研究》,天津人民出版社2011年版,第29页。

称"守、尉、监",除负责监察工作外,还握有部分的地方行政、军事权力,[1]实际上也成为地方上的重要官员。

秦统一后,也设置了谏议官员,专掌规谏。然则,秦王朝并未设置专门的言谏机构,而谏议官员本身也并非"常员",难以发挥作用。换言之,其时的监察体制变得"重御史轻谏官",百官受皇权监察,皇权本身却变得绝对化,成为暴君专政,由此,御史监察实质上也沦为了暴君的统治工具,失去了监察本应有的意义和作用。[2]

秦始皇非常推崇法家"以法治国"的主张,故秦朝监察机制的建立和运行,离不开相关法律的制定和运用。《云梦秦简》中关于官员行政的律文中,有些就涉及监察方面。其中典型者,便是《语书》和上文曾提及的《为吏之道》。《语书》将官吏区分为良吏和恶吏两类,并制定了相应的判断标准;《为吏之道》则强调了"吏之五善"和"吏有五失"。这些判断标准,为御史等官员实施对官吏的监察提供了法律准绳。秦律鼓励官吏成为良吏,而对于恶吏,则要作出相应的惩罚。尤其值得注意的是,《语书》中有关于郡守应派员监察属县的明确要求:"今法律令已布,闻吏民犯法为间(奸)私者不止,私好乡俗之心不变,自从令丞以下,智(知)而弗举论,是即明避主之明法也,而养匿邪避(僻)之民。如此,则为人臣亦不忠矣。……今且(将)令人案行之,举劾不从令者,致以律,论及令丞。……独多犯令,而令、丞弗得者,以令、丞闻。"对于违反国家法令的官吏,应依照法律予以处置;如官吏"多犯令"而县令、县丞没有予以查处的,县令、县丞也要承担责任。故正如有论者所言,《语书》等律文虽然"还不是专门的监察法令,但在许多方面,已展现有后世监察法令主要性质的内容"。[3]

(三)汉代

两汉时期,随着政权变更、社会形势变迁及统治阶级利益之不断冲突和协调等变化,监督制度之变动也颇为频繁。其中之要者,即以专门的中央监察机关御史台及专职的地方监察官刺史制度之出现为标志,中国古代的监察制度基本形成和确

---

[1] 参见李小树:《秦汉魏晋南北朝监察史纲》,社会科学文献出版社2000年版,第8~9页。
[2] 参见胡沧泽:《中国监察史论》,中国书籍出版社2012年版,第6~10页。
[3] 熊伟:《秦汉监察制度史研究》,天津人民出版社2011年版,第37页。

立起来。

在中央,监察机关名为御史府(台),以御史大夫为最高长官,其下有御史中丞和御史丞,再之下是一般官员——其通称御史或侍御史,常按其职务而分别名之为治书御史、绣衣御史、督运漕御史等。到绥和元年,御史大夫改名大司空,与大司马、丞相并为三公,御史中丞则成了御史府的实际长官。此后,光武帝将大司空改为司空,专掌水木之事,御史中丞便正式成为御史府的最高长官。此后,御史中丞搬出宫外置署办公,称为"御史台",中国历史上相对独立的专门监察机关正式出现。[1] 汉代御史府(台)的设置虽然大致上和秦代一致,但其组织更严密,幕僚配备齐全、分工也更具体,表现出一种明显的"进化"趋势。

在地方,由于刘邦即位后以刘氏宗亲建立诸侯国,这实际上便令中央政府无法对地方实行有效的监督,各种弊端也随之而生。虽然"其后诸州复置监察御史",[2] 又派具有临时性质的丞相史巡行各地,考察地方吏治,但其监察效果均不理想。因此,汉武帝于元封六年(公元前105年)设立固定性的十三部刺史专司监察地方,刺史制度由此建立。刺史隶属于中央监察机关御史台,由御史中丞具体督管,在地方有固定治所。相比秦朝常驻地方的监御史,其一大特点在于只掌监察,不再兼管开渠修路、带兵作战之类的其他职务。[3] 汉代时期监察制度的专门化发展,由此也可见一斑。

此外,西汉时设立的司隶校尉一职,也负有监察畿辅七郡、劾奏公卿大臣、纠太子宗室贵戚等监察职务。[4]

专门的监察法在西汉时期开始出现,其中较主要的是《监御史九条》和《刺史六条》。《监御史九条》于汉惠帝三年颁布,其监察的对象主要是郡县官吏,且其只适用于部分地方。《监御史九条》的内容涉及行政、司法、吏治等诸多方面;虽然在今天看来,其中的内容较粗简,《监御史九条》仍可称得上"中国封建地方监察立法

---

[1] 参见邱永明:《中国古代监察制度史》,上海人民出版社2006年版,第82页。
[2] 《通典·职官六》。
[3] 参见李小树:《秦汉魏晋南北朝监察史纲》,社会科学文献出版社2000年版,第23页。
[4] 参见熊伟:《秦汉监察制度史研究》,天津人民出版社2011年版,第99~104页。

之滥觞"。[1] 汉武帝时制定的《刺史六条》,是全国适用的地方监察法规。顾名思义,《刺史六条》是汉武帝为了规范刺史之监察行为而制定的法律,与上文提及的刺史制度有密切的关联。从监察对象上看,《刺史六条》第1条针对的是"强宗豪右",其余5条则都是监察"二千石",即俸禄级别是二千石的地方官员,主要是郡守。从内容上看,其对"二千石"官员的监察,主要包括"不奉诏书遵承典制""不恤疑狱""选署不平""违公下比,阿附豪强"等。不过,后来刺史的权力不断扩大,其对官员的监察也逐渐超出《刺史六条》范围。[2]

东汉在法制建设上基本承继西汉,在监察法上也无重大变化,只不过颁布了一些具有监察法性质的法令,[3]例如,汉光武帝时的《惩举荐非其人令》和《禁吏卒嫁娶过令》等。

综上,汉代的监察法有一大特点,即"监察立法步入自觉阶段";特别是"《监御史九条》和《刺史六条》的问世,开中国古代专门监察立法之先例,对后世产生了深刻而久远的影响"。[4]

二、魏晋南北朝时期的监察法

魏晋南北朝时期,各政权分裂割据,连年征战甚至自顾不暇,客观上不利于各政权整顿、发展其包括监察制度在内的政治制度。另外,在当时的门阀政治中,如何平衡、协调、处理皇权和门阀特权之间的关系,又是一个重要的问题。监察机构作为一种制衡力量在此间发挥了一定的作用,而监察制度和监察法由此也得到了一定发展。概言之,魏晋南北朝时期监察法和监察制度的发展,在汉唐之间起着继往开来的作用。[5]

此时期政权变迁频繁,监察制度也因之在架构设置、具体细节等方面均显得变动不定。整体而言,此时期的监察制度,呈现两大特点:御史监察机构的完全独立

---

[1] 张晋藩:《中国监察法制史稿》,商务印书馆2007年版,第111页。
[2] 参见袁刚:《汉武帝的"六条诏书"及汉唐地方监察法规》,载《南都学坛(哲学社会科学版)》1998年第4期。
[3] 参见张晋藩:《中国监察法制史稿》,商务印书馆2007年版,第115~116页。
[4] 同上书,第115页。
[5] 参见邱永明:《中国古代监察制度史》,上海人民出版社2006年版,第204~205页。

和谏官组织的系统化。[1]

至曹魏时，御史台不仅相对独立且更是直接由皇帝控制，其最高长官御史中丞也由皇帝直接领导。"如果说秦汉的御史府（台）还带有一点行政机关的尾巴的话，那么至魏晋则构成了一个超然于行政之外的外部监察体制"[2]。在整个魏晋时期，御史中丞的权力整体上呈扩大的趋势。此外，当时御史开始被允许"风闻奏事"，即刺史可根据道听途说之传闻来参奏大臣；据北宋洪迈所说，"御史许风闻论事……以予考之，盖自晋、宋之下"[3]。这反映出刺史的监察权力在魏晋南北朝时期同样也有所扩大。

在地方上，由于东汉末年地方行政体制已由郡、县两级制变成州、郡、县三级制，魏晋南北朝时期的多个政权均沿用此制，其地方监察制度也与此相应。例如，两晋时期，州一级的监察官是刺史或州牧，而刺史或州牧同时也是本州的行政长官和军事长官；在郡一级，太守之下设督邮一职，以监察所属县的官员；县一级则设廷掾一职，以监察本县以下的乡级官吏。[4]

值得一提的是，南朝时的宋、齐、梁、陈和北朝时的北魏、北齐、北周等政权，还设置了一种可名之为典签制度的地方监察体制。"典签"一词，本身是一官职名，刘宋时的典签是由朝廷派到地方去监督刺史和宗室诸王的官员。不过，在性质上典签又是刺史的属官，地位并不算高，所以其在和刺史、宗室诸王的角力中并不占优势，也难以发挥其监察作用。到齐、梁、陈等朝代，典签所能起到的牵制作用已大大减弱。而在北朝，典签的主要职能则在于监督州府仓库财务出纳。[5]

魏晋南北朝时期，各朝统治者均较重视法律的作用，故在立法上取得了较大的成就；晋朝的《泰始律》，北朝的《北魏律》《北齐律》等，在中国法制史上均有着相当重要的地位和意义。在这些法典以及为数众多的科、比、格、式中，也有关于官吏职务犯罪和处罚的详细规定。此外，也出现了诏令形式的专门监察法，其调整的范围

---

[1] 参见胡沧泽：《中国监察史论》，中国书籍出版社2012年版，第21~24页。
[2] 邱永明：《中国古代监察制度史》，上海人民出版社2006年版，第143页。
[3] （宋）洪迈：《容斋随笔》四笔卷十一"御史风闻"条，穆公校点，上海古籍出版社2015年版，第507页。
[4] 参见贾玉英等：《中国古代监察制度发展史》，人民出版社2004年版，第235~238页。
[5] 同上书，第239~245页。

已相当广泛。

关于此时期监察法的发展成就,可择其要者介绍如下。

其一,晋朝的《察长吏八条》和《五条律察郡》。前者是察吏的标准,后者则是适用于郡守的监察条例——五条者,包括"正身""勤百姓""抚孤寡""敦本息末""去人事"。《察长吏八条》和《五条律察郡》均以诏书的形式作出,具有最高权威。其二,西魏的《六条诏书》。所谓"六条",包括"治心""敦教化""劝课有方""擢贤良""恤狱讼""均赋役",以这些要求作为考核官员的标准和监察官员的依据。其三,北周的《诏制九条》。《诏制九条》重点放在断罪决罚,将纠正地方官员任意决狱的弊端作为监察官员的要点。换言之,其侧重点在于司法监察方面。[1]

三、隋唐时期的监察法

(一)隋代

隋朝的监察制度由两大部分组成:一是御史监察系统;二是谏官言谏系统。

隋文帝即位后,革除魏晋南北朝时期各种混乱的监察方式,重新设置专门的监察机关,并沿用汉代旧称,即御史台。御史台是皇帝直接控制下的中央最高的专门监察机关,又因文帝之父名杨忠而讳"中"字,故将御史台的实际长官恢复为御史大夫。以后唐宋诸朝,御史大夫均为御史台首长。御史台主要负责监察朝中官吏,监察官员的"职责范围极广,大事小事国事家事都可纠弹"。[2] 隋炀帝即位后,增设谒者、司隶两台。谒者台的主要职责是"出使慰抚",故其对地方的监察乃通过使者在出使过程中了解民风政情、纠正冤假错案而实现,是一种巡视性而非经常性的监察;换言之,谒者台不是一个完全意义上的监察机构。[3] 司隶台则是专事地方监察的机构,主管负责对地方官员的监察兼考绩。

隋朝实行三省六部制,其中,门下省在隋初即为侍奉谏议机关,掌管审查政令和封驳等事。隋炀帝于大业三年(公元607年)对门下省进行了改革,门下省成为言谏官的最高领导机关。不过,隋炀帝本身并不重视言谏官之作用,后来甚至把谏

---

[1] 参见张晋藩:《中国监察法制史稿》,商务印书馆2007年版,第161~164页。
[2] 袁刚:《隋朝监察制度述论》,载《北京大学学报(哲学社会科学版)》1999年第6期。
[3] 参见张先昌:《隋朝监察制度述论》,载《法学研究》2005年第2期。

议大夫等职废除。可以说，隋朝的谏官言谏系统虽已形成体系，但在实践中并未能发挥作用。[1]

与监察制度的变更相应，隋朝的监察法规也有一定的调整和发展。隋炀帝即位后，在汉代《刺史六条》的基础上，颁布了新的"六条诏书"，其对司隶台的监察责任、范围、对象都作出了较为明确的规定：一察品官以上能理政不。二察官人贪残害政。三察豪强奸猾，侵害下人及田宅逾制，官司不能禁止者。四察水旱虫灾，不以实言，枉征赋役及无灾妄蠲者。五察部内贼盗，不能穷逐，隐而不申者。六察德行孝悌，茂才异行，隐不贡者。[2] 比起汉代的《刺史六条》，隋代的"六条诏书"扩大了对官员进行监察的范围，凡有品阶的职官均在监察范围内；而其监察重点也放在考察品官的理政能力、个人品德等方面。虽然由于隋王朝的短命，"六条诏书"在中国历史上发挥作用的时间并不长，但它为唐代的监察立法提供了一个蓝本，在我国古代监察法规的发展上具有承上启下的地位。[3]

(二) 唐代

在中国监察制度和监察法的沿革历史中，唐代是一个有重要意义的时期。"在中国封建社会监察制度史上，唐代的御史监察制度占有十分重要的地位。它既是秦汉以来监察制度的完善和总结，又对宋以后的监察制度产生了深刻的影响。"[4]

在唐代的监察制度中，中央监察机构包括御史台系统和谏官系统。

御史台是唐代的中央最高监察机关。唐高祖李渊登基后，中央官制等基本沿用隋制，御史台也随之保留下来。到唐朝中期，由于政治形势复杂，御史台制度变动频繁。例如，武则天登位后，将御史台改为左肃政台，并增设右肃政台；到唐睿宗即位后，二台又重新合并为一；到唐玄宗即位后，御史台制度才基本稳定、定型。[5]

---

[1] 参见本书编委会编：《中国历代文官制度——文官之监察》，国家图书馆出版社2014年版，第81~82页。

[2] 参见(唐)魏徵等：《隋书》卷二十八，中华书局1973年版，第797页。

[3] 参见本书编委会编：《中国历代文官制度——文官之监察》，国家图书馆出版社2014年版，第82页。

[4] 胡沧泽：《中国监察史论》，中国书籍出版社2012年版，第28页。

[5] 参见邱永明：《中国古代监察制度史》，上海人民出版社2006年版，第221~225页。

唐代御史台的长官是御史大夫,掌管封建法制、礼仪和政纪,位高权重,副长官则为御史中丞。御史台下设三院:台院、殿院和察院,三院职掌分明,共同构成一个十分严密的御史监察系统。台院是御史台的"本部",其可作为御史台的代表,与刑部、大理寺组成"三司",联合审案,同时也负责弹劾官员。殿院的主要任务,则是纠察百官在宫殿内的违法失礼行为。此外,殿中侍御史还负责维护朝廷的秩序和尊严、推按狱讼、监察京城仓库等。而察院的主要任务,则是监察地方官吏。[1] 唐代御史台的监察职能之一大特色,在于监察御史"若在京都,则分察尚书六司,纠其过失"。[2] 这说明,此时监察工作的重点,开始转向对政府机构的监察,这和此前的监察偏重针对官吏个人有所不同。[3] 此外,御史台的监察工作主要还包括监察礼仪权、监察祭祀、监察军队和治安、监察司法,等等;由此可见,唐代御史台的监察职能具有相当的多样性。[4]

唐代也颇重视对地方的监察。唐朝中央对地方的监察,经历了一个从御史台不定期派遣御史出按州县到中央对地方进行经常性的分道巡察的演变过程。唐太宗即位后,将全国划分成十个监察区,即"十道",并委任御史或其他官员不定期地分道巡视州县;不过,此时的地方巡察并不完全按照州县来派遣。唐中宗当政后,在十道设置了固定的监察官员,十道巡察制度至此基本完善。后来,十道变为十五道,十道巡察也演变为十五道采访使制度,监察官员开始常驻地方,原来的"道"也演变为地方一级的监察机构。[5] 此外,在各级地方政府内部,亦设置有负有监察职能的官吏,如州级的录事参军和录事、县级的主簿和录事等。[6] 这种地方内部监察机制和中央对地方的监察,共同形成了一套完整的地方监察体系。

唐代言谏制度已颇为成熟。从组织上看,唐代的谏官组织日趋完备。进谏的职责主要归于中书、门下两省,专门以进谏为职责的官员则主要有给事中、散骑常

---

〔1〕 参见周宝砚:《唐王朝监察制度的运作及特点》,载《南京政治学院学报》2002 年第 5 期。
〔2〕 (唐)张九龄等原著:《唐六典全译》卷十三,甘肃人民出版社 1997 年版,第 392 页。
〔3〕 参见胡沧泽:《中国监察史论》,中国书籍出版社 2012 年版,第 31 页。
〔4〕 同上书,第 31~37 页。
〔5〕 参见本书编委会编著:《中国历代文官制度——文官之监察》,国家图书馆出版社 2014 年版,第 88~90 页。
〔6〕 参见杜文玉:《唐五代州县内部监察机制研究》,载《江西社会科学》2013 年第 2 期。

侍、谏议大夫,以及武则天当政时增设的补阙、拾遗。

唐代谏官拥有两大权力,即封驳之权和言谏之权。所谓"封驳"是指门下省接到中书省草拟的诏书要予以复审,如不同意或觉不妥,则批注"涂归",意思是将原诏书送回中书省重拟。设置封驳权的直接目的,是减少皇帝决策的失误。[1] 而所谓言谏,具体而言,则包括了参与决策以规谏皇帝失误、上封言事以规谏朝廷过失、充任知匦使以"申天下之冤滞,达万人之情状"等。[2]

众所周知,唐代被认为是中华法系成熟和定型的时期,以《唐律疏议》为代表的唐代立法,不少已颇为完备。监察法乃唐代立法的重要组成部分,其发展也比前朝明显地更进一步。

在《唐律疏议》中,就有不少条文可被作为监察官执行职务的依据;特别是其中的"职制门"五十九条,基本上均适用于职官监察。《唐律疏议》外的其他具体的律、令、格、式,同样可作为监察官员的法律依据。上文述及的唐御史台制度,则主要规定于《唐六典》卷一三的"御史台"部分。谏官制度,如谏官组织及其主要职责等,主要也是在《唐六典》中予以规定。[3] 至于言谏立法,则采皇帝诏敕的形式,其主要内容是确立各种具体言谏制度,例如,确认谏官随宰相入阁议事、允许谏官随时进封事、赋予谏官封驳权、鼓励谏官直谏等。[4] 此外,一些诏令的内容也关涉监察,也可视为监察法的范畴。

唐代较值得注意的专门性监察法规,主要有《监察六法》《风俗廉察四十八条》《出使巡察法》《言谏法》。

《监察六法》的性质属于地方监察法规,其主要目的乃在于规范按察使的监察职责。所谓"六法",即"其一,察官人善恶;其二,察户口流散;籍帐隐没,赋役不均;其三,察农桑不勤,仓库减耗;其四,察妖猾盗贼,不事生业,为私蠹害;其五,察德行孝悌,茂才异等,藏器晦迹,应时用者;其六,察黠吏豪宗兼并纵暴,贫弱冤苦不

---

[1] 参见周宝砚:《唐王朝监察制度的运作及特点》,载《南京政治学院学报》2002年第5期。
[2] 参见贾玉英等:《中国古代监察制度发展史》,人民出版社2004年版,第121~123页。
[3] 参见李青:《唐宋监察制度初探》,载《现代法学》2004年第3期。
[4] 参见张晋藩:《中国监察法制史稿》,商务印书馆2007年版,第204~206页。

能自申者"[1]。《监察六法》虽是在汉《刺史六条》和隋"六条诏书"基础上而制,但内容上已和两者有所不同。例如,从监督对象上看,对地方豪强的监察已落至末位,变成监察法中一个较为枝节的问题;而对于被置于首位的对官员的监察,监察范围则继续扩大——从汉的"二千石以上",到隋的"品官以上",到唐代则是凡"官人"均纳入其中,不管其官品几何。[2]

《风俗廉察四十八条》于武则天光宅元年正式颁行,其内容主要包括清除民间陈习陋俗和监察官员的行政、执法情况。不过,由于其过于烦琐难行,故实行仅2年便备受官员非议,实行10年后便宣告终止。[3]

唐朝疆域广阔,统治者又有见于南北朝时期长期分裂割据之鉴,深感加强中央对地方志控制和监督之重要。故唐朝皇帝在《监察六法》等所规定的地方监察外,还热衷于颁发众多的制敕诏令,派出监察御史及各种使臣巡察地方。因此,这些制敕诏令也具有浓厚的监察法色彩。例如,唐太宗于贞观八年发布《遣使巡行天下诏》,派大臣"分行四方……观风俗之得失,察政刑之苛弊";唐玄宗于开元二十九年颁《遣使黜陟诸道敕》,指示大臣"卿等所到之州……其官吏中贪冒赃私及犯名教,或衰老疾病,或无政理者,刺史以下,宜停务闻。其守职公清,为政尤异,事堪激劝,远近知者,具以名闻"。[4] 显然,对地方的监察,乃是皇帝遣使巡察地方的一个重要目的。唐代的出使巡察法"将稳定性的《监察六法》与因事而发的临时性的皇帝制诏相结合,形成了较为严密的地方监察法网,对于维持地方的吏治以及推动各种地方政务的实施,起了积极的作用"。[5]

唐代的监察制度,具有监察机构统一完整并分工明确、御史地位独立且职权广泛等特点,但也存在监察机构职权庞杂、谏官谏权分散等缺陷。但整体而言,其还是比前朝有不少的重大调整和改革,特别是在台谏制度的完善发展方面。[6]

---

[1] (宋)欧阳修、宋祁等:《新唐书》卷四十八,中华书局1975年版,第1240页。
[2] 参见张晋藩:《中国监察法制史稿》,商务印书馆2007年版,第200~202页。
[3] 参见本书编委会编著:《中国历代文官制度——文官之监察》,国家图书馆出版社2014年版,第97页。
[4] 张晋藩:《中国监察法制史稿》,商务印书馆2007年版,第203~204页。
[5] 同上书,第204页。
[6] 参见邱永明:《中国古代监察制度史》,上海人民出版社2006年版,第290~294页。

唐朝后,中国历史进入五代十国时期。此时期各政权纷扰割据,其监察制度和监察法基本上沿袭唐代而未有新的发展,监察机关的作用甚至因战乱等原因而大大削弱。古代中国监察制度和监察法律的继续发展,则需待到宋朝廷这一新的统一政权出现之后了。

四、两宋时期的监察法

和前朝类似,两宋时期的监察系统也可分为御史和谏官两端。

宋代的御史台因沿唐制,但其组织机构却有所变化。北宋前期,御史台以御史中丞为台长,下设台院、殿院、察院三院;但到元丰改制后,台院仅设侍御史一人,且其实际上已升为副台长,而台院本身则名存实废,其纠察官员等职责也已划归殿院和察院。换言之,隋唐以来的御史台三院组织架构,在宋代开始呈现合并的趋势。宋代御史台的职能,主要包括监察和弹劾百官、规谏皇帝和参议朝政、参与司法和监察司法部门、参与百官的管理工作,等等。[1]

宋代的言谏系统,按其主要职能可分为言谏和封驳两大相对独立的部门。

两宋时期,谏官机构开始从中书省和门下省中独立出来,设谏院,谏院下又设登闻鼓院和登闻检院。"登闻检院,隶谏议大夫;登闻鼓院,隶司谏、正言。掌受文武官及士民章奏表疏。凡言朝政得失、公私利害、军期机密、陈乞恩赏、理雪冤滥,及奇方异术、改换文资、改正过名,无例通进者,先经鼓院进状;或为所抑,则诣检院。"[2]

宋代的封驳制度也有一定的发展。如上文所述,在唐朝,"封驳"之责是由门下省负责。北宋初建时,门下省不再负封驳之任,但专门的封驳机构亦未建立起来。至淳化四年(公元993年),宋太宗决定恢复封驳制度,封驳职能由通进司、银台司掌领。北宋后期及之后,封驳职能则由新设置的门下后省与中书后省掌领。宋代的封驳制度虽几经变化,但封驳官的主要职责仍在于监督朝廷决策,包括监督朝廷的财政决策、司法决策、人事决策等,也相应地负有规谏皇帝的职能。此外,宋代的

---

[1] 参见贾玉英:《宋代监察制度》,河南大学出版社1996年版,第41~69页。
[2] (元)脱脱等:《宋史》卷一六一,中华书局1977年版,第3782页。

封驳官还具有更多重要职能,如参议朝政、奏劾百官、荐举官员、审察百官奏章等。[1] 可见,宋代封驳机构和封驳官员的职责和权力范围是有所扩大的。

从以上述及的御史和谏官之职能可知,宋代较之以往出现了一个大转变,即,开"台谏合一"之端;御史和谏官两者的职责上开始相互渗透,既允许台官言事,也允许谏官弹劾。而允许谏官弹劾是"台谏合一"这一转变的关键所在。具体而言,宋代御史和谏官的职能,开始具有了主谏争、监察宰相百官、参议朝政、参与举荐官员、兼任侍讲等多个共同点,可见御史和谏官两者已形成合一之势,[2]这也成为明朝时期监察制度所出现的取消谏官、设置都察院等的历史发展基础。不过,就御史台而言,其主要职责仍在于检举、弹劾百官的非法行为。

在地方监察方面,宋代的一大特点是"诸司并立",即建立起了一个多元化的监察体制。"……监察如何全面握有对地方的监察权,以及监察官之间的关系,如何体现独特的权力结构,这是宋代制度自生的内容。"[3]

宋代将唐代的道改为路,其下设府、州、军、监等。相应地,宋代的地方监察体制也分为路和府、州、军、监两级。路级监察机构,主要包括转运司、提点刑狱司和提举常平司,统称监司;府、州、军、监级的监察机构,则是通判厅。[4]

宋初,转运司并无监察性质,而属军事性质之机构。到宋太宗时期,转运司才转变为同时具有行政职能和监察职能的路级机构。转运司的基本职能之一,是按察部内官吏;此外,其监察比较偏重于路级财政管理。提点刑狱司初设于淳化二年(公元991年),初隶属于转运司,到景德四年(公元1007年)时则成为和转运司并列的独立机构。提点刑狱司的职能偏重于司法监察,即通过监督并审理一路的刑狱案件,以实现对州县官吏的监察。但实际上,提点刑狱司的职能不限于此,而是对于一路的财政、军政、民政等方面,均可予以干预。提举常平司正式设置于王安石变法时期,其职能偏重于主管一路常平、义仓和赈济灾民,也兼领慈善事务等,但

---

[1] 参见贾玉英:《宋代监察制度》,河南大学出版社1996年版,第228~251页。
[2] 同上书,第144~147页。
[3] 余蔚:《中国古代地方监察体系运作机制研究》,上海古籍出版社2014年版,第9页。
[4] 参见贾玉英:《宋代监察制度》,河南大学出版社1996年版,第297页。

也有审理经济诉讼案件、按察地方官吏之职能。[1] 总而言之,监司在宋代的地方监察制度中占据重要的地位,"监督州县之行政事务,是它们最早具有的、最主要的任务。监督的内容,则几乎无所不包。其监督之具体内容,可用几个关键词概括:'检视簿书'、'按视仓库场务'、'审核刑狱'"。[2]

除监司外,宋代在路一级尚有一些短期性的监察官职的设置,如建置于北宋熙宁年间的察访司及北宋政和年间的走马承受与廉访司等。

宋代在府、州、军、监一级的监察机构是通判厅。宋代的通判始设于乾德元年(公元963年),其职能和路级的监司颇为相似,包括监察州县官吏、参与州郡的财政管理和官吏的选任管理,参与审理州郡的刑狱案件,等等。[3]

宋代较重视法制建设,除《宋刑统》外,皇帝颁布的敕也是重要的法律形式,并和令、格、式一起,构成了较严密的法律体系。宋代监察制度的设置等,在这些法律中亦有所体现。《宋刑统》中的职制律,便是监察官行使其职权的重要法律依据。例如,职制律中的第1条规定,"诸官有员数,而署置过限及不应置而置"者,[4] 应受杖徒等刑;换言之,员数设置是否有违法规,便是监察官的监察内容之一。此外,户婚律、杂律、断狱律等其他各律中也有关于官吏违失及其处罚之规定,这些同样可作为监察官对官员实施的法律依据。

宋代也有对御史的监察活动作出规定的专门法规。例如,宋太宗时,与御史台相关的敕、令、格、式及例,开始被编纂为专门的御史法规;再如,宋真宗时,则编成了《御史台仪制》六卷。[5]

和上文述及的宋代地方监察制度发生了较大的变化和发展相呼应,宋代的监察立法成就,主要也体现在地方性监察法律上。这些立法,散见于《庆元条法事类》《宋会要辑稿》《宋大诏令集》等史料中。例如,收于《庆元条法事类》中的《职制令》,便对监司出巡规定甚详,包括"诸监司每岁分上下半年巡按州县,具平凡冤讼,

---

[1] 参见贾玉英:《宋代监察制度》,河南大学出版社1996年版,第340~396页。
[2] 余蔚:《中国古代地方监察体系运作机制研究》,上海古籍出版社2014年版,第20页。
[3] 参见贾玉英:《宋代监察制度》,河南大学出版社1996年版,第407~415页。
[4] (宋)窦仪:《宋刑统》,薛梅卿点校,法律出版社1999年版,第162页。
[5] 参见张晋藩:《中国监察法制史稿》,商务印书馆2007年版,第263~264页。

搜访利害,及荐举循吏,按劾奸赃以闻""诸监司每岁点检州县禁囚,淹留不决,或有冤滥者,具当职官、职位、姓名,按劾以闻""诸监司按察官,每岁终,具发摘过赃吏姓名,置籍,申尚书省"等;《断狱令》则对监司巡历中的重点——司法监察作出了许多补充规定;《职制敕》《厩库敕》中则有许多关于监司本身之纪律和责任的规定,如"诸监司,巡历所部不遍者,杖一百……""诸监司巡按,巧作名目,追呼巡尉弓兵,将带出本界者,杖一百""诸发运监司巡按,以所得酒卖易,杖一百""诸发运监司巡按,随行公吏违法出给驿券,及所给官司,各徒二年",等等。而《宋大诏令集》中,也收入了许多诏令形式的一般性监察立法,如《置纠察在京刑狱诏》《令转运司廉访官吏能否诏》《令转运县知州等官能否诏》等。[1]

宋代监察法规中较具特色的是《诸路监司互监法》。前朝的各种地方监察制度均或多或少地面临一个问题,即监察官员在地方上权力过大、擅权专横,甚至干预地方事务;《诸路监司互监法》便是宋廷为解决对地方监察官的监察而施行的法律和举措,其主要内容包括:诸监司及其属官有违法及不公事者,可互相举报、互相察举;诸监司巡历所至而受折送钱者,也得互相察举,等等。《诸路监司互监法》弥补了地方监察官本身难受监察的法律漏洞,是中国古代监察法规建设的一大创举。[2]

概言之,宋代的地方监察立法,"不仅对监察机关的性质、职能、职权、任务、活动原则和程序作了较明确的规定,而且对监察官本身的纪律、考核和惩戒作了严格规定",[3]其内容、关涉面较前朝变得更广泛,也更趋向系统化。

总而言之,宋代的监察制度有较为鲜明的特征。例如,中央监察官的监察权相对独立、形成了台谏合一之势,且其职能侧重于监察宰相百官,地方监察体制严密但权力分散设置、监察官可参与地方政务,等等。[4] 宋代监察法的进步,则主要体现在地方监察法上。"宋代的地方监察立法,虽然多以诏、敕、令等法律形式出现,还较为零散,没有形成一部完整的地方性单一监察法规,但其内容较之汉唐远为充

---

[1] 参见张晋藩:《中国监察法制史稿》,商务印书馆2007年版,第264~273页。
[2] 参见邱永明:《中国古代监察制度史》,上海人民出版社2006年版,第324~325页。
[3] 同上书,第321页。
[4] 参见贾玉英:《宋代监察制度》,河南大学出版社1996年版,第273~278页、第426~428页。

实,立法技术也有所进步……在程序上也日趋严密……此外,详定监司与按察官的职掌与违法处置办法;赋予监司巡历所至'点检'属下公文运行情况,有无差失之权;重视司法监察;维护重农国策;严申监司的法定责任;推行互察法等等,都构成了宋朝地方监察法的明显特点。"[1]

五、元朝的监察法

元朝统治者十分重视中央监察机关御史台的地位和作用,御史台和中书省、枢密院并重,形成监察、行政、军事三权并立的格局,御史台的纠弹范围也非常广泛。此外,元朝已不设谏院,谏议的职责也转移到了御史身上。如忽必烈曾言:"卿等既为台官,职在直言,朕为汝君,苟所行未善,亦当直谏,况百官乎!"[2]换言之,宋代开始出现的"台谏合一"之变化,至元时已完全完成。

元朝版图巨大,故在地方上设行省,下再设路、府、州、县四级。元代的地方监察制度也仿行省制,建立行御史台,作为地方监察机关。主要的行御史台有二,即江南诸道行御史台(南行台或南台)和陕西诸道行御史台(西行台或西台)。行台下,又在各道设地方基层监察组织肃政廉访司,分道进行监察。由此,元朝建立起了一个从中央到地方的严密的监察网络体系。值得指出的是,行台在设官、官秩、职责、地位等方面,都与中央御史台几乎相同;因此,行台在性质上虽为地方监察系统,被称为"外台",但其相对于中央御史台也有较独立的地位和权力,行台御史甚至可以和中央御史台诸御史一样奏劾朝廷百官。[3] 这是元朝地方监察制度的一大特点。

监察法规的健全,是元朝监察法制的另一特点,也是当时监察制度加强的一大标志。"元朝以前各代,中国封建监察法规的发展比较缓慢,条文简略,内容偏重于地方监察官员的职权规定。到元朝不仅有完整的地方监司法规,而且有详细的中央御史台台纲,内容已涉及监察机构之职能、地位、监官权责、工作程序、监察纪律

---

〔1〕 张晋藩:《中国监察法制史稿》,商务印书馆2007年版,第273页。
〔2〕 (明)宋濂等:《元史》卷一六三"张雄飞传",中华书局1973年版,第3820页。
〔3〕 参见吴文涛:《论元代地方监察制度的特点》,载《华中师范大学学报(哲学社会科学版)》1993年第3期。

等方面。"[1]

元朝的监察立法多以宪纲条例的形式出现,具有集中化、专门化之特色。元朝主要的监察法规有:其一,《设立宪台格例》。《设立宪台格例》是御史台行使监察权的基本法律依据,其大体上分为宪纲和条例两部分,前者规定了御史台的职权范围和地位,后者则包括了纠察、体究、纠劾及罚则等内容。其二,《行台体察等例》。《行台体察等例》于至元十四年(公元1277年)制定,其内容主要是规范了行御史台的职掌、权责和活动方式。其三,《察司体察等例》。如前所及,按察司乃元朝的基层监察机构;《察司体察等例》便是对按察司之权责作出明确规定的法规。其四,《察司合察事理》。至元二十五年(公元1288年)新颁的《察司合察事理》,在《察司体察等例》之基础上,再次明确规定了按察司的职权范围、权力行使方式等内容。其五,《廉访司合行条例》。该法规于至元二十八年(公元1291年)颁布,主要目的在于约束肃政廉访司官的行为,以更好地发挥其监察效能。[2]

另需指出的是,元代的监察立法也较受朝廷的民族歧视政策影响。例如,在实践上,御史等的监察对象主要限于汉人官员和南人官员,蒙古族官员却常可免受法律的追责;监察法的实效,自然也大受影响。[3] 事实上,元朝统治者一直未能处理好"民族"的问题,此乃其统治难以维持长久的一个重要原因。

六、明清时期的监察法

(一)明代

欲了解、把握明代的监察制度和监察法,则必须谨记,"明朝……是专制制度向着极端化发展的王朝。这是明朝治国理政的一条主线,无论监察思想,还是监察制度与监察法都围绕这条主线不断地改革演变"。[4]

明初,国家政体组织大致上仍袭元制。在中央,设中书省、都督府、御史台,即

---

[1] 邱永明:《中国古代监察制度史》,上海人民出版社2006年版,第363~364页。
[2] 参见张晋藩:《中国监察法制史稿》,商务印书馆2007年版,第350~366页。
[3] 同上书,第383页。
[4] 张晋藩:《中国古代监察思想、制度与法律论纲——历史经验的总结》,载《环球法律评论》2017年第2期。

所谓"三大府",分管行政、军事、监察事宜;但由于"三大府"权力过大,朱元璋对其进行了改制,其中,中央监察机构御史台改称都察院。都察院长官称都御史,此外,亦设直接行使监察权的专职监察官监察御史。监察御史,即所谓"道官","在组织上虽隶属于都察院,但具有较强的独立性,可以不受都察院的统治而独立行事……监察御史与都御史同为皇帝耳目之官……可以互相纠绳,互相监察"[1]。都察院的监察官员的职权职责,主要包括弹劾、谏诤、监督司法、考核百官等。而从唐代开始的中央监察机构内分成三院的设置,至此也不复存在。此外,明朝在留都南京也保留着一整套包括司法机构在内的相对完整的中央机构,其中主管监察者即南京都察院。当然,在具体职权、实际作用等方面,南京都察院都难以同北京的都察院相提并论。

在明代,六科给事中也是主要的监察机关。洪武年间,明太祖分相权于吏、户、礼、兵、刑、工六部,但又担心部权过重而威胁皇权,故又设六科给事中以监察六部及其官员。由此,六科给事中成为直属于皇帝的独立监察机关。六科给事中的监察官员,即所谓"科官"。给事中本由前朝的言官制度发展而来,但明代的六科给事中除具有前朝言官的职权外,还具有纠举、弹劾官员的职权;当然,其最基本的职权仍是封驳。

除都察院和六科给事中外,明朝著名的厂卫——如锦衣卫、东厂、西厂等,其性质上属于特务组织,但从职能上讲,它们也具有监察的效用。这些组织的设置及其所具有的重要作用,也和明朝重视维护皇权有着密切的关联。

在地方上,明代以提刑按察使司为主体监察机关。提刑按察使司,简称按察司,是省级地方"藩司"(又常被称为"臬司"或"臬台")三大台柱之一,与布政司、都司并列。洪武十四年(公元1381年)时,始设各道按察分司,按察所属府州县,后几经改易,至明宣宗宣德五年(公元1430年)时固定为十三道按察司。按察司的职位颇为广泛,"其时地方上一应纠举官邪、刑名、诉讼皆为按察司掌理,而在司法与监察两种职权中,更重于监察"[2]。

---

[1] 刘双舟:《明代监察法制研究》,中国检察出版社2004年版,第3页。
[2] 邱永明:《中国古代监察制度史》,上海人民出版社2006年版,第403页。

督抚监察制,也是明代地方监察制度中的重要一环。地方上三司分制的制度,本因加强中央对地方的控制而设,但在实践中却导致三司之间互相推诿,难以有效地行使职责。督抚监察制,正是为了更好地对地方政权进行监察,督促其行使职责而设。总督和巡抚属都察院系统内的监察官员,领有都御史的官衔,以中央最高监察官员的身份巡视地方,权力颇重。总督和巡抚的基本职责大致相同,在于抚巡地方,同时也有监察属吏等责。两者的相异之处,主要在于总督的管辖范围一般较大,可超过一省,且兼管军事,巡抚则不然。

此外,隶属于都察院的监察御史除协管两京直隶衙门外,也有巡按各地方之责。出巡的监察御史,又可分为专差和按差两大类,前者的监察职权包括到地方上清军、巡盐、巡茶马、巡漕、监军等,后者即所谓巡按御史,其任务则主要包括纠劾地方文武百官、断理冤狱、督查地方仓库户口等。[1] 可见,监察御史也是明代之地方监察的重要主体。

上述监察系统相互独立,形成了"严密布网"的效果;与此相关的是,明朝的监察渠道也是多元的,甚至鼓励民众对官吏进行监督,[2] 由此,不同的监督主体间也形成了较复杂的关系,这是明代监察制度的一大特征。例如,都察院和六科给事中均是明代的主要监察组织,两者彼此独立,互不统属,地位平等,共同行使监察职责,但又互相负有监察责任;此外,科道官员的职责,也呈现出合而为一的趋势。再如,巡抚和巡按御史都负有地方监察之责,但两者亦互不统属,在实践上其职责区分亦常常混淆不清,以至于所谓"抚按之争"在明代几乎一直存在。[3]

明代的监察法比宋元时期有了更进一步的发展,"主要表现为都察院法规、六科给事中法规与地方监察法规内容上的完备性,以及法典化趋势的加强"。[4]

在明代的监察立法中,《宪纲条例》尤其值得重视。《宪纲条例》制定于洪武年间,是明代最早的监察立法,此后明仁宗、明宣宗等朝亦对其有所增补,至英宗时可

---

[1] 参见邱永明:《中国古代监察制度史》,上海人民出版社 2006 年版,第 392~396 页。
[2] 参见路远志:《明代监察制度特点的历史思考》,载《河北大学学报(哲学社会科学版)》2006 年第 1 期。
[3] 参见刘双舟:《明代监察法制研究》,中国检察出版社 2004 年版,第 24~25 页、第 27~29 页。
[4] 张晋藩:《中国监察法制史稿》,商务印书馆 2007 年版,第 419 页。

说已蔚为规模。可惜的是,《宪纲条例》原文已失传,不过,根据《大明会典》,可知其主要内容是关于御史的选用、职权、责任等方面的规定。例如,"凡都察院官及监察御史、按察司官吏人等,不许于各衙门嘱托公事""凡国家政令得失,军民利病,一切兴利除害等事,并听监察御史、按察司官各陈所见,直言无隐""凡都察院及按察司吏典,须于考退生员与应取吏员相参补用,不许用曾犯奸贪罪名之人"等。概言之,《宪纲条例》赋予了监察御史、按察司官广泛的职权,而且要求诸官员必须对其监察工作予以配合,否则治罪。[1]

除《宪纲条例》外,六科监察法规、南京都察院事例二十八条和《抚按通例》在明代之监察立法中也较具代表性。

如上所述,明代的六科给事中是和都察院相互独立的,对其也立有专门的监察法规。根据《大明会典》,六科通掌即总则,共有34条,另吏、户、礼、兵、刑、工六科的监察法规,分别有20条、25条、16条、35条、13条、18条,这些法规对六科给事中的职责、权力等作出了颇明确、详细的规定。而南京都察院事例,顾名思义,即主要是对南京都察院之监察工作所作出的规定。[2]

《抚按通例》的颁布和施行,与督抚监察制、巡按御史制有关。督抚监察制度和巡按御史制度是有所矛盾的,为了协调好两者之间的关系,嘉靖年间,颁行了《抚按通例》,至隆庆元年,又予以增补。《抚按通例》旨在规范抚按之间的职权划分和相互关系,其典型规定有如"巡按出巡查盘,不必会同巡抚,其事关抚按两院者,仍照例委官会案发落""凡抚按官,动用钱粮,互相觉察"等。不过,总体而言,其未能很好地起到抑制巡按御史和巡抚干涉地方事务之效用。[3]

此外,明代的监察立法尚包括各种奏请点差法规、出巡监察法规、回道考察法规等,这些监察法规多已收入《大明会典》中。

明朝的监察制度和监察法,具有得到最高统治者的重视、注重监察法制建设、强调监察队伍自身的廉政建设等特点,[4]故在明代前期能发挥出较好的效果。但

---

[1] 参见张晋藩:《中国监察法制史稿》,商务印书馆2007年版,第420~423页。
[2] 参见刘双舟:《明代监察法制研究》,中国检察出版社2004年版,第190~199页。
[3] 参见张晋藩:《中国监察法制史稿》,商务印书馆2007年版,第450~453页。
[4] 参见刘双舟:《明代监察法制研究》,中国检察出版社2004年版,第245~257页。

到了明朝中后期,随着朝政渐腐朽、党争日烈,科道官也卷入党争之中,以科道官为主体的监察机构沦落成党争的政治舞台;[1] 由此,监察官员不仅不再能发挥其职能和作用,甚至监察制度的运作乃至其本身也受到了破坏,直至明亡。

(二)清代

清代的政治制度建置基本沿袭明制,监察制度自然也不例外;当然,其中的某些具体内容,如机构和官员的设置、性质、职责之类,还是和明朝有一定的差别。

清代亦以都察院为中央监察机构。都察院以左都御史为最高长官,"掌察核官常,参维纲纪;率科道官矢言职,率京畿道纠失检奸,并预参朝政大议。凡重辟,会刑部、大理寺定谳。祭祀、朝会、经筵、临雍,执法纠不如仪者"。[2] 都察院下设的办事机构,包括经历厅、都事厅、值月处、督催所等。

清初,六科给事中仍和明代一样,是独立之监察机关;至雍正年间,六科"内升外转",变为隶属于都察院。六科的职责,本包括封驳一项,但"由于清代密本或由军机处'廷寄',或由内阁抄,六科不能与闻机密,故封驳之职基本上丧失殆尽"。[3]

在地方上,清代省级的最高司法监察机构仍称提刑按察使司。其长官按察使每省置1人,"掌振扬风纪,澄清吏治。所至录囚徒,勘辞状,大者会藩司议,以听于部、院。兼领阖省驿传。三年大比充监试官,大计充考察官,秋审充主稿官"。[4]

清代的督抚则已和明代有较大的差别。如前所述,明代的总督和巡抚乃中央派往地方的监察大员,但到清朝时,总督和巡抚已正式变成管辖一省和数省的地方官员,实际上即省级的最高军政长官。不过,他们仍兼有监察地方的职责。

监察御史则仍和明代一样,从组织上看隶属于都察院,从职能上看则主要负责对地方之监察。监察御史对地方实行之监察同样分道而行,全国共设十五道,和明代的共设十三道略有不同。

此外,在定都北京后,为加强对京畿地区的监察,防止外省官员到京城"钻营嘱

---

[1] 参见朱子彦:《论明代监察制度》,载《探索与争鸣》2015年第4期。
[2] 赵尔巽:《清史稿》卷一一五,中华书局1977年版,第3302页。
[3] 邱永明:《中国古代监察制度史》,上海人民出版社2006年版,第430页。
[4] 赵尔巽:《清史稿》卷一一六,中华书局1977年版,第3348页。

托、交通贿赂",又设直属于都察院的五城察院,以"厘除奸弊,整顿风俗"。[1]

清代的监察立法可说颇有成就,"从国家立法、部门立法到地方立法,形成了纲举目张的监察立法体系,使监察活动规范化、制度化、法律化",其"内容完善、结构严密、内部协调、形式统一,形成了中国古代历史上最为完备的监察法律体系"[2]。上述清代之相当完备的监察制度,也正是在此基础上构建而成的。

清代最具代表性的综合性监察法规,是《钦定台规》和《都察院则例》。

《钦定台规》始纂于乾隆八年(公元1743年),共八卷,其后各朝又陆续有新增和续修,到光绪朝,《钦定台规》已共有四十二卷。《钦定台规》汇编了有关监察制度方面的上谕、皇帝批准的奏议和条例等;正由于其是"钦定"的,故其所包含的内容之多之细,均是前朝所未见。《钦定台规》所具有的最高权威性,于此也可见一斑。《钦定台规》,"是秦汉以来监察立法之大成,既是清朝最后一部监察法典,也是中国封建历史上最完备的一部监察法典"[3]。

《都察院则例》现存两卷本和六卷本两种。从其目录可见,《都察院则例》的内容涉及行政监察、立法监察、人事监察、司法监察、治安监察等诸多方面,其名为"则例",实际上其性质已更近监察法典。但也正因如此,乾隆三十九年(公元1774年),和《钦定台规》并存的《都察院则例》被认为续修已"殊可不必",以免造成两监察法典并用的混乱局面。此后,《都察院则例》实际上已丧失效力。

除这些综合性监察法规外,清廷也制定了不少针对特定事项或对象的专门性监察法规。例如,单是顺治时期,便制定了针对满洲官员的《满官京察则例》、针对巡按监察制度的《巡方事宜》、对科举考试中考官的职责作出了详细和严格之规定的《科场条例》、针对督垦荒地事宜的《劝惩则例》,等等;乾隆时期,为整顿吏治,更是制定了大量的专门监察法规,如《京察滥举处分条例》《侵贪犯员罪名》《职官犯罪脱逃治罪例》等[4]。

当然,除上述监察法规外,包括《大清律例》在内的其他的法律法规,也有关涉

---

[1] 参见贾玉英等:《中国古代监察制度发展史》,人民出版社2004年版,第308页。
[2] 焦利:《清代监察之法镜鉴》,载《国家行政学院学报》2006年第4期。
[3] 张晋藩:《中国监察法制史稿》,商务印书馆2007年版,第544页。
[4] 参见焦利:《吏治何以清明——清代监察法镜鉴》,中国民主法制出版社2007年版,第90~94页。

监察方面的内容。例如,在《大清律例》中,"对于各级官员在失职、渎职、贪污、行贿、受贿等方面的处罚规定十分详尽,因而与专门监察法相互呼应,是从刑法的角度对监察法的支持与补充"。[1]《吏部处分则例》则具体规定了对所辖的奖惩规则,从而为对职官的违法、违规行为之处罚提供了法律依据。

从技术的角度来看,清代的监察制度和监察法比前朝有了很大的发展,可说是集帝制中国的大成,是中国古代监察制度和监察法发展的最高峰;然则,从其本质上来看,法律和政治互相纠缠、密不可分这一点,其实在整个帝制中国时期均没有实质性的改变,清代自然也不例外。具体到监察法上,正如有学者所指出的,"清代监察法的目的就在于'治吏',而其终极目的则是维护皇权";[2]在这种政治语境下,即便相关立法已相当成熟,但真正、完全意义上的监察,仍很难得到实现。

关于清代的监察制度和监察法,还可一提的是 1901 年开始的清末新政所带来的影响。例如,在"预备立宪"的改革过程中,清政府拟定了《都察院整顿变通章程》,对都察院进行整顿和改革,其内容主要包括裁撤六科、按行省分设"道"、新设都察院研究所等。此外,仿照资本主义国家"三权分立"的体制,司法监察之职能也根据 1907 年的《高等以下各级审判厅试办章程》而划归检察机关,都察院之监察则开始向现代之行政监察权靠拢。[3] 不可否认,监察制度和监察法在清末新政中的变化具有一定的进步性,但由于清廷很快便步向灭亡,这些变革也很快被民国时期的新变化所取代了。

整体而言,古代中国的监察制度和监察法,具有不少的特点,如监察官位卑权重、奉行监察权法定原则、互监互纠、监察官犯罪加重处罚、监察区与行政区适度分离、重视"代天子巡狩"等。[4] 究其原因,古代中国乃皇权至上,故整套政治制度的设计,均以维护皇权统治为依归。因此,历代王朝对监察制度和监察法其实都颇为重视,希望借监察官而对百官起约束作用;与此同时,统治者又担心监察官本身权力过大,故在制度设置上也强调对监察官本身的限制以及监察的法定。这样的设

---

[1] 张晋藩:《中国监察法制史稿》,商务印书馆 2007 年版,第 549 页。
[2] 焦利:《清代监察之法镜鉴》,载《国家行政学院学报》2006 年第 4 期。
[3] 参见王晓天:《论清末民初监察制度的嬗变》,载《湖南社会科学》1999 年第 4 期。
[4] 参见崔永东:《中国传统监察制度的特点与价值》,载《管子学刊》2014 年第 3 期。

计构想,特别是在中国幅员辽阔、行政制度架构复杂的客观条件下,其实对监察制度和监察法本身提出了颇高的要求,从而促进了古代中国的监察制度和监察法不断发展,令其变得越来越完善和严密;不可否认,其在客观上确实存在发挥出良好作用的一面。但是,监察制度和监察法所具有的某些内在弱点也正是由此而起,最终,其实施结果甚至与统治者的初衷大相径庭,在实践上造成了一系列严重的弊端:其一,混淆了监察职能和行政职能,扰乱了正常的行政秩序;其二,混淆了监察职能和审判职能,扰乱了正常的司法秩序;其三,监察官员因拥权过重而自身严重腐败;其四,监察机关的工具性本质使其职能严重异化[1]——这从上文述及的御史等监察官员的职能之多样性便不难看出。一言以蔽之,"权力一体化政治体制是中国古代强化专职监察权失败的根源",[2]在古代中国的政治制度语境下,监察制度和监察法不可能真正发挥其作用,古代中国历朝言谏制度的作用多弱于御史制度,且最终演变为"台谏合一"的事实,便已鲜明地反映出这一点。

第二节 民国时期的监察法

辛亥革命的枪声宣告了中国帝制的终结。民国时期,国体、政体均发生了根本性质上的转变,军阀割据、战乱频仍、内忧外患、社会动荡;政治、社会、法律诸制度,甚至政府本身,都处于一种不安定的状态。因此,此时期的监察制度和监察法,既出现了从"古代到近代"的样式变换,发生了较根本性的变革和发展,但也呈现不少的问题和缺陷。

民国时期的监察制度和监察法的构建,深受孙中山"五权分立"思想的影响。按照孙中山的设想,立法、行政、司法、考试、监察五权相互独立,又"彼此相维";由此,监察机关必须独立设置,并独立行使职权。[3]

民国时期的监察制度和监察法的沿革,大致上可分为两个历史阶段:北洋政府及广州、武汉国民政府时期和南京国民政府时期。

---

[1] 参见艾永明:《对中国古代监察制度利弊的理性分析》,载《河北学刊》2013年第4期。
[2] 同上。
[3] 参见聂鑫:《中西之间的民国监察院》,载《清华法学》2009年第5期。

一、北洋政府及广州、武汉国民政府时期(1913～1927年)

辛亥革命成功后,孙中山领导成立中华民国临时政府。根据1912年的《中华民国临时约法》及《国会组织法》等法律,包括临时大总统在内的政府及其官员,须受国会的监察。但是,革命的胜利果实很快被袁世凯掠夺;袁世凯于1913年10月6日当选中华民国首任正式大总统后,北洋政府正式形成。袁世凯醉心于独裁专制,其去世后,北洋政府更是陷入了长期的权力纷争,因此,国会的监察职能实际上并不显著。

北洋政府时期,除国会外,负有监察职能的机关主要有平政院、肃政厅、文官高等惩戒委员会和审计院。

1914年北洋政府颁布《平政院编制法》,并据此建立平政院。平政院实质上是行政法院,通过审理行政诉讼案件而行使监察权。肃政厅和文官高等惩戒委员会在形式上均隶属于平政院。

肃政厅亦设置于1914年。肃政厅虽然在形式上属于平政院,但实际上独立司掌纠察官吏违失等事。肃政厅的职权范围可分为处理直呈大总统纠弹案和提交平政院诉讼案两类,但在当时的政治环境下,肃政厅实际上基本没发挥什么作用。

根据1914年颁布的《文官惩戒委员会编制令》等法规,文官高等惩戒委员会主要负责对有违背职守义务、废弛职务或玷污官吏身份、有失官职威严和信用等情事者施行惩戒。[1]

审计院是全国财政总监督,主要依据审计法规,通过稽查支出、审查决算、检查官有资产等方式,来对官员实施监察。[2]

此外,大理院、监察厅等司法机关,也分担了一定的司法监察职能。

1925年7月1日广州国民政府成立,后迁往武汉。这一时期的国民政府,"遵循孙中山监察权独立的思想,设立了独立于行政机构之外的监察机关,确立了较完

---

[1] 参见赵贵龙:《中国历代监察制度》,法律出版社2010年版,第123～127页。
[2] 参见本书编委会编著:《中国历代文官制度——文官之监察》,国家图书馆出版社2014年版,第192～193页。

整的监察体系"[1]。

同年 7 月 17 日广州国民政府正式颁布《国民政府监察院组织法》。根据该法，监察院"掌理国民政府所属行政、司法各机关官吏"的活动。8 月 1 日监察院正式设立。监察院下设五局一科，五局分别主管总务及吏治、训练及审计、邮件及运输、税务及货币和稽查及检查，一科则是宣传科。监察院的职权主要包括：调查质疑权、撤销违法与不当处分权、纠弹官吏权、检举与逮捕权及侦查与预审对官吏的犯罪。值得一提的是，《国民政府监察院组织法》第一次将审计列为监察院的重要职权，而监察院也制定了较为详细的审计法规。监察院成立后不久，国民政府又于 1926 年年初成立惩吏院。顾名思义，惩吏院的职责乃是对失职、犯法之官吏进行惩治。监察院和惩吏院均是广州国民政府的最高监察机关[2]。

除《国民政府监察院组织法》外，广州国民政府也颁布了一系列监察法规，如《惩治官吏法》《惩吏院组织法》《审计法及审计法实行细则》等，为监察机关之监察实践提供了法律依据。其中的《惩治官吏法》，于 1926 年 2 月 17 日正式颁布。《惩治官吏法》规定：违背誓词或失职的官吏必须付诸惩戒，惩戒的种类有 6 种，即褫职、降等、减俸、停职、记过和申诫。《惩治官吏法》也对官吏进行惩戒的程序作出了规定[3]。

此外，广州国民政府也曾尝试建立地方的监察机关。不过，随着时局变化，国民政府北迁武汉，这一设想未能实现。1927 年 3 月武汉国民政府正式成立，其监察院等之设置与广州国民政府相同。

虽然广州、武汉国民政府时期的监察制度和监察法因囿于局势而相当程度上未能落到实处，但其仍是孙中山监察独立理论的一个尝试，也成为以后南京国民政府建立其监察制度的范本[4]。

---

[1] 本书编委会编著：《中国历代文官制度——文官之监察》，国家图书馆出版社 2014 年版，第 195 页。

[2] 同上书，第 195～197 页。

[3] 参见赵贵龙：《中国历代监察制度》，法律出版社 2010 年版，第 131～132 页。

[4] 参见姚秀兰：《南京国民政府监察制度探析》，载《政法论丛》2012 年第 4 期。

二、南京国民政府时期(1928~1949年)

1927年4月蒋介石在南京设立一套新的政府,以和武汉国民政府相对立,即南京国民政府。南京国民政府的发展可分为"训政"和"宪政"两个历史时期,而其监察制度和监察法的发展,则主要发生在训政时期。

1928年南京国民政府根据《训政纲领》和《国民政府组织法》,按照孙中山的设想,设立"五院",其中"一院"即监察院。至1931年2月,监察院正式成立,以于右任为院长。监察院下设审计部和10个委员会——如内政委员会、经济委员会、教育委员会等,分别负责全国审计业务及各方面的具体监察工作。此外,政务官惩戒委员会、中央和地方公务员惩戒委员会等各惩戒机关也隶属于监察院,直到"行宪"后将公务员惩戒事宜划归司法院管辖。

监察院作为最高监察机关,其职权非常广泛。其中,弹劾权在监察院之监察职权中占首要位置,监察院的弹劾对象包括:(1)总统、副总统;(2)中央及地方公务人员;(3)司法院及考试院人员。弹劾事宜事关重大,故在监察法、《监察法施行细则》等法律法规中,对弹劾权的行使程序作了严格的规定。除弹劾权外,监察院的职权还包括纠举权(弹劾的简便程序之应用)、纠正权(督促行政院及其部会改善、纠正其行为)、同意权(对人事任用的监督权)、审计权(监督国家财政)、监试权(监督国家考试)等。

在地方上,则按照《监察院组织法》的规定,将全国分为16个监察区,在每个监察区设立监察使署,作为地方监察机关。[1]

1948年3月"行宪国大"在南京召开,此时期的监察制度和监察法基本继承训政时期,只是在局部上出现了一些变化,如根据1947年修订的《监察院组织法》,决定增设监察院委员会;根据"行宪"后颁布的《监察院监察委员行署组织条例》,将全国改为划分成17个监察区,设监察委员行署在地方上实施监察;等等。[2] 不过,随着国民党败退,这套监察制度和法律也随着南京国民政府一起,成为历史。

---

[1] 参见赵贵龙:《中国历代监察制度》,法律出版社2010年版,第133~142页。
[2] 参见本书编委会编著:《中国历代文官制度——文官之监察》,国家图书馆出版社2014年版,第201~202页。

以南京国民政府时期的监察制度为代表的民国时期监察制度,其最大的变化是摆脱了对专制君主的依附,依据法律的规定而独立行使其监察职权。此外,当时所制定的监察法规也较周详、完备,在此基础上,监察制度体系也朝法制化、规范化方向而有一定程度的发展、完善。不过,在当时的政治环境下,监察制度和监察法在付诸实践时仍存在相当的局限性,如监察权与惩戒权严重脱节、监察院自身缺乏必要的外部监督,等等;[1]从本质上看,其只是"一党独裁军事专制制度的国家中披着民主外衣的专制统治的工具而已"。[2]

第三节 中华人民共和国成立后的监察法

1949年中华人民共和国成立,我国的监察制度和监察法也随之进入了一个新的时期。

从1949～2018年,我国监察制度之沿革,大致可分为五个时期:1949～1954年的创建时期、1954～1959年的调整时期、1959～1982年的停滞时期、1982～1993年的恢复时期,[3]1993～2018年,则是监察体制改革与重组时期。在不同的时期里,监察法的沿革也呈现不同的特点。

一、创建时期(1949～1954年)

中华人民共和国新型监察机关的设立,最早是以《中国人民政治协商会议共同纲领》第19条所规定的"在县市以上的各级人民政府内,设人民监察机关"为依据的。而《中央人民政府组织法》更明确规定,在政务院(国务院前身)设人民监察委员会,负责监督政府机关和公务人员是否履行其职责。在政务院人民监察委员会下,则设地方各级人民监察委员会。中华人民共和国成立后,政务院和政务院人民监察委员会更是制定并颁布了一系列法规,对监察的程序、原则、监察机关的惩处权限等问题作了具体规定。中华人民共和国的监察工作在初创时期便取得了明显

---

[1] 参见姚秀兰:《南京国民政府监察制度探析》,载《政法论丛》2012年第2期。
[2] 同上。
[3] 参见赵贵龙:《中国历代监察制度》,法律出版社2010年版,第151～171页。

的成绩。

二、调整时期(1954~1959年)

根据1954年《国务院组织法》的规定，人民监察委员会改为监察部，地方上也设置了监察厅、监察局、监察处。1955年的《监察部组织简则》，则对监察部的地位和任务、权力及监察部的机构设置、人员配备及内部领导关系等作了具体的规定。此外，1957年的《关于国家行政机关工作人员的奖惩暂行规定》，也对监察制度的建设有着重大的影响。总体而言，此时期的监察立法呈现出较好的局面。[1] 但正当我国监察制度向正规化、法制化发展之时，却在当时的大背景下因其实行"垂直领导"而受到了批评，[2] 而这也为监察法和监察制度发展的暂时停滞埋下了伏笔。

三、停滞时期(1959~1982年)

1956年社会主义改造基本完成后，我国进入社会主义建设的新时期。但由于缺乏相关经验，此后约20年的时间里，我们走了不少弯路，也积累了不少经验教训。在法律层面上，由于受"左倾"思想的影响，社会主义法治原则在当时受到了错误的批判；监察制度和监察法的发展，自然也大受影响。

1959年4月第二届全国人大第一次会议通过了《关于撤销监察部的决议》，这标志着中华人民共和国的监察制度陷入了停滞时期。到"文化大革命"时期，党中央监察委员会也被撤销了。直到党的十一届三中全会之后，党中央吸取历史教训，重新认识到了建设监察制度的重要性，并重新恢复了党内的监察机构，也为之后行政监察体制的恢复奠定了基础。

四、恢复时期(1982~1993年)

1982年《宪法》的通过和实施，标志着中国的法治建设重新回到正轨，也意味着中华人民共和国的监察制度获得了复兴的基础。1986年第六届全国人大常务

---

[1] 参见赵贵龙：《中国历代监察制度》，法律出版社2010年版，第160页。
[2] 参见徐德刚：《新中国行政监察法律制度回溯与前瞻》，载《求索》2004年第12期。

委员会第十八次会议决定重新设立监察部。以此为起点,国家行政监察体制得以重新恢复并确立。1990年《行政监察条例》通过并发布实施,这"标志着我国行政监察工作初步向法治化轨道迈进"。[1]

五、重组时期(1993~2018年)

1993~2018年的25年,可视为我国的监察制度和监察法的重组时期。此前,我国的监察体制仍是党的纪检机关和行政监察机关并行,这导致了实践中出现了不少问题。因此,改革可说是势在必行。1993年1月,中央纪委和监察部正式合署,随后地方各级纪委和监察厅(局)也逐步合署,按照"一套机构,两块牌子,两项职能"的框架建制,[2]实行一套班子两套职能。合署后的监察部仍属于国务院系统,地方各级监察机关则仍是各级政府的组成部分,接受所在政府和上级监察机关双重领导。

此时期一个重要的监察立法,是1997年5月9日第八届全国人大常务委员会第二十五次会议通过,并于2010年修正的《行政监察法》。这部法律明确规定了监察机关的性质及工作原则、监察机关的领导体制、监察机关的职责、权限、监察程序和法律责任,是保障监察机关依法履行监察职责和行使监察权的基本法律依据,对于保证政令畅通、维护行政纪律、促进廉政建设、提高行政效能,发挥了重要作用。《行政监察法》在2010年的修正中还进一步明确了行政监察对象和行政监察方式,增加了提出监察建议的情形等,促进了我国监督制度的完善发展。此外,《公务员法》《法官法》《检察官法》等法律,也关涉监察问题,这些法律共同构成了我国的监察法律体系。

但我们也应意识到,此时的监察制度和监察法仍存在一定的不足。在中国特色社会主义进入了新时代和全面推进依法治国、实现国家治理体系和治理能力现代化的大背景下,监察法制的继续改革势在必行。

---

〔1〕 赵贵龙:《中国历代监察制度》,法律出版社2010年版,第170页。
〔2〕 彭勃:《关于建国以来监察体制的探索与实践》,载《当代中国史研究》1995年第1期。

六、新时代的监察法制发展

2012年,党的十八大以来,中国特色社会主义进入新时代。党中央为实现第一个百年奋斗目标,开启实现第二个百年奋斗目标新征程,朝着实现中华民族伟大复兴的宏伟目标继续前进。在新时代这一重大科学判断和理论创新的指导下,监察法制也必然要与时俱进,不断发展,以符合全面推进依法治国、实现国家治理体系和治理能力现代化的要求。

(一)监察体制改革的背景与精神

反腐败工作的深入推进,全面依法治国和深化政治体制改革、推进国家治理体系和治理能力现代化,是新时代国家监察体制改革的重要背景。

党的十八大以来,我党非常重视反腐败工作。在全面从严治党下,反腐败工作也取得了重大成就。但在这一过程中,反腐败工作中所存在的一些问题特别是一些制度性问题,也逐渐被展现出来,如监督对象重合、监督程序模糊、监督力量分散等。因此,结合全面依法治国和深化政治体制改革的要求,推进监察体制改革,通过建立完善的、新式的监察制度,以实现有效的反腐败工作的常态化、制度化,具有相当的必要性和迫切性。而2018年通过的《监察法》,实质上也是我国政治制度的一项重要改革,目的是把监察力量集中起来,实现对行使公权力的公职人员监察全覆盖,用法治化手段增强反腐败的权威性、有效性和持久性。

由此可见,监察体制改革的根本精神,也在于"加强党对反腐败工作的统一领导,推动反腐败斗争向纵深发展。通过整合行政监察、预防腐败以及检察机关查处贪污贿赂、失职渎职和预防职务犯罪等工作力量,组建国家、省、市、县监察委员会,同党的纪律检查机关合署办公,对党中央、地方党委全面负责,为加强党对反腐败工作的统一领导提供国家根本法保障,推动反腐败斗争取得更大成效,进一步增强人民群众对党的信心和信赖,厚植党执政的政治基础"。[1]

(二)监察体制改革试点

自2016年年底,国家监察体制改革开始试点推行,首先以北京市、山西省、浙

---

[1] 吴建雄:《对国家监察立法的认识与思考》,载《武汉科技大学学报(社会科学版)》2018年第2期。

江省作为改革的试点地区,从体制机制、制度建设上先行先试、探索实践,为试点工作在全国推开积累经验。这些改革试点的实践,成为新时代的监察法制发展和监察体制改革的坚实基础。

根据全国人大常务委员会《关于在北京市、山西省、浙江省开展国家监察体制改革试点工作的决定》,改革试点的任务和内容主要包括:其一,在试点地区设立由本级人大产生的监察委员会,行使国家监察权;其二,通过充分行使地方立法权,明确监察委员会在选举/任命、权力行使、监督等方面的程序,并对监察委员会的职权和职责作出具体规定。[1]

从3省市的实践来看,试点探索的成效较为明显。3地新成立的监察委员会履职积极主动,认真履行了监督、调查、处置3项职责,全面行使全国人大授权的12项调查措施,成功查办了不少案件。2017年1~8月,北京市立案1840件,处分1789人;山西省立案11,261件,处分10,557人;浙江省立案11,000件,处分9389人。北京市、山西省、浙江省分别追回外逃党员和国家工作人员12人、9人、10人。在机构组成、程序运转、人员编制方面,试点工作均取得了较为丰富的经验。[2] 2017年11月4日第十二届全国人大常委会第三十次会议通过《关于在全国各地推开国家监察体制改革试点工作的决定》,将国家监察体制改革试点工作进一步在全国范围内铺开。

(三)监察体制改革修宪

宪法是国家的根本大法,具有最高的法律效力。法律的制定须以宪法为依据,国家监察的法律创制亦不例外。更重要的是,"国家监察体制改革的本质是宪法上权力关系的重新配置,属于宪制的变迁",[3]因此,监察体制的改革在我国必须也只能通过修宪的路径来确立正当性、合宪性的根据。

2018年,第十三届全国人大第一次会议审议通过的我国《宪法修正案》在"国

---

[1] 参见叶海波:《国家监察体制改革试点的法治路径》,载《四川师范大学学报(社会科学版)》2017年第3期。

[2] 参见郑光魁:《全面推开国家监察体制改革试点》,载《中国纪检监察报》2017年11月11日,第4版。

[3] 叶海波:《国家监察体制改革的宪法约束》,载《武汉大学学报(哲学社会科学版)》2017年第3期。

家机构"一章中专门增写"监察委员会"一节,并在其他部分相应调整充实有关监察委员会的内容,确立了监察委员会作为国家机构的法律地位,为设立国家和地方各级监察委员会提供了根本法保障,为制定监察法提供了宪法依据。

本次修宪与监察体制改革相关的内容,涉及监察委员会的性质、产生、组成、地位、工作原则、领导体制、与其他国家机关的关系等方面,主要包括:

其一,监察委员会的性质和产生。如我国《宪法》第123条规定,中华人民共和国各级监察委员会是国家的监察机关;第125条规定,中华人民共和国国家监察委员会是最高监察机关;第3条第3款规定,国家监察机关由人民代表大会产生,对它负责,受它监督。

其二,监察委员会的组成和组成人员的产生方式。如我国《宪法》第124条规定,监察委员会由下列人员组成:主任,副主任若干人,委员若干人;第101条第2款规定,县级以上的地方各级人大选举并且有权罢免本级监察委员会主任。

其三,监察机关的领导体制。如我国《宪法》第125条规定,国家监察委员会领导地方各级监察委员会的工作,上级监察委员会领导下级监察委员会的工作;第126条规定,国家监察委员会对全国人大和全国人大常务委员会负责。地方各级监察委员会对产生它的国家权力机关和上一级监察委员会负责。

其四,监察委员会的工作原则。如我国《宪法》第127条规定,监察委员会依照法律规定独立行使监察权,不受行政机关、社会团体和个人的干涉。

其五,监察机关与其他国家机关的关系。如我国《宪法》第127条规定,监察机关办理职务违法和职务犯罪案件,应当与审判机关、检察机关、执法部门互相配合,互相制约。

(四)《监察法》的制定

除了对《宪法》进行修改,崭新的国家监察体制也需要一部全新的基本法律予以确立,《监察法》的制定随之提上日程。

2015年1月,习近平总书记在党的十八届中央纪委第五次全会上发表重要讲话,明确要求修改《行政监察法》。

2016年1月,习近平总书记在党的十八届中央纪委第六次全会上强调,要坚持党对党风廉政建设和反腐败工作的统一领导,扩大监察范围,整合监察力量,健全国家监察组织架构,形成全面覆盖国家机关及其公务员的国家监察体系。

2016年6月至10月,习近平总书记先后6次主持召开中央全面深化改革领导小组会议、中央政治局常委会会议和中央政治局会议,专题研究深化国家监察体制改革、国家监察相关立法问题,确定了制定监察法的指导思想、基本原则和主要内容,明确了国家监察立法工作的方向和时间表、路线图,并发表了一系列重要讲话,为监察法立法工作提供了根本遵循。

2017年6月23日,第十二届全国人大常委会第二十八次会议对监察法草案进行了审议。

2017年11月7日,《监察法(草案)》公布并面向社会征求意见。

2018年3月20日第十三届全国人大第一次会议表决通过了《监察法》,国家主席习近平签署第3号主席令予以公布。

作为反腐败国家立法,《监察法》的制定出台,使党的主张通过法定程序成为国家意志,对构建集中统一、权威高效的中国特色国家监察体制,具有重大而深远的影响,必将为反腐败工作开创新局面、夺取反腐败斗争压倒性胜利提供坚强法治保障。

(五) 监察法的目标和价值

制定新监察法和深化国家监察体制改革的根本目标,在于加强党对反腐败工作的统一领导。

深入推进反腐败斗争,坚持无禁区、全覆盖、零容忍,坚持重遏制、强高压、长震慑,是党中央鲜明的立场态度和目标任务。当前,反腐败斗争形势依然严峻复杂。党面临着具有长期性和复杂性的四大考验——执政考验、改革开放考验、市场经济考验、外部环境考验,面临着具有尖锐性和严峻性的四大危险——精神懈怠危险、能力不足危险、脱离群众危险、消极腐败危险。反腐败工作,则是应对好这些考验和危险的重要一环。这便要求着力解决反腐败斗争中存在的力量分散、行政监察范围过窄、纪法衔接不畅,一些地方查办职务犯罪案件"先移后处""先法后纪",甚至"带着党籍蹲监狱"等突出问题。因此,必须抓住加强党对反腐败工作统一领导这个根本,作出深化国家监察体制改革的重大决策部署。

我国制定《监察法》是深化国家监察体制改革的内在要求和重要环节。《监察法》旨在以法治的路径和方式实现国家监察体制的改革,并依此相应地组建国家、省、市、县四级监察委员会,作为党统一领导下的国家反腐败工作机构,构建出新的国家监察体系,为反腐败工作的继续推进提供了坚实的组织体制和制度基础。

《监察法》的价值主要在于:推进党和国家治理体系和治理能力现代化;有效实现对所有行使公权力的公职人员监察全覆盖,保证党纪国法得到一体遵循;实现中国特色社会主义监督理论和实践的重大创新。

第三编

监察机关和监察范围

本编探讨监察机关和监察对象及其范围,包括我国监察体制的流变及监察机关的演变、各级监察委员会及其职权、监察官、监察对象及其识别标准,重点介绍"谁监察谁"的问题。

第六章 监察体制

知识结构图

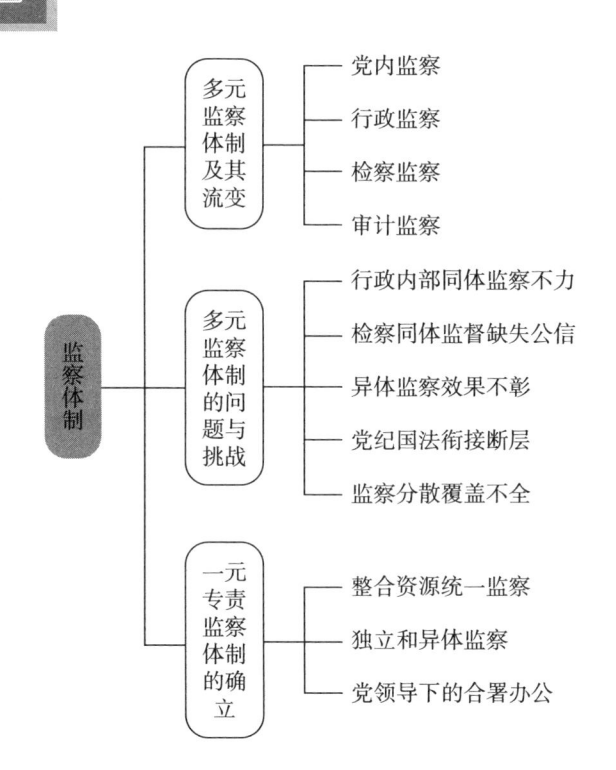

- 监察体制
  - 多元监察体制及其流变
    - 党内监察
    - 行政监察
    - 检察监察
    - 审计监察
  - 多元监察体制的问题与挑战
    - 行政内部同体监察不力
    - 检察同体监督缺失公信
    - 异体监察效果不彰
    - 党纪国法衔接断层
    - 监察分散覆盖不全
  - 一元专责监察体制的确立
    - 整合资源统一监察
    - 独立和异体监察
    - 党领导下的合署办公

1949年后，我国建立了党纪国法分殊前提下的分散监察体制，由党的机关、行政机关、司法机关等多个机构共同执行监察工作，但多元监察体制也伴随监察权力分散、监督力度不足等诸多问题。为强化监察力量、优化监督资源配置，我国逐步形成了党政合署的集中专责监察体制。

第一节 多元监察体制及其流变

2018年前，我国的多元分散监察体制是指由多个机关行使监察权，对特定对象展开监察。具体包括中国共产党的纪律检查机关对党员和党组织进行党内监察，专门的行政监察机关对行政机关及其工作人员进行行政监察，检察机关对公职人员职务犯罪进行检察监察，专设的审计机关对财政和财务进行审计监察。

一、党内监察

中国共产党党内监察制度源远流长，历经演变，最终定型为党内纪律检查制度。党的一大（1921年）通过的党纲对纪律要求和监督制度等方面作出了明确规定，党的二大（1922年）通过的《中国共产党章程》第四章则单列了党的纪律，进一步明确了党的政治纪律、组织纪律和纪律处分等方面的内容，党的三大（1923年）和四大（1925年）在修正章程时，基本上延续了党的二大章程的布局，用单章规定党的纪律与监察问题。党的五大（1927年）及同年6月党中央政治局通过《中国共产党第三次修正章程决议案》后，中共中央选举产生了中央监察委员会，明确了其党内地位和权责，党内纪律检查和监察迎来重大制度性突破。这一机构也是今天的纪律检查委员会的前身，"标志着党内纪律检查制度的初步创立，为后来党的纪检机构的发展和完善奠定了基础"。[1] 这可以说是党内纪律检查建制的第一个时期。

随之而来的是特殊形势下党内纪委检查的变动和重建时期。由于革命形势所迫，1928年6月在莫斯科召开的党的六大取消了监察委员会，成立审查委员会，实

---

[1] 李爽、汪海：《中国共产党纪律检查工作体制历史回顾》，载《新疆社会科学》2006年第3期。

际承担纪律检查的职责。1931年11月,江西瑞金中华苏维埃共和国临时中央政府建立,同期通过了《工农检察处问题的决议案》,设立工农检察处,作为苏维埃共和国临时中央政府的一部分,对国家机关工作人员进行检察和监督。随后,更是建立了"由中央工农检察人民委员部、地方各级监察部、控告局和检举委员会组成的监察系统"[1]。在中央政府建立监察制度后,党的纪律检查机关建设也随之跟上。1933年9月通过《关于成立中央党务委员会及中央苏区省县监察委员会的决议》决定在党的中央监察委员会未正式成立以前,设立中央党务委员会,省县成立监察委员会,维护执行党纪,监督党章和党的决议的实行,检查各种腐败现象。党的六届六中全会(1938年)通过《关于中央委员会工作规则与纪律的决定》《关于各级党部工作规则与纪律的决定》《关于各级党委暂行组织机构的决定》等党内法规,进一步细化了党内监察制度。党的七大(1945年)通过的《中国共产党党章》专设"党的监察机关"一章,规定中央及地方监察委员会的任务与职权是决定或取消对党员的处分,受理党员的控诉,进一步完善了党的纪律检查监察制度。

1949年后,党内监察制度不断完善。同年11月,根据《关于成立中央及各级党的纪律检查委员会的决定》,中国共产党党内监察以纪律检查委员会为载体全面展开,纪律检查委员会负责检查中央直属各部门及各级党组织、党的干部及党员违反党的纪律的行为,受理、审查并决定中央直属各部门、各级党的组织及党员违反纪律的处分,或取消其处分,在党内加强纪律教育,作为同级党委的一个工作部门,在各级党委的领导下工作,接受上级纪律检查机关的工作指导。随后,中共中央制定《关于处分党的组织及党员的批准权限和手续的规定》,中共中央纪律检查委员会也制定《关于处理控告、申述案件的若干规定》,分别对纪律处分的程序与权限、控告申述案件的范围、权限与程序等问题作出明确规定。"这两个《规定》的产生是党的历史上在执行纪律和维护纪律方面第一次作出的较系统的、成文的专门规定,对于正确开展纪律检查工作具有重要的作用。"[2]1955年3月,根据中国共产党全国代表会议通过的《关于成立中央和地方监察委员会的决议》,成立党的中央和地

---

[1] 李爽、汪海:《中国共产党纪律检查工作体制历史回顾》,载《新疆社会科学》2006年第3期。
[2] 同上。

方各级监察委员会,代替中央和地方各级党的纪律检查委员会。党的八大(1956年)通过的《中国共产党章程》在第七章中规定了党的监察机关的设置、产生、任务及相互间关系等问题。监察委员会的任务是经常检查和处理党员违反党的章程、党的纪律、共产主义道德和国家法律、法令的案件;决定和取消对于党员的处分;受理党员的控诉和申诉。随后,中央监察委员会第一次全会通过《中央监察委员会工作细则》和《中央监察委员会关于处分党员的批准权限的具体规定》,党的八届十中全会于1962年通过《关于加强党的监察机关的决定》,进一步完善了党内监察制度。

党的十一届三中全会后,在"文化大革命"期间受到严重破坏、被取消的党内监察制度得到恢复,党的十二大(1982年)通过的《中国共产党章程》第七章和第八章分别对党的纪律和纪律检查机关的具体问题进行了详细规定,包括党的纪律处分种类、处分原则、纪律检查机关的产生方式、领导体制、工作任务和职责范围等。这几乎是党章对党内监察制度的首次详尽规定,为后来党内监察制度的完善奠定了基础。党的十四大(1992年)《中国共产党章程》将"协助党的委员会整顿党风"改为"协助党的委员会加强党风建设",强化纪律检查机关反腐败的职责,并演化为党的纪律检查机关与国家行政监察机关合署办公的国家监察体制。党的十六届四中全会(2004年)后,纪律检查机关直接管理领导派驻机构,改变了此前与驻在部门共同领导的双重领导机制。这是中国共产党不断加强反腐败领导和党的廉洁建设的重要探索。

回顾中国共产党成立以来的历史,可以发现,党内监察自始便是中国共产党管党治党制度和组织的重要部分。虽然在特殊形势下,党内监察多有波折,但一旦形势向好,党内监察便得以恢复并逐步完善,并在党内和国家生活中不断发展,被赋予党内纪律检查和反腐败的重任,逐渐成为国家反腐败的核心机制和主导力量。

二、行政监察

早在1948年,华北人民政府便设立了专门的人民监察院,对政府机关及其工作人员进行监察。1949年后的10年间,是我国专门行政监察体制逐步确立的时期。[1]

1949～1954 年是我国行政监察体制的宪法化时期。作为中国的临时宪法,[2]《中国人民政治协商会议共同纲领》首次明确规定县市级以上人民政府设立专门监察机关的行政监察制度,[3]行政监察体制成为我国的一项宪法制度。随后制定的《中央人民政府组织法》[4]《中央人民政府人民监察委员会组织条例》《大行政区人民政府(军政委员会)人民监察委员会试行组织通则》《省(行署、市)人民政府人民监察委员会试行组织通则》等法律法令,进一步规定了人民监察委员会的组织、机构、职权职责及内部关系,以及监察程序和处置。[5] 这一时期确立的行政监察体制延续了《陕甘宁边区政纪总则草案》和华北人民政府创制的人民监察体制,由专门的监察机关对政府机关及其工作人员进行监督。[6] 1954 年《宪法》并未专门规定行政监察体制,这一时期行政监察制度存立的直接法律依据是《国务院组织法》,即设立监察部作为国务院的一个部门。由国务院批准的《监察部组织简则》详细规定了监察部的职权职责、机构设置及组成、监督程序与处置。这一时期行政监察制度的最大特点是:行政监察制度并不具有宪法上的地位,监督部的监察权限扩展到行政机关之外的国营企业、公私合营企业以及合作社,监察内容限定为是否正确执行国务院的决议、命令。

1959 年 4 月 28 日,第二届全国人大第一次会议通过决议撤销监察部。[7] 直到 1982 年,《宪法》恢复了行政监察,其第 87 条规定国务院领导和管理监察工作。1986 年,全国人大常委会作出《关于设立中华人民共和国监察部的决定》,国务

---

[1] 参见朱福惠:《国家监察体制之宪法史观察——兼论监察委员会制度的时代特征》,载《武汉大学学报(哲学社会科学版)》2017 年第 3 期。

[2] 参见刘少奇:《关于中华人民共和国宪法草案的报告一九五四年九月十五日在中华人民共和国第一届全国人民代表大会第一次会议上的报告》,载《人民日报》1954 年 9 月 16 日,第 2 版。

[3] 参见《中国人民政治协商会议共同纲领》第 19 条规定:"在县市以上的各级人民政府内,设人民监察机关,以监督各级国家机关和各种公务人员是否履行其职责,并纠举其中之违法失职的机关和人员。人民和人民团体有权向人民监察机关或人民司法机关控告任何国家机关和任何公务人员的违法失职行为。"

[4] 参见《中央人民政府组织法》第 18 条规定:"政务院设政治法律委员会、财政经济委员会、文化教育委员会、人民监察委员会……人民监察委员会负责监察政府机关和公务人员是否履行其职责。"

[5] 参见卢建平:《行政监察法初探》,载《浙江大学学报(人文社会科学版)》1992 年第 3 期。

[6] 参见郑传坤:《我国行政监察历史发展简况》,载《现代法学》1992 年第 1 期。

[7] 参见《第二届全国人民代表大会第一次会议关于撤销司法部监察部的决议》(1959 年 4 月 28 日第二届全国人民代表大会第一次会议通过)。

院监察部随之恢复。1987年,国务院发布《关于在县以上地方各级人民政府设立行政监察机关的通知》,对行政监察机关的领导体制、监察对象和职权及程序等作出了明确规定。1990年《行政监察条例》颁布,1997年《行政监察法》通过,明确规定了监察机关、监察人员、职责、权限、程序和责任,行政监察得以进一步法治化。

三、检察监察

"根据监察权的一般理论,凡对国家机关及其公职人员的违法失职行为进行调查和处置的权力均属于监察权的范围。在我国的行政监察体制中,宪法和法律明确监察部为行使监察权的机构。但从1954年人民检察院组织法的规定来看,我国人民检察院对国家公职人员的执法监督具有监察权的性质,因此,应当属于广义监察权的范围。"[1]检察院的执法监察也是国家监察的构成部分。

我国人民检察监察制度历经变化。早在中国共产党领导的苏区政府中,检察机关便承担职务犯罪侦查职责,例如,1933年中央苏区颁布的《关于惩治贪污浪费的行为》和1939年陕甘宁边区颁布的《惩治贪污条例》皆规定检察机关侦查贪污等犯罪。

1949年后,检察监察制度不断完善。根据规定,最高人民检察署及其领导的下级检察机关负责检察全国各级政府机关、公务人员和全国国民是否严格遵守《中国人民政治协商会议共同纲领》、人民政府的政策方针和法律法令。[2] 1954年《宪法》制定后,检察机关只承担审查国家机关的决议、命令和措施是否合法以及国家机关工作人员和公民是否遵守法律的职责,[3]其职责主要限于合法性审查,合法性审查也是检察机关一般监督的主要内容。[4] 1954年《人民检察院组织法》较具

---

[1] 朱福惠:《国家监察体制之宪法史观察——兼论监察委员会制度的时代特征》,载《武汉大学学报(哲学社会科学版)》2017年第3期。
[2] 参见《中央人民政府组织法》(1949年)第7条、第15条、第28条,《中央人民政府最高人民检察署试行组织条例》(1949年)第3条,《中央人民政府最高人民检察署暂行组织条例》(1951年)第3条。
[3] 参见《人民检察院组织法》(1954年)第4条。
[4] 检察工作报告一般以一般监督来概括这部分职权的行使,如1957年的报告指出:"各级人民检察院在一般法律监督和处理人民申诉方面都做了不少的工作。"参见张鼎丞:《关于1956年以来检察工作情况的报告——1957年7月1日在第一届全国人民代表大会第四次会议上》)。

体明确地设置了合法性审查的抗议程序,如检察机关发现监督对象的决定、命令和措施违反法律时,有权提出抗议,而有关国家机关必须负责处理并给予答复。[1] 而且,其规定检察机关负责提起并支持公诉,对侦查行为进行监督,并负责侦查国家机关、企事业单位工作人员利用职权从事犯罪活动的案件。1962 年制定的《关于公、检、法三机关受理普通刑事案件的职责范围的试行规定》规定检察机关管辖属于国家机关工作人员、基层干部和企业职工中贪污、侵吞公共财产,侵犯人身权利等构成犯罪的案件,对检察机关的职务犯罪侦查权进一步加以明确。

如同党内监察制度一样,检察监察制度在"文化大革命"中受到严重破坏,直到 1978 年《宪法》出台才得以恢复。1979 年的《人民检察院组织法》规定了检察院行使如下职权:(1)对于叛国案、分裂国家案以及严重破坏国家的政策、法律、法令、政令统一实施的重大犯罪案件,行使检察权。(2)对于直接受理的刑事案件,进行侦查。(3)对于公安机关侦查的案件,进行审查,决定是否逮捕、起诉或者免予起诉;对于公安机关的侦查活动是否合法,实行监督。(4)对于刑事案件提起公诉,支持公诉;对于人民法院的审判活动是否合法,实行监督。(5)对于刑事案件判决、裁定的执行和监狱、看守所、劳动改造机关的活动是否合法,实行监督。另外,人民检察院依法保障公民对于违法的国家工作人员提出控告的权利,追究侵犯公民的人身权利、民主权利和其他权利的人的法律责任。1979 年,我国颁布了第一部《刑事诉讼法》。该法规定检察机关侦查贪污罪、侵犯公民民主权利罪、渎职罪以及人民检察院认为需要自己直接受理的其他刑事案件。在全国人大常委会通过《关于严惩严重破坏经济的罪犯的决定》及《关于惩治贪污罪贿赂罪的补充规定》后,检察机关加大对贪污贿赂、渎职犯罪的打击,行使侦查与起诉权,覆盖所有国家机关工作人员的这类行为。随后,检察机关自侦案件的范围扩展。[2] 1996 年,《刑事诉讼法》修订,该法规定贪污贿赂犯罪,国家工作人员渎职犯罪,国家机关工作人员利用职权实施的非法拘禁、刑讯逼供、报复陷害、非法搜查的侵犯公民人身权利的犯罪以及侵犯公民民主权利的犯罪,由人民检察院立案侦查,检察机关自侦案件的管辖

---

[1] 参见《人民检察院组织法》(1954 年)第 8 条。
[2] 如自 1988 年 10 月起,挪用公款案、巨额财产来源不明案、隐瞒不报境外存款案由人民检察院立案侦查。

范围被极大收缩。1998年5月最高人民检察院出台了《关于人民检察院直接受理立案侦查案件范围的规定》，进一步明确了人民检察院直接受理侦查案件的范围。2013年《刑事诉讼法》修订，强化了对刑事侦查措施的监督，即当事人和辩护人、诉讼代理人、利害关系人对于司法机关及其工作人员有下列行为之一的，有权向该机关申诉或者控告：(1)采取强制措施法定期限届满，不予以释放、解除或者变更强制措施的；(2)应当退还取保候审保证金不退还的；(3)对与案件无关的财物采取查封、扣押、冻结措施的；(4)应当解除查封、扣押、冻结不解除的；(5)贪污、挪用、私分、调换、违反规定使用查封、扣押、冻结的财物的。受理申诉或者控告的机关应当及时处理。对处理不服的，可以向同级或者上一级人民检察院申诉。人民检察院直接受理的案件，可以向上一级人民检察院申诉。人民检察院对申诉应当及时进行审查，情况属实的，通知有关机关予以纠正。另外，这次修订进一步强化人民检察院对减刑、假释、暂予监外执行的监督，监狱、看守所提出减刑、假释建议或者暂予监外执行的书面意见的，应当同时抄送人民检察院。人民检察院可以向人民法院或者批准机关提出书面意见。总体上，从我国检察制度的演变看，检察机关对司法工作人员的违法行为和公职人员的职务犯罪行为的侦查，特别是反腐败监察，是检察监察的主要内容。[1] 2018年《刑事诉讼法》修订后，规定人民检察院在对诉讼活动实行法律监督中发现的司法工作人员利用职权实施的非法拘禁、刑讯逼供、非法搜查等侵犯公民权利、损害司法公正的犯罪，可以由人民检察院立案侦查。2021年国家监察委员会制定的《监察法实施条例》第52条规定，监察机关必要时可以依法调查司法工作人员利用职权实施的涉嫌非法拘禁、刑讯逼供、非法搜查等侵犯公民权利、损害司法公正的犯罪，并在立案后及时通报同级人民检察院。监察机关在调查司法工作人员涉嫌贪污贿赂等职务犯罪中，可以对其涉嫌的前款规定的犯罪一并调查，并及时通报同级人民检察院。人民检察院在办理直接受理侦查的案件中，发现犯罪嫌疑人同时涉嫌监察机关管辖的其他职务犯罪，经沟通全案移送监察机关管辖的，监察机关应当依法进行调查。因此，检察机关可以立案侦查的犯罪行为，国家监察机关亦可以立案调查。

---

〔1〕 参见陈光中：《中国刑事诉讼法立法四十年》，载《法学》2018年第7期。

四、审计监察

在 1949 年建立国家行政监察制度时,审计是行政监察的一部分,由行政监察机关行使审计权,"实行审计与监察合一"。[1] 1982 年《宪法》改变了这一传统,设立了由国务院总理直接领导的审计体制。可以说,在行政系统内,行政监察和审计监察并行。1955 年国务院颁布的《审计条例》和 1994 年全国人大常委会通过的《审计法》(2006 年修改),推动了审计监察的法治化。根据法律的规定,国务院各部门和地方各级人民政府及其各部门的财政收支,国有的金融机构和企业事业组织的财务收支,以及其他依照《审计法》规定应当接受审计的财政收支、财务收支,依照《审计法》规定接受审计监督。审计机关对前列财政收支或者财务收支的真实、合法和效益,依法进行审计监督。"审计权被视为严格意义上的监察权,在议会监察体制的国家,审计权作为监察权由议会行使。"[2] 根据我国《审计法》的规定,审计是一种重要的行政监察方式,也是我国国家监察的组成部分。

第二节 多元监察体制的问题与挑战

国家监察体制改革之前,我国实行多元监察体制,既包括党内监察,也包括行政系统内监察,还包括司法性的检察监察,其中,行政监察实际上又区分为行政监察部门监察和审计监察。这套多元监察体制的特征是监察权分散配置、监察权限重叠,同时,党内监察与行政监察部门合署办公,但与检察监察和审计监察则未达到这种联系紧密程度。本质上,这套多元监察体制就是一种分散监察和多头监察,被形容为"三驾马车"。[3] 这种监察体制面临诸多问题,[4] 不符合我国的反腐败

---

[1] 朱福惠:《国家监察体制之宪法史观察——兼论监察委员会制度的时代特征》,载《武汉大学学报(哲学社会科学版)》2017 年第 3 期。
[2] 同上。
[3] 参见秦前红、叶海波等:《国家监察制度研究》,法律出版社 2018 年版。
[4] 《关于〈中华人民共和国监察法(草案)〉的说明》指出,这些问题主要有三:一是监察范围过窄,没有实现对全部公权力行使者进行覆盖;二是反腐败力量分散;三是体现专责和集中统一不够。参见中共中央纪律检查委员会、中华人民共和国国家监察委员会法规室编写:《〈中华人民共和国监察法〉释义》,中国方正出版社 2018 年版,第 30~32 页。

需要。

一、行政内部同体监察不力

我国的行政监察机关包括隶属于政府的国家监察部、国家预防腐败总局、审计署及相应地方各级行政监察机构，依据我国《行政监察法》对同级政府行使监督职能。就行政监察而言，其监察工作的"全覆盖"至多可至行政系统内部全体部门，难以覆盖全部国家机关及其公务员，"同体监督"由此成为必然。试想，行政监察范围若增至行政系统外部，无疑开我国行政权限扩增之先河：一则与我国行政机关定位为权力机关之执行机关的宪制地位不符，缺乏正当性；二则与我国当下限缩行政权职能之宪法发展趋势不符，缺乏合理性；三则行政监察部门隶属于行政机关，以此身份监督人大、政协和两院及其公务人员，显然缺乏可实施性。

行政监察多以派驻监察专员模式，即向各监察单位派驻监察专员，实现对行政机关监察工作的"全覆盖"。该模式的最大缺陷是"强枝弱干"，冗官严重，高成本，低效甚至无效。

同体监督问题之症结，在于决策权、执行权、监督权合为一体，这是多元监察体制下的行政监察制度的最大缺陷。唯有权力分解才能实现制衡，唯有权力制衡才能实现有效监督和制约。同体监督是一种内部监督、自我监督。"君子慎其独也"，[1] 便是君子亦应于独处时谨慎自控，这是因为德高君子也难以自控言行。这种内部监督的矛盾在于，即便官员全是德高君子，也难保证权力不滥用；希冀于行政内部监督作用显著，无异于认为只要官员德行好就能自我监督，就能实现良治。这显然与社会主义监督原则相背离。实际上，贪腐官员初入官场时，并非道德沦丧、党性缺失，反而满腔热血，期待"为官一任，造福一方"，但最终"把政治职位当成致富工具"。简单的君子德行和自我约束，很难保障全部官员自始至终维系本心；一些不良风气，使政府官员相互监督难以发挥实际作用。

这种监督体制还是下级监督、同级监督。行政监察机关接受同级政府领导、对其汇报工作，这种模式难以保障监督力度。党的十八大以来，多只落马地方"大老

---

[1] 《礼记·中庸》。

虎",几乎均由中央巡视组"捕抓";甚至行政监督恢复以来,也几乎没有一位党政主要领导的贪腐是本级纪委监察部监督检举揭发的。

二、检察同体监督缺失公信

现代国家在刑事司法领域多选取侦查、起诉、审判三者独立运行、相互制约的体制。我国反腐败刑事司法的制度难题也在于"同体监督":检察机关集职务犯罪预防、侦查、起诉和监督多权于一身。

"在检察监督模式下,检察机关集侦查主体与侦查监督主体于一身,自侦监督沦为自我监督,其本质是同体监督","而检察监督模式无法回答检察机关对自身行使侦查权如何实现有效监督的问题"。[1] 侦查监督部门在制度上存在同体监督缺陷,[2]在时空上,事后审查机制无法防止刑讯逼供等的发生。上级检察院的监督范围局限于两种:一种是侦查过程中审查批准逮捕,但未包含其他强制措施;另一种是作为侦查机关,成为实施侵权行为的被控告机关,但在检侦一体化体制背景下几乎难以客观公允。人民监督员制度在选任主体、选任程序、监督范围和监督程序上也存在问题,[3]导致其受制于检察院,难补自侦案件监督的缺陷。可见,无论是自我监督、上级监督还是人民监督员,都难防侵害贪腐人员刑事辩护权利,难保反腐败司法的公正性,由此造成司法检察公信力受到影响。

分化检察机关职务犯罪预防、侦查权和监督权,乃反腐败刑事司法改革应有之义。这并非剥离检察机关全部职务犯罪侦查权,更不是剥离其全部侦查权,而是落脚于克服或缓解检察机关同时享有职务犯罪侦查、监督权这一同体监督缺陷。实

---

〔1〕 刘计划:《侦查监督制度的中国模式及其改革》,载《中国法学》2014年第1期。

〔2〕 侦查监察之对象是检察院自侦案件。刘计划教授认为,检察院的同体监督不仅表现于从整体维度看侦查监督部门内设于检察院,还在于从部门维度看侦查监督部门难以独立运作,后者表现有三:其一,侦查监督部门审查范围狭窄,侦查监督部门仅审查逮捕一种强制处分;对于其他强制侦查行为如搜查、扣押、监听等,都是由侦查部门报请检察长决定,侦查监督部门连形式上的审查也不存在。其二,即便是审查逮捕过程中附带进行的监督,其保障人权的功能也是极其乏力的。其三,多服务于侦查职能,代表效率价值的侦查职能常凌驾于代表人权保障的监督职能之上。参见刘计划:《侦查监督制度的中国模式及其改革》,载《中国法学》2014年第1期。

〔3〕 关于人民监督员制度的缺陷和制度构建,参见秦前红等:《人民监督员制度的立法研究》,武汉大学出版社2010年版,第五章。

际上,检察机关在职务犯罪方面保有一定侦查权,仍具有理论价值和现实意义。

三、异体监察效果不彰

在多元监察体制下,具备强制力的除执政党监督外,主要有权力机关监督、检察院法律监督中的一部分[1]和人民法院司法审判监督[2]等。不过,人大及其常委会限于会期制度,且财政受制于政府,难有监督实效。就人民检察院、人民法院的监督而言,二者人事任免权虽属人大,实际上人事和组织运作受政府影响极大,且诉讼费用直接交与政府财政部门,薪酬福利由政府统一支出。除职务犯罪侦查权外,检察机关的其他监督权并无强制力,而人民法院对不履行生效判决书的行政主体,又常作出隔靴搔痒的处罚,也就不难理解了。

四、党纪国法衔接断层

我国多元监察体制面临的重大挑战在于党的纪律审查和国家法律的衔接障碍。党员干部职务犯罪的司法程序通常以党内纪检为前置。这一实践面临的制度困境在于,职务犯罪案件进入侦查起诉程序后,贪腐人员情绪逐渐稳定,很难再取得有较大价值的犯罪证据;大量前期取得的证据本身有极大价值,却因"双规"措施而被主张为非法证据予以排除。"双规"措施合法化,不仅得以降低职务犯罪侦查工作难度,亦可从法律层面规范"双规"操作技术,避免地方纪检工作方式粗暴违法等执纪风险问题。

---

[1] 包括诉讼监督权及对非自侦案件批准逮捕权、审查起诉决定是否公诉。有两个问题值得注意:其一,关于法律监督权的外延,有学者认为,党的十八届四中全会《中共中央关于全面推进依法治国若干重大问题的决定》指出,"监察机关在履行职责中发现行政违法行使职权或者不行使职权的行为,应当督促其纠正",可见,检察机关对行政权的监督,即"行政检察"是完善检察机关行使监督权的重要一环。参见湛中乐:《三个层面构建科学的行政检察监督体系》,载《人民检察》2015年第2期。其二,对自侦案件的侦查权、批准逮捕权、审查起诉决定是否公诉等,因属同体监督而排除之。

[2] 2015年实施的《行政诉讼法》第1条规定,"保护公民、法人和其他组织的合法权益,监督行政机关依法行使行政权",第2条规定,"认为行政机关和行政机关工作人员的行政行为侵犯其合法权益,有权依照本法向人民法院提起诉讼",表明行政诉讼的审查对象是"行政机关和行政机关工作人员的行政行为",立法宗旨在于"监督行政机关"。可见,人民法院行政诉讼审理行政案件应属司法监督范畴。

五、监察分散覆盖不全

此前我国"三驾马车"模式将监察权人为地一分为三,从部分维度看,三者分属不同系统,各自为政,边界不清,职能重叠;从整体视角看,由于执法方式和执法标准差异,缺乏统一指挥,三者难以形成稳定、高效的衔接机制,监察合力难成,反腐实效不彰,其结果是"三部分之和小于整体"。党内纪委的纪律审查难以覆盖党外公务员;行政监察工作的"全覆盖"至多可达行政系统内部全体部门;检察院的监督则以党内纪检为前置,且限于现实因素难以发挥应有作用。当每驾马车都定位模糊、难以周延,三者又缺乏统一指挥和稳定、高效的衔接制度时,却要求三者合力能够全面覆盖国家机关及其公务员,以达监察良效,十分困难。

第三节 一元专责监察体制的确立

基于上述原因,我国于 2016 年开始实质性地展开国家监察体制改革,最终形成一元专责监察体制。这一重大制度变革,旨在将党内纪委检查、行政监察、检察监察整合为统一的国家监督,打破既有"一府两院"的宪制结构,形成"一府一委两院"的宪制结构,在异体监督基础上形成全面覆盖全部行使公权力的公职人员的国家监督体系。

一、整合资源统一监察

为解决多头监察、资源分散、力量薄弱的缺陷,我国建立了集中、高效、权威、统一的监督机关,整合"三驾马车"为"一马当先",将原属于人民检察院的反贪污贿赂部门、渎职侵权监察部门、职务犯罪预防部门,政府监察机构、预防腐败机构等全部纳入国家的监察委员会,构建统一的国家监督。

二、独立和异体监察

国家监察制度改革意蕴有四:其一,将监察权从行政权中剥离,变同体监督为异体监督;其二,监察委员会独立于"一府两院",不受政府人事、财政等制约,监察委员会依照法律规定独立行使监察权,不受行政机关、社会团体和个人的干涉;其三,监察委员会融入我国人民代表大会根本政治制度,由人大产生,对人大负责,受人大监督;[1]其四,实行垂直管理,由国家监察委员会领导地方各级监察委员会的工作,上级监察委员会领导下级监察委员会的工作。

三、党领导下的合署办公

这一体制全面覆盖国家公权力行使者,解决法纪衔接问题。国家监察委员会与中国共产党纪律检查机关合署办公,地方各级监察委员会主任由党的纪委书记兼任。这一安排,一则,既充分发挥纪委党内监督作用,又保证国家监察机关依法独立行使职权;二则,破解党纪难审非党员公务人员、监察难查非政府公职人员的难题,既弥合法纪鸿沟,又形成全面覆盖一切行使公权力的公职人员的国家监督体系,即凡纳入国家行政编制、由国家财政负担工资福利、依法履行公职的人员,不仅包括中国共产党、人大、政府、监委、法院、检察院、人民政协、民主党派、部分社会团体机关和国有单位、基层群众性自治组织等的公职人员,还包括其他实质行使公权力的有关人员,均受其监督。

---

[1] 全国人大内务司法委员会改革为监察和司法委员会,人大及其常委会听取监察委员会的专项工作报告,组织执法检查,人大代表可以提出询问和质询,但监察委员会不向全国人大及其常委会报告工作。

第七章 监察机关和监察官

知识结构图

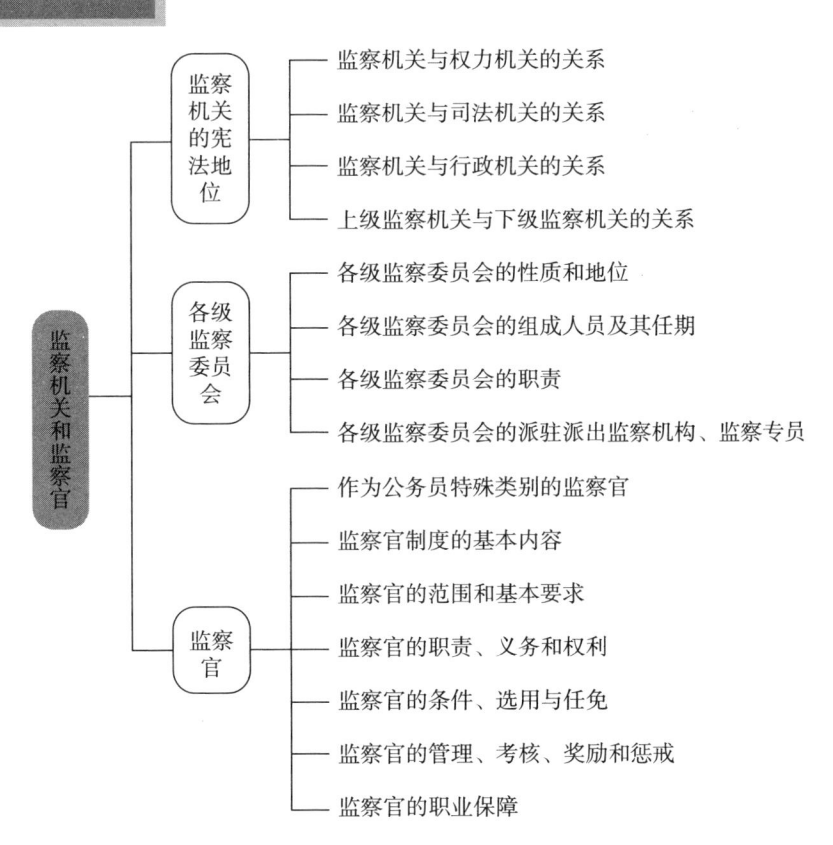

- 监察机关和监察官
  - 监察机关的宪法地位
    - 监察机关与权力机关的关系
    - 监察机关与司法机关的关系
    - 监察机关与行政机关的关系
    - 上级监察机关与下级监察机关的关系
  - 各级监察委员会
    - 各级监察委员会的性质和地位
    - 各级监察委员会的组成人员及其任期
    - 各级监察委员会的职责
    - 各级监察委员会的派驻派出监察机构、监察专员
  - 监察官
    - 作为公务员特殊类别的监察官
    - 监察官制度的基本内容
    - 监察官的范围和基本要求
    - 监察官的职责、义务和权利
    - 监察官的条件、选用与任免
    - 监察官的管理、考核、奖励和惩戒
    - 监察官的职业保障

一元专责监察体制决定了国家监察机关的设置及其构成。在这一体制下，我国从中央到地方设置了一套组织结构几近同一的监察机关。本章围绕监察机关的宪法地位、体系构成、内部关系、权限分配、人员构成等具体要素，进一步阐释我国监察体制的独特之处。

第一节　监察机关的宪法地位

监察机关的宪法定位主要体现为监察机关在人民代表大会制度中的地位。根据我国《宪法》和《监察法》的规定，这一地位具体体现为，"监察机关与权力机关是'产生、负责和监督'的关系，与司法机关是'互相配合，互相制约'的关系，与行政机关则为'不受干涉，且互相配合，互相制约'的关系，上下级监察机关间则是'领导与被领导'的关系"。[1]

一、监察机关与权力机关的关系

民主集中制乃是普遍适用于执政党和国家政治生活的一项重要原则，且有颇为丰富的指向和内涵。中国共产党在全国执政后，把这种原则和制度运用于政权建设，在国家机构中实行民主集中制的原则。[2] 我国《宪法》第 3 条规定了民主集中制原则，并将其作为一项国家机构的组织原则，该原则成为国家机关产生及相互间关系运行的遵循和基础。此项原则的核心内容有三：一是在人民与权力机关的关系上，遵循由人民选举产生并监督权力机关的原则；二是在权力机关与其他国家机关的关系上，遵循由权力机关产生并监督其他国家机关的原则；三是在中央和地方国家机构职权划分上，遵循在中央统一领导下发挥地方主动性和积极性的原则。当然，民主集中制原则的具体内容并非一成不变，自 1954 年《宪法》规定国家机关"一律实行民主集中制"以来，该原则在宪法上的含义其实是自始变化和发展的，

---

〔1〕　秦前红：《我国监察机关的宪法定位——以国家机关相互间的关系为中心》，载《中外法学》2018 年第 3 期。

〔2〕　参见《中共中央关于加强党的建设几个重大问题的决定》，载中共中央文献研究室编：《十四大以来重要文献选编》（中），人民出版社 1997 年版，第 959 页。

特别是1982年《宪法》对该原则的内容予以具体化。[1] 同样地,在国家监察体制改革的背景下,监察机关被纳入宪法规定的国家机构体系。为此,宪法上的民主集中制原则需随之修改完善,以便为监察机关的产生以及其与其他国家机关间关系的运行确定根本法意义上的遵循和依据。正是基于此种考量,我国《宪法修正案》第37条增加了监察机关"由人民代表大会产生,对它负责,受它监督"的规定。

由此可知,监察机关与权力机关在宪法上的关系至少有以下三层含义:

其一,权力机关的宪法地位高于监察机关。习近平总书记指出"我们要按照宪法确立的民主集中制原则、国家政权体制和活动准则,实行人民代表大会统一行使国家权力"[2]"在这个前提下,明确划分国家的行政权、审判权、检察权和武装力量的领导权"[3]。依此逻辑,国家监察体制改革过程中所进行的机构与职能整合,以及由此而生的监察机关与监察权,同样是在"人大统一行使国家权力"的前提下进行和展开的。甚至可以说,最高国家权力机关基于现实需要创设出了监察权,并根据分工负责、功能适当等原则将该权力配置给了监察机关。

其二,监察机关由权力机关产生,即监察委员会主任由本级人大选举,副主任和委员则由本级人大常委会任免,对此,《宪法》和《监察法》皆有较详细的规定。但需注意的是开发区监察机关的产生和设置问题,因为诸如开发区、新区等地区通常只设有履行行政管理职能的管理委员会等机关,而未设置相应的权力机关。因此,如何在此类地区产生和设置监察机关便成问题。对此,实践中有在开发区设立监察委员会,并由省级人大根据省级监察委员会主任提名,任免开发区监察委员会主任的做法。[4] 此般开发区监察委员会及其组成人员的产生方式,在很大程度上

---

[1] 参见肖蔚云:《新宪法对民主集中制原则的发展》,载肖蔚云:《论宪法》,北京大学出版社2004年版,第264~266页。

[2] 习近平:《在首都各界纪念现行宪法公布施行30周年大会上的讲话》,人民出版社2012年版,第7页。

[3] 乔石:《在首都各界纪念人民代表大会成立四十周年大会上的讲话》,载乔石:《乔石谈民主与法制》(下),人民出版社、中国长安出版社2012年版,第430页。

[4] 例如,根据《海南省人民代表大会常务委员会任免海南省监察委员会副主任、委员暂行办法》第7条的规定,海南省人大常委会根据省监察委员会主任的提名,决定任免海南省洋浦经济开发区监察委员会主任,海南省洋浦经济开发区监察委员会副主任、委员的任免则参照该办法执行。参见《海南省人民代表大会常务委员会任免海南省监察委员会副主任、委员暂行办法》,载《海南日报》2018年1月22日,A2版。

致使该地区(开发区)监察机关的法律地位变得模糊不清。因为我国《宪法》和《监察法》皆未规定开发区可设立监察委员会,且按此方式产生的开发区监察委员会亦非《监察法》中的派驻或派出的监察机构。

其三,监察机关对权力机关负责,权力机关监督监察机关。这其实是一个"一体两面"的问题,因为监察机关对权力机关负责,即体现为权力机关对监察机关的监督;而监察机关接受权力机关的监督,亦表现出监察机关对权力机关负责。例如,监察机关向权力机关报告工作,既是监察机关向权力机关负责的表现,也属权力机关监督监察机关的表现。具体而言,我国《宪法》明确规定了罢免与免职这一监督方式;《监察法》在此基础上规定了人大常委会听取本级监察委员会专项工作报告,组织执法检查,人大代表及人大常委会委员提出询问或质询的监督方式。此外,相较于"一府两院",监察机关对权力机关负责,以及权力机关监督监察机关的方式并不包括向人大作年度工作报告,《宪法》和《监察法》皆未对此进行规定,[1] 理论上对此问题不乏争论。[2]

如上所述,我国《宪法》和《监察法》就权力机关监督监察机关的问题进行了规定,但只明确规定了四种具体监督方式,即罢免与免职、听取专项工作报告、执法检查、询问与质询,且未规定此四种监督方式如何在实践中展开。对新成立的监察机关权力须防止"过犹不及"。无论是国家监察体制改革的具体实践,还是《监察法》皆注重对监察机关的监督制约,其中即包括权力机关的监督。不过,与权力机关对"一府两院"的监督类似,由于各级人大一年通常只开一次会,不可能对"一府两院"的工作施以经常性的监督。按照我国《宪法》的规定,对"一府两院"工作实施经常性监督的职权通常是由人大常委会来行使的。[3] 同样地,权力机关对监察机关的监督,在很大程度上亦需由各级人大常委会来实施。而各级人大常委会实施

---

[1] 实践中的理由是监察委员会承担的反腐败工作具有特殊性,调查过程涉及大量党和国家秘密,涉及国家安全和国家利益,事关重大,保密要求高,不宜在人大会议上公开报告。参见王丹:《党性和人民性的高度统一》,载《中国纪检监察报》2018年3月10日,第2版。

[2] 参见曲相霏:《国家机构"报告工作"的宪法分析——兼论监察委员会"报告工作"问题》,载《北京联合大学学报(人文社会科学版)》2017年第2期。

[3] 参见乔晓阳主编:《〈中华人民共和国各级人民代表大会常务委员会监督法〉学习问答》,中国民主法制出版社2006年版,第14页。

监督的法律依据主要是《监督法》，如此一来，各级人大常委会如何根据《监督法》监督监察机关便成殊值探讨的问题，即《监察法》规定的监督方式是否适用于各级人大常委会对监察机关的监督？该问题的探讨又可引申出两个更具体的问题：一是我国《监察法》规定的各级人大常委会对监察机关的监督方式，是否可适用《监督法》规定的监督程序？二是《监察法》未规定但在《监督法》中有规定的监督方式，各级人大常委会是否可将其运用于对监察机关的监督？对于以上问题，理论上其实已有所谈论：如有论者认为，《监察法》规定的各级人大常委会听取和审议专项工作报告的监督方式，便可适用《监督法》的相应规定。[1] 还有论者认为，我国现行《监督法》规定的对"一府两院"的监督方式大多可以适用于监察机关。[2]

本书以为，无论是基于各级人大常委会作为权力机关的宪法地位，还是为了防止监察权的滥用，都有必要明确《监督法》规定的监督程序和监督方式得适用于监察机关，即各级人大常委会运用《监察法》规定的监督方式时，得适用《监督法》规定的具体程序，以及各级人大常委会可运用《监督法》规定的监督方式对监察机关实施监督。其理由主要有二：一是由于当前的"监察法"同时"扮演"监察机关组织法、监察活动程序法等"角色"，以至于这部法律难以就所有问题进行详细的规定，其中即包括各级人大常委会如何监督监察机关的问题。《监察法》中虽有规定听取专项工作报告、执法检查、询问与质询等监督方式，却未规定这些监督方式如何在实践中运作。而《监督法》作为一部就各级人大常委会监督工作进行的专门立法，其中就监督的方式、程序和内容皆有相当具体的规定。二是《监察法》虽未明确规定规范性文件备案审查、特定问题调查等监督方式得适用于监察机关，但这无疑是各级人大常委会作为权力机关的应有之义，同样也能通过监督进而防止监察机关滥用权力。例如，监察机关在工作中制发的决议、决定等规范性文件，亦应报相应的人大常委会备案，相应的人大常委会要对其进行是否符合我国《宪法》和法律的审查。这其实也是开展合宪性审查工作的需要。当然，欲使《监督法》规定的监督程序和监督方式得以有效运用于权力机关对监察机关的监督，尚需对《监督法》

---

[1] 参见陈光中、姜丹：《关于〈监察法（草案）〉的八点修改意见》，载《比较法研究》2017年第6期。
[2] 参见姜明安：《国家监察法立法的若干问题探讨》，载《法学杂志》2017年第3期。

进行相应的修改。

二、监察机关与司法机关的关系

如何理解监察机关与司法机关之间的关系,同样关涉对监察机关定位和监察权性质的认识。我国《宪法》第127条第2款为此关系的处理确定了"互相配合,互相制约"的原则,即监察机关办理职务违法和职务犯罪案件时,应当与审判机关、检察机关互相配合,互相制约。《监察法》第4条第2款重申了该原则,并将其视为监察工作的基本原则之一。[1] 因此,有关监察机关与司法机关间关系的探讨,亦应围绕此项原则来展开。具体来说,此一原则其实有以下三层含义:一是监察机关与司法机关互相配合,如根据《监察法》第47条第1款的规定,对于监察机关移送的案件,检察机关应当依照《刑事诉讼法》的规定,对被调查人采取强制措施。二是监察机关与司法机关互相制约,如根据《监察法》第47条第4款的规定,检察机关若认为监察机关移送的案件,有《刑事诉讼法》规定的不起诉的情形,经上级检察机关批准,则依法作出不起诉的决定。三是正确处理配合与制约的关系。其实在国家监察体制改革前,审判机关、检察机关和公安机关之间同样是根据《宪法》和《刑事诉讼法》等的有关规定,形成"分工负责,互相配合,互相制约"的关系。对于其中"配合"与"制约"的关系,理论上有两种不同的认识,如有论者认为,有必要"废止互相配合的表述,凸显制约的本体性地位";[2] 还有论者认为,应根据不同情形来处理二者的关系,即当涉及干预公民基本权利时,则应突出互相制约的关系,而在与基本权利无涉的场合,则应强调各主体间的配合。[3] 本书以为,鉴于现有权力配置与运行的实践,监察权的实际位阶已然高于审判权和检察权,故而为避免监察权的滥用而保障公民基本权利,无疑更应强调监察机关与司法机关之间的制约。不过,实践中所呈现的却是对"互相配合"的过分偏重,以至于"互相制约"被不合

---

[1] 参见李建国:《关于〈中华人民共和国监察法(草案)〉的说明》,载《人民日报》2018年3月14日,第5版。

[2] 左卫民:《健全分工负责、互相配合、互相制约原则的思考》,载《法制与社会发展》2016年第2期。

[3] 参见孙远:《"分工负责、互相配合、互相制约"原则之教义学原理:以审判中心主义为视角》,载《中外法学》2017年第1期。

理漠视。[1] 这极易致使检察机关的审查起诉和审判机关独立行使审判权沦为形式,并可能出现所谓"监察中心主义"现象,若进而致使"冤假错案"出现,则有碍于公民基本权利的保障和国家刑事法治的建设。这是《宪法》和《监察法》实施中必须避免和矫正的问题。

三、监察机关与行政机关的关系

监察机关与行政机关间的关系是监察委员会依照法律规定独立行使监察权,不受行政机关的干涉;监察机关在办理职务违法和职务犯罪案件时,与执法部门互相配合,互相制约。

(一)不受行政机关的干涉

民主政治的监察官应当是独立的。[2] 此前,行政监察机关在行使监察职权时有一定的独立性,如我国《行政监察法》(2018年废止)第3条规定行政监察机关依法行使职权,不受其他行政部门、社会团体和个人的干涉。但置于行政机关内部的行政监察机关,独立监察职能的发挥无疑是大打折扣的。也正是鉴于此,国家监察体制改革才基于监察权独立行使的改革理念,将监察权从行政权当中"剥离"出来。[3] 加之,行政机关公职人员乃是监察机关之监督对象,而监督者应独立于被监督者,于是,更需使监察机关和监察权独立于行政机关和行政权。为此,我国《宪法》第127条第1款及《监察法》第4条第1款规定:"监察委员会依照法律规定独立行使监察权,不受行政机关、社会团体和个人的干涉。"因此,监察机关职权行使不受行政机关干涉,乃是宪法上监察机关与行政机关相互关系的主要面向之一。再者,所谓"独立行使监察权"及"不受行政机关干涉"其实需要借由具体的制度设计来实现,机构设置的独立其实只是其中的一个方面。当然,党政合署办公的体制对于监察机关的独立性也是有所裨益的。此外,诸如经费独立、人事独立、办案独立等也是监察权独立行使的重要内容。

---

[1] 例如,山西省便制定了《省委政法委统筹指导政法机关支持配合监察体制改革试点工作意见》。参见师长青:《根本在加强党对反腐败的统一领导》,载《中国纪检监察》2017年第13期。

[2] 参见[法]孟德斯鸠:《论法的精神》(上),张雁深译,商务印书馆1961年版,第53页。

[3] 参见秦前红:《监察体制改革的逻辑与方法》,载《环球法律评论》2017年第2期。

正是基于以上思路，有论者认为当前的预算管理体制乃是不利于监察机关独立行使职权的。因为根据《预算法》第 23 条和第 24 条的规定，中央预算、决算草案乃是由国务院负责编制的，县级以上地方各级预算、决算草案则是由本级地方人民政府来负责编制。这将造成监察机关在财政体制上依附于行政机关，进而不利于监察机关独立开展反腐败的监督、调查和处置工作，尤其是针对行政机关工作人员履行监察职责时。[1] 为此，有论者建议，在国家监察体制改革中参考我国香港特别行政区廉政公署的经验，即廉政公署财政经费是由行政长官在政府预算中另立单项支拨的。[2] 因此，可以通过预算制度的相应调整，实现监察机关预算的单独编制。但是，监察机关的预算"受制"于行政机关，看似有碍监察机关独立行使职权，但不可否认的是，这其实也是行政机关制约监察机关的重要方式之一。当然，行政机关虽可通过编制预算草案等方式，对监察机关施以必要的制衡，但此类方式的运用不得妨碍监察权的依法独立行使。

（二）与执法部门互相配合，互相制约

监察机关与行政机关在宪法上的关系，除表现为监察权行使不受行政机关干涉外，还包括"互相配合，互相制约"，即根据我国《宪法》第 127 条第 2 款和《监察法》第 4 条第 2 款的规定，监察机关在办理职务违法和职务犯罪案件时，应当与执法部门互相配合，互相制约。不过尚需说明的是，此处的"执法部门"指向为何，可能还涉及对上述《宪法》和法律条文的解释和理解。因为在全国人大及其常委会制定的法律中，此前仅有极少数的法律使用了"执法部门"的表述。[3] 在此次《宪法》修正和《监察法》制定之后，较权威的解释认为，此处所言之执法部门是指公安机关、国家安全机关、审计机关以及质检部门、安全监管部门等行政执法部门。[4] 由此可见，我国《宪法》和《监察法》中的执法部门指的主要是行政机关中的执法部

---

〔1〕参见王旭：《国家监察机构设置的宪法学思考》，载《中国政法大学学报》2017 年第 5 期。

〔2〕参见赵心：《香港反腐制度设计对内地国家监察体制改革的借鉴研究》，载《理论月刊》2017 年第 8 期。

〔3〕例如，《旅游法》第 83 条第 2 款规定："县级以上人民政府应当组织旅游主管部门、有关主管部门和工商行政管理、产品质量监督、交通等执法部门对相关旅游经营行为实施监督检查"；再如，《海关法》第 5 条第 2 款规定："各有关行政执法部门查获的走私案件，应当给予行政处罚的，移送海关依法处理……"

〔4〕参见中共中央纪律检查委员会中华人民共和国监察委员会法规室编写：《〈中华人民共和国监察法〉释义》，中国方正出版社 2018 年版，第 65 页。

门。同时，由于相关规定并未使用"行政机关"或"行政执法部门"的表述，因此，并不限于行政机关中的执法部门，即此处"执法部门"的范围要广于行政执法部门。由我国《宪法》和《监察法》的上述规定可知，监察机关与行政机关中的执法部门也有"互相配合，互相制约"的关系。其中，"互相配合"如《监察法》第24条第3款规定的"监察机关进行搜查时，可以根据工作需要提请公安机关配合"；而"互相制约"主要是指配合需要依法进行。[1] 当然，互相制约应当是监察机关与行政执法部门间关系的核心要旨。

四、上级监察机关与下级监察机关的关系

在我国《宪法》规定的国家机构中，纵向间的关系主要有以下两种表现形式：一是领导与被领导的关系，如国务院与地方各级行政机关之间，上级行政机关与下级行政机关之间；[2] 以及最高人民检察院与地方各级人民检察院之间，上级人民检察院与下级人民检察院之间。[3] 二是监督与被监督的关系，即最高人民法院与地方各级人民法院，上级人民法院与下级人民法院之间。[4] 根据我国《宪法》第125条第2款的规定，监察机关内部也是领导与被领导的关系，即作为最高监察机关的国家监察委员会领导地方各级监察委员会的工作，上级监察委员会领导下级监察委员会的工作。

国家机关内部究竟以何种原则来调整其纵向关系，其实是由诸多因素共同决定的。比如，从国家结构形式来看，单一制下国家机关纵向关系多趋于领导或监督的体制，而在联邦制下则多为彼此独立的关系。国家机关所行使权力的特性，如行

---

[1] 比如，浙江省监察委员会主任刘建超在接受采访时便指出，公安机关对监察机关也有监督的。一个案件下来，技术侦查、通缉、限制出境等就要得到公安机关的配合，监察机关自身不具备这些执法的权力。有配合同时就有制约，比如，采取这些措施是否合法，公安机关有自己的考虑。参见谭畅、郑可书：《"我无权单独对一个案子拍板"——专访浙江省监察委员会主任刘建超》，载《南方周末》2018年3月15日，第5版。

[2] 我国现行《宪法》第108条规定："县级以上的地方各级人民政府领导所属各工作部门和下级人民政府的工作……"第110条第2款规定："……全国地方各级人民政府都是国务院统一领导下的国家行政机关，都服从国务院。"

[3] 我国现行《宪法》第137条第2款规定："最高人民检察院领导地方各级人民检察院和专门人民检察院的工作，上级人民检察院领导下级人民检察院的工作。"

[4] 我国现行《宪法》第132条第2款规定："最高人民法院监督地方各级人民法院和专门人民法院的审判工作，上级人民法院监督下级人民法院的审判工作。"

政权的管理关系存在官僚层级的服从性,司法权则是非服从性的权力。[1] 因而行政机关纵向之间通常为领导关系,而审判机关则多为监督关系。另一个考量是国家机关预期的功能,如我国的检察机关作为法律监督机关,维护国家法制统一是其核心功能和任务。检察机关必须通过行使检察权维护国家法制的统一。而要完成这一任务,在上级检察机关与下级检察机关之间,特别是最高人民检察院与地方各级人民检察院之间,如果没有保证统一和高效运作的领导与被领导关系,是不可思议的。[2] 此外,此种纵向关系的调整原则亦是处于不断变化和发展过程中的。比如,我国1975年《宪法》确立的检察机关领导体制是监督与被监督的关系,但在1979年《人民检察院组织法》制定过程中,为保证检察机关对全国实行统一的法律监督,便把检察机关上下级关系由原来的监督关系改为领导关系。[3]

根据我国《宪法》和《监察法》的规定,上下级监察机关间的领导体制是领导与被领导的关系。在国家监察体制改革之初,全国人大常委会审议通过的《关于在北京市、山西省、浙江省开展国家监察体制改革试点工作的决定》亦规定:"监察委员会对本级人大及其常务委员会和上一级监察委员会负责,并接受监督。"有论者据此认为监察机关内部是一种"更接近政府内部的纵向关系,而与人民检察院内部的纵向关系有一定差别"。[4] 监察机关采用领导与被领导的领导体制,在很大程度上是由国家监察体制改革的目标所决定的,即改革的根本目的就是加强党对反腐败工作的统一领导,[5]而惩治腐败工作又必须始终坚持在党中央的统一领导下推进。[6] 如此一来,自然要求加强国家监察委员会对地方各级监察委员会的领导,上级监察委员会对下级监察委员会的领导。同时,监察委员会并非司法机关,监察权的运行状态基本上是行政性的而非司法性的,故而在组织体系上更强调上下级

---

〔1〕 参见孙笑侠:《司法的特性》,法律出版社2016年版,第11页。
〔2〕 参见《彭真传》编写组编:《彭真传》(第4卷),中央文献出版社2012年版,第1319页。
〔3〕 参见彭真:《关于七个法律草案的说明》,载《中华人民共和国第五届全国人民代表大会第二次会议文件》,人民出版社1979年版,第101~102页。
〔4〕 姜明安:《国家监察法立法应处理的主要法律关系》,载《环球法律评论》2017年第2期。
〔5〕 参见钟纪言:《赋予监察委员会宪法地位健全党和国家监督体系》,载《中国人大》2018年第5期。
〔6〕 参见李建国:《关于〈中华人民共和国监察法(草案)〉的说明》,载《人民日报》2018年3月14日,第5版。

监察机关之间的服从性,[1]也就是领导与被领导的关系。此外,由于监察机关与执政党纪律检查机关合署办公,故而纪律检查机关的领导体制也在很大程度上决定了监察机关的领导体制,纪律检查机关领导体制的改变同样会作用于监察机关的领导体制。

相较于行政机关和检察机关内部的纵向关系,监察机关虽同样为领导与被领导的关系,但在监察机关内部,此种领导的程度其实要远强于行政机关和检察机关内部。一是因为在人大制度下,上述三机关皆是一种双重从属负责的体制,即横向层面需向同级权力机关负责,纵向层面还要向上级机关负责,但监察机关纵向层面的从属性其实要强于横向层面的从属性。二是由于执政党纪律检查体制改革要求强化上级纪委对下级纪委的领导,如腐败案件的查办要以上级纪委的领导为主,[2]因而与纪律检查机关合署办公的监察机关,其领导体制中上下级间的领导关系亦将随之强化。

在讨论上下级监察机关间的关系时,要注意党的全面领导和纪检监察机关合署办公的体制。根据《中国共产党章程》第45条规定,党的中央纪律检查委员会在党的中央委员会领导下进行工作。党的地方各级纪律检查委员会和基层纪律检查委员会在同级党的委员会和上级纪律检查委员会双重领导下进行工作。因此,上下级监察机关的关系厘定与纪委受同级党委领导体制需要有机结合。《监察法实施条例》第10条规定:国家监察委员会在党中央领导下开展工作。地方各级监察委员会在同级党委和上级监察委员会双重领导下工作,监督执法调查工作以上级监察委员会领导为主,线索处置和案件查办在向同级党委报告的同时应当一并向上一级监察委员会报告。上级监察委员会应当加强对下级监察委员会的领导。下级监察委员会对上级监察委员会的决定必须执行,认为决定不当的,应当在执行的同时向上级监察委员会反映。上级监察委员会对下级监察委员会作出的错误决定,应当按程序予以纠正,或者要求下级监察委员会予以纠正。这一条明确监督执法调查工作以上级委员会领导为主,但同时规定线索处置和案件查办向同级党委

---

[1] 参见马岭:《论监察委员会的宪法条款设计》,载《中国法律评论》2017年第6期。
[2] 参见《中共中央关于全面深化改革若干重大问题的决定》,载《中国共产党第十八届中央委员会第三次全体会议文件汇编》,人民出版社2013年版,第61页。

报告和上一级监察委员会报告的原则。

第二节　各级监察委员会

我国设立了国家监察委员会、省级监察委员会、市（地）级监察委员会、县级监察委员会，四级监察委员会均是国家的监察机关，共同构成我国的监察机关体系。在总体上，国家的监察机关由国家监察委员会和地方各级监察委员会组成，监察委员会可以向本级中国共产党机关、国家机关、法律法规授权或者委托管理公共事务的组织和单位以及所管辖的行政区域、国有企业等派驻或者派出监察机构、监察专员，并实施监察官制度。

一、各级监察委员会的性质和地位

国家监察体制改革以来，关于监察机关的性质和定位问题一直纷争不断，监察委员会或者被定位为"反腐败机构"，[1]或者被定位为"监督执法机关"，[2]"行使国家监察职能的专责机关"。[3] 改革者则将之定位为"政治机关"。[4] 对此，有学者认为，将监察委员会定位为反腐败机构，忽视了"对事监察权"，是"定位失准"。[5] 在宪法修改纳入国家监察机关并且《监察法》制定后，应当以《宪法》和《监察法》对监察机关的规定来认识监察机关的性质和地位。《宪法》和《监察法》规定，"中华人民共和国各级监察委员会是国家的监察机关"，"中华人民共和国国家监察委员会是最高监察机关"，"各级监察委员会是行使国家监察职能的专责机关"。各级监察委员会的性质和地位包括如下两层含义：一是各级监察委员会是国家的机关，即中华人民共和国的机关，不是任何地方的其他政党或者组织的机关；

---

〔1〕　王岐山：《实现对公职人员监察全覆盖完善党和国家的自我监督》，载《人民日报》2016年11月26日，第1版。

〔2〕　王岐山：《推动全面从严治党向纵深发展以优异成绩迎接党的十九大召开——在中国共产党第十八届中央纪律检查委员会第七次全体会议上的工作报告》，载《人民日报》2017年1月20日，第4版。

〔3〕　马怀德：《国家监察体制改革的重要意义和主要任务》，载《国家行政学院学报》2016年第6期。

〔4〕　参见新华社记者：《积极探索实践形成宝贵经验国家监察体制改革试点取得实效——国家监察体制改革试点工作综述》，载本书编写组编：《将全面从严治党进行到底》，新华出版社2019年版，第159~173页。

〔5〕　魏东昌：《国家监察委员会改革方案之辨正：属性、职能与职责定位》，载《法学》2017年第3期。

二是各级监察委员会是且仅是国家的监察机关,不是立法机关、行政机关、军事机关、检察机关和审判机关,或者其他性质的机关。

二、各级监察委员会的组成人员及其任期

根据我国《宪法》和《监察法》的规定,各级监察委员会由主任、副主任若干人、委员若干人组成。主任由本级人大选举,副主任、委员由主任提请本级人大常委会任免。各级监察委员会主任每届任期同本级人大每届任期相同,通常为5年,[1]其中,国家监察委员会主任连续任职不得超过两届。需要注意的是,《宪法》和《监察法》对国家监察委员会组成人员的产生及其任期的规定有其特殊之处,与国务院组成人员产生方式及其任期限制有所不同,与最高人民检察院和最高人民法院组成人员任期的规定基本相同,但与其产生方式规定不同。[2]

我国《宪法》规定,国务院每届任期同全国人大每届任期相同,由总理、副总理若干人、国务委员若干人、各部部长、各委员会主任、审计长、秘书长组成,实行总理负责制。总理、副总理、国务委员连续任职不得超过两届。全国人大根据中华人民共和国主席的提名,决定国务院总理的人选;全国人大及其常委会根据国务院总理的提名,决定国务院副总理、国务委员、各部部长、各委员会主任、审计长、秘书长的人选。由此可知,国务院组成人员的任期最长与全国人大每届任期相同,若是某个组成人员中途接任,国务院任期到期时,其任期自然到期。但只有总理、副总理、国务委员连续任职不得超过两届,其他组成人员连续任职未有限制。国务院实行总理负责制,因此,由全国人大或其常委会根据总理的提名决定国务院副总理、国务

---

[1] 全国人大每届任期5年。全国人民代表大会任期届满的2个月以前,全国人民代表大会常务委员会必须完成下届全国人民代表大会代表的选举。如果遇到不能进行选举的非常情况,由全国人民代表大会常务委员会以全体组成人员的2/3以上的多数通过,可以推迟选举,延长本届全国人民代表大会的任期。在非常情况结束后1年内,必须完成下届全国人民代表大会代表的选举。故全国人大每届的任期可能超过5年,相应地,由其产生的同级其他国家机关及其组成人员的任期也可能超过5年。但地方人大的任期为5年,宪法和法律未规定紧急情况下的任期延长问题。从理论上讲,如果出现紧急情况,全国人大及其常委会可以解释《宪法》,决定地方人大及由其产生的同级国家机关任期的延长问题。

[2] 鉴于上下级监察机关间是领导与被领导关系,国家监察委员会的组成人员产生方式及任期制度的实践影响将会影响监察制度,因此,正文中不比较地方各级监察机关与地方各级法院检察院及人民政府组成人员的产生方式和任期。

委员、各部部长、各委员会主任、审计长、秘书长的人选。这一提名制度赋予总理对国务院其他组成人员的实质权力。[1]

我国《宪法》规定,最高人民检察院检察长和最高人民法院院长每届任期与全国人大每届任期相同,连续任职不得超过两届,由全国人大选举产生。全国人大常委会根据最高人民法院院长的提请,任免最高人民法院副院长、审判员、审判委员会委员和军事法院院长;根据最高人民检察院检察长的提请,任免最高人民检察院副检察长、检察员、检察委员会委员和军事检察院检察长,并批准省、自治区、直辖市的人民检察院检察长的任免。不难发现,我国宪法和法律只是规定了最高人民检察院检察长和最高人民法院院长的任期和任限,并对其他组成人员采用由最高人民检察院检察长和最高人民法院院长提请任免的制度。提请任命与提名任命有区别,后者应当提出任命的建议人选,前者则旨在启动任命程序,而任命何人则由任免机关来完成提名和任命程序。[2] 质言之,提请任免只是一项程序性权力。这一制度安排的目的是,通过最高人民检察院检察长和最高人民法院院长的选举产生方式和任期限制安排维护人大制度,但基于检察权和审判权的功能及行使独立性需要,对其他组成人员的任期不作限制,在产生方式作特别安排,弱化其与最高人民检察院检察长和最高人民法院院长的关系。当然,提请任免指向特定主体,会强化最高人民检察院检察长和最高人民法院院长监督的一面。

我国《宪法》和《监察法》对国家监察委员会的规定取上述二者的部分:一方面,只规定主任由全国人大选举产生,并对任期作出限制,对其他组成人员的任期则不作限制,适度强化其相对任免机关的独立性。另一方面,规定主任提名副主任和委员的任免,强化了国家监察委员会主任的人事权力,进而强化了其为代表的国家监察委员会的整体性和行动一致性;在制度逻辑上,主任由选举产生所蕴含的政治性要素会经由主任的提名任免权而传递至国家监察委员会内部,主任在国家监察权的行使中承担核心角色。

与上述机制相关联的问题是各级监察委员会的内部领导体制。《宪法》规定

---

[1] 当然,在我国政治制度下,总理的这项权力更多具有程序性内涵。

[2] 一些学者在讨论我国的提名和提请制度时,将二者视为同一提名制度,显然不妥。参见杨泉明、孙曙伟:《论提名制度》,载《四川师范大学学报》1986年第4期。

国务院实行总理负责制；各部、各委员会实行部长、主任负责制；其他的委员会制度，如全国人大及其常委会，采用多数决制。《宪法》和《监察法》未明确规定各级监察委员会的内部领导体制问题，但《监察法》有 4 处规定了"集体研究"程序[1]。这里的集体研究只是讨论程序，而非决定程序。从主任与其他组成人员的关系来看，各级监察委员会虽然不是实行主任负责制，但主任事实上拥有极大的决定权[2]。

三、各级监察委员会的职责

各级监察委员会职责的法律规定与我国特殊的监察体制密切相关。具体而言，在我国，"党内监督和国家监察都是中国特色治理体系的重要组成部分，一体两面，具有高度内在一致性"[3]。根据《中国共产党章程》的规定，党的各级纪律检查机关的职责是监督、执纪、问责[4]。党的十八届六中全会通过的《中国共产党党内监督条例》对党内监察的原则、任务、内容、对象、措施等作了详细规定，实现了党内

---

[1] 相关规定参见《监察法》第 31 条规定：涉嫌职务犯罪的被调查人主动认罪认罚，有下列情形之一的，监察机关经领导人员集体研究，并报上一级监察机关批准，可以在移送人民检察院时提出从宽处罚的建议：(1)自动投案，真诚悔罪悔过的；(2)积极配合调查工作，如实供述监察机关还未掌握的违法犯罪行为的；(3)积极退赃，减少损失的；(4)具有重大立功表现或者案件涉及国家重大利益等情形的。第 32 条规定：职务违法犯罪的涉案人员揭发有关被调查人职务违法犯罪行为，查证属实的，或者提供重要线索，有助于调查其他案件的，监察机关经领导人员集体研究，并报上一级监察机关批准，可以在移送人民检察院时提出从宽处罚的建议。第 42 条规定：调查人员应当严格执行调查方案，不得随意扩大调查范围、变更调查对象和事项。对调查过程中的重要事项，应当集体研究后按程序请示报告。第 43 条规定：监察机关采取留置措施，应当由监察机关领导人员集体研究决定。设区的市级以下监察机关采取留置措施，应当报上一级监察机关批准。省级监察机关采取留置措施，应当报国家监察委员会备案。

[2] 当然，鉴于国家监察委员会与中共中央纪律检查委员会合署办公，且要"坚持中国共产党对国家监察工作的领导"，因此，国家监察委员会主任的决定权仍受到外部因素的制约。目前的情况是，国家监察委员会主任由中纪委副书记兼任，但地方各级监察委员会由同级党委书记兼任主任。相较而言，地方各级监察委员会主任将拥有更大的话语权。

[3] 中共中央纪律检查委员会法规室、中华人民共和国监察委员会法规室编写：《〈中华人民共和国监察法〉释义》，中国方正出版社 2018 年版，第 88 页。

[4] 《中国共产党章程》(2022 年)第 46 条第 1 款、第 2 款规定：党的各级纪律检查委员会是党内监督专责机关，主要任务是：维护党的章程和其他党内法规，检查党的路线、方针、政策和决议的执行情况，协助党的委员会推进全面从严治党、加强党风建设和组织协调反腐败工作，推动完善党和国家监督体系。党的各级纪律检查委员会的职责是监督、执纪、问责，要经常对党员进行遵守纪律的教育，作出关于维护党纪的决定；对党的组织和党员领导干部履行职责、行使权力进行监督，受理处置党员群众检举举报，开展谈话提醒、约谈函询；检查和处理党的组织和党员违反党的章程和其他党内法规的比较重要或复杂的案件，决定或取消对这些案件中的党员的处分；进行问责或提出责任追究的建议；受理党员的控告和申诉；保障党员的权利。

监察全覆盖。作为与党内监察一体两面的国家监察,必须在职责上与党内监察机关的职责相匹配,承担相当的权责。为此,《宪法》和《监察法》规定,各级监察委员会负责全国范围的监察工作,并根据管理权限履行监督、调查、处置职责。具体包括:(1)对公职人员开展廉政教育,对其依法履职、秉公用权、廉洁从政从业以及道德操守情况进行监督检查;(2)对涉嫌贪污贿赂、滥用职权、玩忽职守、权力寻租、利益输送、徇私舞弊以及浪费国家资财等职务违法和职务犯罪进行调查;(3)对违法的公职人员依法作出政务处分决定;(4)对履行职责不力、失职失责的领导人员进行问责;(5)对涉嫌职务犯罪的,将调查结果移送人民检察院依法审查、提起公诉;(6)向监察对象所在单位提出监察建议。各级监察委员会的监督职责也是其监督权限的主要构成,关于监察机关监督、调查、处置权限的具体内容,本书将在第四编作进一步展开。

此外,在认识各级监察机关的职责时,要注意地域管理和事务管辖两个原则。具体而言,各级监察机关按照管理权限管辖本辖区内《监察法》规定人员所涉监察事项。管理权限主要指在纪检监察合署办公的情况下,监察机关的监察对象必须与党管干部制度相匹配。在这一前提下,国家监察委员会作为最高的国家监察机关,管辖全国的监察事务。上级监察机关可以办理下一级监察机关管辖范围内的监察事项,必要时也可以办理所辖各级监察机关管辖范围内的监察事项。《监察法》规定了指定管辖和移送管辖,即上级监察机关可以将其所管辖的监察事项指定下级监察机关管辖,也可以将下级监察机关有管辖权的监察事项指定给其他监察机关管辖。监察机关认为所管辖的监察事项重大、复杂,需要由上级监察机关管辖的,可以报请上级监察机关管辖。

四、各级监察委员会的派驻派出监察机构、监察专员

派驻是中国共产党党内监督的基本制度。在纪检监察合署办公的情况下,《监察法》规定各级监察机关的派驻派出监察机构、监察专员,有助于将党内派驻制度法治化和规范化。根据《监察法》的规定,派驻派出制度包括如下内容:一是各级监察委员会可以根据需要和监察实际派驻派出监察机构监察专员,派驻监察机构实行统一名称、统一管理,称为"派驻纪检监察组"。[1] 二是派驻派出纪检监察组合署办公,共同设置内设机构,承担党内监督国家监察的任务,履行纪检、监察两项职能,对监督监察对象行使监督、执纪、问责,监督、调查、处置的权力。三是派驻对象为本级的中国共产党机关、国家机关、法律法规授权或者委托管理公共事务的组织和单位以及所管辖的行政区域、国有企业等,这里的国家机关主要是指行使国家权力、管理国家事务的机关,包括国家权力机关、国家行政机关、审判机关、检察机关等。这里的行政区域主要是指街道、乡镇以及不设置人大的地区、盟等区域。省级和设区的市级监察委员会依法向地区、盟、开发区等不设置人民代表大会的区域派出监察机构或者监察专员。县级监察委员会和直辖市所辖区(县)监察委员会可以向街道、乡镇等区域派出监察机构或者监察专员。[2] 四是派出派驻监察机构监察专员对派驻或者派出它的监察委员会负责,受其领导。五是派出派驻监察机构监察专员根据授权行使监察权。这要求授权要明确和具体,机构专员如何设置、职责权限范围、监察对象范围等要以书面形式作出具体规定。《监察法》规定了授权的范围,既可以授权派出派驻监察机构专员行使监督权,提出监察建议,也可以行使调查处置权。

需要明确的是,对派出派驻监督机构专员的授权,要遵循权限原则和监察保留原则。权限原则是指,在本级监察委员会依据宪法和法律授权的监察权限范围内授权派出派驻机关以监察权;监察保留原则是指,对于本级监察委员会监察权限内的特定监察事项和监察对象,不能授权派驻派出监察机构专员行使监察权。比如,国家监察委员会派驻的监察机构,可以依法调查、处置驻在机关、部门的司局级及

---

[1] 2022年,国家监察委员会的派驻监察机构为:驻国家发改委纪检监察组、驻教育部纪检监察组、驻科学技术部纪检监察组、驻工业和信息化部纪检监察组、驻民政部纪检监察组、驻司法部纪检监察组、驻财政部纪检监察组、驻生态环境部纪检监察组、驻住房和城乡建设部纪检监察组、驻交通运输部纪检监察组、驻水利部纪检监察组、驻农业农村部纪检监察组、驻商务部纪检监察组、驻文化和旅游部纪检监察组、驻国家卫生健康委员会纪检监察组、驻应急管理部纪检监察组、驻中国人民银行纪检监察组、驻国务院国资委纪检监察组、驻海关总署纪检监察组、驻国家市场监督管理总局纪检监察组、驻国家体育总局纪检监察组、驻中国科学院纪检监察组、驻最高人民法院纪检监察组、驻最高人民检察院纪检监察组和驻中华全国总工会机关纪检监察组。参见中央纪委国家监委网站:https://www.ccdi.gov.cn/,最后访问日期:2022年10月14日。

[2] 参见中共中央纪律检查委员会法规室、中华人民共和国监察委员会法规室编写:《〈中华人民共和国监察法〉释义》,中国方正出版社2018年版,第94页。

以下干部,但是对于驻在机关、部门的中管干部,则要由国家监察委员会来进行调查、处置。[1] 监察机构、监察专员可以按规定与地方监察委员会联合调查严重职务违法、职务犯罪,或者移交地方监察委员会调查。未被授予职务犯罪调查权的监察机构、监察专员发现监察对象涉嫌职务犯罪线索的,应当及时向派出机关报告,由派出机关调查或者依法移交有关地方监察委员会调查。

第三节 监 察 官

古今中外的许多国家都曾设置监察官。监察官在中国更是源远流长。中国历史上"最早出现以监察为职能的官员,是西周的小宰"。[2] "小宰之职,掌建邦之宫刑,以治王宫之政令。凡宫之纠禁,掌邦之六典、八法、八则之貳,以逆邦国、都鄙、官府之治。执邦之九贡、九赋、九式之貳,以均财节邦用。以官府之六叙正群吏:一曰以叙正其位,二曰以叙进其治,三曰以叙作其事,四曰以叙制其食,五曰以叙受其会,六曰以叙听其情"。[3] 随后,作为史官的御史逐渐发展出监察的职能,形成御史系统以及监察官的主干。"秦汉时期,执掌监察的御史制度已经形成。"[4] 随着时间的演进,各朝代根据需要逐渐完善发展形成监察官制度。"监察官的职权范围很广,但最基本的职责是纠察百官,即弹劾群僚结党营私、贪污渎职等非法行为。"[5] 古代监察官事实上还扮演着审计的角色,也对财政收支进行监督。鉴于监察官监察百官的重要角色,对监察官的选拔、考核、升迁都进行严格和特殊的管理,如"刚正疾恶、廉洁自重"通常是一个作用的重要标准;考核也通常比别的官员多一道,升迁也较快;对监察官的纪律约束更严,而且违纪会受到加重处罚;实行垂直管理,独立建置和办公,政治秩级不断提升,可谓身居要位;等等。[6] 我国监察体

---

[1] 参见中共中央纪律检查委员会法规室、中华人民共和国监察委员会法规室编写:《〈中华人民共和国监察法〉释义》,中国方正出版社2018年版,第94页。
[2] 修晓波:《中国古代的监察官》,载《中国社会科学院研究生院学报》1996年第3期。
[3] 《周礼·天官冢宰》。
[4] 修晓波:《中国古代的监察官》,载《中国社会科学院研究生院学报》1996年第3期。
[5] 同上。
[6] 同上。

制改革,既是对权力制约的新尝试,也借鉴了中国古代的监察制度。[1]《监察法》规定,国家实行监察官制度,依法确定监察官的等级设置、任免、考评和晋升等制度。

一、作为公务员特殊类别的监察官

监察官是公务员。根据《公务员法》的规定,公务员是指依法履行公职、纳入国家行政编制、由国家财政负担工资福利的工作人员。监察官履行国家监察职责,纳入国家行政编制、由国家财政负担工资福利,当然是公务员的一部分,因此其权利义务和管理适用《公务员法》。《公务员法》详细规定了公务员的条件、义务与权利,职务、职级与级别,录用,考核,职务、职级任免及升降,奖励,监督与惩戒,培训,交流与回避,工资、福利保险,辞职与辞退,退休,申诉与控告,职位聘任,法律责任。监察官的义务权利和管理应依据《公务员法》来确定。

监察官是公务员的特殊类别,实行特殊管理制度。根据《公务员法》第 3 条的规定,公务员的义务、权利和管理,适用《公务员法》。但法律对公务员中领导成员的产生、任免、监督,监察官、法官、检察官等义务、权利和管理另有规定的,从其规定。我国公务员类别众多,对于一些职业化、专业化的公务员系列,实行特别的管理制度。如我国制定了《法官法》《检察官法》《人民警察法》《现役军官法》,对于这类专业化极强的公务员设立了特别的管理制度。如在《法官法》明确规定法官是依法行使国家审判权的审判人员,包括最高人民法院、地方各级人民法院和军事法院等专门人民法院的院长、副院长、审判委员会委员、庭长、副庭长和审判员,初任法官应当取得法律职业资格。《人民警察法》规定录用人民警察,必须按照国家规定,公开考试,严格考核,择优选用,担任人民警察必须具备高中毕业以上文化程度。《现役军官法》规定,军官的来源为选拔优秀士兵和普通中学毕业生入军队院校学习毕业、接收普通高等学校毕业生、由文职干部改任、招收军队以外的专业技术人员和其他人员。另外,这些法律也都设置了相应的管理制度。《监察法》规定,

---

[1] 参见中共中央纪律检查委员会法规室、中华人民共和国监察委员会法规室编写:《〈中华人民共和国监察法〉释义》,中国方正出版社 2018 年版,第 304~305 页。

国家实行监察官制度,依法确定监察官的等级设置、任免、考评和晋升等制度。因此,我国监察官和法官、检察官、现役军官等公务员一样,是公务员中的特殊类别。2021年,全国人大常委会制定的《监察官法》,规定监察官的管理和监督坚持中国共产党领导,坚持以马克思列宁主义、毛泽东思想、邓小平理论、"三个代表"重要思想、科学发展观、习近平新时代中国特色社会主义思想为指导,坚持党管干部原则,增强监察官的使命感、责任感、荣誉感,建设忠诚干净担当的监察官队伍。该法详细规定了监察官的职责、义务和权利、条件和选用、任免、管理、考核和奖励、监督和惩戒、职业保障等基本内容。其中规定,除了《监察官法》规定的权利外,监察官享有《公务员法》等法律规定的其他权利。有关监察官的权利、义务和管理制度,《监察官法》已有规定的,适用《监察官法》的规定;《监察官法》未作规定的,适用《公务员法》等法律法规的规定。

二、监察官制度的基本内容

监察官制度主要包括以下几方面内容:规定何为监察官、监察官的职责、监察官的条件[1]、监察官的权利与义务、监察官的任免、监察官的任职回避、监察官的等级、监察官的考核、监察官的培训、监察官的奖励、监察官的惩戒、工资保险福利、辞职辞退、退休等。

监察官制度应当遵从组织机构功能最适化原则。这要求监察机关的内部机构设置、权力行使程序、人员安排及制约机制应当能够保证监察权的行使符合宪法的规定和设定的目标。这当然要求作为监察制度一部分的监察官制度,也应符合宪法上有关监察制度设定的目标。据此,我国监察官制度的构建与完善,需要处理好如下重要问题:一是专业化监察队伍的构建。行使监察权的监察官应当具有监察专业知识和能力,既要熟知党内法规制度,也要熟知国家法律,更要对党规国法有正确的理解和认识。二是以专业能力和工作绩效作为职务晋升的核心标准。监察官手握重权,能否依规依法行使权力,实现反腐败的宪法重托,是考核监察官的首

---

[1] 是否需要通过国家法律职业资格考试,仍有争议。参见李鼎楚、刘颖新:《应将初任监察官资格纳入"司考"》,载《民主与法制时报》2018年3月1日,第6版。张元星:《构建科学规范的监察官制度》,载《学习时报》2018年8月6日,A3版。

要和核心标准。因此,围绕专业能力建立一套考核标准和工作绩效评价标准,是监察官管理制度中的重要部分。三是建立行之有效的监察官监督制度。监察机关行使监察权,总是由具体的人员来行使的,这些人员生活在现实的世界中,具有各自的利益和诉求。因此,监察权集中虽然可以使监察效果更为明显,但也使权力行使者面临着更为复杂的环境,权力滥用的风险加大。由此,必须强化对监察官的监督。这种监督应当是借助现有的人大监督、民主监督、司法监督、社会监督、舆论监督等机制,必须保证监督有力和有效。

三、监察官的范围和基本要求

根据《监察官法》规定,监察官包括下列人员:(1)各级监察委员会的主任、副主任、委员;(2)各级监察委员会机关中的监察人员;(3)各级监察委员会派驻或者派出到中国共产党机关、国家机关、法律法规授权或者委托管理公共事务的组织和单位以及所管辖的行政区域等的监察机构中的监察人员、监察专员;(4)其他依法行使监察权的监察机构中的监察人员。对各级监察委员会派驻到国有企业的监察机构工作人员、监察专员,以及国有企业中其他依法行使监察权的监察机构工作人员的监督管理,参照执行《监察官法》的有关规定。《监察官法》将各级监察委员会机关和派驻派出机构的监察人员统一纳入监察官范围,这是按照《监察法》的规定实现监督全覆盖的需要。

《监察官法》也规定了对监察官的基本要求。这些要求包括:一是监察官应当忠诚坚定、担当尽责、清正廉洁,做严格自律、作风优良、拒腐防变的表率;二是监察官应当维护宪法和法律的尊严和权威,以事实为根据,以法律为准绳,客观公正地履行职责,保障当事人的合法权益;三是监察官应当严格按照规定的权限和程序履行职责,坚持民主集中制,重大事项集体研究;四是监察官应当自觉接受组织监督和民主监督、社会监督、舆论监督。同时,监察官依法履行职责受法律保护,不受行政机关、社会团体和个人的干涉。

四、监察官的职责、义务和权利

(一) 监察官的职责

监察官职责的范围为监察机关的职责范围,具体包括:(1)对公职人员开展廉政教育;(2)对公职人员依法履职、秉公用权、廉洁从政从业以及道德操守情况进行监督检查;(3)对法律规定由监察机关管辖的职务违法和职务犯罪进行调查;(4)根据监督、调查的结果,对办理的监察事项提出处置意见;(5)开展反腐败国际合作方面的工作;(6)法律规定的其他职责。监察官在职权范围内对所办理的监察事项负责。

(二) 监察官的义务

监察官应当履行下列义务:(1)自觉坚持中国共产党领导,严格执行中国共产党和国家的路线方针政策、重大决策部署;(2)模范遵守宪法和法律;(3)维护国家和人民利益,秉公执法,勇于担当、敢于监督,坚决同腐败现象作斗争;(4)依法保障监察对象及有关人员的合法权益;(5)忠于职守,勤勉尽责,努力提高工作质量和效率;(6)保守国家秘密和监察工作秘密,对履行职责中知悉的商业秘密和个人隐私、个人信息予以保密;(7)严守纪律,恪守职业道德,模范遵守社会公德、家庭美德;(8)自觉接受监督;(9)法律规定的其他义务。

(三) 监察官的权利

监察官享有下列权利:(1)履行监察官职责应当具有的职权和工作条件;(2)履行监察官职责应当享有的职业保障和福利待遇;(3)人身、财产和住所安全受法律保护;(4)提出申诉或者控告;(5)《公务员法》等法律规定的其他权利。

五、监察官的条件、选用与任免

(一) 监察官的条件

监察官的条件和选用决定监察官的素质和能力,决定监察机关能否有效履行职责。根据《监察官法》的规定,担任监察官应当具备下列条件:(1)具有中华人民共和国国籍;(2)忠于宪法,坚持中国共产党领导和社会主义制度;(3)具有良好的政治素质、道德品行和廉洁作风;(4)熟悉法律、法规、政策,具有履行监督、调查、处置等职责的专业知识和能力;(5)具有正常履行职责的身体条件和心理素质;(6)具备高等学校本科及以上学历;(7)法律规定的其他条件。在总体上,担任监察官应当具有中华人民共和国国籍,具有良好的政治素质、道德品行和廉洁作风,具备运用法律、法规、政策实施监督、调查、处置等能力,具备普通高等学校本科及以上学历。对于《监察官法》实施前的监察人员不具备规定的学历条件的,应当接受培训和考核。

除了从正面列明监察官的条件,《监察官法》还列明了不得担任监察官的负面清单,即有下列情形之一的,不得担任监察官:(1)因犯罪受过刑事处罚,以及因犯罪情节轻微被人民检察院依法作出不起诉决定或者被人民法院依法免予刑事处罚的;(2)被撤销中国共产党党内职务、留党察看、开除党籍的;(3)被撤职或者开除公职的;(4)被依法列为失信联合惩戒对象的;(5)配偶已移居国(境)外,或者没有配偶但是子女均已移居国(境)外的;(6)法律规定的其他情形。

(二)监察官的选用

选用监察官的方法一种是采用考录制,即采用考试、考核的办法,从符合监察官条件的人员中择优选用。录用监察官,应当依照法律和国家有关规定采取公开考试、严格考察、平等竞争、择优录取的办法。另一种是调任,即依照法律和国家有关规定从中国共产党机关、国家机关、事业单位、国有企业等机关、单位从事公务的人员中选择符合任职条件的人员担任监察官。监察委员会可以根据监察工作需要,依照法律和国家有关规定在从事与监察机关职能职责相关的职业或者教学、研究的人员中选拔或者聘任符合任职条件的人员担任监察官。无论哪种方式,监察官的选用应当坚持德才兼备、以德为先,坚持五湖四海、任人唯贤,坚持事业为上、公道正派,突出政治标准,注重工作实绩。

(三)监察官的任免

1.监察官的任免程序

根据《监察官法》的规定,国家监察委员会主任由全国人民代表大会选举和罢免,副主任、委员由国家监察委员会主任提请全国人民代表大会常务委员会任免;地方各级监察委员会主任由本级人民代表大会选举和罢免,副主任、委员由监察委员会主任提请本级人民代表大会常务委员会任免;新疆生产建设兵团各级监察委员会主任、副主任、委员,由新疆维吾尔自治区监察委员会主任提请自治区人民代表大会常务委员会任免;其他监察官的任免,按照管理权限和规定的程序办理。

2. 监察官的任职限制

监察官任职有如下限制:

一是免职的规定。监察官有下列情形之一的,应当免去其监察官职务:(1)丧失中华人民共和国国籍的;(2)职务变动不需要保留监察官职务的;(3)退休的;(4)辞职或者依法应当予以辞退的;(5)因违纪违法被调离或者开除的;(6)法律规定的其他情形。

二是兼任兼职的规定。监察官不得兼任人民代表大会常务委员会的组成人员,不得兼任行政机关、审判机关、检察机关的职务,不得兼任企业或者其他营利性组织、事业单位的职务,不得兼任人民陪审员、人民监督员、执业律师、仲裁员和公证员。监察官因工作需要兼职的,应当按照管理权限批准,但是不得领取兼职报酬。

三是回避的规定。监察官担任县级、设区的市级监察委员会主任的,应当按照有关规定实行地域回避。监察官之间有夫妻关系、直系血亲关系、三代以内旁系血亲以及近姻亲关系的,不得同时担任下列职务:(1)同一监察委员会的主任、副主任、委员,上述人员和其他监察官;(2)监察委员会机关同一部门的监察官;(3)同一派驻机构、派出机构或者其他监察机构的监察官;(4)上下相邻两级监察委员会的主任、副主任、委员。

六、监察官的管理、考核、奖励和惩戒

(一)监察官的管理

监察官实行职级制度。监察官等级的确定,以监察官担任的职务职级、德才表现、业务水平、工作实绩和工作年限等为依据。监察官等级晋升采取按期晋升和择优选升相结合的方式,特别优秀或者作出特别贡献的,可以提前选升。监察官等级分为十三级,依次为总监察官、一级副总监察官、二级副总监察官、一级高级监察官、二级高级监察官、三级高级监察官、四级高级监察官、一级监察官、二级监察官、三级监察官、四级监察官、五级监察官、六级监察官。国家监察委员会主任为总监

察官。《监察官法》在等级设置上主要参考了《法官法》《检察官法》《人民警察警衔条例》的规定,同时明确监察官等级的确定的依据。

监察官申请辞职,应当由本人书面提出,按照管理权限批准后,依照规定的程序免去其职务。监察官有依法应当予以辞退情形的,依照规定的程序免去其职务。辞退监察官应当按照管理权限决定。辞退决定应当以书面形式通知被辞退的监察官,并列明作出决定的理由和依据。

(二)监察官的职业化建设

为了推进监察官的职业化建设,监察官应当接受培训和交流。监察官依照法律和国家有关规定实行任职交流。初任监察官实行职前培训制度。对监察官应当有计划地进行政治、理论和业务培训。培训应当突出政治机关特色,坚持理论联系实际、按需施教、讲求实效,提高专业能力。监察官培训情况,作为监察官考核的内容和任职、等级晋升的依据之一。同时,国家加强监察学科建设,鼓励具备条件的普通高等学校设置监察专业或者开设监察课程,培养德才兼备的高素质监察官后备人才,提高监察官的专业能力。

(三)监察官的考核

考核是强化监察官职业化,提升监察效能的重要制度,对监察官的考核,应当全面、客观、公正,实行平时考核、专项考核和年度考核相结合。在考核方面,《监察官法》规定全面考核监察官的德、能、勤、绩、廉,重点考核政治素质、工作实绩和廉洁自律情况。具体而言,监察官的考核应当按照管理权限,全面考核监察官的德、能、勤、绩、廉,重点考核政治素质、工作实绩和廉洁自律情况。年度考核结果分为优秀、称职、基本称职和不称职四个等次。考核结果作为调整监察官等级、工资以及监察官奖惩、免职、降职、辞退的依据。年度考核结果以书面形式通知监察官本人。监察官对考核结果如果有异议,可以申请复核。

(四)监察官的奖励

奖励是激励监察官有效工作的重要制度。《监察官法》规定对在监察工作中有显著成绩和贡献,或者有其他突出事迹的监察官、监察官集体,给予奖励。根据规定,监察官有下列表现之一的,给予奖励:(1)履行监督职责,成效显著的;(2)在调查、处置职务违法和职务犯罪工作中,做出显著成绩和贡献的;(3)提出有价值的监察建议,对防止和消除重大风险隐患效果显著的;(4)研究监察理论、总结监察实践经验成果突出,对监察工作有指导作用的;(5)有其他功绩的。

(五)监察官的监督和惩戒

强化对监察官的严格监督,是《监察官法》的重中之重,在《监察官法》中占篇幅最多。通过系统梳理党内法规、国家法律中对纪检监察干部的监督要求,并吸收纪检监察体制改革成功经验,《监察官法》强调监察官应当坚持中国共产党的领导、管理和监督,依法接受人民代表大会及其常务委员会的监督,接受民主监督、社会监督、舆论监督;强调监察机关应当加强内部监督制约机制建设,依法处理对监察官的检举控告,及时调查处理执法机关、司法机关等发现的监察官违纪违法履行职责的问题线索,充分发挥特约监察员的监督作用;明确了打听案情和说情干预登记备案、工作回避、保密、离任回避、规范亲属从业等具体监督措施;明确责任追究制度,并对追责豁免情形进行了规定。同时,还针对监察工作特点,具体规定了监察官违纪违法应当承担的法律责任。具体而言,《监察官法》规定了如下的制度:

1. 内部监督的制度建设。监察机关应当规范工作流程,加强内部监督制约机制建设,强化对监察官执行职务和遵守法律情况的监督。

2. 检举与控告。任何单位和个人对监察官的违纪违法行为,有权检举、控告。受理检举、控告的机关应当及时调查处理,并将结果告知检举人、控告人。对依法检举、控告的单位和个人,任何人不得压制和打击报复。对于审判机关、检察机关、执法部门等移送的监察官违纪违法履行职责的问题线索,监察机关应当及时调查处理。

3. 意见和建议。监察委员会根据工作需要,按照规定从各方面代表中聘请特约监察员等监督人员,对监察官履行职责情况进行监督,提出加强和改进监察工作的意见、建议。

4. 监察官不得打听案情、过问案件、说情干预。对于上述行为,办理监察事项的监察官应当及时向上级报告。有关情况应当登记备案。办理监察事项的监察官未经批准不得接触被调查人、涉案人员及其特定关系人,或者与其进行交往。对于上述行为,知悉情况的监察官应当及时向上级报告。有关情况应当登记备案。

5. 回避制度。办理监察事项的监察官有下列情形之一的,应当自行回避,监察对象、检举人、控告人及其他有关人员也有权要求其回避；没有主动申请回避的，监察机关应当依法决定其回避：(1)是监察对象或者检举人、控告人的近亲属的；(2)担任过本案的证人的；(3)本人或者其近亲属与办理的监察事项有利害关系的；(4)有可能影响监察事项公正处理的其他情形的。

6.保密制度。监察官应当严格执行保密制度，控制监察事项知悉范围和时间，不得私自留存、隐匿、查阅、摘抄、复制、携带问题线索和涉案资料，严禁泄露监察工作秘密。监察官离岗离职后，应当遵守脱密期管理规定，严格履行保密义务，不得泄露相关秘密。

7.职业限制。监察官离任3年内，不得从事与监察和司法工作相关联且可能发生利益冲突的职业。监察官离任后，不得担任原任职监察机关办理案件的诉讼代理人或者辩护人，但是作为当事人的监护人或者近亲属代理诉讼、进行辩护的除外。监察官被开除后，不得担任诉讼代理人或者辩护人，但是作为当事人的监护人或者近亲属代理诉讼、进行辩护的除外。监察官的配偶、父母、子女及其配偶不得以律师身份担任该监察官所任职监察机关办理案件的诉讼代理人、辩护人，或者提供其他有偿法律服务。监察官应当遵守有关规范领导干部配偶、子女及其配偶经商办企业行为的规定。违反规定的，予以处理。

8.责任的追究。监察官有下列行为之一的，依法给予处理；构成犯罪的，依法追究刑事责任：(1)贪污贿赂的；(2)不履行或者不正确履行监督职责，应当发现的问题没有发现，或者发现问题不报告、不处置，造成恶劣影响的；(3)未经批准、授权处置问题线索，发现重大案情隐瞒不报，或者私自留存、处理涉案材料的；(4)利用职权或者职务上的影响干预调查工作、以案谋私的；(5)窃取、泄露调查工作信息，或者泄露举报事项、举报受理情况以及举报人信息的；(6)隐瞒、伪造、变造、故意损毁证据、案件材料的；(7)对被调查人或者涉案人员逼供、诱供，或者侮辱、打骂、虐待、体罚、变相体罚的；(8)违反规定采取调查措施或者处置涉案财物的；(9)违反规定发生办案安全事故，或者发生安全事故后隐瞒不报、报告失实、处置不当的；(10)其他职务违法犯罪行为。监察官有其他违纪违法行为，影响监察官队伍形象，损害国家和人民利益的，依法追究相应责任。

监察官涉嫌违纪违法，已经被立案审查、调查、侦查，不宜继续履行职责的，按照管理权限和规定的程序暂时停止其履行职务。

实行监察官责任追究制度,对滥用职权、失职失责造成严重后果的,终身追究责任或者进行问责。监察官涉嫌严重职务违法、职务犯罪或者对案件处置出现重大失误的,应当追究负有责任的领导人员和直接责任人员的责任。

七、监察官的职业保障

有力的职业保障是监察官履行职责的基础,《监察官法》规定了如下的保障制度:

1. 任职保障。根据规定,除下列情形外,不得将监察官调离:(1)按规定需要任职回避的;(2)按规定实行任职交流的;(3)因机构、编制调整需要调整工作的;(4)因违纪违法不适合继续从事监察工作的;(5)法律规定的其他情形。

2. 独立履行职责。任何单位或者个人不得要求监察官从事超出法定职责范围的事务,也包括对任何干涉监察官依法履职的行为,监察官有权拒绝并予以全面如实记录和报告;有违纪违法情形的,由有关机关根据情节轻重追究有关人员的责任。

3. 尊严与安全。监察官的职业尊严和人身安全受法律保护。任何单位和个人不得对监察官及其近亲属打击报复。对监察官及其近亲属实施报复陷害、侮辱诽谤、暴力侵害、威胁恐吓、滋事骚扰等违法犯罪行为的,应当依法从严惩治。

监察官因依法履行职责遭受不实举报、诬告陷害、侮辱诽谤,致使名誉受到损害的,监察机关应当会同有关部门及时澄清事实,消除不良影响,并依法追究相关单位或者个人的责任。

监察官因依法履行职责,本人及其近亲属人身安全面临危险的,监察机关、公安机关应当对监察官及其近亲属采取人身保护、禁止特定人员接触等必要保护措施。

4. 待遇保障。监察官实行国家规定的工资制度,享受监察官等级津贴和其他津贴、补贴、奖金、保险、福利待遇。监察官的工资及等级津贴制度,由国家另行规定。监察官因公致残的,享受国家规定的伤残待遇。监察官因公牺牲或者病故的,其亲属享受国家规定的抚恤和优待。监察官退休后,享受国家规定的养老金和其他待遇。

5.权利保障。对于国家机关及其工作人员侵犯监察官权利的行为,监察官有权提出控告。受理控告的机关应当依法调查处理,并将调查处理结果及时告知本人。监察官对涉及本人的政务处分、处分和人事处理不服的,可以依照规定的程序申请复审、复核,提出申诉。对监察官的政务处分、处分或者人事处理错误的,应当及时予以纠正;造成名誉损害的,应当恢复名誉、消除影响、赔礼道歉;造成经济损失的,应当赔偿。对打击报复的直接责任人员,应当依法追究其责任。

第八章 监察对象

知识结构图

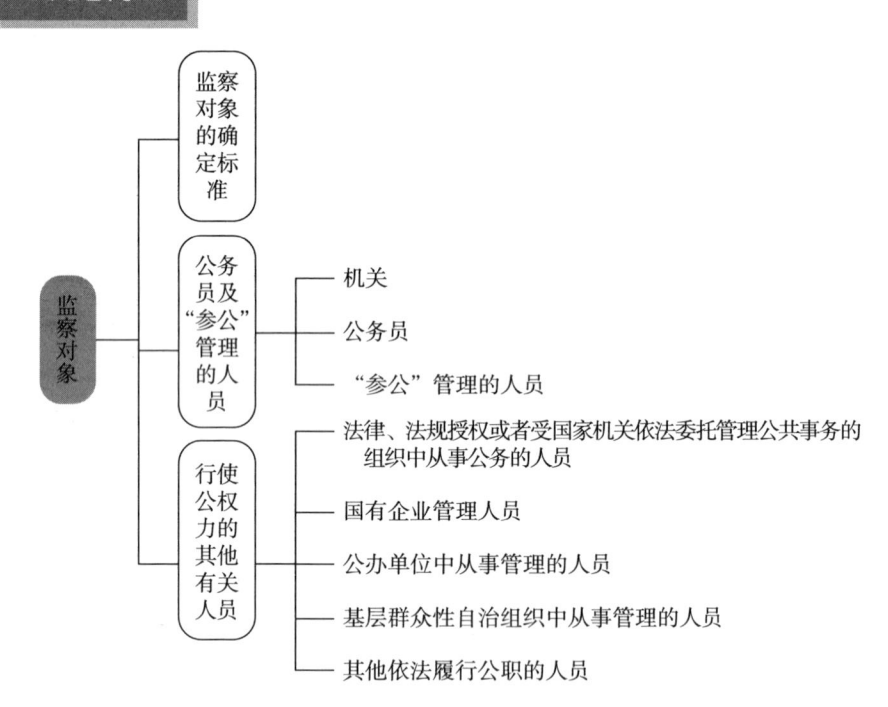

- 监察对象
  - 监察对象的确定标准
  - 公务员及"参公"管理的人员
    - 机关
    - 公务员
    - "参公"管理的人员
  - 行使公权力的其他有关人员
    - 法律、法规授权或者受国家机关依法委托管理公共事务的组织中从事公务的人员
    - 国有企业管理人员
    - 公办单位中从事管理的人员
    - 基层群众性自治组织中从事管理的人员
    - 其他依法履行公职的人员

鉴于我国党内已经实现监察全覆盖,而行政监察仅监察行政机关及其工作人员,"监察对象失之过窄,权力监督存在盲区"。[1] 为此,监察体制改革确立了实现监察"全覆盖"的目标。何为"全覆盖"?《监察法》对监察范围和监察事项作了明确规定,确立了监察范围法治原则。监察机关应当依法监察,而不能随意扩大监察范围。本章重点探讨监察机关监察的监察对象。

第一节 监察对象的确定标准

关于监察对象,《监察法》有多处规定。如其第 1 条规定:"为了深化国家监察体制改革,加强对所有行使公权力的公职人员的监督,实现国家监察全面覆盖,深入开展反腐败工作,推进国家治理体系和治理能力现代化,根据宪法,制定本法。"第 3 条规定:"各级监察委员会是行使国家监察职能的专责机关,依照本法对所有行使公权力的公职人员(以下称公职人员)进行监察,调查职务违法和职务犯罪,开展廉政建设和反腐败工作,维护宪法和法律的尊严。"第 11 条规定:"监察委员会依照本法和有关法律规定履行监督、调查、处置职责:(一)对公职人员开展廉政教育,对其依法履职、秉公用权、廉洁从政从业以及道德操守情况进行监督检查;(二)对涉嫌贪污贿赂、滥用职权、玩忽职守、权力寻租、利益输送、徇私舞弊以及浪费国家资财等职务违法和职务犯罪进行调查;(三)对违法的公职人员依法作出政务处分决定;对履行职责不力、失职失责的领导人员进行问责;对涉嫌职务犯罪的,将调查结果移送人民检察院依法审查、提起公诉;向监察对象所在单位提出监察建议。"第 15 条规定:"监察机关对下列公职人员和有关人员进行监察:(一)中国共产党机关、人民代表大会及其常务委员会机关、人民政府、监察委员会、人民法院、人民检察院、中国人民政治协商会议各级委员会机关、民主党派机关和工商业联合会机关的公务员,以及参照《中华人民共和国公务员法》管理的人员;(二)法律、法规授权或者受国家机关依法委托管理公共事务的组织中从事公务的人员;(三)国有企业

---

[1] 秦前红、刘怡达:《监察全面覆盖的可能与限度——兼论监察体制改革的宪法边界》,载《甘肃政法学院学报》2017 年第 2 期。

管理人员;(四)公办的教育、科研、文化、医疗卫生、体育等单位中从事管理的人员;(五)基层群众性自治组织中从事管理的人员;(六)其他依法履行公职的人员。"

《监察法》对监察对象的规定既有具体的兜底性定量列举,如第 15 条的规定;也有定性式的规定,如第 1 条和第 3 条中的"行使公权力的公职人员"。不过,这些规定之间并不一致。如第 15 条列举的监察对象包括公职人员和有关人员,"有关人员"显然并非"公职人员"。这是在确定监察对象时必须解释的问题之一。除此之外,第 15 条列举的具体监察对象也需要明确其具体范围。所有这些问题的解决,依赖于监察对象的确定标准。

关于监察委员会的监察对象的识别标准,目前学界主要提出了行为认定、身份认定、监察权属性认定和复合认定等多种逻辑进路,由此派生出诸多主张。[1] 其中,有四种较具代表性。一是基于行为要素的"公权力行为说",其认为"在监察对象的认定上,强调判断的标准是看是否行使公权力,而不是看是否具有公职身份"。[2] 二是基于行为和身份要素的"行为、身份折中说",其主张从行为和资金两个维度识别监察对象,并按"人"的职务、职位和"钱"的出资、管制等要件,划分监察对象的不同类型。[3] 三是基于监察权属性的"多要素新公权力说",其提出监察全面覆盖所谓"公权力"超越了对传统"公权力"的理解,是包括公权、公职、公务、公财等实质要件为要素组合所构成的一种新型公权力。[4] 四是基于多元复合的"多维体系认定说",此种观点主张,搭建"公权力"标准、"身份+职位/职责"标准和"行为"标准的三维度认定标准体系,根据适用层级、场域,因地制宜、分类划定。[5]

---

〔1〕 参见石泽华、彭国亮:《高校纪检监察体制改革的法治逻辑和推进路径》,载《中国法律评论》2022 年第 2 期。
〔2〕 蔡金荣:《"国家监察全面覆盖"的规范结构探析》,载《求实》2019 年第 1 期。
〔3〕 参见常保国、刘思涵:《〈监察法〉中监察对象范围的认定标准》,载《人民论坛·学术前沿》2019 年第 7 期。
〔4〕 参见谭宗泽:《论国家监察对象的识别标准》,载《政治与法律》2019 年第 2 期。
〔5〕 参见宗婷婷、王敬波:《国家监察对象的认定标准:核心要素、理论架构与适用场域》,载《中共中央党校(国家行政学院)学报》2019 年第 4 期。

第二节 公务员及"参公"管理的人员

公务员及"参公"管理的人员是《监察法》第 15 条列举的监察对象中的第一类。具体是：中国共产党机关、人大及其常务委员会机关、人民政府、监察委员会、人民法院、人民检察院、中国人民政治协商会议各级委员会机关、民主党派机关和工商业联合会机关的公务员，以及参照《公务员法》管理的人员（以下简称"参公"管理的人员）。由此，"机关"和"公务员"这两个关键词确定了监察对象的基本标准。

一、机关

机关原本是工程学的概念，指在机械设备中承担启动和制动功能的关键性组件。这一概念被运用到行政管理学和法学等学科后，指的是某一组织为实现其职能而建立的固定机构。机关既是作为组织处理日常工作的活动场所，也是组织与组织之间、组织与其他外界人士接洽公务的地方，还是该组织收发、汇集和典藏文书资料的场所。在任何一个行政组织中，机关都起着核心与枢纽的作用。在形态上，机关是指特定的机构。

虽然我国《宪法》规定，人大及其常委会是国家权力机关及其常设机关，但《监察法》第 15 条第 1 项中所列举的中国共产党机关、人大及其常务委员会机关、中国人民政治协商会议各级委员会机关、民主党派机关和工商业联合会机关并非指宪法上所说的"机关"，而是指这些宪法机关的"机关"，即这些机关设立的特定机构。反之，《监察法》第 15 条第 1 项中所列举的人民政府、监察委员会、人民法院、人民检察院，则是指宪法上的"机关"，即各级人民政府是执行机关和行政机关，监察委员会是监察机关，人民法院是审判机关，人民检察院是检察机关。因此，只有这些机关中的公务员才是监察的对象。凡是纳入《监察法》所言及的"机关"之中的人士，便是监察对象，这是确定这类监察对象的第一个标准。

二、公务员

第二个标准是，只有隶属于上述机关的公务员，才可能是监察对象。而公务员身份的确定,必须依据法定程序,特别是《公务员法》的规定,并非所有在机关中工作的人员均是公务员。具体而言,《监察法》第 15 条列举的第一类中的公务员包括如下类别:[1]

1. 中国共产党机关的公务员。中国共产党虽然是一个有着近亿名党员的组织,但该组织设置了众多的内部机构,成为其机关。这些机关中的公务员被纳入监察范围,包括:(1)中央和地方各级党委、纪律检查委员会的领导人员;(2)中央和地方各级党委工作部门、办事机构和派出机构的工作人员;(3)中央和地方各级纪律检查委员会机关和派出机构的工作人员;(4)街道、乡、镇党委机关的工作人员。

2. 人大及其常委会机关的公务员。全国人大、地方人大及其常委会机关的公务员被纳入监察范围,包括:(1)县级以上各级人大常委会领导人员,乡、镇人大主席、副主席;(2)县级以上各级人大常委会工作机构和办事机构的工作人员;(3)各级人大专门委员会办事机构的工作人员。全国人大及地方各级人大是国家权力机关,由选举产生的代表组成,代表约为 250 万人。这些机关中的公务员可经选举而具有人大代表的身份,但他们并非因为人大代表的身份,而是因为在这些机关中的公务员身份,而被纳入监察范围。

3. 人民政府的公务员。各级人民政府是行政机关,因此,行政机关中公务员当然是监察范围,包括:(1)各级人民政府的领导人员;(2)县级以上各级人民政府工作部门和派出机构的工作人员;(3)乡、镇人民政府机关的工作人员。

4. 监察委员会的公务员。监察委员会是监察机关,监察委员会中属于监察对象的人员包括:(1)各级监察委员会的组成人员;(2)各级监察委员会内设机构和派出派驻监察机构的工作人员,派出的监察专员等。

5. 人民法院的公务员。人民法院是审判机关,人民法院中属于监察对象的人员包括:(1)最高人民法院和地方各级人民法院的法官、审判辅助人员;(2)最高人民法院和地方各级人民法院的司法行政人员等。

6. 人民检察院的公务员。人民检察院是检察机关,人民检察院中属于监察对

---

[1] 参见中共中央纪律检查委员会法规室、中华人民共和国监察委员会法规室编写:《〈中华人民共和国监察法〉释义》,中国方正出版社 2018 年版,第 108~114 页。

象的人员包括:(1)最高人民检察院和地方各级人民检察院的检察官、检察辅助人员;(2)最高人民检察院和地方各级人民检察院的司法行政人员等。

7. 中国人民政治协商会议各级委员会机关的公务员。中国人民政治协商会议是中国人民爱国统一战线的组织,是发挥协商民主的重要机构,主要由数量巨大的委员组成。中国人民政治协商会议各级委员会机关的公务员是监察对象,包括:(1)中国人民政治协商会议各级委员会的领导人员;(2)中国人民政治协商会议各级委员会工作机构的工作人员。同理,这些机关中的公务员可能具有政协委员的身份,但他们并非因为政协委员的身份,而是因为在这些机关中的公务员身份,而被纳入监察范围。

8. 民主党派机关和工商业联合会机关的公务员。民主党派和工商业联合会在本质上是政治结社组织,是中国的参政党和参政组织。这些组织的机关的公务员被纳入监察范围,包括:中国国民党革命委员会中央和地方各级委员会,中国民主同盟中央和地方各级委员会,中国民主建国会中央和地方各级委员会,中国民主促进会中央和地方各级委员会,中国农工民主党中央和地方各级委员会,中国致公党中央和地方各级委员会,九三学社中央和地方各级委员会,台湾民主自治同盟中央和地方各级委员会的公务员;以及中华全国工商业联合会和地方各级工商联等单位的公务员。需要注意的是,这些民主党派和工商业联合会均设置了内部机构作为该组织的机关,只有在人事上隶属于这些机关的公务员,才纳入监察范围。

需要特别说明的是,如果在上述机关中工作但不具有公务员身份,便不得以《监察法》规定的"中国共产党机关、人大及其常务委员会机关、人民政府、监察委员会、人民法院、人民检察院、中国人民政治协商会议各级委员会机关、民主党派机关和工商业联合会机关的公务员,以及参照《公务员法》管理的人员"这一项为据将之确定为监察对象。

三、"参公"管理的人员

除了上述公务员外,还有一类人员是监察对象,即"参公"管理的人员。这里的关键是"参照"。根据《公务员法》第112条的规定,法律、法规授权的具有公共事务管理职能的事业单位中除工勤人员以外的工作人员,经批准参照本法进行管理。

因此,参照的条件在于如下关键词:第一,"法律法规授权",这意味着规章和其他规范性文件被排除在外;第二,"具有公共事务管理职能""事业单位""工勤人员以外的工作人员""批准",这意味着必须具备明示的许可程序。因此,参照是实体条件和程序条件的合一,在程序上必须是依法批准的工作人员。

第三节　行使公权力的其他有关人员

除公务员和"参公"管理的人员外,还有一批其他人员被列为监察对象,这些人员包括:

一、法律、法规授权或者受国家机关依法委托管理公共事务的组织中从事公务的人员

如果事业单位中从事公务的人员未被纳入"参公"管理的范围,但在法律法规授权或者受国家机关依法委托管理公共事务的组织中从事公务,那么基于公权力行使监督全覆盖原则,这类人员也是监察对象。这里的法律、法规授权或者受国家机关依法委托管理公共事务的组织中从事公务的人员,是指除"参公"管理的人员外,对公共事务履行组织、领导、管理、监督等职责的人员,包括具有公共事务管理职能的行业协会等组织中从事公务的人员,以及法定检验检测、检疫等机构中从事公务的人员。具体而言,这包括两类人员:

第一类是在法律、法规(不包括规章和其他规范性文件)授权管理公共事务的组织中从事公务的人员。这类人员具有如下的特征:(1)某一组织依据法律和法规的授权管理公共事务。需要特别说明的是,这类组织的公共事务管理权是法律和法规的授权,而非其他的如规章或者规范性文件的授权。(2)某一人员属于这一组织,即形式上其人事关系隶属于该组织。(3)该人员在该组织中从事公务。(4)该人员未纳入"参公"管理的范围。大体而言,这类组织主要是事业单位且获得法律法规授权进行公共事务管理。如《传染病防治法》第7条规定:"各级疾病预防控制机构承担传染病监测、预测、流行病学调查、疫情报告以及其他预防、控制工作。医疗机构承担与医疗救治有关的传染病防治工作和责任区域内的传染病预防工

作。城市社区和农村基层医疗机构在疾病预防控制机构的指导下,承担城市社区、农村基层相应的传染病防治工作。"因此,各级疾病预防控制中心因法律的授权承担疾病预防控制的公共管理职责。在该机构中承担这类公务的工作人员,是监察的对象。基于历史原因,我国存在数量众多的从事公共管理的事业单位,其工作人员更是数倍于公务员的数量。对于某一事业单位的某一工作人员是否属于监察对象,应当首先确定该事业单位是否根据法律法规的授权从事公共事务管理,从事哪些方面的公共事务管理;其次确定某一工作人员是否属于该事业单位,是否在公共事务管理的工作岗位行使公共权力。

第二类是在受国家机关依法委托管理公共事务的组织中从事公务的人员。基于公共事务管理的需要,国家机关有时会委托一些具有特定专长的组织代为管理公共事务,如委托具有鉴定技术的组织参与特定的安全事项管理。这些组织事实上在从事公共事务管理、行使公权力、具体承担公务管理的工作人员也是监察对象。需要明确的是,国家机关的委托应当遵循法定程序,委托的事项应当属于其管辖范围内,而且仅限于国家机关的委托,其他公共组织的委托不在此列。

二、国有企业管理人员

国有企业管理人员属于监察对象。在确定这类人员时,应当注意如下几点:

一是"国有企业"的界定。国有企业是国营企业改革后的产物,目的是实现企业所有者与经营者的分离,实现国家投资企业管理的现代化。随着时间的推移,国有企业的形态多种多样,发展为国家独资企业、控股企业和参股企业等多种形式。我国《刑法》使用的是"国有公司、企业"的表述方式,在实质内涵上与《监察法》的用法并无区别。如何判断一家企业是国有企业,是确定监察对象的前提。

二是何为"管理人员"。所谓管理人员,是指管理国有企业和国有资产的人员。国有独资企业及其分支机构的领导班子成员,包括设董事会的企业中由国有股权代表出任的董事长、副董事长、董事,总经理、副总经理,党委书记、副书记、纪委书记,工会主席等;未设董事会的企业的总经理(总裁)、副总经理(副总裁),党委书记、副书记、纪委书记,工会主席等。除此之外,对国有资产负有经营管理责任的国有企业中层和基层管理人员,包括部门经理、部门副经理、总监、副总监、车间负责人等,以及在管理、监督国有财产等重要岗位上工作的人员,包括会计、出纳人员等,是国有资产经营管理人员,也是监察对象。

需要特别注意的是,国有企业所属的事业单位的工作人员,如果列入"参公"管理的范围,则根据其"参公"管理的人员身份来划入监察对象;如果受到法律法规的授权或者国家机关的依法委托行使公权力,则根据授权或者委托关系来划入监察对象;如果属于公办教科文卫体单位的,其管理人员按公办教科文卫体单位管理人员纳入监察对象。在这三种情形之外,国有企业所属的事业单位的工作人员,包括其领导人员和一般工作人员,应当以是否管理公共事务、行使公权力为标准确定其是否属于监察对象。

在国有资本参股企业和金融机构中,国有资本若未能实际支配该企业和金融机构的,该企业和金融机构不属于国有企业,其管理人员并非监察对象;若属于受国家机关或者国有企业指派参与国有资本管理的情况,对国有资产负有经营管理责任的人员,属于监察对象。

根据《监察法实施条例》的规定,国有企业的管理人员指:(1)在国有独资、全资公司、企业中履行组织、领导、管理、监督等职责的人员;(2)经党组织或者国家机关、国有独资、全资公司、企业,事业单位提名、推荐、任命、批准等,在国有控股、参股公司及其分支机构中履行组织、领导、管理、监督等职责的人员;(3)经国家出资企业中负有管理、监督国有资产职责的组织批准或者研究决定,代表其在国有控股、参股公司及其分支机构中从事组织、领导、管理、监督等工作的人员。由此可见,对于国有控制、参股公司及其分支机构而言,"国有企业管理人员"的认定,既要考虑"履行组织、领导、管理、监督等职责"的实体性规定,又要结合"提名、推荐、任命、批准""组织批准或者研究决定"等程序性规定。

三、公办单位中从事管理的人员

公办教科文卫体单位中从事管理的人员属于监察对象。公办的教育、科研、文化、医疗卫生、体育等单位中从事管理的人员,是指国家为了社会公益目的,由国家机关举办或者其他组织利用国有资产举办的教育、科研、文化、医疗卫生、体育等事业单位中,从事组织、领导、管理、监督等工作的人员。对于这类监察对象的识别,需要充分考虑如下关键点：

一是"公办"。教育、科研、文化、医疗卫生、体育等单位应为"公家"举办，即举办人应当为国家机关、国有企业、事业单位、集体经济组织等。在确定公办教育、科研、文化、医疗卫生、体育等单位的性质时，要考察举办历史、查询审批档案和文书等。在实践中，对于一些私人举办的教育、科研、文化、医疗卫生、体育等单位，我国政府有的情况下会给予资助和扶持，但这些单位不属于公办单位性质。

二是"从事管理的人员"。只有公办教科文卫体单位中从事管理的人员，才纳入监察范围。这具体包括：(1)这些单位中属于管理岗位的人员。如领导班子成员，以及分支机构中的领导人员、中基层管理人员；公办学校的校长、副校长，科研院所的院长、所长，公立医院的院长、副院长等；管理岗六级以上工作人员，从事与职权相联系的管理事务的其他工作人员；在管理、监督国有财产等重要岗位上工作的人员，包括会计、出纳人员，采购、基建部门人员。(2)临时参与职权相联系的管理事务的人员。包括依法组建的评标委员会、竞争性谈判采购中谈判小组、询价采购中询价小组的组成人员等。需要特别说明的是，公办教科文卫体单位中通常存在大批从事专业技术工作的人员，如医生、教师、教练等。这些人员通常不应当视为监察对象，除非这些人员同时从事管理岗位，或者临时性地参与与职权相关的管理事务。[1]

四、基层群众性自治组织中从事管理的人员

基层群众性自治组织中从事管理的人员，亦纳入监察范围。根据《宪法》第111条的规定，城市和农村按居民居住地区设立的居民委员会或者村民委员会是基层群众性自治组织。居民委员会、村民委员会设人民调解、治安保卫、公共卫生等委员会，办理本居住地区的公共事务和公益事业，调解民间纠纷，协助维护社会治安，并且向人民政府反映群众的意见、要求和提出建议。因此，所谓基层群众性自治组织，是指居民委员会和村民委员会。

根据公权行使监察的原则，"从事管理"并非指"办理本居住地区的公共事务

---

[1] 参见姚文胜：《准确把握监察的两个维度》，载《中国纪检监察报》2018年8月1日。

和公益事业",而是指从事公务管理。根据全国人大常委会的解释,[1]下列情形属于从事公务管理:(1)救灾、抢险、防汛、优抚、扶贫、移民、救济款物的管理;(2)社会捐助公益事业款物的管理;(3)国有土地的经营和管理;(4)土地征用补偿费用的管理;(5)代征、代缴税款;(6)有关计划生育、户籍、征兵工作;(7)协助人民政府等国家机关在基层群众性自治组织中从事的其他管理工作。这些事项主要属于政府公务管理范围,而基层群众性自治组织受委托或者授权协助参与管理。

根据《监察法实施条例》的规定,基层群众性自治组织中从事管理的人员,是指该组织中的下列人员:(1)从事集体事务和公益事业管理的人员;(2)从事集体资金、资产、资源管理的人员;(3)协助人民政府从事行政管理工作的人员,包括从事救灾、防疫、抢险、防汛、优抚、帮扶、移民、救济款物的管理,社会捐助公益事业款物的管理,国有土地的经营和管理,土地征收、征用补偿费用的管理,代征、代缴税款,有关计划生育、户籍、征兵工作,协助人民政府等国家机关在基层群众性自治组织中从事的其他管理工作。

基层群众性自治组织中从事管理的人员,主要指居民委员会和村民委员会中的主任、副主任和委员,他们均由居民选举产生。此外,部分村民、居民或者其他人员实际参与了上述公务管理的,也应当属于从事管理的人员的范围。在实践中,一些社区的股份合作公司、居民小组组长等因为在管理处置集体资产时滥用权力、收受礼金等原因,被监察调查处置。这类人员是否属于监察对象,是否属于行使公权力从事公务,需要慎重对待。

五、其他依法履行公职的人员

除前述监察对象外,其他人员若是根据法律规定行使公权力,也应纳入监察范围。在识别这类人员时,必须注意的核心要件是"行使公权力",同时其形式性要件是行使公权力应依照法律的规定、具有法律上的根据,二者缺一不可。举例而言,各地政府建立了公安辅助人员制度,由公安机关直接向社会招聘公安辅助人员,辅助执行公安警察方面的公务。这类人员直接根据相关规定的授权从事公务,属于

---

[1] 参见《全国人民代表大会常务委员会关于〈中华人民共和国刑法〉第九十三条第二款的解释》。

依法履行公职的人员。

根据《监察法实施条例》的规定,其他依法履行公职的人员包括:(1)履行人民代表大会职责的各级人民代表大会代表,履行公职的中国人民政治协商会议各级委员会委员、人民陪审员、人民监督员;(2)虽未列入党政机关人员编制,但在党政机关中从事公务的人员;(3)在集体经济组织等单位、组织中,由党组织或者国家机关,国有独资、全资公司、企业,国家出资企业中负有管理监督国有和集体资产职责的组织,事业单位提名、推荐、任命、批准等,从事组织、领导、管理、监督等工作的人员;(4)在依法组建的评标、谈判、询价等组织中代表国家机关,国有独资、全资公司、企业,事业单位,人民团体临时履行公共事务组织、领导、管理、监督等职责的人员;(5)其他依法行使公权力的人员。

第四编

监 察 权 限

本编主要围绕如何理解国家监察权的问题意识展开,沿着国家监察体制改革的逻辑理路重点介绍国家监察机关依法享有的权力及其界限。在内容上涉及国家监察体制改革的法理意涵,国家监察机关的反腐败职能及监察监督、监察调查、监察处置等具体权限,国家监察与党的纪律检查的区别与联系。

第九章　监察权限概述

知识结构图

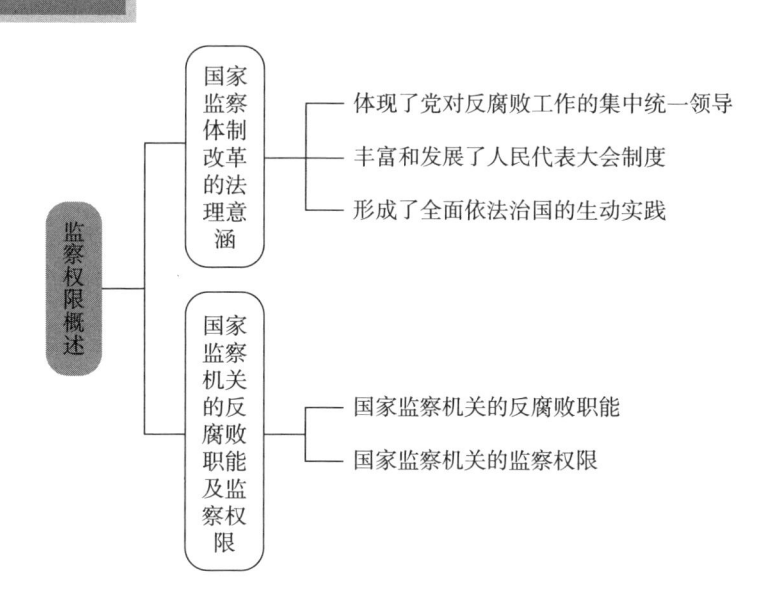

- 监察权限概述
  - 国家监察体制改革的法理意涵
    - 体现了党对反腐败工作的集中统一领导
    - 丰富和发展了人民代表大会制度
    - 形成了全面依法治国的生动实践
  - 国家监察机关的反腐败职能及监察权限
    - 国家监察机关的反腐败职能
    - 国家监察机关的监察权限

作为一项事关全局的重大政治体制改革,国家监察体制改革可谓是搅动了政治体制改革的"一池春水",既重新配置了国家权力形成了新的民主结构,又重构了国家反腐败体制机制,织就了一张几乎覆盖所有公职人员的"大网"。[1] 自党的十七大以来,党中央明确提出要建立健全决策权、执行权、监督权既相互制约又相互协调的权力结构和运行机制。这事实上揭示了党和国家监督权的权力定位及其配置模式,也为理解当前国家监察权真实、客观的权力关系、结构及其运作逻辑提供了理论指导。结合当下国家监察体制改革的理论与实践来看,监察权限,指的是为保障国家监察机关有效履行监督、调查、处置职责并实现其反腐败职能,推进国家监察工作的规范化、制度化、法治化,以国家立法的形式赋予国家监察机关与其职责相适应的权力行使的范围和限度。

第一节 国家监察体制改革的法理意涵

当前,国家监察体制改革最为直接的改革成果就是组建了新的国家监察机关并塑造了独立成权的国家监察权。宏观地看,国家监察体制改革形象地体现了中国特色社会主义民主政治的发展规律,即坚持党的领导、人民当家作主、依法治国有机统一。[2] 而我国宪制的核心正是坚持党的领导、人民当家作主和依法治国有机统一,三者有机统一于宪法不仅构成了重大宪法原则,也构成了当代中国式混合宪制的基本结构。这为探讨国家监察体制改革的法理意涵,理解国家监察权的现实样态提供了一个很好的分析框架。

一、体现了党对反腐败工作的集中统一领导

根据 2018 年中共中央印发的《深化党和国家机构改革方案》,国家监察体制改革意在加强党对反腐败工作的集中统一领导,实现党内监督和国家机关监督、党的纪律检查和国家监察有机统一,实现对所有行使公权力的公职人员监察全覆盖。

---

[1] 秦前红:《国家监察体制改革宪法设计中的若干问题思考》,载《探索》2017 年第 6 期。
[2] 参见李少文:《政治体制改革的基本规律——以国家监察体制改革为例》,载《广东行政学院学报》2020 年第 6 期。

为此,国家监察体制改革将监察部、国家预防腐败局的职责,最高人民检察院查处贪污贿赂、失职渎职以及预防职务犯罪等反腐败相关职责整合,组建国家监察委员会,同中央纪律检查委员会合署办公,履行纪检、监察两项职责,实行一套工作机构、两个机关名称。这意味着国家监察体制改革与作为中国特色社会主义事业核心领导的中国共产党密切相关,改革的根本目的是加强党对反腐败工作的集中统一领导。对此,习近平总书记强调:"完善党和国家监督体系,统筹推进纪检监察体制改革。要继续健全制度、完善体系,使监督体系契合党的领导体制,融入国家治理体系,推动制度优势更好转化为治理效能。"[1]

在我国,中国特色社会主义制度的最大优势是中国共产党领导。2018 年,全国人民代表大会以宪法修正案的形式明确将"中国共产党领导是中国特色社会主义最本质的特征"写入《宪法》总纲第 1 条国家根本制度条款中,即是现行宪法通过相对完备的"党的领导"规范体系确认了中国共产党领导党与执政党的宪法地位,明确了中国共产党享有和行使的领导权与执政权是和国家政权紧密关联的新兴宪法权力。基于此,党的领导在宪法文本中的体现不再局限于宪法修改前在序言中对中国共产党历史成就的事实描述,而是具有了更加直接和丰富的规范意涵。这极大地拓展了中国共产党在社会主义制度中的作用空间,由此党的领导亦可以纳入社会主义的各项具体制度中。[2] 可以说,此次修宪将"中国共产党领导是中国特色社会主义最本质的特征"写入总纲,不仅有效地弥合了宪法实践与宪法规范之分野,更是高度契合"党政军民学,东西南北中,党是领导一切的"政治决断,为党全面领导国家和社会提供了最为直接的规范依据,同时也为加强党对反腐败工作的集中统一领导以及确保党推进国家监察体制改革始终在法治轨道上运行在宪制层面提供了正当性依据。

在国家监察体制改革之前,我国的反腐败领导体制和工作机制一直延续的是

---

[1] 中共中央纪律检查委员会、中华人民共和国监察委员会、中共中央党史和文献研究院编:《习近平关于坚持和完善党和国家监督体系论述摘编》,中央文献出版社、中国方正出版社 2022 年版,第 60 页。

[2] 参见刘怡达:《中国共产党的领导与中国特色社会主义的宪法关联》,载《武汉大学学报(哲学社会科学版)》2021 年第 3 期。

"党委统一领导,党政齐抓共管,纪委组织协调,部门各负其责,依靠群众支持和参与"[1]的治理模式。在当时党和国家监督权的配置中,除了党务系统中的以中央纪委为统领的党的纪律检查机关行使党的纪律检查权和行政系统中以国家监察部为统领的政府行政监察机关行使政府行政监察权,还包括政法系统中以最高人民检察院反贪污贿赂总局为统领的反贪污贿赂机关所行使的检察权,等等。实践中,这些反腐败机构都在党的统一领导下开展反腐败工作,并且都以"纪委"为核心。[2] 可见,当时反腐败工作的重任基本上是由党来承担的。但是,这种"三驾马车"式的腐败治理结构本身存在行政同体监督乏力、检察同体监督公信缺失、党纪与国法衔接断层、监察机构资源分散与对象难以周延等难题。[3] 并且,尽管当时纪检行政监察也是实行合署办公的体制,但是在具体的监督对象上,纪检行政监察被限定在党务系统和行政系统内部,党的纪律检查权所涵盖的范围仅限于党务系统内的党组织和党员,而政府行政监察权所涵盖的范围仅限于行政系统内的国家行政机关及其公务员,并不能覆盖所有的国家机关及其公务员,存在明显的监督盲区,以致纪检行政监察机关在执纪执法的过程中经常面临"双规"合法性存疑、僭越国家司法权并与司法机关功能重叠等诘问。在这种情况下,提升腐败治理效能、整合反腐败力量成为改革的重要动因,通过国家监察体制改革设计一个专责的反腐败机构,形成一种独立的监督性权力,是基于现实问题而生发出的新的制度创举。应当说,现阶段国家监察体制改革通过体制机制创新,解决了过去国家监察范围过窄、反腐败力量分散、纪法衔接不畅等问题,优化了反腐败资源配置,实现了纪检监察机关领导体制和工作机制的统一融合,集中决策、一体运行,促进了执纪执法贯通、有效衔接司法,极大地体现了党对反腐败工作的集中统一领导,为建构形成党委统一领导、全面覆盖、权威高效的党和国家监督体系奠定了重要基础。

目前,随着国家监察体制改革持续走向深入,结合《中国共产党纪律检查委员

---

〔1〕 李雪勤:《中国共产党纪律检查工作60年》,中国方正出版社2009年版,第282页。

〔2〕 参见李莉:《中国共产党纪律检查机关的历史变迁——基于中纪委历届报告的文本分析》,载《暨南学报(哲学社会科学版)》2021年第3期。

〔3〕 参见秦前红:《困境、改革与出路:从"三架马车"到国家监察——我国监察体系的宪制思考》,载《中国法律评论》2017年第1期。

会工作条例》《监察法》《监察法实施条例》等相关党内法规和国家法律的规定,党对反腐败工作的集中统一领导很大程度上体现为在坚持党对一切工作全面领导基础上的直接领导。[1] 这种直接领导不仅体现在纪检监察合署办公体制上,也更为直接地体现在纪检监察双重领导体制上。

一方面,纪检监察合署办公体制是党直接领导反腐败工作的具体实现形式。[2] 在纪检监察合署办公的体制下,党的纪律检查机关和国家监察机关融为一体,纪检监察机关兼具党的机关和国家机关双重性质,国家监察机关不设党组意味着党对国家监察机关的领导是直接领导而非间接领导。以纪检监察机关合署办公为组织形式,国家监察体制改革解决了国家监察机关如何接受党的领导的问题,亦促成了党内监督与国家监察之间一体两面的良性互动关系。这就使在纪检监察机关合署办公之后,监察权力同样部分覆盖了党内监督权力,从而实现反向的体制化——实现监督权的国家化,与此相类似的是,监察委员会的组织也实现了"政党化",从而形成党对监督权的有效领导。[3] 需要指出的是,合署办公体制下的纪检监察机关既非单纯意义上的党的机关也非单纯意义上的国家机关,而是极具政治权威性的一体两面的政治机关。这种政治机关的属性定位,是纪检监察制度特别是党直接领导反腐败工作的重要体现。合署办公体制下的纪检监察机关可以一体行使党的纪律检查权和国家监察权这两种不同的权力,这意味着党在本就掌控党的纪律检查权的基础上对国家监察权的执掌和运用更为直接。从某种意义上说,

---

[1] 从党的领导的方式来看,作为中国最高政治领导力量的中国共产党,对于不同领域中的不同事务可以采取不同的领导方式,主要包括全面领导、全面领导基础上的直接领导和全面领导基础上的间接领导。参见郝铁川:《中国共产党在宪法中领导党地位的形成》,载《南都学坛》2019年第4期。
[2] 在党和国家机构改革中,党的直接领导主要是通过党政合设和党政合署两种组织形式来实现的。相对于"党政合署"来说,"党政合设"是一种更强的党政机构整合改革,其组织融合程度更高,实质上是一个机构接受上级党和国家机关的共同领导,一般以"一块牌子"开展工作,或者有两块牌子,"一块牌子对外""一块牌子对内"。而"党政合署"则具有如下四个基本特征:一是实质上是两个机构,分别刻印印章,可以共同或各自的名义对外开展工作。二是在党政机构序列中保留各自的名称,机构实体、人员编制及党政领导关系一般列入党的机构,不计入国家机构限额。三是可分别核定领导职数、配备领导班子。四是内设一套办公厅(室)、机关党务、干部人事、后勤机构等。可见,"党政合署",是"一个机构两块牌子",可以共同或各自的名义对外开展工作。从这种意义上讲,国家监察体制改革虽然属于"党政合署"而不是"党政合设",但是其机构融合的程度比一般的"党政合署"更为紧密。
[3] 参见李少文:《政治体制改革的基本规律——以国家监察体制改革为例》,载《广东行政学院学报》2020年第6期。

在党的集中统一领导下,党的纪律检查机关和国家监察机关事实上是共享了党的权力和国家权力。但是,这并不意味着党的纪律检查机关可以代替国家监察机关行使国家监察权;反之,国家监察机关同样亦不能代替党的纪律检查机关行使党的纪律检查权。

另一方面,纪检监察双重领导体制是党直接领导反腐败工作的具体制度安排。[1] 纪检监察双重领导体制包括以下三层含义:(1)中央纪委国家监委在党中央领导下开展工作。这直接反映了党中央的集中统一领导是纪检监察双重领导体制的最高形态,也是党对反腐败工作集中统一领导的重要体现。(2)地方各级纪检监察委员会在同级党委、上级纪检监察委员会的双重领导下开展工作。(3)强调加强上级纪检监察委员会对下级纪检监察委员会的领导,主要指执纪执法审查调查工作以上级纪检监察委员会的领导为主。纪检监察双重领导体制的制度安排,其重要意义便在于党的领导将直接贯穿于反腐败工作的全过程,各级党委在反腐败工作中不仅掌握重要的领导权,同时也起主导作用。比如,从纪检监察程序来看,纪检监察机关开展审查调查从初步核实到立案再到采取具体措施、提出处置意见等事项一般都必须报经同级党委同意。由此,强化各级党委对反腐败工作的直接领导,实际上使得党的领导由原来的"结果领导"转变为"过程领导"。[2] 将党对反腐败工作的领导与党对司法工作的领导相比较,或许能够更直观地观察到党直接领导反腐败工作的特殊性。一般而言,党对司法工作的领导采取的是全面领导基础上的间接领导,即通过党委在司法机关内部设立党组的形式予以间接实现,在司

---

[1] 纪检监察双重领导体制的形成始于1993年中央纪委与国家监察部合署办公。当时中央纪委和国家监察部同样是实行一套工作机构、两个机关名称,同时履行党的纪律检查和政府行政监察两项职能,不过,党的纪律检查机关是在同级党委和上级纪律检查机关的领导下开展工作,而政府行政监察机关是在同级政府和上级行政监察机关的领导下开展工作。由于此时的纪检行政监察机关合署办公在组织结构上并非严格意义上的"融为一体",导致同级党的纪律检查机关实际上充当了政府行政监察机关领导者的角色。虽然党的地位和规格本身就比政府高,但是基于同级党委、政府两个不同主体的双重领导地位,在涉及领导权的问题上,这种关系更加复杂。在此情况下,政府在对行政监察机关的领导和管理上往往"心存顾忌",致使行政监察职能得不到充分发挥。故在具体的权力监督实践中,纪检行政监察机关的"两项职能"常常彼此交织在一起,进而形成"党政不分"的格局,不仅弱化了政府行政监察的职能,同时也造成了纪检和行政监察权限含混,职责不明。而现纪检监察双重领导体制的形成则是在坚持民主集中制原则的基础上,系统总结纪检监察长期实践探索有益经验的制度成果,不仅优化了同级党委与上级纪委监委的职权配置,同时也具有很强的可操作性。

[2] 参见陈瑞华:《论国家监察权的性质》,载《比较法研究》2019年第1期。

法工作中,党委(党组)主要起的是协调作用,一般不参与、不讨论、不介入司法个案处理。

二、丰富和发展了人民代表大会制度

人民代表大会制度是宪法所确立的国家政权组织形式和根本政治制度,此次国家监察体制改革的重要内容就是实现人民当家作主。习近平总书记曾在不同场合多次指出,"国家一切权力属于人民。我们必须始终坚持人民立场,坚持人民主体地位",[1]"强化党内监督是为了保证党立党为公、执政为民,强化国家监察是为了保证国家机器依法履职、秉公用权",[2]"我们党在加强对国家机器的监督、切实把公权力关进制度的笼子方面做了大量探索和努力,目的就是要确保人民赋予的权力始终用来为人民谋幸福"。[3] 这一系列论断充分说明,无论是强化党内监督还是国家监察,根本上都是为了保证权力来自人民、服务人民,落脚点都是为了让人民监督权力,确保人民赋予的权力始终用来为人民谋幸福,并最终实现好、维护好、发展好最广大人民的根本利益。坚持以人民为中心的发展理念,国家监察体制改革通过全国人民代表大会以宪法修正案的形式将国家监察机关置于人民代表大会制度下,并由此形成了"一府一委两院"的国家机关架构,这直接改变了国家政权组织形式——人民代表大会制度的基本内涵。[4] 从这个意义上说,国家监察体制改革丰富和发展了作为根本政治制度的人民代表大会制度,因为它从根本上改变了国家权力配置的机构载体,组建了新的国家监察机关并整合塑造了独立成权的国家监察权,不仅形成了新的民主结构,同时也拓宽了人民行使国家权力的新路径。

在我国,人民代表大会是国家权力机关。将国家监察机关置于人民代表大会制度下,意味着人民代表大会是国家监察机关的权力来源,国家监察机关必须由人民代表大会产生、必须对人民代表大会负责、必须受人民代表大会监督,而国家监

---

[1] 《习近平谈治国理政》(第3卷),外文出版社2020年版,第142页。
[2] 《习近平谈治国理政》(第2卷),外文出版社2017年版,第169页。
[3] 习近平:《论坚持全面依法治国》,中央文献出版社2020年版,第240页。
[4] 参见秦前红:《国家监察体制改革宪法设计中的若干问题思考》,载《探索》2017年第6期。

察权亦是一种国家权力而不是社会权力、政党权力,是具有独立形态的国家权力。这在宪法中有着十分明确的规定。按照宪法中权力制约和监督的控权逻辑,我国权力制约和监督的基本模式是在党的统一领导下,各国家机关在人民代表大会制度架构内的权力分工与协作,遵循的是以党和国家监督体系制约和监督权力的思路,遵循的是决策权、执行权、监督权既相互制约又相互协调的权力结构和运行机制。[1] 在国家监察体制改革之前,我国的监督体系中并没有相对完整的国家监察权,而是将这一监督性权力分散到不同的国家机构之中。在国家监察体制改革之后,这一分散的监督性权力被加以整合为独立的国家监察权,并以此形成了立法、行政、监察和司法的权力分工架构。尽管目前学界对国家监察权的属性认识仍然存在较大争议,[2] 但是不可否认的是,新设立的国家监察机关所行使的国家监察权是一种独立的监督权。从性质上看,监察委员会是一种基于功能、目标和专业性而展开的权力配置方案,属于功能性分权的新形式,单独行使的监督权符合功能性分权的基本特点,正是因为它的目标非常明确和专业,所以带有强烈的业务独立属性。[3]

在强调加强党对反腐败工作集中统一领导的前提下,对国家监察权属性的理解实则不能忽视党的领导,特别是党的纪律检查权对国家监察权的影响和塑造。之所以需要将党的纪律检查权和国家监察权这两种具有相对独立形态的权力合在一起加以研究,其根源是因为党的权力和国家权力本质上都是公权力,天然具有内

---

[1] 随着政治体制改革的稳步推进以及反腐败斗争的持续深入,党的十七大以来中国共产党一直在探索建立决策权、执行权、监督权既相互制约又相互协调的权力结构和运行机制。这样一种权力结构和运行机制不仅适用于国家的权力体系,同时也适用于中国共产党的权力体系。在宪法学研究中,有论者将此称为"权力分工协调论"。参见周叶中、胡爱斌:《中国特色的"权力分工协调"论》,载《南京社会科学》2018 年第 6 期。而在政治学研究中,也有论者将此称为"功能性分权"。参见陈国权、皇甫鑫:《功能性分权与中国特色国家治理体系》,载《社会学研究》2021 年第 4 期。

[2] 比如,国家监察权是党的执政权与国家机构的治理权相混合的产物,参见莫纪宏:《国家监察体制改革要注重对监察权性质的研究》,载《中州学刊》2017 年第 10 期;国家监察权是一种复合性权力而非综合性权力,是对原行政监察权、腐败预防权和职务犯罪侦查权的整合,参见徐汉明:《国家监察权的属性探究》,载《法学评论》2018 年第 1 期;国家监察权中融入了党的纪律检查权,参见翟志勇:《论监察权的宪法性质——兼论八二宪法的分权体系》,载《中国法律评论》2018 年第 1 期;党的纪律检查权中融入了国家监察权,参见王若磊:《论监察体制的制度逻辑》,载《法学评论》2021 年第 4 期;等等。

[3] 参见李少文:《政治体制改革的基本规律——以国家监察体制改革为例》,载《广东行政学院学报》2020 年第 6 期。

在统一性,且党的纪律检查权和国家监察权都是监督性权力。现实地看,我国的公权力体系实际上主要是由两套权力体系共同组成的,分别是中国共产党的权力体系和国家的权力体系。相应地,中国共产党的权力体系和国家的权力体系紧密关联且内在统一,中国共产党的权力对国家权力有着绝对的支配和主导作用。这种绝对的支配和主导作用主要体现在党对国家权力的执掌和运用上。从法理上来讲,党对国家权力的执掌和运用可以具化为党的执政权,是党的领导权的重要组成内容。按照深化国家监察体制改革促进党政分工的深层逻辑,纪检监察权力同样表现为党的集中统一领导下的权力分工与协作。前已述及,决策权、执行权、监督权既相互制约又相互协调的权力结构和运行机制不仅适用于国家的权力体系,同时也适用于中国共产党的权力体系,体现出党的集中统一领导下的决策权、执行权、监督权三权之间存在分工与协作的关系。在党的集中统一领导下,纪检监察权力基于监督权的权力定位同样也存在权力的分工与协作,并且纪检监察双重领导体制决定了坚持党的集中统一领导是纪检监察机关行使权力所必须遵循的基本原则。在党的集中统一领导下,纪检监察权力的分工主要体现在党的纪律检查权和国家监察权分属不同的权力体系,需要遵循不同的制度规范体系运行。前者实质上为党的权力,因而根据党内法规运作;后者因属国家权力则应遵循国家法律运行。[1] 也就是说,虽然纪检监察合署办公的体制使纪检监察权力得以一体实现,但是对于纪检监察机关而言,仍然需要在党的集中统一领导下各行其权、各司其职、各负其责,实现权责一致。在党的集中统一领导下,纪检监察权力的协作主要体现为在党的纪律检查权和国家监察权分工明确的基础上,纪检监察机关可以综合运用党的纪律检查权和国家监察权这两种不同的权力,通过不同权力间的配合与协调形成既相互支持又相互补充的权力运行格局,实现权力协作。因而,党政分工深层逻辑下的纪检监察权力不是简单的"分离"或"合一",而是体现为党的集中统一领导下的既有区别又有联系的分工与协作。因此,纪检监察机关合署办公虽然使党的纪律检查权和国家监察权实质上是由"同一机构"来行使,却并非属于合一的权力。国家监察体制改革并没有将党的纪律检查权融入国家监察权,也没有

---

[1] 参见刘怡达:《论纪检监察权的二元属性及其党规国法共治》,载《社会主义研究》2019 年第 1 期。

将国家监察权融入党的纪律检查权，两者依然是两种相对独立的权力形态，有着各自运行的权力边界。

随着国家监察体制改革持续走向深入，在人民代表大会制度"统分结合"权力配置模式下的国家权力划分基本定型，即立法权、行政权、司法权和监察权。尽管国家监察体制改革组建了新的国家监察机关并整合塑造了独立成权的国家监察权，但是这种独立的监督权确实又表现出混合型的权力特征，故有必要对此加以辨析。

1. 监察权与立法权。一般来说，立法权指的是法定机关依法享有的制定法律、法规和规章的权力。在我国，狭义上的立法机关主要是指拥有法律制定权的全国人民代表大会及其常务委员会，广义上的立法机关还包括拥有法规、规章制定权的地方人民代表大会及其常务委员会、各级人民政府及其组成部门等。因此，国家立法意义上的"立法权"，不仅包括"法律制定权"，还包括"法规制定权""规章制定权"，甚至是"规范性文件制定权"。值得注意的是，2019年《全国人民代表大会常务委员会关于国家监察委员会制定监察法规的规定》对国家监委制定《监察法》规作出了授权，国家监委为了满足执行国家法律的需要以及满足自身履职的需要，可以就其权限范围内的有关事项制定监察法规。比如，2021年制定实施的《监察法实施条例》便是国家监委正式开始行使监察立法权。而包括国家监委在内的各级监察机关均有权就各自权限范围内的有关事项制定规范性文件，制定规范性文件既可以是监察机关单独发文，也可以是联合发文。比如，中央纪委国家监委会同有关单位联合印发的《关于进一步推进受贿行贿一起查的意见》。

2. 监察权与司法权。我国的司法权主要是指审判权与检察权。当前审判权与监察权的区分应当说是非常清楚的。在国家监察体制改革中需要明确的是监察权与检察权的区别。随着国家监察体制改革的全面展开，司法体制受到巨大影响，特别是对检察制度冲击甚巨，因为检察机关的职务犯罪侦查权被整合至国家监察机关。以至于有学者认为，无论是从权力渊源，还是行使目的，抑或从行使的具体方式等来加以考量，监察委员会职务犯罪调查权本质就是侦查权。[1] 尽管国家监察

---

〔1〕 参见汪海燕：《监察制度与〈刑事诉讼法〉的衔接》，载《政法论坛》2017年第6期。

权的部分权力是由检察机关的职务犯罪调查权所发展演进而来,但是仍有必要将监察调查权与刑事侦查权予以进一步区分。将所有行使公权力的公职人员职务违法和职务犯罪的调查权全部整合至国家监察机关,这其实意味着检察权正向其原初权力形态的回归,即体现为以公诉权为核心的法律监督权。需要指出的是,在国家监察体制改革的巨大冲击之下,检察机关一直在寻找新的职能"增长点",随着检察机关刑事检察、民事检察、行政检察和公益诉讼检察"四大检察"全面推进,行政检察和国家监察在各自的监督范围内事实上是存在交叉的。因为,国家监察体制改革之后,新组建的国家监察机关并没有完全放弃对行政执法监督的管辖,而国家法律亦没有确认检察机关和监察机关在行政执法监督上的正式地位,甚至没有完全明确两者的行政执法监督权限。[1]

3. 监察权与行政权。行政是组织的执行、管理职能,作为行政法学研究对象的行政主要是指国家行政机关执行国家法律、管理国家内政外交事务的职能。[2] 概言之,行政权是指国家行政机关处理公共事务的权力。与检察机关的职务犯罪侦查权相类似,国家监察体制改革之后,行政机关的行政监察权亦被整合至国家监察机关。以至于有学者认为,监察权是一项兼具行政与专门调查性的权力,前者源自行政监察权,指向的是职务违法行为;后者则源自检察机关的职务犯罪侦查权。[3] 应当明确的是,国家监察体制改革使行政监察机关从行政机关体系中脱离出来并组建成新的国家监察机关,原行政监察事实上已经不复存在。而现行《宪法》明确国家监察机关由人民代表大会选举产生,这意味国家监察权与行政权在性质上已经有了质的差异,早已超脱出行政范畴,成为一项新的宪法权力。当然,行政监察的消亡并不意味着行政机关内部的监督也随之湮灭,只不过这种内部的监督不能再称为"行政监察"。比如,国家监察机关的"政务处分"虽取代了原行政监察机关的"政纪处分",但行政机关仍然有权对本机关内违法的公职人员作出相应的

---

[1] 参见秦前红、陈家勋:《论行政执法外部监督中正式监督机关的确立》,载《行政法学研究》2022 年第 1 期。

[2] 参见姜明安主编:《行政法与行政诉讼法》(第 3 版),北京大学出版社、高等教育出版社 2007 年版,第 4 页。

[3] 参见郑曦:《监察委员会的权力二元属性及其协调》,载《暨南学报(哲学社会科学版)》2017 年第 11 期。

"处分"。

三、形成了全面依法治国的生动实践

自国家监察体制改革以来,改革与法治的关系为学术界所重点关注。早在国家监察体制改革试点之初,学术界便有对于试点改革的合宪性以及是否需要修改宪法有过争论,直指国家监察体制改革的正当性问题。应当明确的是,国家监察体制改革首先是一个宪法问题,从根本上反映了一种宪制变迁,因其涉及宪法权力配置结构的变动,通过宪法解释乃至宪法建造都是无法完成的,唯有修宪[1]。最终,党中央总体上认可并接受了宪法保留的控制力,启动了修宪程序。从国家监察体制改革的过程来看,此举"比较好地处理了深化改革和推进法治的关系,贯彻了凡属重大改革都要于法有据的要求,彰显了党坚持在宪法法律范围内活动的执政原则"[2]。尽管修宪在国家监察体制改革的过程中"相对滞后",但是随着宪法修改以及前后相关国家法律的"立、改、废、释",可以说改革与法治之间的紧张关系已经得到较大缓解,改革所作出的顶层设计已然被涵盖到宪法及监察法所确立的法治秩序框架之内,既有通过改革推动反腐败工作规范化、制度化、法治化,也有通过制度建构推动国家监察权规范化、程序化、制度化,改革的实质性法治约束基本形成。应当说,此次国家监察体制改革在目标、内容和方式上均与法治息息相关,在诸多方面体现出法治的进步,形成了全面依法治国的生动实践。

依法治国是宪法所明确的中国共产党领导人民治理国家的基本方略,在国家监察体制改革的过程中,可以明显地观察到法治思维和法治方式始终贯穿其中。从30多年政治体制改革的实践来看,改革与法治之间天然存在紧张关系。一方面,改革是要打破既有规则的束缚,改变不能适应党、国家和社会发展的制度,具有较强的变动性、挑战性,改革的重点意在"破";另一方面,法治是要维护现有规则并以守持既有秩序为己任,具有较强的稳定性、规范性,法治的重点意在"守"。因此,改革的"破"与法治的"守"这两者之间存在某种张力,在一定条件下两者还可能发

---

[1] 参见秦前红:《国家监察体制改革宪法设计中的若干问题思考》,载《探索》2017年第6期。
[2] 中共中央纪律检查委员会、中华人民共和国监察委员会、中共中央党史和文献研究院编:《习近平关于坚持和完善党和国家监督体系论述摘编》,中央文献出版社、中国方正出版社2022年版,第55页。

生抵触、矛盾甚至冲突。[1] 这就需要运用更多的智慧来平衡改革与法治之间的紧张关系。对此,党的十八大报告明确提出运用法治思维和法治方式深化改革的基本要求。这表明了中国共产党对待改革与法治关系的态度:不允许改革脱离法治的轨道。

作为具有中国特色的重大创制成果,推动国家监察体制改革既无历史先例可循,亦无域外经验可鉴,目前仍然处于深化改革阶段。可以说,当下的国家监察体制改革就如同司法体制改革一样,具有周期长、任务重、变革大等显著特点,既为改革,那必定意味着国家监察制度存在关系调整、结构重塑、职权优化、机制整合乃至流程再造等可能性。因而,深化国家监察体制改革应当从反腐败工作法治化的要求出发,以法治思维和法治方式推进改革,始终确保深化国家监察体制改革在法治的轨道上运行。由此,也意味着中国共产党应当在现有的宪制框架内通过党领导立法完善国家监察制度规范体系,通过党保证执法健全国家监察工作协调机制,通过党支持司法确保司法机关积极履行职权,通过党带头守法规范和正确行使国家监察权。

当前,在立法方面,以《宪法》为核心,《监察法》《政务处分法》《监察法实施条例》为支撑的国家监察立法逐渐完备,为国家监察机关贯彻形式法治原则提供了法律依据;在执法方面,以反腐败的工作业务为主线,国家监察机关协调贯通"纪""法""罪",与党委、党的纪律检查机关、检察机关、审判机关等一道建构形成了以批评教育类措施为前端预防、以党纪政务处分为中端治理、以刑事处罚为后端惩治、以组织处理为重要补充的"预惩协同"式纪法衔接、法法衔接机制;在司法方面,国家监察机关落实与司法机关、执法部门相互配合、互相制约的基本要求,在措施使用、证据标准上主动对接以审判为中心的刑事诉讼制度改革,并与检察机关在案件移送衔接、提前介入、退回补充调查等方面进一步细化法法衔接机制;在守法方面,国家监察机关通过整合工作流程、优化内设机构设置来实现权力运行的制约和监督,比如设立案件监督管理部门、干部监督部门等相对独立的内部监督机构,建立监督检查部门、审查调查部门、案件审理部门等相互制约的内部权力运行机制

---

[1] 参见李林主编:《中国特色社会主义法治发展道路》,中国法制出版社2017年版,第269页。

等。这些都是国家监察体制改革塑造监察制度本身贯彻落实法治思维和法治方式的具体呈现。

在推动反腐败工作法治化的过程中,国家监察体制改革的一大亮点就是"双规"的法治化。在国家监察体制改革之前,"双规"是纪检行政监察机关在查办案件中常用的一种审查调查措施,指的是纪检行政监察机关有权责令违纪违法相关人员在规定的时间、规定的地点就审查调查事项所涉及的问题作出解释和说明。[1] 作为一种非常规的审查调查措施,"双规"在长期的反腐败工作实践中确实是发挥了十分重要的积极作用,可以说在相当程度上实现了对腐败问题的有效治理。然而其法治性存在不足。因为"双规"并不是司法强制措施但具有一定的强制性,即在一定程度上限制了被审查调查对象的人身自由,而其运用却没有司法机关的介入,也不受司法监控,完全由纪检行政监察机关自行决定。[2] 因而,深化国家监察体制改革,通过制定监察法赋予国家监察机关必要的监察调查权限,用"留置"取代"双规"可以说是反腐败工作法治建设的重大进步。事实上,国家监察机关的"留置"不仅取代了党的纪律检查机关的"两规"和政府行政监察机关的"两指",亦变相取代了检察机关在此前腐败犯罪案件侦查过程中的拘留、逮捕等刑事强制措施。不过,因循法治标准来审视当下"留置"措施的有效性与法治性,仍然能够发现两者之间存在紧张关系。一方面,"留置"措施的设置满足了纪检监察机关建立集中统一权威高效的腐败治理机制的现实需要,亦在一定程度上实现了纪法之间的有效衔接;另一方面,对于国家监察机关采取"留置"措施,如何保障人权和确保权力不被滥用等则成为新的法治隐忧,如留置期间律师不得介入、留置权内部化趋于集中等。可见,当前监察法中所规定的留置措施虽然实现了反腐败的集中与高效,但并没有完全妥善处理好"法律中的矛盾"与法法衔接等问题。[3]

值得一提的是,国家监察体制改革在推动反腐败工作法治化的同时,亦有力地

---

[1] "双规"包括"两规"和"两指",前者指的是党的纪律检查机关的审查措施,后者则指的是政府行政监察机关的调查措施。

[2] 参见李红勃:《迈向监察委员会:权力监督中国模式的法治化转型》,载《法学评论》2017年第3期。

[3] 参见刘艳红:《程序自然法作为规则自洽的必要条件——〈监察法〉留置权运作的法治化路径》,载《华东政法大学学报》2018年第4期。

促进了依规治党和依法治国的有机统一。依规治党是中国共产党管党治党的基本方式,依法治国是中国共产党领导人民治理国家的基本方略。前者是由中国共产党马克思主义政党属性所决定的,后者则是由中国共产党领导党和执政党的身份与地位所决定的。两者有机统一不仅是坚持党的领导、人民当家作主、依法治国有机统一的题中应有之义,也是新时代坚持全面依法治国的重要内容。其实自党的十八届四中全会提出"中国特色社会主义法治体系"的理论和结构之后,法治的内涵实际上已经不再局限于从国家法律层面来理解,"法治"之"法"既包括国家法律,也包括党内法规。规范多元的法治协同已经成为当下党内治理和国家治理中的重要命题。法治可以通过法律与其他规范的互动扩展至整个社会领域,从而形成一种以法律为基础并统摄其他规范的"规则之治"。[1] 换句话说,当下对法治中国的理解不应也不能离开对党内法规的关注,当然这种规范多元的法治协同仍然以国家法律为主导。那么,在纪检监察机关合署办公的体制下,纪检监察机关融为一体即意味着适用于党的纪律检查机关的党内法规可以间接约束国家监察机关,而适用于国家监察机关的国家法律亦可以间接约束党的纪律检查机关,从而使纪检监察工作得以实现更深层次的法治化。同时,也意味着针对党组织的全面从严治党制度性安排同样也针对国家机关,针对国家机关的全面依法治国制度性安排同样也针对党组织。[2] 据此而言,党的纪律检查和国家监察有机统一不仅体现坚持党的领导、人民当家作主、依法治国有机统一,也是坚持依规治党和依法治国有机统一在纪检监察领域中的具体实践。

第二节 国家监察机关的反腐败职能及监察权限

腐败是世界各国共同面临的治理难题。"反腐败永远在路上",[3]党的二十大报告指出:"只要存在腐败问题产生的土壤和条件,反腐败斗争就一刻不能停,必须

---

〔1〕 彭小龙:《规范多元的法治协同:基于构成性视角的观察》,载《中国法学》2021 年第 5 期。

〔2〕 参见李少文:《全面从严治党促进法治中国建设的理论逻辑与实践路径》,载《武汉大学学报(哲学社会科学版)》2021 年第 6 期。

〔3〕 《习近平谈治国理政》(第 3 卷),外文出版社 2020 年版,第 188 页。

永远吹冲锋号。"当下腐败治理的效果直接关系党和国家治理体系和治理能力现代化建设,而强化国家监察机关的反腐败职能则是创立国家监察权的直接目的。尽管当前反腐败并不是国家监察机关的唯一职能,但是反腐败仍然是国家监察机关最为主要的职能。《监察法》作为一部反腐败国家立法,立足于国家监察全面覆盖,以国家监察权的独立行使为保障,对国家监察工作起着统领性和基础性作用。[1]围绕反腐败职能,监察法为国家监察机关匹配设置了相应的职责与权限。抽象地看,《监察法》第 6 条规定:"国家监察工作坚持标本兼治、综合治理,强化监督问责,严厉惩治腐败;深化改革、健全法治,有效制约和监督权力;加强法治教育和道德教育,弘扬中华优秀传统文化,构建不敢腐、不能腐、不想腐的长效机制。"《监察法实施条例》第 5 条对此予以强调和重申:"监察机关应当坚定不移惩治腐败,推动深化改革、完善制度,规范权力运行,加强思想道德教育、法治教育、廉洁教育,引导公职人员提高觉悟、担当作为、依法履职,一体推进不敢腐、不能腐、不想腐体制机制建设。"据此,在监察法相关规定的基础上,对国家监察机关反腐败职能及监察权限的理解,可以从不敢腐、不能腐、不想腐三方面着手。

一、国家监察机关的反腐败职能

从法理上来讲,"职能"与"职责""权限"相比较往往更具有抽象性。就国家监察机关而言,《监察法》不论是对其职责的优化还是权限的赋予,都是为了更好地实现其反腐败职能,构建一体化的不敢腐、不能腐、不想腐体制机制。早在 2014 年,《中共中央关于全面推进依法治国若干重大问题的决定》便明确要求,要"形成不敢腐、不能腐、不想腐的有效机制"。2019 年,《中共中央关于坚持和完善中国特色社会主义制度、推进国家治理体系和治理能力现代化若干重大问题的决定》则进一步提出,要"构建一体推进不敢腐、不能腐、不想腐体制机制"。这两个重要决定将一体推进不敢腐、不能腐、不想腐提升至党和国家新时代反腐败斗争战略方针的高度,表明"三不一体"在党和国家反腐败制度建设中具有指导性地位。对于"三不一体",习近平总书记有着更为精辟的论述,"持续深化国家监察体制改革,促进

---

〔1〕 参见谢超:《监察法对中国特色反腐败工作的法治影响》,载《法学杂志》2018 年第 5 期。

执纪执法贯通,有效衔接司法,推进反腐败工作法治化、规范化,强化不能腐的震慑,扎牢不能腐的笼子,增强不想腐的自觉",[1]"不敢腐、不能腐、不想腐是相互依存、相互促进的有机整体,必须统筹联动,增强总体效果"。[2] 在改革开放以来惩治腐败力度最大的当下,一体推进不敢腐、不能腐、不想腐体制机制建设对构建具有中国特色的预防和惩治腐败制度指明了方向。正因如此,我国预防和惩治腐败制度的建设将是一个长期的过程,既需要建立符合党内监督和国家监察各自内在性质、特点和规律性的党和国家监督制度,也需要建立以对公权力的规制和对与之相对应的私权利的保护为基础的纪法共治模式,并辅以运行机制、监督机制、实现机制等的有效实施。这就要求腐败治理的领导主体中国共产党以及主要功能主体纪检监察机关在法治原则前提下,就监督、调查和处置等监察职责的效能化展开纪法差异互补和权力分工协作,形成有序、高效、平衡且多方协调的综合性腐败治理体制机制。[3]

1."不敢腐"旨在通过惩治形成震慑,是实现"不能腐"和"不想腐"的前提,是构建"三不一体"腐败治理体制机制的关键和基础。[4] 为最大限度地完善对腐败行为的威慑与剥夺效应,以及提高对腐败行为的发现概率与追惩能力,《监察法》第11条明确规定国家监察机关依法对公职人员涉嫌贪污贿赂、滥用职权、玩忽职守、权力寻租、利益输送、徇私舞弊以及浪费国家资财等职务违法和职务犯罪进行调查。同时,《监察法》赋予了国家监察机关有权采取谈话、讯问、询问、留置、查询、冻结、搜查、调取、查封、扣押、勘验检查、鉴定、技术调查、通缉、限制出境15项措施,其中诸如留置、通缉、搜查等特殊调查措施具备相当程度的强制性和限制性。根据《监察法》相关规定,国家监察机关可以对有职务违法行为但情节较轻的公职人员直接或者委托有关机关、人员进行谈话提醒、批评教育、责令检查,或者予以诫勉;对有职务违法的公职人员,可以依照法定程序作出警告、记过、记大过、降级、撤

---

[1] 习近平:《论坚持全面依法治国》,中央文献出版社2020年版,第240页。

[2] 《习近平谈治国理政》(第3卷),外文出版社2020年版,第549页。

[3] 参见蒋凌申:《论监察体制改革中的纪法协同》,载《南京大学学报(哲学·人文科学·社会科学)》2020年第3期。

[4] 参见李雪勤、王冠:《"三不一体":反腐败基本方针的重大继承和创新》,载《毛泽东邓小平理论研究》2021年第4期。

职、开除等政务处分决定；对不履行或者不正确履行职责的领导人员，可以对其直接作出问责决定，或者向有权作出问责决定的机关提出问责建议；对涉嫌职务犯罪的，监察机关经调查认为犯罪事实清楚、证据确实、充分的，将移送人民检察院依法审查、提起公诉；等等。这些监察权限的赋予为保证国家监察机关履行职责，实现自身反腐败职能，深入推进反腐败工作的规范化展开提供了重要保障，不仅能够有效惩治公职人员的腐败行为，同时也能强化国家监察机关的震慑作用，让行使公权力的公职人员秉公用权，从而持续保持反腐败高压态势，将"不敢腐"落到实处。

2."不能腐"是一个动态机制，包括制度建设、监督制约以及替代机制，是"不敢腐""不想腐"的制度保障。[1] 党的十八大以来，以习近平同志为核心的党中央高度重视反腐败体制机制建设，着力构建起一套党统一领导、全面覆盖、权威高效的党和国家监督体系。首先，在制度建设层面，以《中国共产党章程》为统领的党内法规体系和以《宪法》为统领的国家法律体系分别侧重于对党的纪律检查机关和国家监察机关的组织体系、职责权限、职能活动等作出规定，彼此之间相辅相成、相互促进、相互保障，通过扎紧制度的笼子防腐于未然。比如，《中国共产党纪律检查委员会工作条例》与《监察法》高度互补、互不替代、并行不悖，而《政务处分法》的制定则在违法行为及其适用的处分规定中便吸纳并参考了《中国共产党纪律处分条例》中违纪行为的具体情形与处分幅度。其次，在制度执行方面，非常典型的一个例证就是监督执纪"四种形态"。[2] "四种形态"强调的是纪检监察机关必须将"严"的主基调长期坚持下去，层层设防、分类施治，在"治未病"上积极作为，在高压震慑上不放松，有效处置化解存量、强化监督遏制增量，综合发挥惩治震慑、惩戒挽救、教育警醒的功效，实现政治效果、纪法效果和社会效果有机统一。[3] 虽然相关国家法律并未明确规定国家监察机关监察执法应当遵循"四种形态"，但是随着

---

〔1〕 参见李雪勤、王冠：《"三不一体"：反腐败基本方针的重大继承和创新》，载《毛泽东邓小平理论研究》2021年第4期。

〔2〕 党的十八大以来，党中央正式提出监督执纪"四种形态"，即经常开展批评和自我批评、约谈函询，让"红红脸、出出汗"成为常态；党纪轻处分、组织调整成为违纪处理的大多数；党纪重处分、重大职务调整的成为少数；严重违纪涉嫌违法立案审查的成为极少数。此内容经2016年修订的《中国共产党党内监督条例》第7条明确规定，并为2021年新制定的《中国共产党纪律检查委员会工作条例》第31条进一步细化，正式标志着监督执纪"四种形态"的成熟定型。

〔3〕 参见王希鹏：《纪检监察学基础》，中国方正出版社2021年版，第216页。

国家监察体制改革持续走向深入,在《监察法》《政务处分法》《监察法实施条例》所确立的监察执法基本原则中依然体现了"四种形态"的内涵与价值。比如,坚持惩前毖后、治病救人,坚持惩戒与教育相结合、宽严相济等。最后,《监察法》第 11 条明确规定国家监察机关依法对公职人员依法履职、秉公用权、廉洁从政从业以及道德操守情况进行监督检查,注重通过监督的常规化来预防腐败。这些举措通过健全完善党和国家监督制度以及提升制度执行力来保证发挥腐败治理的外在约束功能,在优化反腐败体制机制的同时,也强化了"不能腐"的实效。

3."不想腐"侧重思想道德教育,是一个渐进的过程,建立在"不敢腐"的基础上,并受到"不能腐"的制度保障。[1] 从根本上治理腐败,必须重视个人主观思想觉悟教育和道德境界提升的内在自律功能,为此监察法将廉政教育确立为国家监察机关履行监督职责的重要方式。《监察法》第 11 条明确规定,国家监察机关依法对国家公职人员开展廉政教育,《监察法实施条例》第 16 条则进一步细化规定,国家监察机关应当加强对公职人员理想教育、为人民服务教育、宪法法律法规教育、优秀传统文化教育,弘扬社会主义核心价值观,深入开展警示教育,教育引导公职人员树立正确的权力观、责任观、利益观,保持为民务实清廉本色。这便将公职人员的遵纪守法由外部监督转化为自我监督,以提升公职人员应对腐败的自制力和廉洁从政的自觉性来让受教育者从思想深处拒绝不廉洁行为,从而产生"不想腐"的效果。

二、国家监察机关的监察权限

为更好地实现国家监察机关的反腐败职能,《监察法》赋予了国家监察机关相应的权力,并对权力行使的范围和限度作出了明确规定。概括而言,国家监察机关的监察权限主要包括监察监督权、监察调查权和监察处置权。第一,监察监督权是指国家监察机关对公职人员开展廉政教育,对其依法履职、秉公用权、廉洁从业以及道德操守情况进行监督检查的权力。监察监督权对国家监察机关而言是一项基

---

[1] 参见李雪勤、王冠:《"三不一体":反腐败基本方针的重大继承和创新》,载《毛泽东邓小平理论研究》2021 年第 4 期。

础性权力,因为监督不仅是国家监察机关的首要职责,同时也是国家监察机关履行调查、处置职责的重要基础。第二,监察调查权是指国家监察机关对公职人员涉嫌职务违法和职务犯罪的行为进行调查的权力。相对于监察监督权和监察处置权来说,监察调查权是一项核心性权力,具备相当程度的强制性和限制性,因为国家监察机关行使监察调查权特别是作出立案决定后会采取涉及对被调查人人身权、财产权、隐私权等基本权利限制较大的调查措施,故又必须对之加以严格的规范和约束。第三,监察处置权是指国家监察机关根据监督、调查的结果对违法犯罪的公职人员进行处置并作出相关决定的权力。相对于监察监督权、监察调查权,监察处置权是一项关键性权力,因为没有监察处置,监察监督和监察调查难免会流于形式,丧失威慑力及权威性。对于国家监察机关的监察权限,下文将展开更为详细的分析。

第十章 监察监督

知识结构图

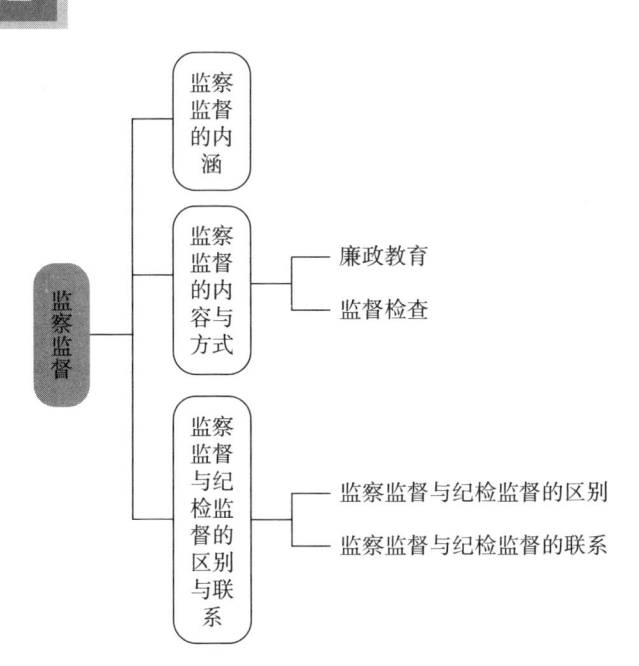

监察监督
- 监察监督的内涵
- 监察监督的内容与方式
  - 廉政教育
  - 监督检查
- 监察监督与纪检监督的区别与联系
  - 监察监督与纪检监督的区别
  - 监察监督与纪检监督的联系

监察监督是指国家监察机关根据监察法及相关法律法规的规定，对所有行使公权力的公职人员进行廉政教育，并对其依法履职、秉公用权、廉洁从业从政以及道德操守进行监督检查的执法活动。对此，《监察法》第11条第1款明确将监督确立为国家监察机关的首要职责，监察监督权与之相适应，是国家监察机关监督职责范围内的权力。国家监察机关通过行使监察监督权，一方面可以经由开展廉政教育进行正确、积极的引导，提升公职人员不想腐的内在自律；另一方面可以经由监督检查实现抓早抓小、防微杜渐，从不能腐的层面将违法犯罪行为扼杀在萌芽之中，进而从源头上控制腐败滋生和蔓延。

第一节　监察监督的内涵

自古以来，"监督"在我国一直是一个大监督概念。综观当下中国特色社会主义法治建设及其实践，我国对权力进行制约和监督遵循的是"以党和国家监督体系制约和监督权力"的思路，内含了以规范、权利、权力、责任等制约和监督权力的法治因素，包括中国共产党的党内监督、人民代表大会的权力监督、纪检监察机关的专责监督、检察机关和审判机关的司法监督、各民主党派的民主监督等多种监督形式。而国家监察监督是党和国家监督体系中的一种非常重要的监督形式。从监察法的规定来看，国家监察的"监督"有广义和狭义之分。广义上的监督包括"预防性监督""发现性监督""惩治性监督"，分别对应《监察法》第11条所明确规定的监督、调查、处置三项职责。其中，"监督"属于事前预防，"调查"属于事中发现，"处置"属于事后惩治。而狭义上的监督，仅指"预防性监督"，《监察法》将国家监察机关的三项职责相并列，表明监察监督是指狭义上的监督，即"预防性监督"。当然这并不意味着监察监督只能出现在事前阶段，在事中和事后阶段同样也存在监察监督，只不过作为预防性监督的监察监督主要发生在事前阶段。

作为国家监察机关的一项基础性权力，监察监督权具有以下特征：

1. 监察监督权的行使具有常规性。注重日常监督、经常监督、及时监督等常规性监督是国家监察机关行使监察监督权的典型特征。用好监察监督权对于确保公权力运行的合法性，将违法犯罪行为扼杀在萌芽之中，以及推动反腐败斗争实现标本兼治均具有重要意义。2018年12月13日,习近平总书记在主持中共十九届中央政治局第十一次集体学习时强调:"要坚持惩前毖后、治病救人,运用好监督执纪'四种形态',抓早抓小,防微杜渐。要强化监督执纪,及时发现和查处党风党纪方面的问题,同时强化监察执法,及时发现和查处依法履职、秉公用权、廉洁从政从业以及道德操守等方面的问题,把权力运行的规矩立起来。"[1]这指明了国家监察工作的目标不仅仅是惩治,更重要的是教育挽救。国家监察机关注重常规性监督就是要及时了解监察对象在遵守、执行宪法和法律,履职用权等过程中的具体情况,以便于及时发现问题、纠正偏差,督促有关机关、单位加强对所属公职人员的教育、管理、监督,从根本上减少腐败行为的发生。

2.监察监督权的适用范围颇广。从《监察法》的相关规定来看,国家监察机关行使监督检查权的范围比较宽泛且形式多样,将对公职人员开展廉政教育,公职人员依法履职、秉公用权、廉洁从政从业及道德操守情况都包括在内,既涉及法律层面,也涉及道德层面。监察监督的方式既有廉政教育、监督检查等概括式规定,也有通过收集群众反映、座谈走访、查阅资料、召集或者列席会议、听取工作汇报和述责述廉等列举式规定。这有助于全方位、无死角地实现对所有行使公权力的公职人员的监察监督全面覆盖,从而最大限度发挥事前监督的作用。

3.从监察监督权的程序来看,《监察法》仅是概括性地列举了监督检查的方式,具体如何运行尚未有特别明确的程序性规定。监察监督权程序性规定较少,并不意味着国家监察机关在实际履行监督职责工作中没有具体明确的程序或者不需要严格遵守程序。比如,中央纪委国家监委在官方网站上有公开关于纪检监察机关信访举报的工作程序,[2]《中国共产党纪律检查机关监督执纪工作规则》中亦有有关国家监察机关开展监督检查工作的程序性规定,而不少地方监察机关在实践中对此实际上也制定了较多的规范性文件来加以规范。

---

[1] 习近平:《论坚持全面依法治国》,中央文献出版社2020年版,第242页。
[2] 参见中央纪委国家监委网站"信息公开"中的"工作程序一栏",https://www.ccdi.gov.cn/xxgkn/gzcx/201804/t20180411_40532.html,最后访问日期:2022年9月29日。

第二节　监察监督的内容与方式

根据《监察法》第 11 条第 1 款的规定,国家监察机关的监督职责主要是对公职人员开展廉政教育,对其依法履职、秉公用权、廉洁从业以及道德操守情况进行监督检查。由此,也确定了国家监察机关行使监察监督权的主要内容与方式包括:

一、廉政教育

国家监察机关对公职人员开展廉政教育是强化公职人员"不想腐"的基础性工作,这不仅是监察机关的重要职责,也是其履行职责的重要方式。通过廉政教育可以使公职人员牢固树立马克思主义的世界观、人生观、价值观和正确的权力观、地位观、利益观,使遵纪守法成为公职人员的自觉行动,不断增强"不想腐"的自觉性。国家监察机关对公职人员开展廉政教育可以通过以下方式展开:一是可以通过理想信念教育的方式展开。引导广大公职人员树立廉荣贪耻的价值导向,把为人民服务作为价值追求,把为人民做贡献作为人生宗旨,把为人民谋利益作为工作目标,真正做到权为民所用、情为民所系、利为民所谋。二是可以通过思想道德教育的方式展开。不断向广大公职人员灌输公正廉洁、大公无私的从政思想,引导弘扬社会主义核心价值观,带头发扬对党和人民事业高度负责的精神。三是可以通过党纪国法教育的方式展开。强化广大公职人员的党纪国法意识,做到知法、懂法从而带头守法,树立对党纪国法的敬畏意识,明白什么可以为、什么不可为,切实树立清正廉洁的良好形象,不断增强廉洁自律。四是可以通过反腐倡廉宣传的方式展开。将廉政教育和廉政知识融入日常反腐倡廉宣传之中,深入开展"反面教材"等警示教育现场说法,既在公职人员群体范围内起到宣传警示作用,也在全社会范围内营造对腐败"零容忍"的氛围。

二、监督检查

(一)监督检查的内容

国家监察机关对公职人员进行监督检查,是履行调查、处置职责的重要基础。

监察机关监督检查的内容主要包括以下四个方面：

1. 依法履职情况。国家监察机关对公职人员依法履职情况进行监督检查，既监督检查公职人员行使公权力的行为是否合法，又监督检查公职人员是否履行职责，具体内容包括监督检查公职人员行使公权力的行为是否有依据，是否符合既定宪法和法律的规范要求，是否按照法定权限和程序认真履行职责，是否坚持"法定职责必须为、法无授权不可为"，是否自觉运用法治思维和法治方式开展工作，是否存在超越法律行使公权力的违法犯罪行为等。

2. 秉公用权情况。国家监察机关对公职人员秉公用权情况进行监督检查，实则是对公职人员行使公权力的行为进行公益性、利民性、公平性检查，具体内容包括监督检查公职人员是否按规则按制度行使权力，是否真正做到了权为民所用，利为民所谋，是否真正做到了大公无私、公私分明、先公后私、公而忘私，是否存在搞特权、特殊化、公权异化、以权谋私、玩忽职守、不作为、慢作为、乱作为等行为。

3. 廉洁从政从业情况。国家监察机关对公职人员廉洁从政从业情况进行监督检查，主要涉及监督检查公职人员是否廉洁自律，自觉保持人民公仆本色；是否廉洁用权，自觉维护人民根本利益；是否廉洁修身，自觉提升思想道德境界；是否存在贪污受贿，权钱交易、权色交易等违法乱纪情况；是否自觉遵守制度为人民群众办实事等。

4. 道德操守情况。作为公职人员，国家法律对其在遵纪守法层面有着更高要求，公职人员负有模范遵守、自觉维护宪法和法律的基本义务，在道德操守方面同样如此。以惩前毖后、治病救人为工作原则，国家监察机关对公职人员道德操守情况进行监督检查就是要抓早抓小、防微杜渐，树立广大公职人员在人民群众心目中的良好形象。

(二) 监督检查的方式

对于监督检查的方式，《监察法》仅作出了概括式规定并未明示。对此，《监察法实施条例》作出了一定补充，列举式规定了监督检查包括通过收集群众反映、座谈走访、查阅资料、召集或者列席会议、听取工作汇报和述责述廉、谈心谈话、专项检查等具体方式。国家监察机关通过常规性的监督检查工作，可以对公职人员起到相应的威慑作用。值得注意的是，国家监察机关开展监督检查工作的诸多方式都与党的纪律检查机关在党内监督中的工作方法相一致,鉴于《监察法》所作出的概括式规定,这意味着未来国家监察机关监督检查的具体方式仍存在进一步拓展的制度空间。并且,在纪检监察合署办公的体制下,党的纪律检查机关的监督职责与国家监察机关的监督职责是相对应的,党的纪律检查机关的党风廉政意见回复建议、建立和完善廉政档案、驻点监督和约谈函询等党内监督方式对于进一步强化国家监察机关对公职人员依法履职、秉公用权、廉洁从业以及道德操守情况的监督检查都有很好的借鉴意义。

第三节 监察监督与纪检监督的区别与联系

根据《中国共产党纪律检查委员会工作条例》和《监察法》相关规定,党的纪律检查机关履行监督、执纪、问责三项职责,国家监察机关履行监督、调查、处置三项职责,党的纪律检查机关和国家监察机关在监督职责的履行上大体相似,具有明显对应性。在纪检监察合署办公的体制下,纪检监督与监察监督既有区别又有联系。所谓区别,主要是指纪检监督和监察监督在主体、对象、范围和依据等方面存在明显不同,彼此之间既不能互相混淆,更不能相互代替。这是由党的纪律检查机关依据党章党规履行监督职责和国家监察机关依据宪法法律履行监督职责所决定的。所谓联系,主要指的是纪检监督与监察监督存在相似、相通甚至相同之处。这是由党内监督和国家监察的内在一致性所决定的。

一、监察监督与纪检监督的区别

监察监督与纪检监督的区别主要有以下几点:

1. 监督的主体不同。在合署办公的体制下,党的纪律检查机关和国家监察机关性质不同,分属于"党"和"政"两个不同的组织序列,两者的性质差异并没有随着纪检监察合署办公体制的确立而改变。从整体意义上来看,虽然纪检监察机关兼具政治属性和法律属性,但是从组织性质上来看,所谓的"纪检监察机关"指的仍然是两个机构而不是一个机构,其兼具党的机构和国家机构双重属性。

2. 监督的对象不同。根据《中国共产党纪律检查委员会工作条例》规定,党的纪律检查的对象所涵盖的范围包括各级党组织和全体党员；而根据《监察法》规定，国家监察对象所涵盖的范围包括所有行使公权力的公职人员。[1] 由于纪检的性质是"党"，属于"党"的范畴，而监察的性质是"政"，属于"国家"的范畴，由此便决定了党的纪律检查权所作用的对象范围仅限于"党内"而不能超脱至党外，而国家监察权所作用的对象范围仅限于"国家"而不能逾越国家的界限。因而纪检监督和监察监督的对象是泾渭分明的。

3. 监督的范围不同。根据《中国共产党纪律检查委员会工作条例》规定，纪检监督主要是开展党章党规党纪教育、廉政教育，以及对党组织、党的领导干部履职用权和全体党员履行义务进行监督检查，其监督检查的范围囊括党组织和党员遵守党章党规党纪、贯彻落实党的理论和党的路线方针政策以及党中央决策部署等情况。根据《监察法》规定，监察监督主要是对公职人员开展廉政教育，对其依法履职、秉公用权、廉洁从业以及道德操守情况进行监督检查。监督范围的不同即意味着纪检监督和监察监督在监督方式上亦会存在差异，如纪检监督中的督促巡视巡查整改。

4. 监督的依据不同。党的纪律检查机关开展纪检监督工作，依据的是党章、党规、党纪，而国家监察机关开展监察监督工作，依据的是宪法、法律、法规。党内法规和国家法律同属中国特色社会主义法治体系。之所以中国特色社会主义法治体系是由党内法规和国家法律共同构成，其中一个极重要的缘由便在于党内法规和国家法律在制度意志上具有内在统一性。党内法规作为中国共产党自身制定的用以规范党的领导和党的建设活动的制度，体现的是党的统一意志，而中国共产党既是领导党，又是执政党，代表的是最广大人民的根本利益。国家法律作为中国共产党领导人民制定的适用于所有公民和组织的制度，体现的是国家意志，而"国家意

---

[1] 值得注意的是，《监察法》所确立的国家监察对象的范围虽然没有承袭之前《行政监察法》将"机关"纳入其中，但是这并不意味着放弃了对"机关"的监察。此前《政务处分法》第10条便有对机关、单位、组织集体违法行为中负有领导责任和直接责任的公职人员给予政务处分的明确规定。而《监察法实施条例》第44条对此予以了重申和强调。因此，对"机关、单位、组织"的监察其实是有法可依，只不过因应《监察法》所确立的国家监察对象仅限于行使公权力的公职人员，只能是针对机关、单位、组织集体违法行为中负有领导责任和直接责任的公职人员而不能直接针对机关、单位、组织本身。不过从这层意义上来理解，对负有领导责任和直接责任的公职人员的监察其实客观上也是形成了对相关机关、单位、组织的实质性监察。

志本质上是通过执政党凝聚的人民意志的结晶,是党的主张和人民意志的体现"。[1] 是故,无论是党内法规还是国家法律都体现了党和人民的根本意志,党的统一意志与人民意志和国家意志在本质上是统一的。由此,这意味着以党内法规为规范依据的党内监督和以国家法律为规范依据的国家监察在中国特色社会主义法治体系统合下具有内在统一性。

二、监察监督与纪检监督的联系

监察监督与纪检监督的联系主要有以下几点:

1. 在职责履行上,党的纪律检查机关和国家监察机关实行合署办公的体制,一体履行纪检监督和监察监督两项职责。构建纪检监察合署办公的体制应当说是深化国家监察体制改革的重要内容。目前,"党的纪律检查机关与国家监察机关合署办公"已分别被明确写入《中国共产党纪律检查委员会工作条例》第7条和《监察法实施条例》第3条。这意味着纪检监察机关合署办公在制度规范层面已被确立为一项基本原则。而依托一套工作机构、两个机关名称的组织形式,纪检监察机关客观上已经"融为一体",具体体现在组织结构和人员配备等方面"融为一体"。由此,使纪检监督和监察监督呈现"一体履行"的状态。

2. 在监督对象上,党的纪律检查对象和国家监察对象相互补充共同构成党内监督和国家监察全面覆盖。其根据便在于,"党的纪律检查对象的范围与国家监察对象的范围是交叉重叠的关系"。[2] 一方面,"我国公务员队伍中党员比例超过80%,县处级以上领导干部中党员比例超过95%",[3]这些人员既是党的纪律检查的对象,也是国家监察的对象。另一方面,"行使公权力是认定国家监察对象的核心要素",[4]且只能针对行使公权力的公职人员,故对于普通党员来说,只要不属于行使公权力的公职人员,便只能是党的纪律检查的对象,而对于行使公权力的非

---

〔1〕 《习近平法治思想概论》编写组:《习近平法治思想概论》,高等教育出版社2021年版,第310页。
〔2〕 夏金莱:《论监察全覆盖下的监察对象》,载《中国政法大学学报》2021年第2期。
〔3〕 中共中央文献研究室:《习近平关于全面从严治党论述摘编》,中央文献出版社2016年版,第208页。
〔4〕 宗婷婷、王敬波:《国家监察对象的认定标准:核心要素、理论框架与适用场域》,载《中共中央党校(国家行政学院)学报》2019年第4期。

党员公职人员来说,便只能是国家监察的对象。并且,纪检监察机关可以通过身份转换来进一步保障党内监督和国家监察全面覆盖。如前所述,纪检监察机关客观上已经"融为一体",党的纪律检查对象和国家监察对象有着各自应有的范围,由此便决定了纪检监察机关可以通过自身身份的转换针对不同的监督对象采取合适的工作方式进行,以便保证党内监督和国家监察全面覆盖的有效性。因而,针对不同的监督对象纪检监察机关可能需要分别采取纪检的名义、监察的名义、纪检监察的名义进行,在实质上实现党内监督和国家监察的全面覆盖。

3. 在监督范围上,纪检监督和监察监督内在一致、互为补充、相互衔接,确保了职责履行的同步性。比如,在日常监督方面,纪检监察机关可以同步监督检查党组织和党员遵守党章党规党纪、贯彻落实党的理论和党的路线方针政策以及党中央决策部署等情况,以及监督检查公职人员政治品行、行使公权力以及道德操守等情况。再如,在监督方式方面,纪检监察机关可以根据不同的监督对象,依据相关党内法规和国家法律的规定综合使用纪检监督方式和监察监督方式。

4. 在指导思想、基本原则、目标任务上,纪检监督和监察监督高度一致。党的纪律检查机关是党内监督专责机关,国家监察机关是行使国家监察职能的专责机关,两者定位相匹配,都是党直接领导下的政治机关,而纪检监督和监察监督都是以习近平新时代中国特色社会主义思想为指导,遵循惩前毖后、治病救人,惩戒与教育相结合等工作原则,实现抓早抓小、防微杜渐。

第十一章 监察调查

知识结构图

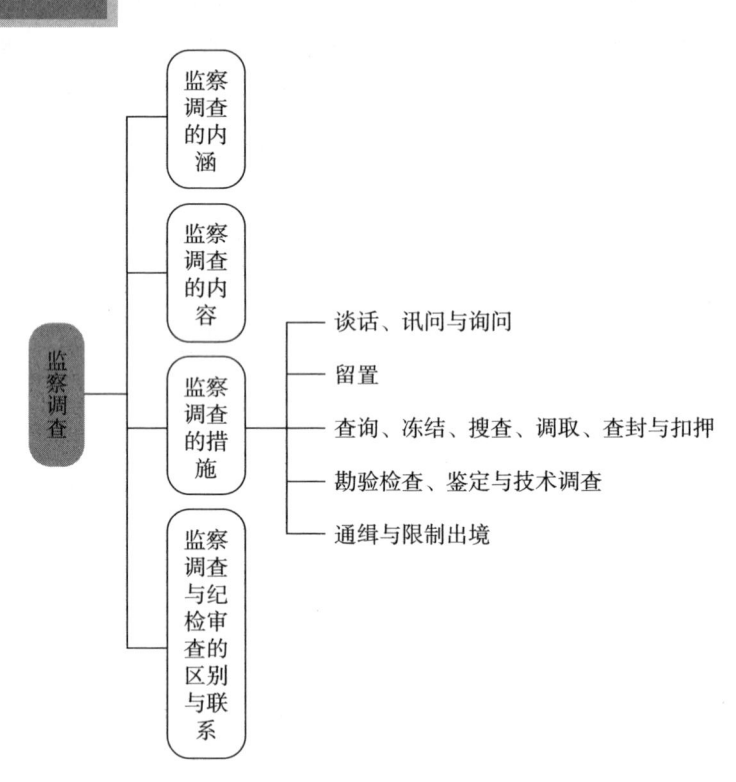

- 监察调查
  - 监察调查的内涵
  - 监察调查的内容
  - 监察调查的措施
    - 谈话、讯问与询问
    - 留置
    - 查询、冻结、搜查、调取、查封与扣押
    - 勘验检查、鉴定与技术调查
    - 通缉与限制出境
  - 监察调查与纪检审查的区别与联系

监察调查是指国家监察机关根据《监察法》及相关法律法规的规定，对涉嫌贪污贿赂、滥用职权、玩忽职守、权力寻租、利益输送、徇私舞弊以及浪费国家资财等职务违法和职务犯罪进行调查的执法活动。调查职责是《监察法》第 11 条第 2 款所明确赋予国家监察机关的重要职责，对公职人员涉嫌职务违法和职务犯罪进行调查最能体现国家监察机关反腐败工作机构的定位及特色。监察调查权是国家监察机关调查职责范围内的权力。国家监察机关通过行使监察调查权依法调查公职人员的职务违法和职务犯罪行为，不仅可以提升对腐败的发现概率与追惩能力，有效地强化不敢腐的震慑；而且可以保障公权力运行的廉洁性，维护宪法和法律的尊严与权威。

第一节　监察调查的内涵

监察调查实质上是一种"发现性监督"，其在国家监察机关监督、调查、处置三项职责中发挥着承前启后的地位和作用。从目前的反腐败情况来看，法治化反腐既是巩固反腐败斗争压倒性胜利的紧迫要求，又是人民群众对党和国家治理体系和治理能力现代化的现实期待。而腐败行为的间接化、腐败主体的圈子化、腐败收益的隐蔽化等新型腐败现象的产生，在很大程度上增加了识别腐败行为的反腐难度。这使国家监察机关的调查工作成为当下反腐败斗争中最直接、最尖锐、最激烈也最复杂的工作领域。因而，《监察法》赋予国家监察机关充分且适当的调查权限，不仅是非常必要的，同时也是十分正当的。这也为更好地实现国家监察机关的反腐败职能奠定了重要制度基础。

作为国家监察机关的一项核心性权力，监察调查权具有以下特征：

1. 监察调查权的行使具有强制性和限制性。根据《宪法》和《监察法》的规定，国家监察机关依照法律规定独立行使监察权，不受行政机关、社会团体和个人的干涉；办理职务违法和职务犯罪案件，应当与审判机关、检察机关、执法部门互相配合，互相制约；且根据监察工作的需要，有关机关和单位负有依法予以协助的义务。这意味着任何机关、组织和个人都不得非法干扰和阻碍国家监察机关调查工作的顺利进行。而诸如冻结、搜查、通缉、留置等特殊调查措施涉及公职人员的重要权利,一旦采取将会对被调查人的人身权、财产权、隐私权等基本权利限制或剥夺。

2.监察调查权的适用范围具有特定性。国家监察机关的监察调查权适用于公职人员的职务违法和职务犯罪行为。当前国家监察机关对公职人员涉嫌职务违法和职务犯罪展开调查,主要针对贪污贿赂、滥用职权、玩忽职守、权力寻租、利益输送、徇私舞弊以及浪费国家资财7类违法犯罪行为。依据7类违法犯罪的程度划分又可分为一般职务违法行为、严重职务违法行为和职务犯罪行为。《监察法实施条例》对此特别作出了细化规定,明确列出了职务违法的客观行为类型,以及特定情况下调查其他违法行为的情形,并以列举罪名的方式对国家监察机关管辖职务犯罪的范围作出明确规定,总计有101个罪名。

3.监察调查权的行使具有强约束性。《监察法》以严肃审慎的态度设定调查权限,明确要求国家监察机关开展调查工作应当严格依照法定的范围、程序和期限采取相关措施。根据《监察法》的相关规定,在监察调查的过程中,国家监察机关可以视情况综合使用谈话、讯问、询问、留置、查询、冻结、搜查、调取、查封、扣押、勘验检查、鉴定、技术调查、通缉、限制出境15项措施。每种措施都必须严格按照《监察法》的相关规定在特定条件下才能适用,否则便是权力滥用。并且,在监察调查证据规则方面,国家监察机关在收集、固定、审查、运用证据时不仅要受到《监察法》的直接约束,同时也要符合《刑事诉讼法》的相关规定约束,以便有效对接刑事审判关于证据的标准和要求。

第二节 监察调查的内容

根据《监察法》第11条第2款的规定,国家监察机关的调查职责主要是对涉嫌贪污贿赂、滥用职权、玩忽职守、权力寻租、利益输送、徇私舞弊以及浪费国家资财等职务违法和职务犯罪进行调查。故国家监察机关行使监察调查权主要针对贪污贿赂、滥用职权、玩忽职守、权力寻租、利益输送、徇私舞弊以及浪费国家资财7类违法犯罪行为。这7类违法犯罪行为是党的十八大以来反腐败斗争中发现得比较突出的行为,基本涵盖了公职人员的常见腐败行为类型。当然,这并不意味着公职人员其他职务违法和职务犯罪行为不属于监察调查的范围,实际上国家监察机关对公职人员的所有职务违法和职务犯罪行为都可以展开调查,故《监察法》以"等"字表示尚未穷尽相关行为。

1. "贪污贿赂",是指公职人员贪污、挪用、私分公共财物,或者拥有不能说明来源的巨额财产、隐瞒境外存款,以及受贿、行贿、介绍贿赂等侵犯职务行为廉洁性、不可收买性的行为。当公职人员贪污贿赂的违法行为符合《刑法》规定的犯罪构成并符合犯罪量刑标准即构成职务犯罪行为。这主要涉及《刑法》分则第八章"贪污贿赂罪"中的14个罪名以及第三章"破坏社会主义市场经济秩序罪"、第五章"侵犯财产罪"中的5个罪名。

2. "滥用职权",是指公职人员超越职权违法处理无权决定的事项,或者违法处理公务,致使公共财产、国家和人民利益遭受损失的行为。当公职人员滥用职权的违法行为符合《刑法》规定的犯罪构成并符合犯罪量刑标准即构成职务犯罪行为。这主要涉及《刑法》分则第九章"渎职罪"中的9个罪名、第四章"侵犯公民人身权利、民主权利罪"中的7个罪名以及第三章"破坏社会主义市场经济秩序罪"、第五章"侵犯财产罪"中的各1个罪名。

3. "玩忽职守",是指公职人员严重不负责任,不履行或者不正确履行职责,致使公共财产、国家和人民利益遭受损失的行为。当公职人员玩忽职守的违法行为符合《刑法》规定的犯罪构成并符合犯罪量刑标准,即构成职务犯罪行为。这主要涉及《刑法》分则第九章"渎职罪"中的9个罪名以及第三章"破坏社会主义市场经济秩序罪"中的2个罪名。

4. "权力寻租",是指公职人员利用手中的公权力,违反或者规避法律法规,谋取或者维护私利的行为。当前权力寻租的行为表现形式多种多样,有的是直接利用手中的公权力来获取某种好处,有的是利用所谓的"人脉关系"以中介的形式围绕公权力从事经营活动,损公肥私,其实质是以权谋私,往往与贪污贿赂、滥用职权相关联。虽然权力寻租在《刑法》中没有相对应的具体罪名,但是当公职人员权力寻租的违法行为符合《刑法》规定的相关犯罪构成并符合犯罪量刑标准,即构成职务犯罪行为。

5. "利益输送",是指公职人员利用职权或者职务影响,以违反或者规避法律法规的手段,将公共财产等利益不正当授受给有关组织、个人的行为。利益输送的实质是公权力的私有化使用,包括贪污侵占、为亲友谋利、权钱交易、权权交易等多种形式,往往涉及贪污贿赂、滥用职权及职务侵占等。虽然利益输送在《刑法》中没有相对应的具体罪名,但是当公职人员权力寻租的违法行为符合《刑法》规定的相关犯罪构成并符合犯罪量刑标准,即构成职务犯罪行为。

6."徇私舞弊",是指公职人员利用职务之便,以权谋私,通过虚构事实、掩盖真相等非法手段弄虚作假,违法行使职权,致使公共财产、国家和人民利益遭受损失的行为。当公职人员徇私舞弊的违法行为符合《刑法》规定的犯罪构成并符合犯罪量刑标准,就构成职务犯罪行为。这主要涉及《刑法》分则第九章"渎职罪"中的12个罪名以及第三章"破坏社会主义市场经济秩序罪"中的3个罪名。

7."浪费国家资财",是指公职人员违反规定,挥霍公款、铺张浪费的行为。浪费国家资财以违规公款吃喝,搞劳民伤财的"政绩工程""形象工程""面子工程"等行为为典型,虽然浪费国家资财在《刑法》中没有相对应的具体罪名,但是当公职人员浪费国家资财的违法行为符合《刑法》规定的相关犯罪构成并符合犯罪量刑标准即构成职务犯罪行为。

第三节　监察调查的措施

为保证国家监察机关有效履行调查职责,《监察法》明确了国家监察机关开展调查工作可以采用谈话、讯问、询问、留置、查询、冻结、搜查、调取、查封、扣押、勘验检查、鉴定、技术调查、通缉、限制出境15项调查措施。

一、谈话、讯问与询问

(一)谈话

所谓"谈话",是指国家监察机关直接或者依法委托有关机关、人员,对有问题线索反映、可能发生职务违法的监察对象,以面对面谈话的方式了解情况或者予以提醒的调查措施。《监察法》第19条明确规定:"对可能发生职务违法的监察对象,监察机关按照管理权限,可以直接或者委托有关机关、人员进行谈话或者要求说明情况。"《监察法》以国家法律的形式,借鉴吸收了党内监督执纪实践中普遍适用的谈话制度,其有关谈话措施的规定与党内监督执纪工作相适应。作为一种较为灵活的调查措施,谈话在线索处置、初步核实等过程中发挥着"有则改之、无则加勉"的重要功能,是国家监察机关积极主动防止权力滥用、防止腐败发生、防止违法行为恶化的重要措施之一。

国家监察机关适用谈话措施,其要求主要包括以下几点:

1.谈话的主体是国家监察机关及受委托的有关机关、人员。一般为国家监察机关的相关负责人或者承办部门主要负责人,以及有关机关、人员所在机关的主要负责人,且应当由 2 人以上进行。依照程序报批,国家监察机关可以在管理权限内要求被谈话人就某些具体问题说明情况,其间可由被调查人所在机关、组织、单位等主要负责人在旁陪同。国家监察机关委托有关机关、人员进行谈话的,有关机关、人员一般为所在机关主要负责人。

2.谈话的适用要件是有公职人员相关问题线索反映及有可能存在职务违法行为。一般情况下,国家监察机关对被调查人适用谈话措施是基于信访、举报等途径所获得的相关问题线索反映,这通常意味着公职人员有可能存在职务违法行为,甚至是职务犯罪行为。对此,国家监察机关应当坚持惩前毖后、治病救人,惩戒与教育相结合等工作原则,切实履行好调查职责,对有可能存在职务违法行为的公职人员尽早进行谈话,避免其进一步坠入犯罪的深渊。

3.谈话的主要目的在于调查核实。主要与轻微违法行为,苗头性、倾向性等一般性问题相适应,是落实"四种形态"中的第一种形态的重要措施。当然,在立案后,国家监察机关依然可以依法对涉嫌职务违法犯罪的被调查人进行谈话。

4.谈话后的相应处置,应由国家监察机关具体承办部门形成工作记录和具体意见,一般分为三种情况:第一种是反映不实或无证据证明发生职务违法行为的,予以了结澄清;第二种是有证据证明可能发生职务违法行为,但情节较轻的,国家监察机关可按照管理权限直接或者委托有关机关、人员进行批评教育,责令检查或者予以诫勉;第三种是反映问题比较具体但被反映人予以否认或存在明显问题的应当再进行谈话核实。

5.谈话要严格按照法定程序进行。在一般情况下,国家监察机关采取谈话措施处置问题线索时,经审批后可由监察人员或者委托被谈话人所在机关、组织或单位主要负责人等对被调查人进行谈话。在处置一般性问题线索时,谈话应当在工作地点等场所进行,明确告知谈话事项。在涉嫌职务违法的被调查人立案后与被调查人首次谈话时,应当出示《被调查人权利义务告知书》,由其签名、捺指印;对于被调查人未被限制人身自由的,应当在首次谈话时出具《谈话通知书》,且与涉嫌严重职务违法的被调查人进行谈话的,应当全程同步录音录像,并告知被调查人。

(二)讯问

所谓"讯问",是指通过国家监察机关提问、被调查人回答的方式,取得印证被调查人以及涉嫌共同职务犯罪的涉案人员有关贪污贿赂、失职渎职等职务犯罪事实的口供及其他证据的调查措施。《监察法》第20条明确规定:"对涉嫌贪污贿赂、失职渎职等职务犯罪的被调查人,监察机关可以进行讯问,要求其如实供述涉嫌犯罪的情况。"讯问措施源自党内监督执纪实践中经常运用的审查措施,同时借鉴了《刑事诉讼法》中的讯问措施。讯问措施的准确适用对于保障国家监察机关调查工作顺利、有序进行具有十分重要的意义。

国家监察机关适用讯问措施,其要求主要包括以下几点:

1. 讯问的主体只能是国家监察机关。作为国家监察机关开展调查工作的特殊调查措施之一,讯问带有限制或剥夺被调查人人身自由的性质,故讯问权限只能由国家监察机关依法行使,不得委托给其他机关或者个人行使,且应当由2人以上进行。为保障被讯问人的权利,讯问地点和时间应当符合法律规定。比如,对采取留置措施的被调查人、涉案人员进行讯问,必须在留置场所内进行。

2. 讯问的对象是被调查的监察对象,以及相关的涉案人员。根据《监察法》第15条的规定,涉案人员不属于该条所明确的监察对象,但是从体系解释和目的解释的角度结合实践中的具体情况来看,涉案人员也属于询问的对象,乃至被称作"事实上的监察对象"。[1]

3. 讯问的适用范围是被调查人涉嫌贪污贿赂、失职渎职等职务犯罪,或者涉案人员涉嫌行贿犯罪或者共同职务犯罪。在一般情况下,贪污贿赂、失职渎职等职务

---

[1] 参见秦前红、薛小涵:《论〈监察法〉中的涉案人员:规范意涵、角色定位及其制度建构》,载《学术界》2022年第4期。

犯罪主体身份较为特殊，犯罪手段隐蔽且常常关联性较大，国家监察机关通过听取被调查人、涉案人员供述、辩解等，一来能够有效查明被调查人、涉案人员有无违法犯罪事实，以及其他与案件相关的事实情节，为后续作出相应处置奠定基础；二来可以给被调查人、涉案人员提供自我辩护、认罪悔罪，争取宽大处理的机会。

4. 讯问要严格按照法定程序进行。国家监察机关适用讯问措施时应当首先核实被讯问人的基本情况，其次告知被讯问人如实供述自己罪行可以依法从宽处理和认罪认罚的法律规定，再次就被讯问人是否有违法犯罪行为进行提问，最后由被讯问人陈述有罪的事实或者无罪的辩解。讯问笔录要完整准确记录，并对整个讯问过程进行全程同步录音录像。

5. 讯问应当依法保障被讯问人的权利。首次讯问时，国家监察机关应当向被讯问人出示《权利义务告知书》。国家监察机关适用讯问措施时不得采取逼供、诱供，或者侮辱、打骂、虐待、体罚等方法，也不得采用以暴力或者严重损害本人及其近亲属合法权益等方法进行威胁，更不得采用非法拘禁等非法限制人身自由等方法收集被调查人的供述。

（三）询问

所谓"询问"，是指国家监察机关为查明案件事实、收集证据，依照法定程序以口头的方式向证人等人员获取证人证言等证据的调查措施。《监察法》第21条明确规定，"在调查过程中，监察机关可以询问证人等人员"。询问措施同样源自党内监督执纪实践中经常运用的执纪手段，同时借鉴了《刑事诉讼法》中的询问措施。询问措施的准确适用对于国家监察机关获取真实证人证言、查清案件事实、形成完整证据链均具有重要意义。

国家监察机关适用询问措施，其要求主要包括以下几点：

1. 询问的主体只能是国家监察机关。因涉及被调查人之外的其他公民，询问权限只能由国家监察机关依法行使，不得委托给其他机关、个人行使，且应当由2人以上进行。

2. 询问的对象是证人等人员。证人，即直接或者间接了解案件真实情况并能够依法提供证明的人。能否成为证人，一般需要具备四个要件：(1)证人必须是法律意义上的"自然人"，法人、组织或者单位等不能作为证人；(2)证人的行为能力应当正常而且能够准确表达;(3)证人必须直接或者间接地了解案件的相关情况;(4)证人的证言必须保证客观真实性,同案的被调查人不能互为证人。在我国,凡是了解案件情况的人,都有作证的基本义务。

3.询问要严格按照法定程序进行。首次询问时,应当向证人出示《证人权利义务告知书》,由其签名、捺指印。证人拒绝签名、捺指印的,调查人员应当在文书上记明。证人未被限制人身自由的,应当在首次询问时向其出具《询问通知书》。询问时,应当核实证人身份,问明证人的基本情况,告知证人应当如实提供证据、证言,以及作伪证或者隐匿证据应当承担的法律责任。询问重大或者有社会影响案件的重要证人,应当对询问过程全程同步录音录像,并告知证人。告知情况应当在录音录像中予以反映,并在笔录中记明。

4.询问的地点需符合要求。询问地点不限于国家监察机关,可以是证人所在的单位、住处或者证人提出的其他地点,必要时才通知证人到国家监察机关提供证言。

5.询问形成的笔录、证言等书面材料要符合刑事审判中的证据要求和标准。《监察法》第33条规定:"监督机关依照本法规定收集的物证,书证,证人证言,被调查人供述和解释、视听资料、电子数据等证据材料,在刑事诉讼中可以作为证据使用。"故询问证人所取得的证据在刑事审判中属于证人证言,国家监察机关应当确保证人证言合法获得并符合刑事审判中的证据要求和标准。

二、留置

所谓"留置",是指国家监察机关调查涉嫌贪污贿赂、失职渎职等严重职务违法或者职务犯罪时,已经掌握被调查人部分违法犯罪事实及证据,仍有重要问题需要进一步调查,并且具备法定情形,经依法审批后,将被调查人带至并留在特定场所,使其就案件所涉及的问题配合调查而采取的调查措施。《监察法》第22条明确规定,被调查人涉嫌贪污贿赂、失职渎职等严重职务违法或者职务犯罪,监察机关已经掌握其部分违法事实及证据,仍有重要问题需要进一步调查,具有涉及案情重大、复杂的,可能逃跑、自杀的,可能串供或者伪造、隐匿、毁灭证据的,可能有其他妨碍调查行为的情形,经监察机关依法审批,可以将其留置在特定场所。用"留置"

取代"双规",应当说是国家监察体制改革推动反腐败工作法治化的一大亮点。国家监察机关依法适用留置措施,可以有效防范被调查人、涉案人员逃跑、自杀,或者伪造、隐匿、毁灭证据等问题的发生,为查清违法犯罪事实提供保障。

国家监察机关适用留置措施,其要求主要包括以下几点:

1. 留置的主体和对象。留置的主体只能是国家监察机关。在《监察法》赋予国家监察机关开展调查工作的15项措施中,留置的强制性程度最高,对被调查人、涉案人员的基本权利(特别是人身权)影响最严重,因此留置权限只能由国家监察机关依法行使,不得委托给其他机关或者个人行使,且应当由2人以上进行。留置的对象是被调查的监察对象以及涉案人员。

2. 留置的适用必须符合以下三个要件:(1)涉案要件。留置措施的适用针对的是被调查人涉嫌贪污贿赂、失职渎职等严重职务违法或者职务犯罪,而且违法犯罪情节需达到严重程度。其他的一般、轻微的职务违法不能采取留置措施。(2)证据要件。国家监察机关在已经掌握部分违法犯罪事实及证据的前提下,仍有进一步调查重要问题的需要。首先,有证据证明存在严重违法犯罪事实,且该事实涉嫌贪污贿赂、失职渎职等严重职务违法或者职务犯罪。其次,有证据证明该项违法犯罪事实是被调查人所为,并且所涉嫌的情节已经达到严重违法或犯罪的程度。最后,仍有重要问题需要进一步调查。国家监察机关在调查过程中,基于已掌握的事实,发现被调查人还可能存在其他严重违法犯罪事实,但现有证据不足以证明该事实存在,仍须进一步调查,也可以采取留置措施。(3)情形要件。包括涉及案情重大、复杂的;可能逃跑、自杀的;可能串供或者伪造、隐匿、毁灭证据的;可能有其他妨碍调查的行为。

3. 留置要严格按照法定程序进行。"依法审批"是国家监察机关适用留置措施的重要程序性规定,包括两个层面的审批程序:(1)本级审批。各级监察机关采取留置措施,都应当经本机关领导成员集体研究决定,而不能由调查人员决定,也不能由某一个或某几个领导人员决定,不能以个人意志代替集体决策、以少数人意见代替多数人意见。(2)上级审批。设区的市级以下监察机关决定采取留置措施,应当报上一级监察机关批准;省级监察机关决定采取留置措施,应当报国家监察委员会备案。

4. 公安机关协助留置执行。当前国家监察机关尚不配备类似检察院、法院的司法警察那样的强制执行队伍，因此在适用留置措施时，可以根据工作需要提请公安机关协助执行，公安机关应当依法予以协助。县级以上国家监察机关需要提请公安机关协助采取留置措施的，应当按规定报批，请同级公安机关依法予以协助。提请协助时，应当出具《提请协助采取留置措施函》，列明提请协助的具体事项和建议，协助采取措施的时间、地点等内容，附《留置决定书》复印件。一般来说，公安机关协助执行留置主要有两种情况：(1)监察机关对被调查人采取留置措施，将其带至留置场所，需要公安机关配合执行，以防止相关单位或者个人的阻挠。(2)将被调查人留置在特定场所后，需要公安机关出警看护，以保证被留置人员的人身安全，从而保证相关调查工作的顺利进行。

5. 被留置人的权利保障。留置期间，国家监察机关应当保障被留置人的基本权利，具体包括以下几个方面：(1)留置通知。留置措施涉及范围广、留置时间长，采取留置措施后，被留置人与外界失去联系，被留置人所在单位和家属可能会误以为被留置人已经失踪或死亡，引起不必要的恐慌。因此，国家监察机关采取留置措施后，应当在24小时以内通知被留置人员所在单位和家属，保障其单位、家属知情权，除非存在有碍调查的情形。所谓"有碍调查"，主要是指通知后可能发生毁灭、伪造证据，干扰证人作证或者串供等情况。比如，被调查人被留置的消息传出，可能会引起其他同案犯逃跑、自杀、毁灭或伪造证据；被留置人的家属与其犯罪有牵连的，通知后可能引起转移、隐匿、销毁罪证。(2)尊重被留置人的人格和民族习俗，保障被留置人员的饮食、休息和安全，必要时提供医疗服务。作为调查过程中非常严厉的强制措施，留置会对被留置人予以人身限制，并将其隔离于社会环境之外，被留置人的身体和精神等易产生一定负担。从保障人权的角度出发，保障被留置人的合法权益同时也有利于保证调查工作的顺利进行。(3)对被留置人进行讯问应当合理安排时间和时长，且讯问笔录应当由被留置人阅看后签名。所谓"合理时间"，主要是指不得在深更半夜询问。所谓"合理时长"，主要是指不得疲劳询问，一次连续询问五六小时或者七八小时，以确保被留置人处于正常的身体与精神状态。留置期间询问形成的笔录是言词证据的重要载体，必须经被留置人阅看签字。这有利于防止歪曲真实意图或者强加主观臆断，甚至捏造事实等情况的发生，保证笔录的真实性。

6.留置的期限及解除。留置的期限设置是留置措施适用中非常关键的问题,期限设置太短不能有效调查收集固定证据,而期限设置太长又可能侵害被留置人的基本权利。一般情况下,留置期限不得超过3个月。这里的3个月是固定期限,不因案件情况的变化而变化,不能因发现"新的罪行"(之前未掌握的其他严重职务违法和职务犯罪行为)重新计算留置期限。在特殊情况下,留置期限可以延长一次,延长的时间也不得超过3个月,且应当报上一级监察机关批准。因此,留置的期限最长不得超过6个月。留置的解除,主要分为两种情况:一是到期解除,留置期限满3个月,特殊情况下满6个月时,无论违法犯罪事实是否调查清楚,应当解除留置;二是不当解除,监察机关发现采取留置措施不当的,应当及时解除。

7.刑期折抵。根据《刑法》相关规定,判决执行以前先行羁押的,羁押1日折抵管制的刑期2日,折抵拘役、有期徒刑的刑期1日。监察留置虽然不是《刑事诉讼法》规定的强制措施,但从人权保障的视角来看,类似于刑事强制措施对公民人身自由造成同等程度限制的反腐调查措施亦应受到同等的法治关照和处理。因此,对被留置人的留置期限也适用刑期折抵。具体的折抵规则是,涉嫌犯罪的被留置人移送司法机关后,被依法判处管制、拘役或者有期徒刑的,留置1日折抵管制的刑期2日,折抵拘役、有期徒刑的刑期1日。

三、查询、冻结、搜查、调取、查封与扣押

(一)查询、冻结

所谓"查询",是指国家监察机关对涉案单位和个人的存款、汇款、债券、股票、基金份额等财产情况向银行或者其他金融机构进行查阅、询问、核对的调查措施。所谓"冻结",是指国家监察机关通知银行或者其他金融机构在一定期限内停止涉案单位和个人提取其在银行或者其他金融机构的存款、汇款、债券、股票、基金份额等财产的调查措施。《监察法》第23条明确规定,"监察机关调查涉嫌贪污贿赂、失职渎职等严重职务违法或者职务犯罪,根据工作需要,可以依照规定查询、冻结涉案单位和个人的存款、汇款、债券、股票、基金份额等财产"。从近年来反腐败斗争实践来看,国家监察机关调查涉嫌贪污贿赂、失职渎职等严重职务违法和职务犯罪

的案件中有相当一部分涉及涉案单位和个人的存款、汇款、债券、股票、基金份额等财产。国家监察机关依法适用查询、冻结措施，有利于查清违法犯罪事实，收集、保全财产性证据，进一步确保在后续工作中对违法犯罪所得予以没收、追缴、返还、责令退赔等。

国家监察机关适用查询、冻结措施，其要求主要包括以下几点：

1. 查询、冻结的主体和对象。查询、冻结的主体只能是国家监察机关。因查询、冻结措施的适用特别是冻结措施的适用严重影响涉案单位和个人的财产权，故查询、冻结权限只能由国家监察机关依法行使，不得委托给其他机关、个人行使，且应当由2人以上进行。查询、冻结的对象是涉嫌贪污贿赂、失职渎职等严重职务违法或者职务犯罪的有关单位和个人。

2. 查询、冻结的适用必须符合以下两个要件：（1）涉案要件。查询、冻结措施的适用必须基于调查涉嫌贪污贿赂、失职渎职等严重职务违法或者职务犯罪案件。（2）必要性要件。国家监察机关适用查询、冻结措施必须是确有工作需要。确有工作需要主要是指涉案单位和个人存在有可能提取、转移其存款、汇款、债券、股票、基金份额等财产的情形，不采取查询、冻结措施不足以防止此类情形的发生。

3. 查询、冻结的程序、期限及解除。国家监察机关查询、冻结财产时，调查人员应当出具《协助查询财产通知书》或者《协助冻结财产通知书》，送交银行或者其他金融机构、邮政部门等单位执行。冻结财产时，国家监察机关应当对冻结的财产及时进行核查，核查后与案件无关的，经审批应当在查明后3日以内将《解除冻结财产通知书》送交有关单位执行，而冻结财产的期限不得超过6个月，有特殊原因需要延长冻结期限的，则应当在到期前按原程序报批，办理续冻手续，每次续冻期限不得超过6个月。"与案件无关"，是指冻结的财产并非违法犯罪所得，也不具有证明被调查人是否违法犯罪以及罪轻罪重的作用，不能作为证据使用，与违法犯罪行为没有任何牵连。这有利于保障涉案单位和个人的合法权益，防止过度采取冻结措施给相关单位和个人财产遭受不利损失。因为在以往的实践中，有的执法机关往往在查明被冻结财产与案件无关后，仍然迟迟不解除冻结并予以退还，导致当事人遭受财产损失，甚至导致企业破产。

(二)搜查

所谓"搜查",是指国家监察机关为了收集犯罪证据、查获涉嫌职务犯罪的被调查人,对被调查人以及可能隐藏被调查人或者犯罪证据的人的身体、物品、住处和其他有关地方进行搜索和检查的调查措施。《监察法》第 24 条明确规定,"监察机关可以对涉嫌职务犯罪的被调查人以及可能隐藏被调查人或者犯罪证据的人的身体、物品、住处和其他有关地方进行搜查"。搜查措施借鉴了公安机关和检察机关在查办犯罪案件时经常运用的案件侦破手段,国家监察机关依法适用搜查措施,有利于收集犯罪证据、查明犯罪事实,为后续惩治犯罪奠定基础。

国家监察机关适用搜查措施,其要求主要包括以下几点:

1. 搜查的主体和范围。搜查的主体只能是国家监察机关。尽管国家监察机关的搜查措施与公安机关和检察机关的搜查措施相类似,同样都对相对人的基本权利产生限制,但是《监察法》所赋予的搜查权限只能由国家监察机关依法行使,不得委托给其他机关或者个人行使,且应当由 2 人以上进行。搜查的范围是涉嫌职务犯罪的被调查人的身体、物品、住处和其他有关地方,可能隐藏被调查人或者犯罪证据的人的身体、物品、住处,以及其他被调查人可能藏身或者隐匿犯罪证据的地方。

2. 搜查要严格按照法定程序进行。国家监察机关签发《搜查证》,应当经过严格的审批程序。搜查证上应当写明被搜查人的基本信息、搜查的目的、搜查机关及其执行人员以及搜查日期等内容。国家监察机关在开展搜查取证工作时,应当全程同步录音录像,搜查情况应当现场制作笔录,将搜查的情况按顺序如实记录,写明搜查的时间、地点、过程,发现的证据等有关犯罪线索。在可能携带、隐藏危险物品,可能隐匿、毁弃、转移犯罪证据或隐匿其他涉嫌犯罪人员等紧急情况下,国家监察机关可以先实施搜查,再及时补办相关审批手续。

3. 公安机关协助搜查执行。根据搜查工作需要,国家监察机关可以提请公安机关依法协助采取搜查措施。提请协助时,国家监察机关应当出具《提请协助采取搜查措施函》,列明提请协助的具体事项和建议,搜查时间、地点、目的等内容,附《搜查证》复印件,公安机关应当依法予以协助。搜查时,公安机关对以暴力、威胁等方法阻碍搜查的,应当予以制止,对阻碍搜查构成违法犯罪的,应当依法追究法律责任。

4.被搜查人的权利保障。国家监察机关适用搜查措施应当保障被搜查人的基本权利,具体包括以下两个方面:(1)依法搜查。国家监察机关应当依法开展搜查工作,不得无故损坏搜查现场的物品,不得擅自扩大搜查对象和范围。对于查获的重要书证、物证、视听资料、电子数据及其放置、存储地点应当拍照,并且用文字说明有关情况。(2)对女性的特殊保护。搜查女性的身体,应当由女性工作人员进行,确保被搜查女性的人格尊严和人身安全不受侵犯。

(三)调取、查封、扣押

所谓"调取、查封、扣押",是指国家监察机关在调查过程中,为了发现、固定证据,依法对被调查人涉嫌职务违法或职务犯罪的财物、文件和电子数据等信息进行强制提取、留置和封存的调查措施。《监察法》第25条明确规定,"监察机关在调查过程中,可以调取、查封、扣押用以证明被调查人涉嫌违法犯罪的财物、文件和电子数据等信息。采取调取、查封、扣押措施,应当收集原物原件,会同持有人或者保管人、见证人,当面逐一拍照、登记、编号,开列清单,由在场人员当场核对、签名,并将清单副本交财物、文件的持有人或者保管人"。作为国家监察机关调查职务犯罪案件时收集、固定证据的重要措施,依法适用调取、查封、扣押措施可以防止与案件有关的财物、文件和电子数据发生毁弃、丢失或被隐藏等情况的出现,以便及时掌握证据材料、查清案件。

国家监察机关适用调取、查封、扣押措施,其要求主要包括以下几点:

1.调取、查封、扣押的主体和对象。调取、查封、扣押的主体只能是国家监察机关。因调取、查封、扣押措施的适用会影响到被调查人财产权等基本权利,故调取、查封、扣押权限只能由国家监察机关依法行使,不得委托给其他机关、个人行使,且应当由2人以上进行。调取的对象主要是有关单位和个人所持有的能够证实被调查人涉嫌违法犯罪的财物、文件和电子数据等信息,查封、扣押的对象主要是被调查人的财物,查封主要针对不动产,扣押主要针对动产。

2.调取、查封、扣押的适用必须符合以下两个要件:(1)情形要件。国家监察机关需要调取、查封、扣押的财物、文件、电子数据等信息必须是在调查过程中发现的。(2)关联性要件。需要调取、查封、扣押的财物、文件、电子数据等信息必须与国家监察机关调查的职务违法犯罪行为相关联,能够或者有可能用以证明被调查人涉嫌违法犯罪。所谓"用以证明被调查人涉嫌违法犯罪的财物、文件和电子数据等信息",是指能够证明被调查人有或者无违法犯罪行为、违法犯罪行为重或者轻的物证、书证、视听资料及电子数据信息等证据材料。所谓"财物",是指可作为证据使用的财产和物品,包括动产和不动产,如房屋、汽车、人民币、金银首饰、古玩字画等。

3.调取、查封、扣押要严格按照法定程序进行。国家监察机关适用调取措施,应当向有关单位和个人出具相应的《调取证据通知书》,必要时附《调取证据清单》。国家监察机关适用查封、扣押措施,必须经审批程序,并出具《查封/扣押通知书》。调查人员对于查封、扣押的财物和文件,应当会同在场见证人和被查封、扣押财物持有人进行清点核对,开列《查封/扣押财物、文件清单》,由调查人员、见证人和持有人签名或者盖章。查封、扣押的过程中应当同步进行录音录像。国家监察机关适用调取、查封、扣押措施应当搜集原物原件。查封、扣押不动产、车辆、船舶等财物,可以扣押其权利证书,经拍照或者录像后原地封存。对书证、视听资料、电子数据应当调取原件。取得原件确有困难的,可以调取副本或者复制件,但副本或者复制件应当与原件保持一致,原件也要采用一定的方式加以固定。

4.调取、查封、扣押后的保管与处理。国家监察机关对于调取、查封、扣押的财物、文件和电子数据等信息,应当设立专用账户、专门场所,配备专用存储设备,由专门人员妥善保管和使用,严格履行交接、调取手续,定期对账核实,不得毁损或者用于其他目的。所谓"妥善保管",主要是指将调取、查封、扣押的财物、文件和电子数据等放置于安全设施完备的地方保管,以防止证据遗失、毁损或者被用于其他目的。国家监察机关对于调取、查封、扣押的财物、文件和电子数据等信息,经查明与案件无关的,经审批,应当在查明后 3 日内退还,退还物证、书证、视听资料等原件的应当办理交接手续,解除查封、扣押财物和文件的,应当向有关单位、原持有人或者近亲属送达《解除查封/扣押通知书》,并附《解除查封/扣押财物、文件清单》。

四、勘验检查、鉴定与技术调查

（一）勘验检查

所谓"勘验检查"，是指国家监察机关为了发现、收集问题线索和违法犯罪证据，借助感觉器官和科学技术手段，对与违法犯罪行为相关的场所和存在于这些场所中的人身、痕迹、物品等进行检验的调查措施。《监察法》第26条明确规定，"监察机关在调查过程中，可以直接或者指派、聘请具有专门知识、资格的人员在调查人员主持下进行勘验检查"。勘验检查措施吸收借鉴了公安机关和检察机关在发现破案线索时经常运用的案件侦破手段。国家监察机关依法适用勘验检查措施，可以通过运用一定的科学方法和专门知识，及时发现、收集问题线索和违法犯罪证据，降低评判案件的难度，以便更为准确、快速地查明案情。

国家监察机关适用勘验检查措施，其要求主要包括以下几点：

1. 勘验检查的主体和对象。勘验检查的主体是国家监察机关及受指派、聘请的具有专门知识、资格的人员。勘验检查可以由国家监察机关的调查人员直接进行，必要时可以指派或聘请具备专门知识、资格的人员参与勘验检查。需要注意的是，国家监察机关按照案件的性质与影响力大小，可以派遣相应级别的调查人员主持进行勘验检查，但需邀请见证人在场见证，而指派或聘请具备专门知识、资格的人员参与勘验检查，则需在调查人员主持下进行。当然，对于参与勘验检查的具备专门知识、资格的人员，其应当与案件无利害关系。一般而言，如果案情比较复杂，国家监察机关通常需要邀请具备专门知识、资格的人员参与勘验调查，以提高调查结论的准确性与可靠性。勘验检查的对象是与职务违法和职务犯罪行为有关的场所、物品、人身等，主要包括提取、采集、检验与案件相关的物证、书证、生物样本、痕迹等。

2. 勘验检查的具体措施。勘验检查包括现场勘验、物证检验、书证检验和人身检查等具体措施。(1)现场勘验是指国家监察机关的调查人员或受指派、聘请的具备专门知识、资格的人员在调查人员的主持下前往现场对于案发场所、相关地点所遗留下的痕迹、物品等进行检验。(2)物证检验与书证检验是指国家监察机关的调查人员或受指派、聘请的具备专门知识、资格的人员在调查人员的主持下对案发场所或相关地点的物品、材料等进行搜集、整理和鉴定等。(3) 尸体检验是指国家监察机关的调查人员或受指派、聘请的具备专门知识、资格的人员在调查人员的主持下对已经死亡的生物体进行解剖并提取、保存适量标本等,其目的是查明死因、推断死亡性质和时间、分析和认定相关的作案工具等,为案件性质的判断、法官的裁决等提供科学依据。全面系统的法医学尸体检验不只是一次操作过程,它包括尸检的操作和提取适当检材和标本两大方面,确保检验结果的可靠性与真实性。这就要求尸体检验也必须及时进行,保障检验结果的准确可靠。国家监察机关解剖尸体时,需要通知死者家属到场。(4) 人身检查是为了获得案件的相关证据或者线索,国家监察机关的调查人员或受指派、聘请的具备专门知识、资格的人员在调查人员的主持下对被调查人或者是被害人的某些特征、受伤状况等身体状况进行检查。对于女性进行人身检查,应当由女性工作人员或者医师进行,以体现对女性人格尊严和人身安全的保护。

3. 勘验检查要严格按照法定程序进行。国家监察机关适用勘验检查措施,必须经相关负责人批准后实施,依法需要勘验检查的,应当制作《勘验检查证》;需要委托勘验检查的,应当出具《委托勘验检查书》,送具有专门知识、勘验检查资格的单位(人员)办理。勘验检查现场、拆封电子数据存储介质应当全程同步录音录像。对现场情况应当拍摄现场照片、制作现场图,并由勘验检查人员签名。

4. 依法制作勘验检查笔录。国家监察机关勘验检查情况应当制作笔录,并由参加勘验检查人员和见证人签名。勘验检查笔录的内容主要包括勘验检查的时间、地点、对象、目的、经过和结果等。勘验检查笔录应当真实反映真实客观情况并进行客观记录,减少主观倾向和色彩。

(二) 鉴定

所谓"鉴定",是指国家监察机关为了查明案情,就案件中某些专门性问题指派、聘请有专门知识的人员进行科学鉴别和判断的调查措施。《监察法》第 27 条明确规定,监察机关在调查过程中,对于案件中的专门性问题,可以指派、聘请有专门知识的人进行鉴定。鉴定是事实认定的重要环节,国家监察机关依法适用鉴定措施,主要是为了通过有专门知识的人员解决案件中的专门性问题,对案件事实作出科学判断,进而准确查明案情。

国家监察机关适用鉴定措施,其要求主要包括以下几点:

1. 鉴定的主体是国家监察机关指派、聘请的有专门知识的人员,可以是公安机关等侦查机关的刑事技术人员或者其他专职人员,也可以是其他具有专门知识的人员。作为鉴定人,受指派、聘请的有专门知识的人员应当是与案件无利害关系的人员。

2. 鉴定的目的在于解决"案件中的专门性问题"。所谓"专门性问题",是指国家监察机关在调查过程中遇到的必须运用专门知识作出科学判断的问题,主要分为以下三类:(1)法医类鉴定,包括法医病理鉴定、法医临床鉴定、法医精神病鉴定、法医物证鉴定和法医毒物鉴定。(2)物证类鉴定,包括文书鉴定、痕迹鉴定。(3)声像资料鉴定,包括对录音带、录像带、磁盘、光盘、图片等载体上记录的声音、图像信息的真实性、完整性及其所反映的情况过程进行的鉴定和对记录的声音、图像中的语言、人体、物体作出种类或者同一认定。此外,有的案件还需进行会计鉴定,包括对账目、表册、单据、发票、支票等材料进行鉴别判断,技术问题鉴定包括对涉及工业、交通、建筑等方面的科学技术进行鉴别判断等。以上这些是国家监察机关调查案件过程中就专门性问题进行事实认定的主要需求。

3. 鉴定人应当出具鉴定意见。国家监察机关指派、聘请的有专门知识的人员进行鉴定后,应当出具鉴定意见,并且签名。所谓"鉴定意见",是指鉴定人按照法律程序,运用自身专门知识对案件中出现的专门性问题进行鉴别、判断后给出的书面意见。鉴定人的鉴定意见经审查核实后,即可作为定案依据。鉴定人签名是为了确定相应的责任,有多名鉴定人的,如果意见一致应当写出共同的鉴定意见,如果意见不一致,可以分别提出不同的鉴定意见。

4. 鉴定要严格按照法定程序进行。国家监察机关为解决案件中的专门性问题,按规定报批后,可以依法进行鉴定,鉴定时应当出具《委托鉴定书》,由2名以上调查人员送交具有鉴定资格的鉴定机构、鉴定人进行鉴定。鉴定意见形成后,国家监察机关的相关调查人员应对鉴定意见进行审查,必要时,可以提出补充鉴定或者重新鉴定的意见。被调查人对鉴定意见有异议的,可以申请补充鉴定或者重新鉴定。

(三)技术调查

所谓"技术调查",是指国家监察机关基于调查职务犯罪需要,根据国家相关法律规定,通过执法机关通信技术手段对被调查人职务犯罪行为进行调查的调查措施。《监察法》第 28 条明确规定,"监察机关调查涉嫌重大贪污贿赂等职务犯罪,根据需要,经过严格的批准手续,可以采取技术调查措施,按照规定交有关机关执行"。技术调查措施吸收借鉴了公安机关、国家安全部门等在技术侦查活动中的案件侦破手段。国家监察机关依法适用技术调查措施,能够高效、合理、迅速地收集证据、查处犯罪。

国家监察机关适用技术调查措施,其要求主要包括以下几点:

1. 技术调查的批准主体只能是国家监察机关,执行主体是公安机关等执法机关。不同于普通调查措施,技术调查措施是具有高度技术性的调查措施,且对被调查人基本权利(特别是隐私权)产生较大影响,故监察调查过程中的技术调查措施的适用权限只能由国家监察机关依法行使,不得委托给其他机关、个人行使。并且,技术调查措施的执行主要由公安机关负责,监察机关不能自己执行。这也体现了监察机关与执法部门在调查过程中互相配合、互相制约的基本要求。

2. 技术调查的适用必须符合以下两个要件:(1)范围要件。国家监察机关适用技术调查措施的范围是涉嫌重大贪污贿赂等职务犯罪。所谓"重大",一般是指数额巨大、损害严重、社会影响恶劣等。对于一般性的职务违法和职务犯罪,则不能适用技术调查措施。(2)必要性要件。国家监察机关根据需要确需采取技术调查措施的,才可以使用技术调查措施。国家监察机关应当坚持审慎原则,一定要在使用常规调查措施无法达到调查目的的情况下才能使用,一旦存在其他可以使用的调查措施,则优先使用其他调查措施。

3. 技术调查的批准与执行要严格按照法定程序进行。国家监察机关根据调查涉嫌重大贪污贿赂等职务犯罪需要,采取技术调查措施应当依照规定的权限和程序报经批准。依法采取技术调查措施的,国家监察机关应当出具《采取技术调查措施委托函》《采取技术调查措施决定书》《采取技术调查措施适用对象情况表》,送交公安机关等执法机关依法执行。其中,设区的市级以下监察机关委托有关执行机关采取技术调查措施,还应当提供《立案决定书》。

4.技术调查的期限及解除。国家监察机关适用技术调查措施,期限自批准决定签发之日起3个月内有效,对于复杂、疑难案件,期限届满后仍有必要继续采取技术调查措施的,经过批准,可以延长,但每次延长不得超过3个月。在3个月有效期内,对于不需要继续采取技术调查措施的,应当及时解除。

五、通缉与限制出境

(一)通缉

所谓"通缉",是指经国家监察机关决定,由公安机关发布通缉令,将应当留置而在逃的被调查人追捕归案的调查措施。《监察法》第29条明确规定,"依法应当留置的被调查人如果在逃,监察机关可以决定在本行政区域内通缉,由公安机关发布通缉令,追捕归案"。通缉措施吸收借鉴了公安机关和检察机关缉拿应当逮捕而在逃的犯罪嫌疑人归案的办案手段。国家监察机关依法适用通缉措施,不仅有利于及时抓获被调查人,保障调查工作顺利进行,也有利于树立监察机关权威,维护社会稳定。

国家监察机关适用通缉措施,其要求主要包括以下几点:

1.通缉的决定主体只能是国家监察机关,发布和执行主体只能是公安机关。所谓"通缉令",是指公安机关依照法定权限发布的追捕在逃人员的书面命令。通缉令涵盖被通缉人的个人基本信息,国家监察机关适用通缉措施对被调查人的隐私权、名誉权等基本权利影响较大,故监察调查过程中通缉措施的适用只能由国家监察机关依法决定,不得委托给其他机关、个人行使。并且,国家监察机关决定适用通缉措施后,应当由公安机关发布通缉令进行追捕。这也体现了监察机关与执法部门在监察调查的过程中互相配合、互相制约的基本要求。

2.通缉的适用必须符合以下三个要件:(1)对象要件。被通缉的人必须是涉嫌职务违法和职务犯罪的被调查人。(2)留置要件。被调查人应当依法予以留置。(3)情形要件。被调查人因逃避调查而下落不明。具体来说,通缉对象既包括符合《监察法》规定的符合留置条件而应依法予以留置,但下落不明的涉嫌职务违法和职务犯罪的被调查人,也包括已经依法留置,但又逃跑的被调查人。

3.通缉的决定与执行要严格按照法定程序进行。国家监察机关对在逃的应当被留置人员,依法决定在本行政区域内通缉的,应当按规定报批,送交同级公安机关执行。送交执行时,应当出具《通缉决定书》,附《留置决定书》等法律文书和被通缉人员信息,以及承办单位、承办人员等有关情况。通缉范围超出本行政区域的,应当报有决定权的上级监察机关出具《通缉决定书》,并附《留置决定书》及相关材料,送交同级公安机关执行。国家监察机关接到公安机关抓获被通缉人员的通知后,应当立即核实被抓获人员身份,并在接到通知后24小时以内派员办理交接手续。边远或者交通不便地区,至迟不得超过3日。

4.通缉的撤销。国家监察机关对于被通缉人员已经归案、死亡,或者依法撤销留置决定以及发现有其他不需要继续采取通缉措施情形的,应当经审批出具《撤销通缉通知书》,送交协助采取通缉措施的公安机关执行。

(二)限制出境

所谓"限制出境",是指国家监察机关为防止被调查人及相关人员逃匿境外,经省级以上监察机关批准,由公安机关、移民管理机构等依法执行限制被调查人及相关人员出境的调查措施。《监察法》第30条明确规定,"监察机关为防止被调查人及相关人员逃匿境外,经省级以上监察机关批准,可以对被调查人及相关人员采取限制出境措施,由公安机关依法执行"。《监察法实施条例》第162条进一步规定,"监察机关为防止被调查人及相关人员逃匿境外,按规定报批后,可以依法决定采取限制出境措施,交由移民管理机构依法执行"。国家监察机关依法适用限制出境措施,能够有效防止被调查人及相关人员逃匿境外,保障调查工作的顺利进行。

国家监察机关适用限制出境措施,其要求主要包括以下几点:

1.限制出境的批准主体只能是省级以上监察机关,执行主体包括公安机关、移民管理机构。作为对人身自由影响较大的调查措施,限制出境措施极易侵害公民的人身自由,故监察法对限制出境措施的适用设定了较高要求,只能由省级以上监察机关批准,既不得委托给其他机关、个人行使,也不能由省级以下监察机关批准。国家监察机关依法作出适用限制出境措施的决定后,应当交由公安机关、移民管理机构执行。这也体现了监察机关与执法部门在监察调查的过程中互相配合、互相制约的基本要求。

2. 限制出境的对象。国家监察机关适用限制出境措施的对象既包括涉嫌职务违法犯罪的被调查人，也包括涉嫌行贿犯罪或者共同职务犯罪的涉案人员，以及与案件有关的其他相关人员。

3. 限制出境的适用必须符合必要性要件。在调查职务违法和职务犯罪时，国家监察机关并不是要对所有涉嫌职务违法和职务犯罪的被调查人都采取限制出境措施，而是应当根据实际情况，只有对被调查人及相关人员确有可能逃匿境外时才能适用。

4. 限制出境要严格按照法定程序进行。国家监察机关采取限制出境措施应当出具有关函件，与《采取限制出境措施决定书》一并送交移民管理机构执行。其中，采取边控措施的，应当附《边控对象通知书》；采取法定不批准出境措施的，应当附《法定不准出境人员报备表》。

5. 限制出境的期限及解除。国家监察机关适用限制出境措施，有效期不超过3个月，到期自动解除。到期后仍有必要继续采取措施的，应当按原程序报批，延长期限每次不得超过3个月。国家监察机关接到口岸移民管理机构查获被决定采取留置措施的边控对象的通知后，应当于24小时内到达口岸办理移交手续。无法及时到达的，应当委托当地监察机关及时前往口岸办理移交手续。对于不需要继续采取限制出境措施的，应当按规定报批，及时予以解除。承办部门应当出具有关函件，与《解除限制出境措施决定书》一并送交移民管理机构执行。

第四节 监察调查与纪检审查的区别与联系

在党内监督执纪的过程中，纪检审查是党的纪律检查机关的重要职责，与国家监察机关的监察调查职责具有明显对应性。纪检审查，指的是党的纪律检查机关依规依纪对党组织和党员违反党章和其他党内法规的行为进行审查的执纪活动。在纪检监察合署办公的体制下，纪检审查和监察调查既有区别又有联系。所谓区别，主要是指纪检审查和监察调查在主体、对象、范围和依据等方面存在明显不同。对此，前文已经有所阐释，在此便不再赘述。所谓联系，主要指的是纪检审查与监察调查存在相似、相通甚至相同之处。这是由党内监督和国家监察的内在一致性所决定的。

监察调查与纪检审查的联系主要有以下几点：

1. 在职责履行方面，纪检监察机关一体履行"审查党组织和党员违反党章和其他党内法规的比较重要或者复杂的案件"和"对公职人员职务违法和职务犯罪进行调查"双重职责，其工作内容涉及党内违纪、职务违法和职务犯罪3个层面。当前，"执纪执法贯通、有效衔接司法"已经成为纪检监察机关合署办公的重要工作原则之一。对此，《中国共产党纪律检查委员会工作条例》和《监察法》都有着明确规定。"执纪执法贯通、有效衔接司法"事实上涉及相关党内法规和国家法律在制度执行层面上的协调贯通，通俗来说就是协调贯通"纪""法""罪"。综合来看，执纪执法贯通的根据在于，党内法规和国家法律的性质差异决定了，纪检监察机关以党内法规为规范依据的执纪活动和以国家法律为规范依据的执法活动存在明显差异，两者不能混同。纪检监察机关既执纪又执法，意味着其既要审查违纪问题又要调查违法犯罪问题，既要考虑纪的因素又要兼顾法的内容，发挥纪法双施双守的整体功用。因而，执纪执法贯通的关键就在于纪检监察机关纪检审查和监察调查应当有序协调、相互贯通，以便确保纪律和法律双重治理功能的有机融合，充分展现纪检监察机关合署办公的制度优势。有效衔接司法的根据在于国家监察机关的执法依据虽然主要是监察法，但同时也要受到刑法、刑事诉讼法等国家法律的规范和约束，特别是对构成刑事追责标准需要追究刑事责任的移送司法审查起诉的案件而言。因而，国家监察机关开展调查工作应当积极主动地对接刑事诉讼法中相关规定的标准和要求。[1] 实际上，"执纪执法贯通、有效衔接司法"的入规入法对当下纪检监察机关一体履行纪检审查和监察调查双重职责提出了更多、更高的要求。

---

[1] 目前，学界对于国家监察机关的职务犯罪调查权的性质界定存在较大争议，有观点认为，国家监察机关的职务犯罪调查行为本质上是侦查行为，职务犯罪调查权在性质上应当界定为刑事诉讼职权配置上的侦查权，从而避免由于区分"调查"与"侦查"所产生的法律冲突风险，以及规避刑事诉讼法的适用。参见陈瑞华：《论国家监察权的性质》，载《比较法研究》2019年第1期；刘计划：《监察委员会职务犯罪调查的性质及其法治化》，载《比较法研究》2020年第3期；等等。本书以为，此种界定可能容易混淆国家监察机关的权力定位，"调查"与"侦查"应当予以区分，国家监察机关进行职务犯罪调查必然需要根据刑事诉讼的标准和要求进行，否则将会严重影响调查结果的正当性，并不会因为权力定位的不同而有所区别，对于可能存在的法律冲突风险，实则为"法法衔接"需要解决的问题。

2.在履职措施方面,纪检监察机关可以根据不同的审查调查对象,依据相关党内法规和国家法律的规定综合使用纪检权限和监察权限。根据《中国共产党纪律检查委员会工作条例》第36条的规定,党的纪律检查机关开展纪律审查工作可以依规依纪采取谈话、查询、调取、暂扣、封存、勘验检查、鉴定等审查措施。与国家监察机关开展监察调查工作可以采用的谈话、讯问、询问、留置、查询、冻结、搜查、调取、查封、扣押、勘验检查、鉴定、技术调查、通缉、限制出境15项调查措施相比较,可以明显地观察到纪检审查的措施基本不涉及限制公民人身权、财产权、隐私权等基本权利。这也是当下深化国家监察体制改革解决过去长期存在的纪法衔接不畅问题的典型例证。那么,当纪检监察机关针对同时存在党内违纪、职务违法与职务犯罪问题的具有党员身份的公职人员同步开展纪检审查和监察调查时,便可以综合适用纪检审查措施和监察调查措施。需要指出的是,综合运用并不代表可以混同使用,纪检监察机关在审查调查中所采取的具体措施,必须严格遵循合规合法性原则,依循不同的规范依据行使权力。特别是纪检监察机关适用讯问、留置、搜查、查封、扣押、技术调查、通缉等限制公民人身权、财产权、隐私权等基本权利的措施时,应当以国家监察机关的名义而不能以党的纪律检查机关的名义行使。

3.在审查调查程序方面,纪检监察程序呈现出统一设置的"融合贯通"状态。通过对《纪检监督执纪工作规则》《监察法》《监察法实施条例》等党内法规和国家法律有关纪检监察机关履职用权的程序性规定进行梳理和归纳,可以明显地观察到这些程序规范具有统一设置的显著特点。比如,《监督执纪工作规则》和《监察法实施条例》统一设置了包括线索处置、初步核实、立案、审查(调查)、审理、处理(处置)、复议复查(复审复核)等内容的纪检程序和监察程序。当然,统一设置程序规范并不意味着纪检程序和监察程序在具体程序内容上完全相同,而是在党的纪律检查机关和国家监察机关履职用权之差异性的基础上进行统一化建构。之所以需要在制度规范层面对纪检监察程序规范进行统一设置,其主要缘由之一便是要满足纪检监察机关合署办公之于建立统一决策、一体运行的执纪执法工作机制的现实需要。由此,纪检监察程序客观上便呈现"融合贯通"的状态。[1] 此处将以纪检监察机关审查调查工作程序中的立案为例,对纪检监察程序"融合贯通"的具体体现加以简要说明。根据《监督执纪工作规则》和《监察法实施条例》中有关立案的规定,纪检监察机关立案审查调查,应当在初步核实掌握一定违纪或者职务违法、职务犯罪事实证据的前提下,按照分级负责制根据审查调查对象身份的不同履行相应的审批程序,予以"单立案"或"双立案",然后通过召开专题会议的方式研究确定审查调查方案及措施,最后将立案审查调查决定向被审查调查人宣布并向相关组织通报。需要特别指出的是,当前国家监察机关监察调查的审批程序中,特别是职务犯罪的立案调查最终需要经同级党委(党组)的审批批准,并且国家监察机关办案应当严格按照权限履行请示报告程序。这在相当程度上体现了党对反腐败工作的集中统一领导。

---

[1] 对此,有观点认为,纪检监察机关执纪执法程序"合二为一",对于既涉嫌违纪又涉嫌违法的案件,纪检审查和监察调查可以同时启动、同步进行,履行一套程序。参见马怀德主编:《监察法学》,人民出版社2019年版,第305页。也有观点认为,当前纪检监察程序明显混为一体,虽然纪检监察机关执纪执法名义上可以依循不同的程序规范进行,但实质上所履行的乃是一套程序,而程序混同忽略了纪检监察职权属性的差异,违背了权力运行的正当性;特别是纪检监察程序混同偏离了刑事诉讼原理,忽视了职务犯罪调查相较于普通违纪违法在程序层面所应当具有的特殊性。参见程衍:《纪、监程序分离之提倡》,载《华东政法大学学报》2021年第3期;程衍:《纪监融合视域下监察职权配置之再优化》,载《法学》2021年第11期。此种观点直指纪检监察程序的"正当性",从刑事诉讼的角度来考量,倒也不无一定道理。本书以为,即便纪检监察程序融合贯通使得纪检监察机关实质上履行一套程序,但是纪检监察权力的本质差异并未因此而消弭,纪检监察权力运行的合规合法性要求纪检监察机关行使权力必须遵循各自的法定程序进行,否则权力运行本身便不具有正当性。况且,纪检监察权力基于监督权的权力定位在具体内容、表现形式等方面本就大体相似,由此也决定了纪检监察程序在具体的程序内容上必然会存在相似、相通甚至相同之处。而评价纪检监察程序是否具有正当性,主要涉及的是纪检监察程序的价值内涵问题。从法理上来讲,法的程序是否具有正当性,不仅看它能否有助于产生正确的结果,还应当看它能否保护一些独立的内在价值。诚然,依据程序规范的法定设置而形成的纪检监察程序并不能等同于程序本身就是正当的,而判断程序正当的价值亦是多元而非单一的,诸如秩序、效率、正义、人权等价值要素。但是,从通过程序科学配置权力的角度来看,纪检监察程序确实也在一定程度上发挥了程序本身所应当具有的规范权力行使、促进权力分工和防范权力滥用的作用。当然,不可否认的是,当前纪检监察程序仍存在相当程度的完善空间。

第十二章　监 察 处 置

知识结构图

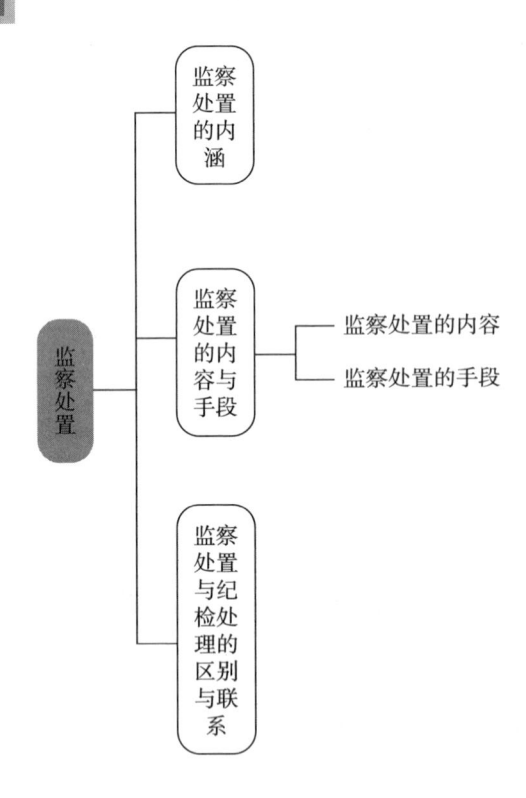

```
                    ┌─ 监察处置的内涵
                    │
         监察处置 ──┼─ 监察处置的内容与手段 ──┬─ 监察处置的内容
                    │                          └─ 监察处置的手段
                    │
                    └─ 监察处置与纪检处理的区别与联系
```

监察处置是指国家监察机关根据《监察法》及相关法律法规的规定,对调查的违法犯罪行为依据相应的法律法规予以审查定性并决定对违法犯罪的公职人员作出相应处置的执法活动。作为《监察法》第 11 条第 3 款所明确赋予的重要职责,国家监察机关对违法犯罪的公职人员作出相应的处置是维护宪法和法律尊严与权威以及维护自身权威性的重要体现。监察处置权与之相适应,是国家监察机关处置职责范围内的权力。国家监察机关通过行使监察处置权对有职务违法行为但情节较轻的公职人员进行谈话提醒、批评教育、责令检查,或者予以诫勉;对违法的公职人员依法作出政务处分决定;对履行职责不力、失职失责的领导人员进行问责;对涉嫌职务犯罪的,将调查结果移送人民检察院依法审查、提起公诉;向监察对象所在单位提出监察建议等。监察处置不仅能够及时惩治违法犯罪行为,形成强有力的震慑,还可以教育警示广大公职人员,从而促进"不敢腐""不能腐""不想腐"。

第一节 监察处置的内涵

监察处置实质上是一种"惩治性监督",其在国家监察机关监督、调查、处置三项职责中发挥着十分关键的保障作用,并且是国家监察机关与司法机关相协调衔接的重要环节。从《监察法》相关规定来看,国家监察机关的处置职责主要是由审查定性和作出处分两部分组成。前者是指国家监察机关根据监督、调查的结果,对违法犯罪行为进行审查认定并明确其行为性质;后者是指根据审查定性的结果对违法犯罪的公职人员作出批评教育、政务处分、问责、移送检察机关审查起诉或者提出监察建议等处置。应当说,监察法以公职人员违法犯罪行为的严重程度为根据赋予国家监察机关必要的监察处置权限,为构建国家监察机关的权威性以及保障国家监察机关自身履职用权提供了非常重要的刚性支撑。

作为国家监察机关的一项核心性权力,监察处置权具有以下特征:

1. 监察处置权的行使具有强制性、惩治性、权威性等特征。无论是作出政务处分决定、进行问责,还是移送人民法院审查起诉、提出监察建议,监察处置权的行使都具有强制性。即便是监察建议,也不同于一般意义上的工作建议,被提出建议的有关单位无正当理由必须履行监察建议要求其履行的义务,否则就要承担相应的法律责任。而国家监察机关根据监督、调查结果行使监察处置权所作出的相应处置通常会给监察对象带来法律上的不利后果，这些不利后果直接表现为对监察对象施以一定的惩罚和惩戒，要求其承当相应的法律责任。从监察处置权行使的效果来看，国家监察机关以自身名义所作出的有关监察处置的决定是以国家强制力为后盾，具有法律效力，任何组织和个人都必须执行，即便不服经由申诉进入复审、复核阶段，也不能停止决定的执行。

2. 监察处置权的行使依据和手段具有多元性。国家监察机关行使监察处置权是对违法犯罪的公职人员进行相应处置，处置的依据必须法定，否则便有滥用权力之嫌。然则，国家监察机关行使监察处置权的依据并不仅限于《监察法》，广义上的"国家法律"有关公职人员违法犯罪行为的规定均可作为监察处置的依据。从公职人员违法犯罪行为的严重程度及其相应的处置来看，国家监察机关行使监察处置权的手段多种多样，包括政务处分、问责、移送检察机关审查起诉和向监察对象所在单位提出监察建议等手段。另外，国家监察机关还可以对有职务违法行为但情节较轻的公职人员，按照管理权限，直接或者委托有关机关、人员进行谈话提醒、批评教育、责令检查，或者予以诫勉。

3. 监察处置权的行使具有精准性。鉴于国家监察机关行使监察处置权的依据和手段具有多元性，其对违法犯罪的公职人员进行处置必须以事实为根据、以法律为准绳，准确认定违法犯罪的行为性质，恰当区别不同情况并予以相应处理。应当坚决防止出现事实和性质认定不准、政策法规适用不当、执法尺度不一、处理畸轻畸重等问题。这意味着不能出现已经构成职务违法的，仅给予谈话提醒；已经构成职务犯罪的，仅给予政务处分且并未移送检察机关审查起诉等情况。否则便会严重折损国家监察机关权威并对反腐败产生抑制效果。

第二节　监察处置的内容与手段

一、监察处置的内容

根据《监察法》第 11 条第 3 款的规定，国家监察机关的处置职责主要是对违法的公职人员依法作出政务处分决定;对履行职责不力、失职失责的领导人员进行问责;对涉嫌职务犯罪的,将调查结果移送人民检察院依法审查、提起公诉;向监察对象所在单位提出监察建议。《监察法》第45条则对国家监察机关行使监察处置权的内容予以进一步明确,主要包括以下5方面内容:一是对有职务违法行为但情节较轻的公职人员,按照管理权限,直接或者委托有关机关、人员,进行谈话提醒、批评教育、责令检查,或者予以诫勉;二是对违法的公职人员依照法定程序作出警告、记过、记大过、降级、撤职、开除等政务处分决定;三是对不履行或者不正确履行职责负有责任的领导人员,按照管理权限对其直接作出问责决定,或者向有权作出问责决定的机关提出问责建议;四是对涉嫌职务犯罪的,监察机关经调查认为犯罪事实清楚,证据确实、充分的,制作起诉意见书,连同案卷材料、证据一并移送人民检察院依法审查、提起公诉;五是对监察对象所在单位廉政建设和履行职责存在的问题等提出监察建议。

二、监察处置的手段

为保证国家监察机关有效履行处置职责,《监察法》明确了国家监察机关开展处置工作可以根据监督、调查结果,依法采取谈话提醒、批评教育、责令检查或者予以诫勉,政务处分,问责,移送审查起诉和监察建议5类处置手段。

(一)谈话提醒、批评教育、责令检查、予以诫勉

所谓"谈话提醒、批评教育、责令检查、予以诫勉",是指国家监察机关根据监督、调查结果,直接或者委托有关机关、人员对有职务违法行为但情节较轻的公职人员作出相应处置所采取的处置手段。针对有职务违法行为但情节较轻的公职人员,国家监察机关依法采取谈话提醒、批评教育、责令检查、予以诫勉等处置手段,有利于贯彻坚持惩前毖后、治病救人,惩戒与教育相结合等工作原则,让"红红脸、出出汗"成为常态。

国家监察机关采取谈话提醒、批评教育、责令检查、予以诫勉等处置手段,其要求主要包括以下几点:

1.谈话提醒、批评教育、责令检查、予以诫勉的主体既可以是国家监察机关,也可以是受国家监察机关委托的有关机关、人员。

2. 谈话提醒、批评教育、责令检查、予以诫勉必须符合以下两个要件：(1) 行为要件。通常而言，"职务违法行为"是指行使公权力的公职人员利用职务之便所实施的违反国家法律的行为，但是该行为尚未触犯刑法且未达到职务犯罪的追诉标准。(2) 情节要件。一般情况下，"情节较轻"是指职务违法行为的社会危害性较低，尚未因为职务违法而明显侵害社会公共利益，使人民生命财产安全遭受明显损害。

3. 谈话提醒、批评教育、责令检查、予以诫勉的具体适用及其规则。所谓"谈话提醒"，是指国家监察机关以谈话的形式提醒相关公职人员。这里的"谈话提醒"不同于监察调查过程中具有预防性质的"谈话"调查措施，是经过调查之后在处置阶段所采取的手段，两者具有明显差别。所谓"批评教育"，是指国家监察机关指出相关公职人员的错误并对其进行教育，以具体意见促使其及时改正问题。所谓"责令检查"，是指国家监察机关要求相关公职人员作出书面检查并进行整改。所谓"予以诫勉"，是指国家监察机关以谈话或者书面的形式给予相关公职人员训诫和纠正。上述四种处置手段，既可以单独使用，也可以依据规定合并使用。

4. 谈话提醒、批评教育、责令检查、予以诫勉要严格按照法定程序进行。谈话提醒、批评教育应当由国家监察机关相关负责人或者承办部门负责人进行，可以由被谈话提醒、批评教育人所在单位有关负责人陪同；经批准也可以委托其所在单位主要负责人进行。对谈话提醒、批评教育情况应当制作记录。国家监察机关采取责令检查的，被责令检查的公职人员的整改情况在一定范围内通报。国家监察机关以谈话方式予以诫勉的，应当制作记录。

(二) 政务处分

所谓"政务处分"，是指国家监察机关根据监督、调查结果，对有违法行为且应当承担政务责任的公职人员进行惩戒的处置手段。政务处分是伴随国家监察体制改革进程，并由"政纪处分"所演变而来的新的法律概念，且与党纪处分相对应。国家监察机关依法作出政务处分，对于及时惩治公职人员违法行为，确保公职人员公正合法履职用权具有重要意义。

国家监察机关采取政务处分处置手段，其要求主要包括以下几点：

1. 政务处分的主体只能是国家监察机关。国家监察体制改革形塑了当下具有中国特色的处分制度,《政务处分法》明确了"政务处分"与"处分"相并列的处分体制。政务处分专属国家监察机关,只有国家监察机关有权作出政务处分,而除国家监察机关之外的具有实体处分权的机关、单位对本机关、单位内的公职人员所作出的处分决定只能称为"处分"而非"政务处分"。其根据便在于对公职人员的监督,其任免机关、单位承担主体责任,而国家监察机关承担监督责任,国家监察机关的监督责任替代不了任免机关、单位的主体责任,反之亦然。

2.政务处分的适用范围是公职人员的所有违法行为。根据《政务处分法》的相关规定,公职人员存在违法行为是国家监察机关对其作出政务处分的前提。广义上的"违法行为"不仅包括职务违法和职务犯罪行为,政务处分的适用范围其实并不仅限于职务违法和职务犯罪行为。将违法行为(包括职务违法和职务犯罪行为之外的违法行为)均纳入政务处分的适用范围,是因为公职人员本身在遵纪守法层面有着更高的标准和要求。当然,政务处分的适用范围是公职人员的所有违法行为并不意味着公职人员只要存在违法行为,就应当给予政务处分。比如,公职人员有职务违法行为但情节较轻,则不宜给予其政务处分,而是可以对其进行谈话提醒、批评教育、责令检查,或者予以诫勉。

3.政务处分的种类。国家监察机关可以依法作出的政务处分从轻到重包括警告、记过、记大过、降级、撤职和开除6种。(1)警告是对违法公职人员的警示与告诫,作为最轻的政务处分,适用于违法行为情节较轻但必须给予政务处分的情形。(2)记过和记大过也是对违法公职人员的警示与告诫,但是记过比警告处分更重,记大过比记过处分更重,一般适用于违法行为情节较重的情形。(3)降级是降低公职人员的级别及相应的工资待遇,降级不只是对违法公职人员的警示与告诫,还会给违法公职人员造成实质性损失,一般适用于违法行为情节比较严重的情形。(4)撤职是撤销违法公职人员担任的职务,给予撤职处分的要按照规定降低职务、职级、衔级和级别,同时降低工资待遇,通常是在保留公职人员身份前提下,对违法公职人员实施的最严厉的政务处罚,一般适用于违法行为情节严重的情形。(5)开除是将公职人员从公职系统中除名,解除其与所在机关、单位的人事关系或者劳务关系,强制剥夺其公职人员身份,是对违法公职人员实施的最严厉的政务处分,一般适用于违法行为情节特别严重的情形。

4. 政务处分要严格按照法定程序进行。国家监察机关决定给予政务处分的,应当制作政务处分决定书,政务处分决定书应当盖有作出决定的监察机关的印章,且应当及时送达被处分人和被处分人所在机关、单位,并在一定范围内宣布。作出政务处分决定后,监察机关应当根据被处分人的具体身份书面告知相关的机关、单位。公职人员依法受到刑事责任追究的,国家监察机关应当根据司法机关的生效判决、裁定、决定及其认定的事实和情节,给予政务处分。公职人员依法受到行政处罚,应当给予政务处分的,监察机关可以根据行政处罚决定认定的事实和情节,经立案调查核实后,给予政务处分。公职人员受到政务处分的,应当将政务处分决定书存入其本人档案。对于受到降级以上政务处分的,应当由人事部门按照管理权限在作出政务处分决定后一个月内办理职务、工资及其他有关待遇等的变更手续;特殊情况下,经批准可以适当延长办理期限,但是最长不得超过6个月。

5. 政务处分中的"一事不再罚"。根据《政务处分法》相关规定,国家监察机关和公职人员任免机关、单位均有权对违法的公职人员进行处分。既然如此,难免会发生权力并行、同时处置的状况。鉴于此,《政务处分法》明确规定了"一事不再罚",即对公职人员的同一违法行为,国家监察机关和公职人员任免机关、单位不得重复给予政务处分和处分。具体来说,对公职人员的同一违法行为,国家监察机关已经给予政务处分的,公职人员任免机关、单位不再给予处分,反之亦然。当然,对于公职人员任免机关、单位应当给予处分而未给予,或者给予的处分违法、不当的,国家监察机关应当及时向其提出监察建议。这样便可以避免出现互相推诿甚至于"无人处分"的情况出现。

6. 政务处分对象的权利保障。国家监察机关对违法的公职人员作出政务处分势必会对公职人员的权利造成减损,因而畅通有效的救济途径便显得尤为重要。根据《政务处分法》相关规定,公职人员对国家监察机关作出的涉及本人的政务处分决定不服的,可以依法向作出决定的监察机关申请复审;公职人员对复审决定仍不服的,可以向上一级监察机关申请复核。国家监察机关发现本机关或者下级监察机关作出的政务处分决定确有错误的,应当及时予以纠正或者责令下级监察机关及时予以纠正。需要注意的是,复审、复核期间,不停止原政务处分决定的执行,并且公职人员不因提出复审、复核而被加重政务处分。

(三) 问责

所谓"问责",是指国家监察机关根据监督、调查结果,对不履行或者不正确履行职责负有责任的领导人员依法追究其领导责任的处置手段。监察问责源自中国共产党党内监督中的问责制度,《监察法》以国家法律的形式对此予以吸收借鉴,其有关问责的规定与党内监督中的问责工作相适应。国家监察机关依法进行问责,对于坚持有权必有责、有责要担当、失责必追究,有效防止领导人员不作为、慢作为、乱作为、假作为具有重要作用。

国家监察机关采取问责处置手段,其要求主要包括以下几点:

1. 问责的主体是国家监察机关或者有权作出问责决定的机关。在实践中,国家监察机关可能会因为管理权限问题无法对相关领导人员直接作出问责决定,此时国家监察机关可以向有权作出问责决定的机关提出问责建议,由有权机关作出问责决定。

2. 问责的对象是负有领导责任的领导人员。领导人员不是一般工作人员,其指的是负有相应领导责任而非直接责任的人员,主要包括中国共产党机关、人民代表大会及其常务委员会机关、人民政府、监察委员会、人民法院、人民检察院、中国人民政治协商会议各级委员会机关、民主党派和工商业联合会机关中担任各级领导职务的人员;参照《公务员法》管理的单位中担任各级领导职务的人员;法律、法规授权或者受国家机关依法委托管理公共事务的组织中担任领导职务的人员;国有企业中担任领导职务的人员;公办的教育、科研、文化、医疗卫生、体育等单位中担任领导职务的人员;基层群众性自治组织中担任领导职务的人员。

3. 问责的情形是领导人员不履行或不正确履行职责。不履行或者不正确履行职责是领导人员失职失责的重要表现,具体包括履行职责不力,职责范围内发生重特大生产安全事故、群体性事件、公共安全事件,在教育医疗、生态环境保护、食品药品安全、社会保障等设计人民群众最关心最直接最现实的利益问题上不作为、乱作为、慢作为、假作为,损害和侵占群众利益问题得不到整治,以言代法、以权压法、徇私枉法问题突出,群众身边腐败和作风问题严重,发生其他严重事故、事件,造成重大损失或者恶劣影响,等等。

4. 问责的方式。国家监察机关可以按照管理权限直接作出通报、诫勉、组织处理、政务处分等问责决定，或者向有权作出问责决定的机关提出问责建议。一般而言，对不履行或者不正确履行负有责任的领导人员进行问责，国家监察机关可以直接按照管理权限作出通报、诫勉和政务处分等。此外，组织处理因涉及具体的组织调整权限，往往需要由有权机关作出，此时国家监察机关可以向有权机关提出组织处理的建议。

5. 问责的程序。对于国家监察机关问责的程序，监察法尚未有特别明确的规定。参考《中国共产党问责条例》，国家监察机关对不履行或者不正确履行职责负有责任的领导人员进行问责应当经必要的审批程序，问责决定作出后，应当及时向被问责的领导人员及其所在机关、单位宣布并督促执行，采用政务处分方式进行问责的，应当按照《政务处分法》规定的程序执行。

(四) 移送审查起诉

所谓"移送审查起诉"，是指国家监察机关根据监督、调查结果，将涉嫌职务犯罪的被调查人连同案卷材料、证据一并移送人民检察院依法审查、提起公诉的处置手段。作为有效衔接司法的重要环节，国家监察机关依法移送审查起诉，不仅有利于惩罚公职人员职务犯罪，同时也能够发挥检察机关对国家监察机关行使权力的制约作用，保障相关公职人员的合法权益。

国家监察机关采取移送审查起诉处置手段，其要求主要包括以下几点：

1. 移送审查起诉的主体和对象。移送审查起诉的主体是国家监察机关，接受移送审查起诉的主体是检察机关。移送审查起诉的对象是涉嫌职务犯罪的被调查人，包括涉嫌行贿犯罪、介绍贿赂犯罪或者共同职务犯罪等关联案件的涉案人员，以及国家监察机关制作的起诉意见书、案件材料和证据等。

2. 移送审查起诉必须符合以下两个要件：(1)情形要件。国家监察机关移送检察机关依法审查、提起公诉的案件必须是犯罪事实已经查清。所谓"犯罪事实已经查清"，是指犯罪的主要事实已经查清。因各种原因个别细节无法查清或者没有必要查清，且不影响定罪量刑的，可以视为是犯罪事实已经查清。(2)证据要件。国家监察机关移送检察机关依法审查、起诉的公诉案件必须证据确实、充分。所谓"证据确实、充分"，是指用以证明案件事实的证据真实可靠，取得的证据足以证实调查认定的犯罪事实，且符合刑事审判有关证据的标准和要求。按照《监察法》的相关规定,国家监察机关调查终结的职务犯罪案件,证据确实、充分必须满足定罪量刑的事实都有证据证明,据以定案的证据均经法定程序查证属实,综合全案证据,对所认定事实已排除合理怀疑等条件。

3. 移送审查起诉要严格按照法定程序进行。国家监察机关一般应当在正式移送起诉 10 日前,向拟移送的人民检察院采取书面通知等方式预告移送事宜。对于已采取留置措施的案件,发现被调查人因身体等原因存在不适宜羁押等可能影响刑事强制措施执行情形的,应当通报人民检察院。对于未采取留置措施的案件,可以根据案件具体情况,向人民检察院提出对被调查人采取刑事强制措施的建议。决定对涉嫌职务犯罪的被调查人移送起诉的,应当出具《起诉意见书》,连同案卷材料、证据等,一并移送人民检察院。对已经移送起诉的职务犯罪案件,发现遗漏被调查人罪行需要补充移送起诉的,应当经审批出具《补充起诉意见书》,连同相关案卷材料、证据等一并移送人民检察院。

4. 移送审查起诉前的提前介入。移送审查起诉前的提前介入是指在国家监察机关查办重大、疑难、复杂案件,特别是涉嫌职务犯罪案件的审查调查阶段,为确保证据的搜集、固定、审查和运用与刑事审判关于证据的要求和标准相一致,可以邀请检察机关提前介入调查活动,解决调查取证过程中的相关问题。从目前的实践状况来看,检察机关提前介入的案件范围实际上已经不再仅局限于国家监察机关查办的重大、疑难、复杂案件,启动程序亦不再是一意味地被动等待国家监察机关的商请,组织形式趋向相对固定的工作组,这意味着检察机关的提前介入正在逐步得到强化并趋于稳定。

5. 移送审查起诉的后续工作。对于国家监察机关移送检察机关依法审查、提起公诉的案件,检察机关不需要再进行立案,可以依法对移送的被调查人、涉案人员依照《刑事诉讼法》的规定进行审查,视情况采取居留、逮捕、监视居住等强制措施;可以依法对职务犯罪公职人员的相关犯罪事实、证据等进行审查,满足起诉条件后作出起诉决定;经审查后检察机关认定犯罪事实不清、证据不足,需要补充核实的,可以退回并要求国家监察机关补充调查,必要时也可以自行补充侦查;经审查后检察机关认为有《刑事诉讼法》规定的不起诉情形的,经上一级检察机关批准,可以作出不起诉决定,国家监察机关认为检察机关作出的不起诉决定有错误的,可以向上一级检察机关提起复议。

(五) 监察建议

所谓"监察建议",是指国家监察机关根据监督、调查结果,针对监察对象所在单位廉政建设和履行职责存在的问题,向相关单位和人员就其职责范围内的事项提出具体建议的处置手段。监察建议源自之前行政监察领域中的行政监察建议制度,但目前的监察建议与之前的行政监察建议已经存在质的差别。国家监察机关依法提出监察建议,可以通过督促、纠错和整改达致标本兼治、综合治理的目标,促进相关单位的廉政建设和反腐败工作。

国家监察机关采取监察建议处置手段,其要求主要包括以下几点:

1. 提出监察建议的主体和对象。监察建议的主体是国家监察机关,监察建议的对象是监察对象所在单位。

2. 提出监察建议的情形。国家监察机关提出监察建议针对的是监察对象所在单位廉政建设和履行职责存在的问题。一般来说,监察机关遇到下列情形时,可以提出监察建议:(1)拒不执行法律、法规或者违反法律、法规,应当予以纠正的;(2)有关单位作出的决定、命令、指示违反法律、法规和国家政策,应当予以纠正或者撤销的;(3)给国家利益、集体利益和公民合法权益造成损害,需要采取补救措施的;(4)录用、任免、奖惩决定明显不适当,应当予以纠正的;(5)依照有关法律、法规的规定,应当给予处罚的;(6)需要完善廉政制度建设的;等等。[1]

3. 提出监察建议要严格按照法定程序进行。国家监察机关依法向监察对象所在单位提出监察建议的,应当经审批制作监察建议书。监察建议书一般应当包括下列内容:监督调查情况;调查中发现的主要问题及其产生的原因;整改建议、要求和期限;向监察机关反馈整改情况的要求。

4. 监察建议的法律效力。监察建议不同于一般的工作建议,它具有法律效力,被提出建议的有关单位必须履行监察建议要求其履行的义务,除非其有正当理由,否则就要承担相应的法律责任。对有关单位无正当理由拒不采纳监察建议的,由

---

〔1〕 参见中共中央纪律检查委员会法规室、中华人民共和国监察委员会法规室编写:《〈中华人民共和国监察法〉释义》,中国方正出版社2018年版,第208页。

其主管部门、上级机关责令改正,对单位给予通报批评,对负有责任的领导人员和直接责任人员依法给予处理。

5. 监察建议和从宽处罚建议。从宽处罚建议是指国家监察机关对于涉嫌职务犯罪的被调查人主动认罪认罚,经监察机关领导人员集体研究并报上一级监察机关批准,可以在作出移送审查起诉时一并向检察机关提出从宽处罚的建议。从宽处罚建议一般应当在移送起诉时作为《起诉意见书》内容一并提出,特殊情况下也可以在案件移送后、人民检察院提起公诉前,单独形成从宽处罚建议书移送人民检察院。从宽处罚建议虽然也是国家监察机关依法提出的建议,但其不是监察建议,应当注意区分。与监察建议相比较,从宽处罚建议不具有强制性,不能够约束检察机关和人民法院。

第三节　监察处置与纪检处理的区别与联系

在党内监督执纪的过程中,纪检处理是党的纪律检查机关的重要职责,与国家监察机关的监察处置职责具有明显对应性。纪检处理,指的是党的纪律检查机关依规依纪对党组织和党员违反党章和其他党内法规的行为予以审查定性并决定作出何种处理的执纪活动。在纪检监察合署办公的体制下,纪检处理和监察处置既有区别又有联系。所谓区别,主要是指纪检处理和监察处置在主体、对象、范围和依据等方面存在明显不同。对此,前文已经有所阐释,在此不再赘述。所谓联系,主要指的是纪检处理与监察处置存在相似、相通甚至相同之处。这是由党内监督和国家监察的内在一致性所决定的。

监察处置与纪检处理的联系主要有以下三点:

1. 在履职手段方面,纪检监察机关针对纪检监察对象的处理处置事实上已经形成了以批评教育类措施为前端预防、以党纪政务处分为中端治理、以刑事处罚为后端惩治、以组织处理类措施为重要补充的"预惩协同"式纪法衔接、法法衔接机制。纪检监察机关依规依法对违纪违法的纪检监察对象进行相应的处理处置,是纪检监察机关发挥专责监督作用并维护党纪国法权威的重要体现。目前,经由深化国家监察体制改革对纪检监察机关职责的调整与优化,纪检监察机关各项处理处置手段在制度规范层面已经被基本固定下来。党的纪律检查机关的处理手段主要包括批评教育、组织处理、党纪处分、问责、纪检建议等，国家监察机关的处置手段主要包括批评教育、组织处理、政务处分、问责、移送审查起诉、监察建议等。可以说，这一纪法衔接、法法衔接机制的建立为纪检监察机关消弭纪律与法律之间的规制功能阻隔，有机融合纪律和法律双重治理功能，发挥纪法双施双守的整体功用奠定了十分重要的制度基础。

以党纪处分与政务处分的纪法衔接为例，从党和国家监督体系来看，与政务处分相对应的便是党纪处分，在纪检监察执纪执法实践中，两者通常合称"党纪政务处分"。按照《政务处分法》制定工作必须注重与党纪的衔接、推动党内监督和国家监察协调贯通的基本思路，其在违法行为及其适用的处分规定中吸纳并参考了《中国共产党纪律处分条例》中违纪行为的具体情形与处分幅度，使政务处分适用的违法行为与党纪处分适用的违纪行为之间存在相当程度的行为竞合。[1]而基于中国共产党的领导党与执政党地位，党员大多数又是内嵌于国家机关中行使公权力的公职人员，且监察法所确立的政务处分对象也包括中国共产党机关中的公务员，这意味着具有党员身份公职人员的违纪违法行为往往需要同时承担党纪责任、政务责任，甚至刑事责任。因此，在纪检监察合署办公的体制下，纪检监察机关应当结合具有党员身份公职人员的违纪违法行为事实综合考虑给予党纪政务处分，且需注意党纪处分与政务处分轻重程度的相应匹配，不能出现党纪重处分而政务轻处分或者党纪轻处分而政务重处分等情况。[2]

2. 在职责履行方面，纪检监察机关精准有效运用"四种形态"，是将"预惩协

---

〔1〕参见秦前红、张晓瑜：《政务处分与党纪处分适用衔接的若干问题》，载《中南民族大学学报（人文社会科学版）》2021年第1期。

〔2〕这里有必要再探讨一下党纪政务处分程度轻重匹配的问题。由于《政务处分法》在违法行为及其适用的处分规定中吸纳并参考了《中国共产党纪律处分条例》中违纪行为的具体情形与处分幅度。因而，纪检监察机关对具有党员身份的公职人员同时适用党纪处分与政务处分时，便面临两者如何匹配适用的问题。基于对违纪违法行为事实的厘清，纪检监察机关对具有党员身份的公职人员同时适用党纪处分与政务处分时，应当遵循"轻轻、重重"的匹配原则。这就要求纪检监察机关执纪执法不能出现党纪重处分而政务轻处分或者党纪轻处分而政务重处分等情况。详细参见贾轶凡、王浩臣：《如何理解和把握〈政务处分法〉规定的政务处分与党纪处分的匹配适用？遵循"轻轻、重重"的匹配原则》，载《中国纪检监察》2020年第16期；秦前红、周航：《党纪处分与政务处分的衔接协调及运作机制》，载《中国法律评论》2021年第1期。

同"式纪法衔接、法法衔接机制落实为促进执纪执法贯通、有效衔接司法的实践样态。具体来说，第一种形态即纪检监察机关针对具有党员身份的公职人员有思想、作风、纪律等方面苗头性、倾向性问题或者轻微违纪违法问题，或者有一般违纪违法问题但具备免于党纪政务处分等情形而运用的执纪执法形态，具体体现为纪检监察机关可以依规依法进行谈话提醒、批评教育、责令检查、予以诫勉等。此种形态所对应的是纪检监察机关处理处置对批评教育类措施的运用，其要义是强调对具有党员身份的公职人员日常监督的强化，重在发挥预防功能。第二种形态即纪检监察机关针对具有党员身份的公职人员有一般违纪违法问题，或者违纪违法严重但具有主动交代等从轻或者减轻处分等情形而运用的执纪执法形态，具体体现为纪检监察机关可以依规依法给予党内警告、党内严重警告、政务警告、政务记过、政务记大过、政务降级等党纪政务轻处分，或者建议单处、并处停职检查、调离岗位、责令辞职、免职等组织处理。此种形态所对应的是纪检监察机关处理处置对党纪政务处分和组织处理类措施的运用，其要义是强调对具有党员身份的公职人员违纪违法行为的及时处理，重在发挥纠正功能。需要指出的是，党纪政务处分与组织处理类措施既可以相互配合使用，也可以单独使用。第三种形态即纪检监察机关针对具有党员身份的公职人员有严重违纪违法问题，但并不具备从轻或者减轻处分等情形而运用的执纪执法形态，具体体现为纪检监察机关可以依规依法给予撤销党内职务、留党察看、开除党籍、政务撤职、开除公职等党纪政务重处分，且党纪政务重处分一般均附带产生重大职务调整的处分后果。此种形态所对应的是纪检监察机关处理处置对党纪政务处分和组织处理类措施的运用，其要义是强调对构成严重违纪违法具有党员身份的公职人员的惩治，重在发挥惩戒功能。第四种形态即纪检监察机关针对具有党员身份的公职人员严重违纪违法，并构成犯罪的情形而运用的执纪执法形态，具体体现为纪检监察机关可以依规依法给予开除党籍、开除公职等党纪政务处分重处分，并移送检察机关审查起诉进一步追究其刑事责任。此种形态所对应的是纪检监察机关处理处置对党纪政务处分、组织处理类措施和移送检察机关审查起诉的运用，其要义是强调对构成严重违纪违法且涉嫌犯罪的具有党员身份的公职人员的严肃查处，重在发挥惩处功能。

可见，"四种形态"的主要内容与内在逻辑本身就体现了纪检处理与监察处置之间的衔接贯通。为了避免纪检监察机关对"四种形态"的不当运用，通过精准有效运用"四种形态"实现纪检处理与监察处置之衔接贯通的理想状态，应当以严格依规依法厘清纪检监察对象违纪违法行为事实为前提。根据纪检监察机关执纪执法工作应当坚持党纪和国法面前一律平等，以事实为根据，以纪律和法律为准绳的基本原则，纪检监察机关对违纪违法的纪检监察对象进行相应的处理处置必须与违纪违法行为的性质、情节、危害程度相当。这就意味着无论纪检监察机关执纪执法运用何种形态采取何种具体措施，均应当以严格依规依法厘清纪检监察对象违纪违法的行为事实为前提，并以此为据作出相应的处理处置。比如，纪检监察机关对具有党员身份的公职人员同时适用党纪处分和政务处分应当是基于同一既违反党纪又违反国法的行为事实。所谓"同一行为事实"，是指行为客体或对象，以及行为表现这两个构成要件均相同的情形，如果其中之一发生变化，则属于不同事实，应当仅适用党纪处分或者政务处分。[1] 在党纪严于国法的背景下，基于党员所有违反国家法律的行为都是违纪行为的前提，事实上并不存在仅适用政务处分的情形，但存在有些行为应受到党纪处分，却未必要受到政务处分的情形。因为，党纪严于国法，党内法规对党员的道德要求必然高于国家法律对公民的道德要求，由此当然存在一些行为仅是违反党纪的违纪行为，仅需由党的纪律检查机关适用党纪处分。[2] 换句话说，在强调党员有模范遵守国家法律的义务，违反国法的行为都是违纪行为的同时，也应当强调党员所有违反党纪的行为并不都是违法行为。在

---

[1] 以《中国共产党纪律处分条例》第112条第6项"有其他侵害群众利益行为的，对直接责任者和领导责任者，情节较轻的，给予警告或者严重警告处分；情节较重的，给予撤销党内职务或者留党察看处分；情节严重的，给予开除党籍处分"之规定与《政务处分法》第38条第5项"其他侵犯管理服务对象利益的行为，造成不良后果或者影响的，情节较重的，予以警告、记过或者记大过"之规定为例。两者处分事由所规定的行为事实基本相同，但行为所具体指向的对象不同，且在行为表现方面存在明显差别，故属于行为事实部分竞合的状态。具体分析之，前者所指向的对象是群众，后者所指向的对象是管理服务对象，群众的范围显然比管理服务对象的范围要广泛得多，且后者要求必须造成不良后果或者影响才能适用政务处分。那么当具有党员身份的公职人员有侵害管理服务对象利益的行为，但并未造成不良后果或者影响时，其行为仅是违纪行为而非违法行为，应当仅由党的纪律检查机关适用党纪处分。但当具有党员身份的公职人员有侵犯管理服务对象利益的行为，且造成不良后果或者影响时，其行为不仅是违纪行为，同时也是违法行为，纪检监察机关应当同时适用党纪处分和政务处分。

[2] 例如，《中国共产党纪律处分条例》第74条所规定的"党员领导干部违反有关规定组织、参加自发成立的老乡会、校友会、战友会等"党纪处分事由，在政务处分事由中并未有相关规定。对于此类行为进行惩戒时，仅需由党的纪律检查机关适用党纪处分。

纪检监察机关执纪执法实践中,不乏存在对党员所有违反党纪的行为不都是违法行为的误判,特别是在对具有党员身份的公职人员适用党纪轻处分但不应适用政务处分的情况下,仍然给予政务处分,追求政务处分与党纪处分轻重程度的相应匹配。这显然违背了纪检监察机关适用党纪处分与政务处分应当严格遵循事由法定的基本原则。质言之,纪检监察机关严格依规依法精准有效运用"四种形态",必须以对纪检监察对象违纪违法行为事实的厘清为前提,该运用哪种形态就运用哪种形态,除非是依据行为事实的判断不构成相应的适用条件,否则纪检监察机关各项处理处置措施之间根本就不存在谁可以替代谁的问题。由此,才能够实现纪检处理与监察处置之衔接贯通,从而实现政治效果、纪法效果、社会效果的有机统一。

3. 在处理处置程序方面,纪检处理和监察处置应当严格按照各自的程序性规定进行。这里有必要对"纪在法前"作进一步辨析。所谓"纪在法前",指的是"把党纪挺在国法前面",实现抓早抓小、防微杜渐,并不是说纪检监察机关对违纪违法具有党员身份的公职人员要先进行纪检处理才能再进行监察处置。其根据在于"党纪严于国法",党员违法犯罪必先违纪,把党纪挺在国法前面,就是要以惩前毖后、治病救人,惩戒与教育相结合为工作原则实现抓早抓小、防微杜渐。中国共产党无产阶级政党的性质和全心全意为人民服务的宗旨决定了党内法规对党组织和党员的要求必然要高于国家法律。相对而言,国家法律是对包括党组织和党员在内的所有组织和个人提出共性要求,而党内法规则是在国家法律一次调整的基础上进行二次调整,对党组织和党员提出更高标准更严要求,实则专为调整党内关系量身定制。[1] 比如,《中国共产党纪律处分条例》对大操大办婚丧喜庆、收送礼节、婚内通奸、裸官等行为作出了严于国法的规定。"把党纪挺在国法前面",绝不是说对所有违纪违法犯罪行为的责任追究都必须先由党的纪律检查机关作出党纪处罚,然后再由国家监察机关和司法机关给予法律处罚;也不是说要把所有违纪违法犯罪案件先交给纪检监察机关审查调查,然后再移送司法机关。[2]

---

〔1〕 参见宋功德:《坚持依规治党》,载《中国法学》2018 年第 2 期。
〔2〕 参见郝铁川:《依法治国和依规治党中若干重大关系问题之我见》,载《华东政法大学学报》2020 年第 5 期。

第五编

监 察 程 序

本编主要介绍监察机关开展监察活动所应遵循的法定程序,涵盖线索处置与初步核实、立案、调查、审理、处置等程序内容。

第十三章 监察程序概述

知识结构图

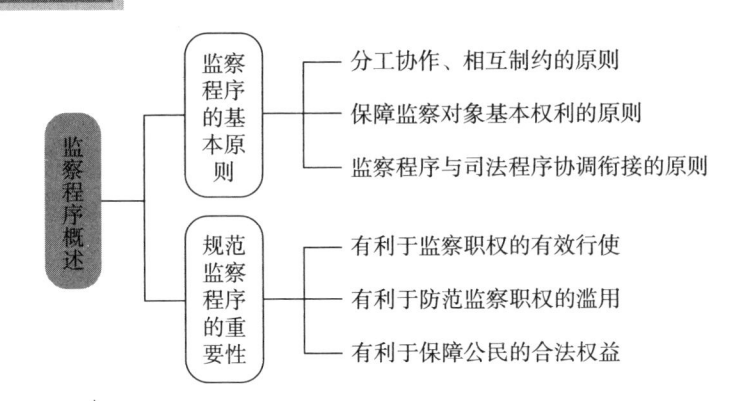

- 监察程序概述
  - 监察程序的基本原则
    - 分工协作、相互制约的原则
    - 保障监察对象基本权利的原则
    - 监察程序与司法程序协调衔接的原则
  - 规范监察程序的重要性
    - 有利于监察职权的有效行使
    - 有利于防范监察职权的滥用
    - 有利于保障公民的合法权益

根据《现代汉语词典》的释义，"程序"一词指的是事情进行的先后次序。[1] 而从法学的角度来分析，程序是指从事法律行为、作出某种决定的过程、方式和关系。[2] 在此种意义上而言，监察程序便是监察机关行使监察职权的过程和次序。我国《监察法》在第五章以专章的形式对监察程序作出了规定。监察机关作为行使国家监察职能的专责机关，享有监督、调查、处置等相当广泛的权力。而程序之治乃是法治的一般要求，监察机关职权的行使须以特定的程序为遵循。鉴于此，《监察法》第五章共 15 个条款就监察机关行使职权的程序进行了规定；同时，监察程序并不限于《监察法》第五章的规定，其他章节也有关于监察机关行使职权的程序性规定。

根据《监察法》第五章的有关规定，监察程序大体包括问题线索管理和处置程序、监察立案程序、调查程序、处置程序等。上述程序在监察机关行使职权的具体过程中，其实形成了前后融贯的关系。因为监察机关通常是在对问题线索进行管理和处置的过程中，认为需要追究法律责任的，则会进行相应的立案。而在立案之后，监察机关为了查明案件事实，则需要进行相应的调查。待到调查之后，监察机关则会根据调查的结果，采取相应的处置措施。

第一节 监察程序的基本原则

监察程序的构建需要遵循一定的原则，以此类原则为遵循设置的程序始得认为是具有正当性的原则。同时，通过对既已设置好的监察程序加以考察和分析，亦可从中概括抽象出若干基本原则。概言之，监察程序的基本原则主要有三：一是分工协作、相互制约的原则，二是保障监察对象基本权利的原则，三是监察程序与司法程序协调衔接的原则。

一、分工协作、相互制约的原则

孟德斯鸠在《论法的精神》一书中写道："一切有权力的人都容易滥用权力，这

---

[1] 参见中国社会科学院语言研究所词典编辑室编：《现代汉语词典》，商务印书馆 2012 年版，第 170 页。
[2] 参见孙笑侠：《程序的法理》，商务印书馆 2010 年版，第 15 页。

是万古不易的一条经验。有权力的人们使用权力一直到遇有界限的地方才休止。从事物的性质来说,要防止滥用权力,就必须以权力约束权力。"[1] 与此同时,在实现权力与权力之间互相约束和制约的同时,亦需注重权力彼此之间的分工和协作。因为"分工是专业化的需要,协作则是实现管理目标的需要"[2]。因此,在设置监察机关行使监察职权的程序之时,同样有必要遵循分工协作、相互制约的原则。对此,我国《监察法》第36条第1款明确规定:"监察机关应当严格按照程序开展工作,建立问题线索处置、调查、审理各部门相互协调、相互制约的工作机制。"因为按照监察职权行使的一般流程,首先是对问题线索进行收集和处置,其次对案件进行相应的调查,最后根据调查取得的证据材料对案件进行审理。因此,就有必要在线索处置、调查、审理等部门之间实现分工协作和制约监督。从监督部门或调查部门,到审理部门,每一环节既相对独立又相互衔接,后一环节与上一环节是工作衔接,又是监督。[3] 该规定的目的在于强化监察机关的内部控制和制约机制,有利于防止因权力过于集中而引发的问题。这也是加强监察机关内部监督的必然要求。[4]

二、保障监察对象基本权利的原则

《宪法》规定了"国家尊重和保障人权",即便是在惩治犯罪人员和犯罪活动的过程中,对人权予以有效保障也是尤为重要的。例如,在我们国家刑事诉讼法律制度完善的过程中,便有"根据这一宪法原则,我们贯彻中央司法体制改革精神,修改刑事诉讼法,正确处理惩治犯罪与保障人权的关系"的决定。[5]《监察法》作为反腐败国家立法,其同样尤为注重保障相关主体的基本权利。例如,《监察法》第5条便明确规定"保障当事人的合法权益"。如上所述,监察机关行使职权的过程,乃是

---

[1] [法]孟德斯鸠:《论法的精神》(上册),张雁深译,商务印书馆1961年版,第154页。
[2] 陈德顺:《在有限与有为之间——西方立宪政府的理论与现实》,四川大学出版社2007年版,第45页。
[3] 参见章志强:《严格遵循内部制约和监督制度》,载《中国纪检监察报》2018年8月8日,第8版。
[4] 参见中共中央纪律检查委员会法规室、中华人民共和国国家监察委员会法规室编写:《〈中华人民共和国监察法〉释义》,中国方正出版社2018年版,第177~178页。
[5] 吴邦国:《全国人民代表大会常务委员会工作报告(二〇一三年三月八日)》,载中共中央文献研究室编:《十八大以来重要文献选编》(上),中央文献出版社2014年版,第209页。

体现在监察程序当中的,而相关主体的权利也正是容易在此过程中受到侵害。因此,自然有必要遵循保障监察对象基本权利的原则来对监察程序进行相应的设计。

具体来说,保障监察对象基本权利主要有以下几个方面的体现:(1)为监察机关职权的行使设置严格的程序。例如,根据《监察法》第 41 条的规定,调查人员采取讯问、询问、留置、搜查、调取、查封、扣押、勘验检查等调查措施,均应当依照规定出示证件,出具书面通知,由 2 人以上进行,形成笔录、报告等书面材料,并由相关人员签名、盖章。同时,调查人员进行讯问以及搜查、查封、扣押等重要取证工作,应当对全过程进行录音录像,留存备查。(2)监察机关采取的留置措施有严格的期限要求。《监察法》第 43 条第 2 款规定,留置时间不得超过 3 个月;在特殊情况下,可以延长一次,延长时间不得超过 3 个月。(3)监察对象在被留置之后,应当享有基本的权利保障。例如,根据《监察法》第 44 条第 2 款的规定,监察机关应当保障被留置人员的饮食、休息和安全,提供医疗服务。当然,《监察法》当中对监察对象基本权利保障的规定,并不限于"监察程序"一章中的条款。曾有研究者统计,《监察法》当中共有 20 余个条款用以保障被调查人的合法权益,超过整部法律条文总数的 1/3。[1]

三、监察程序与司法程序协调衔接的原则

监察机关在行使监察职权时需要审判机关、检察机关等的制约、配合和协作。我国《宪法》第 127 条第 2 款也明确规定:"监察机关办理职务违法和职务犯罪案件,应当与审判机关、检察机关、执法部门互相配合,互相制约。"如此看来,便需要实现监察程序与司法程序的协调和衔接。因为查办职务违法犯罪案件的活动,乃是具有系统性和关联性的,[2]监察机关行使监察职权的活动需要其他机关的有效制衡和监督,才能够避免监察职权的滥用。具体来说,监察程序与司法程序的协调衔接需要注意以下几方面的问题。

---

[1] 参见王明星、倪庆富:《如何保障被调查人的合法权益——20 多个条文保障其人身权和财产权》,载《中国纪检监察》2018 年第 9 期。

[2] 参见吴建雄、王友武:《监察与司法衔接的价值基础、核心要素与规则构建》,载《国家行政学院学报》2018 年第 4 期。

1. 监察机关管辖的案件原则上为职务违法和职务犯罪案件,但根据《监察法》第34条第2款的规定,对于被调查人既涉嫌严重职务违法或者职务犯罪,又涉嫌其他违法犯罪的,一般应当由监察机关为主调查,其他机关予以协助。

2. 证据裁判是刑事诉讼的基石,在证据适用方面,监察与司法亦须有效衔接。[1] 对此,《监察法》第33条第2款规定:"监察机关在收集、固定、审查、运用证据时,应当与刑事审判关于证据的要求和标准相一致。"

3. 司法机关对监察机关行使职权的活动依法予以协助,如《监察法》第43条第3款规定:"监察机关采取留置措施,可以根据工作需要提请公安机关配合。公安机关应当依法予以协助。"[2]

4. 留置期限的刑期折抵。根据我国《刑法》第41条和第44条的规定,判决执行以前先行羁押的,羁押1日可折抵管制刑期2日、折抵拘役刑期1日、折抵有期徒刑1日。监察机关采取的留置措施作为一项带有限制人身自由特点的调查措施,[3] 同样有必要进行相应的刑期折抵。故而《监察法》第44条第3款规定:"被留置人员涉嫌犯罪移送司法机关后,被依法判处管制、拘役和有期徒刑的,留置一日折抵管制二日,折抵拘役、有期徒刑一日。"

5. 监察机关强制措施与司法机关强制措施的衔接,即在监察机关的调查阶段,被调查人乃是由监察机关采取留置这一强制措施,而待到将案件移送检察机关审查起诉阶段,强制措施则需相应地变更为拘留或逮捕。对此,《监察法》第47条第1款规定:"对监察机关移送的案件,人民检察院依照《中华人民共和国刑事诉讼法》对被调查人采取强制措施。"

第二节 规范监察程序的重要性

虽然腐败是尤为严重的违法犯罪活动,但反腐行动和腐败治理同样需要注重

---

[1] 参见龙宗智:《监察与司法协调衔接的法规范分析》,载《政治与法律》2018年第1期。
[2] 例如,2018年5月11日,经云南省监察委员会决定,云南省公安厅发布A级通缉令,西南林业大学党委副书记、校长蒋兆岗潜逃被通缉。5月30日,蒋兆岗被抓获归案。参见杨慧中:《聚焦国家监察体制改革以来的N个"第一"》,载《中国纪检监察》2018年第13期。
[3] 参见李少文:《留置措施法定化是法治的重大进步》,载《学习时报》2018年7月9日,第3版。

法治的方式,尤其是注重通过程序的方式来促成腐败治理法治化的实现。不能片面强调腐败案件的特殊性而忽略程序法治,查处反腐案件也要遵循程序法治的要求。[1] 没有程序法治就没有真正的法治,习近平总书记在谈及法治与程序的关系时也曾表明:"要守法律、重程序,这是法治的第一位要求。"[2] 在这个意义上来说,在《监察法》当中设置"监察程序"一章,对监察机关行使监察职权的程序进行相对系统的规定,无疑具有相当的重要性和重大意义。总体来说,规范监察程序的重要性有三个方面:一是有利于监察职权的有效行使,二是有利于防范监察职权的滥用,三是有利于保障公民的合法权益。

一、有利于监察职权的有效行使

为了实现腐败的有效治理和反腐的法治化,中央决定开展国家监察体制改革,制定监察法将监察职权赋予各级监察委员会。因而,唯有监察职权有效行使,才能够在腐败治理方面发挥预期的功能。我国《监察法》第 2 条明确提出要"构建集中统一、权威高效的中国特色国家监察体制";《监察法》第 6 条同样指明国家监察工作要有效制约和监督权力。那么,规范监察程序自然有利于监察职权的有效行使。具体来说:(1)通过构建监察机关内部权力行使的有序通道,促使监察职权高效率地行使。例如,根据《监察法》第 36 条的规定,监察机关行使职权应当建立问题线索处置、调查、审理各部门相互协调、相互制约的工作机制。通过内部各部门之间的分工,显然是有助于提高效率的。(2)通过构建监察机关与其他国家机关的协助机制,有利于监察机关有效行使职权。例如,根据《监察法》第 43 条第 3 款的规定,监察机关在采取留置措施的时候,可以根据工作需要提请公安机关配合,公安机关在此时应当依法予以协助。显然,如果缺失这些内外部的程序制度设计,监察机关在行使监察职权时无疑会面临诸多滞碍。譬如,监察机关欲留置在逃的监察对象

---

[1] 参见陈光中、兰哲:《监察制度改革的重大成就与完善期待》,载《行政法学研究》2018 年第 4 期。
[2] 习近平:《在省部级主要领导干部学习贯彻十八届四中全会精神全面推进依法治国专题研讨班开班式上的讲话》,载中共中央文献研究室编:《习近平关于全面依法治国论述摘编》,中央文献出版社 2015 年版,第 125 页。

时,由于监察机关不配备类似于检察院、法院"法警"那样的强制执行队伍,[1]如果缺乏公安机关的协助,监察机关就难以有效采取留置措施。

二、有利于防范监察职权的滥用

对监察委员会自身的监督制约力度须足以防止监察体制改革过犹不及。通过国家监察体制改革,我们国家建立起了集中统一、权威高效的中国特色国家监察体制。行政监察机关、政府预防腐败部门和人民检察院查处贪污贿赂、失职渎职犯罪以及预防职务犯罪等部门的相关职能整合至监察委员会,加之监察机关与党的纪律检查机关合署办公,从而使监察机关拥有相当强大的职权。如此强大的监督职权自然有利于治理腐败,但若这些权力在实践中被滥用,后果也是可想而知的。正因如此,中共中央办公厅印发的《关于在北京市、山西省、浙江省开展国家监察体制改革试点方案》就明确提出,要强化对监察委员会自身的监督制约。而在诸多防范权力滥用的方式当中,通过程序来"驯化"权力其实是较优的方案之一。正是基于此种考量,第十二届全国人大常委会副委员长李建国在就《监察法(草案)》向全国人大作说明时同样指明:"为保证监察机关正确行使权力,草案在监察程序一章中,对监督、调查、处置工作程序作出严格规定。"[2]概言之,通过程序来防范监察职权滥用的路径有二:一是外部制约,即实现监察机关与审判机关、检察机关、执法部门在行使职权方面的制约;二是内部制约,即要求监察机关在内部设立相互分工、既相互协调又相互制约的工作部门,在各部门间建立相互协调、相互制约的工作机制。[3] 试举一例,根据《监察法》第43条第1款的规定,监察机关采取留置措施,应当由监察机关领导人员集体研究决定。设区的市级以下监察机关采取留置措施,还应当报上一级监察机关批准。这样的程序设计将极大地防范监察职权的滥

---

[1] 参见吴建雄主编:《监督、调查、处置法律规范研究》,人民出版社2018年版,第210页。
[2] 李建国:《关于〈中华人民共和国监察法(草案)〉的说明——2018年3月13日在第十三届全国人民代表大会第一次会议上》,载《中华人民共和国全国人民代表大会常务委员会公报》2018年第2期。
[3] 参见姜明安:《论监察法的立法目的与基本原则》,载《行政法学研究》2018年第4期。

用。[1]这便是一种通过监察机关的内部制约来防范监察职权滥用的方式。

三、有利于保障公民的合法权益

我国《监察法》第5条明确规定,国家监察工作应当保障当事人的合法权益。这指的是监察机关必须"严格遵循相关法律规定,不得违法侵犯公民、法人和其他组织的合法权益"[2]。而法律程序一般被认为是实现权利的手段和方法,法律程序与权利保障关系紧密。[3]一般来说,根据权利的内容不同,可以将权利区分为程序性权利和实体性权利。其中,对于程序性权利而言,自然与法律程序有着相当密切的关联。而对于实体性权利来说,法律程序同样可以为其提供相当程度的保障。在此意义上,在《监察法》中规定监察程序,无疑有利于保障公民的合法权益。具体来说有以下两方面的体现:(1)通过规范监察职权的行使,间接保障公民权利。例如,根据《监察法》第39条的规定,监察机关在对监察对象进行调查之时,调查方案的确定需要召开专题会议来研究。这其实是促使调查方案的确定过程更加严谨,更加符合有关法律的规定,而不至于在随意之间有害于公民合法权益。(2)明确规定在监察职权行使过程中公民享有的权利,亦即通过监察程序直接保障公民合法权益。例如,根据《监察法》第44条第2款的规定,被留置人员享有饮食、休息和安全保障的权利;根据《监察法》第49条的规定,监察对象对监察机关的处理决定不服,享有申请复审和申请复核的权利。

---

[1] 例如,在吉林省某地级市下辖区的监察委员会,报请该地级市监察委员会批准留置措施,但该地级市监察委员会相关负责人认为"工作方案不周密、证据定性不准确",故而对该下辖区监察委员会的报批不予通过,予以退回。参见王卉、王春晖、何琳娣:《履职有标准用权有规范——吉林市纪委市监委加强制度建设确保工作高效运转》,载《吉林日报》2018年8月15日,第1版。

[2] 中共中央纪律检查委员会法规室、中华人民共和国国家监察委员会法规室编写:《〈中华人民共和国监察法〉学习问答》,中国方正出版社2018年版,第16页。

[3] 参见孙笑侠:《程序的法理》,商务印书馆2010年版,第211页。

第十四章　线索处置与初步核实程序

知识结构图

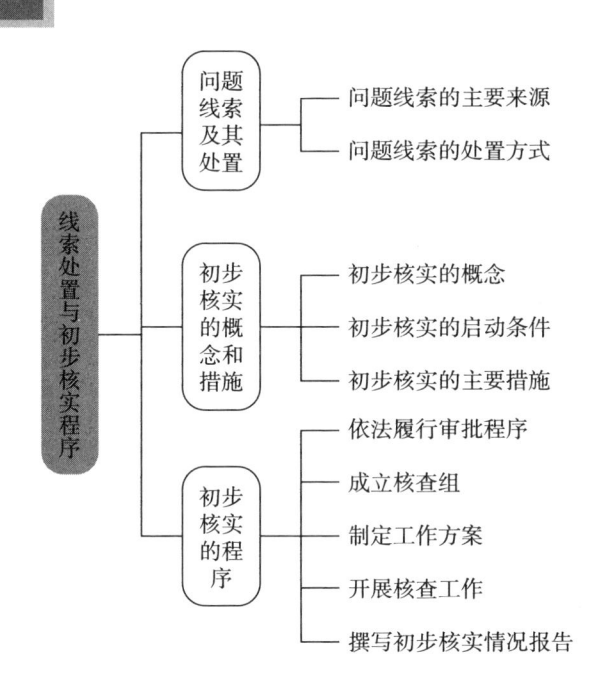

- 线索处置与初步核实程序
  - 问题线索及其处置
    - 问题线索的主要来源
    - 问题线索的处置方式
  - 初步核实的概念和措施
    - 初步核实的概念
    - 初步核实的启动条件
    - 初步核实的主要措施
  - 初步核实的程序
    - 依法履行审批程序
    - 成立核查组
    - 制定工作方案
    - 开展核查工作
    - 撰写初步核实情况报告

没有问题线索,监察工作就无从开展,可以说"问题线索是纪检监察工作的源头和基础"。[1] 因此,监察机关处理问题线索的程序,自然也是监察程序的重要组成部分,甚至构成其他监察程序的源头。《监察法》第36条第1款即明确规定:"监察机关应当严格按照程序开展工作,建立问题线索处置、调查、审理各部门相互协调、相互制约的工作机制。"与此同时,对于有价值的问题线索,监察机关则要对其进行初步核实,在这个意义上来说,线索处置与初步核实是紧密相连的程序。

第一节　问题线索及其处置

问题线索,即反映领导干部问题的线索,过去通常叫案件线索。[2] 在现代汉语语境中,"线索"一词是指事情的头绪或发展脉络,相应地,问题线索贯穿于纪检监察工作始终。

一、问题线索的主要来源

问题线索不可能"无中生有",在监察工作实践中,问题线索主要有以下三个方面的来源。

1.信访举报中的问题线索。信访举报可谓是问题线索来源的"主渠道",各级监察委员会通常都设立有专门的信访举报部门,如中央纪委国家监委法规室。根据《中国共产党纪律检查机关监督执纪工作规则》第20条第1款的规定,信访举报部门归口受理同级党委管理的党组织和党员、干部以及监察对象涉嫌违纪或者职务违法、职务犯罪问题的信访举报,统一接收有关纪检监察机关、派驻或者派出机构以及其他单位移交的相关信访举报,移送本机关有关部门,深入分析信访形势,及时反映损害群众最关心、最直接、最现实的利益问题。《监察法实施条例》第169条第1款也规定:"监察机关对于报案或者举报应当依法接受。属于本级监察机关管辖的,依法予以受理;属于其他监察机关管辖的,应当在五个工作日以内予以

---

[1] 冉红音:《加强对问题线索的规范管理与精准处置》,载《中国纪检监察报》2021年7月22日,第7版。

[2] 参见本书编写组编:《党内监督制度解析》,中国方正出版社2017年版,第129页。

转送。"

2. 监察机关在监督调查工作中发现的问题线索。监察机关在履行监督和调查职责时,也有可能发现相关的问题线索。例如,派驻监察机构可以通过参加会议、谈心谈话、查阅资料等方式开展日常监督,而在此过程中就可能发现驻在单位的相关问题线索。为此,《中国共产党纪律检查机关监督执纪工作规则》第 20 条第 2 款规定:"巡视巡察工作机构和审计机关、行政执法机关、司法机关等单位发现涉嫌违纪或者职务违法、职务犯罪问题线索,应当及时移交纪检监察机关案件监督管理部门统一办理。"《监察法实施条例》第 172 条第 3 款也有类似的规定,即监督检查部门、调查部门在工作中发现的相关问题线索,属于本部门受理范围的,应当报送案件监督管理部门备案;属于本机关其他部门受理范围的,经审批后移交案件监督管理部门分办。

3. 其他机关移交的问题线索。在反腐败斗争中,监察机关并非"单打独斗",而是与其他国家机关共同参与,因此还有相当一部分问题线索来自其他机关的移送。对此,《监察法》第 34 条第 1 款明确规定:"人民法院、人民检察院、公安机关、审计机关等国家机关在工作中发现公职人员涉嫌贪污贿赂、失职渎职等职务违法或者职务犯罪的问题线索,应当移送监察机关,由监察机关依法调查处置。"同时,该条第 2 款还确立了监察机关为主的调查体制,即如果"被调查人既涉嫌严重职务违法或者职务犯罪,又涉嫌其他违法犯罪的,一般应当由监察机关为主调查,其他机关予以协助"。这被认为是"加强党对反腐败斗争的统一领导的具体体现"。[1] 此外,根据《监察法实施条例》第 172 条第 2 款的规定,巡视巡察机构和审计机关、执法机关、司法机关等也可向监察机关移送职务违法和职务犯罪问题线索。

二、问题线索的处置方式

监察机关在获得问题线索后,应当根据不同情况进行分别处置。对此,《中国共产党纪律检查机关监督执纪工作规则》第 21 条第 1 款明确规定:"纪检监察机关

---

[1] 中共中央纪律检查委员会法规室、中华人民共和国国家监察委员会法规室编写:《〈中华人民共和国监察法〉释义》,中国方正出版社 2018 年版,第 172 页。

应当结合问题线索所涉及地区、部门、单位总体情况,综合分析,按照谈话函询、初步核实、暂存待查、予以了结4类方式进行处置。"《监察法实施条例》第174条第1款亦有类似的规定。

第一种处置方式是"谈话函询"。如果反映的问题属于一般性问题,通常进行谈话函询。谈话函询包含谈话和函询两种方式,其中谈话是面对面的,函询则是书面的。两者可分别使用,也可叠加使用。谈话函询给予被反映人向组织如实说明或澄清问题的机会,目的是让被谈话函询的党员、干部本着对党忠诚老实的态度讲清问题,有利于组织进行准确研判,及时有效地处置问题线索,督促纠正和处理存在的问题,发挥咬耳扯袖、红脸出汗作用,真正做到有问题早发现、早提醒、早解决。[1]

第二种处置方式是"初步核实"。这主要是在涉嫌违纪或者职务违法、职务犯罪问题线索比较具体、具有可查性,需要追究纪律和法律责任的情况下采取的线索处置方式,目的是对问题线索进行了解和核查,判明和掌握问题线索的真假、虚实和大小,以决定是否立案审查,避免立案审查的盲目性,维护监督执纪的严肃性和准确性。[2]

第三种处置方式是"暂存待查"。这是指线索反映的问题虽然具有一定的可查性,但由于时机、现有条件、涉案人一时难以找到因,暂不具备核查的条件而存放备查。[3] 在实践中,"暂存待查"这一处置方式主要见之于:(1)线索具体、有可查性,但因其本人、所在部门、时机等因素,不便马上开展核查的;(2)相关重要涉案人一时难以找到的;(3)经初步核实或谈话函询,尚不能完全排除问题存在可能性,在现有条件下难以进一步开展工作的。[4] 需要注意的是,"暂存待查"绝非"停止不查",一旦条件成熟即要开展核查工作。

---

[1] 参见中共中央纪律检查委员会法规室、中华人民共和国国家监察委员会法规室编写:《〈中国共产党纪律检查机关监督执纪工作规则〉释义》,中国方正出版社2018年版,第98页。

[2] 参见本书编写组编写:《〈中国共产党纪律检查机关监督执纪工作规则〉学习问答》,中国方正出版社2018年版,第61页。

[3] 参见田明理主编:《强化自我监督的制度利器》,东方出版社2019年版,第80页。

[4] 参见中共中央纪律检查委员会法规室、中华人民共和国国家监察委员会法规室编写:《〈中国共产党纪律检查机关监督执纪工作规则〉释义》,中国方正出版社2018年版,第53页。

第四种处置方式是"予以了结"。这主要是指线索反映的问题失实,或者没有可能开展核查工作而采取的线索处置方式,如虽然有违法事实但情节轻微不需要追究责任。

第二节 初步核实的概念和措施

虽然初步核实是线索处置的方式之一,但有别于其他三类处置方式的是,初步核实针对的是具有可查性的职务违法和职务犯罪问题线索。因此,有必要对初步核实加以特别说明。也正因如此,《监察法实施条例》第五章在对"线索处置"作出专节规定之后,紧接着又以单独一节的形式规定了初步核实程序。

一、初步核实的概念

初步核实,是指监察机关对受理和发现的反映监察对象涉嫌违法犯罪的问题线索,进行初步核查、证实的活动。初步核实作为问题线索处置的重要方式,其主要的任务是经相关核实,查明监察对象有无违纪或者职务违法、职务犯罪问题,收集客观证据,继而为是否立案调查提供依据。[1]

二、初步核实的启动条件

在何种条件下才能对问题线索采取初步核实的处置方式?对于该问题,根据《中国共产党纪律检查机关监督执纪工作规则》和《监察法实施条例》的相关规定,并结合监察工作实践,可以把初步核实的启动条件归纳为以下三方面。

1. 问题线索属于监察机关的管辖范围。问题线索包括涉及的对象是否属于监察对象,即《监察法》第15条列举的6类监察对象;也包括从级别管辖和地域管辖的角度,分析是否属于本级监察机关的管辖范围(这是因为《监察法》第16条确定了以干部管理权限和属地管辖相结合的管辖分工);还包括反映的是否属于监察机关管辖的事项,即《监察法》第11条第2项规定的"涉嫌贪污贿赂、滥用职权、玩忽

---

[1] 参见马方、任惠华主编:《监察调查程序与方法》,中国方正出版社2019年版,第23页。

职守、权力寻租、利益输送、徇私舞弊以及浪费国家资财等职务违法和职务犯罪"。

2. 问题线索的内容具有可信性。问题线索的内容真实程度如何,是不是准确可靠、值得相信,直接影响是否采取初步核实的处置方式。从实践中对线索内容可信性的判断,通常可以从以下几个方面着手分析评估:一是从来源渠道上研判线索可信度。从实践看,巡视巡察机构移交的,在审查调查工作中发现的,以及审计、司法、行政执法等机关移送的线索,往往真实性较高。二是从举报动机上判断线索可信度。通常来说,匿名举报的情况相对比较复杂,对匿名举报,应注意分析举报动机,审慎辨别内容的真伪,不能以偏概全。三是从反映内容上研判线索可信度。实践中一般从涉嫌职务违法犯罪的人和事这两个方面入手,判断问题线索所反映的事实是否符合常理,是否存在前后矛盾地方,反映的公职人员是否涉及多人或问题较多,是否有其他相关材料可以佐证等。[1]

3. 问题线索反映的事实具有可查性。问题线索所反映的事实是否具体、清楚,是否具备开展调查的条件等,也是采取初步核实处置问题线索要考虑的因素。例如,在反映事实的具体化程度上,问题线索必须具备一定具体事实内容,才可以据以开展调查工作。如果没有提供一定量的事实,内容笼统或者表面化,或仅仅是一些主观推测,就无法找到开展调查工作的头绪。当然,虽然有的问题线索提供了一定事实,但是对相应的证据是否容易获取,也是要考虑的因素。[2]

三、初步核实的主要措施

既然初步核实是为了确定线索反映的问题是否存在,那么监察机关在初步核实阶段便有权采取相应的措施。对此,《中国共产党纪律检查机关监督执纪工作规则》第34条第1款规定,核查组经批准可以采取必要措施收集证据,与相关人员谈话了解情况,要求相关组织作出说明,调取个人有关事项报告,查阅复制文件、账目、档案等资料,查核资产情况和有关信息,进行鉴定勘验。对被核查人及相关人员主动上交的财物,核查组应当予以暂扣。《监察法实施条例》第55条第1款更加

---

[1] 参见李亚群:《如何做好初核》,中国方正出版社2021年版,第15~16页。
[2] 参见吕恒仁:《浅议监察法中初步核实条件的把握》,载《中国纪检监察报》2018年12月19日,第8版。

明确规定,监察机关在初步核实中,可以依法采取谈话、询问、查询、调取、勘验检查、鉴定措施。

第三节 初步核实的程序

对于初步核实的程序,《监察法》第 38 条明确规定:"需要采取初步核实方式处置问题线索的,监察机关应当依法履行审批程序,成立核查组。初步核实工作结束后,核查组应当撰写初步核实情况报告,提出处理建议。承办部门应当提出分类处理意见。初步核实情况报告和分类处理意见报监察机关主要负责人审批。"结合相关法律法规和监察工作实际,初步核实的程序大致如下。

一、依法履行审批程序

根据《中国共产党纪律检查机关监督执纪工作规则》第 33 条的规定,纪检监察机关采取初步核实方式处置问题线索,应当履行审批程序,其中,被核查人为下一级党委(党组)主要负责人的,纪检监察机关应当报同级党委主要负责人批准。《监察机关监督执法工作规定》对此作了进一步细化,强调对同级党委管理的正职领导干部开展初步核实,报同级党委主要负责人审批;对同级党委管理的副职领导干部开展初步核实,报纪检监察机关主要负责人审批;对同级党委管理的领导干部以外的人员开展初步核实,报纪检监察机关分管领导审批。[1]

二、成立核查组

为了更好地推进初步核实各项工作,有必要成立专门的核查组。通常来说,核查组要选配好人员,由本级机关工作人员负责,骨干成员应比较有经验。核查组的人数可以根据所反映主要问题的范围和性质来确定,但是不得少于 2 人。对于案

---

[1] 参见中共中央纪律检查委员会法规室、中华人民共和国国家监察委员会法规室编写:《〈中国共产党纪律检查机关监督执纪工作规则〉释义》,中国方正出版社 2018 年版,第 122 页。

情相对复杂、性质比较严重、工作量可能比较大的,可以适当增加核查组的人员。[1] 在确定核查组人员的时候,还应遵守《监察法》等法律法规中有关回避的规定。需要注意的是,初步核实中有大量专业性工作,此时还可以考虑商请有关业务部门的人员参加,如审计、银行、工程建设、大数据分析等。[2]

三、制定工作方案

核查组开展核查工作要有的放矢,在核查工作开始前要做好充分的准备、制定相应的工作方案。《中国共产党纪律检查机关监督执纪工作规则》第33条便明确规定:"纪检监察机关采取初步核实方式处置问题线索,应当制定工作方案。"在实践中,通常是在核查组成立后,核查组负责人组织核查组成员认真分析问题线索、了解相关情况、研究涉及的各类问题,并熟悉相关的法律法规和政策,继而在此基础上制定出初步核实的工作方案。[3] 一般来说,工作方案包括初步核实的依据,需要核实的问题,初步核实的方法、步骤、时间、范围、措施手段,以及应当注意的事项等内容。[4]

四、开展核查工作

核查组的成立和核查工作方案的制定,意味着初步核实工作的开启。对于初步核实工作具体如何开展,法律法规并无细致规定。在实践中,开展初步核实工作需要注意以下几方面的问题:一要统筹安排时间。对初核各项工作按先后顺序、难易程度进行排列,确定好每一项工作的时间节点,提高初核的质量和效率。二要讲究初核策略。一般来讲,初核工作采取先易后难、先外后内、先小后大的策略逐步展开,从事实较为清楚、知情面较小、查证难度较小、可操作性较强的点打开缺口。三要综合使用措施。根据问题线索的实际情况,综合使用查询、调取、鉴定、勘验检

---

[1] 参见本书编写组编写:《〈中国共产党纪律检查机关监督执纪工作规则〉学习问答》,中国方正出版社2018年版,第82~83页。

[2] 参见李亚群:《如何做好初核》,中国方正出版社2021年版,第61页。

[3] 同上书,第62页。

[4] 参见本书编写组编写:《〈中国共产党纪律检查机关监督执纪工作规则〉学习问答》,中国方正出版社2018年版,第82页。

查等措施,视情使用技术调查、限制出境等措施。既不能千篇一律,所有措施都用;又不能贪图省事,该用的措施不用。[1]

五、撰写初步核实情况报告

根据《监察法》第 38 条的规定,初步核实工作结束后,核查组应当撰写初步核实情况报告,提出处理建议。该规定较为原则,《监察法实施条例》作出了更加细致的规定。一是初步核实情况报告的内容,即"列明被核查人基本情况、反映的主要问题、办理依据、初步核实结果、存在疑点、处理建议",同时初步核实情况报告还要有核查组全体人员的签名。在实践中,初步核实情况报告由以下 7 个方面的内容构成:标题、导语、被反映人基本情况、反映的主要问题及初步核实结果、需要说明的问题、处理建议及依据、初核人员签名。[2] 二是承办部门应当综合分析初步核实情况,按照拟立案调查、予以了结、谈话提醒、暂存待查,或者移送有关部门、机关处理等方式提出处置建议,按照批准初步核实的程序报批。

---

[1] 参见张剑峰:《怎样制定初核方案》,载《中国纪检监察报》2021 年 3 月 3 日,第 8 版。
[2] 参见庄少华:《怎样写好初核情况报告》,载《中国纪检监察报》2020 年 4 月 22 日,第 8 版。

第十五章　立案程序

知识结构图

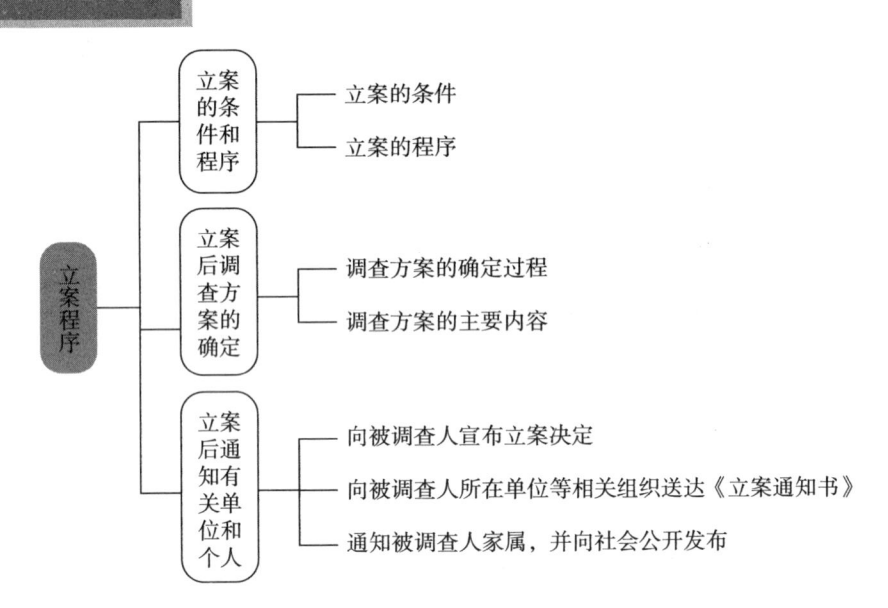

- 立案程序
  - 立案的条件和程序
    - 立案的条件
    - 立案的程序
  - 立案后调查方案的确定
    - 调查方案的确定过程
    - 调查方案的主要内容
  - 立案后通知有关单位和个人
    - 向被调查人宣布立案决定
    - 向被调查人所在单位等相关组织送达《立案通知书》
    - 通知被调查人家属，并向社会公开发布

立案可谓一个中间程序,前衔问题线索处置和初步核实程序,后接调查和审理等程序。根据《监察法》《监察法实施条例》《中国共产党纪律检查机关监督执纪工作规则》等规定,立案程序主要包括立案的条件和程序,立案后调查方案的确定,以及立案后通知有关单位和人等方面的内容。

第一节 立案的条件和程序

《监察法》第39条第1款规定:"经过初步核实,对监察对象涉嫌职务违法犯罪,需要追究法律责任的,监察机关应当按照规定的权限和程序办理立案手续。"这是对立案条件和程序的规定。

一、立案的条件

由《监察法》的上述规定可知,初步核实是立案的前置程序。同时,在对相关问题线索进行初步核实后,需要同时具备下述两方面条件才能进行立案。

1.存在职务违法或者职务犯罪的事实。立案是调查的前置程序,在办理立案手续之后,就可以采取相应的调查措施。而根据《监察法》第11条第2项的规定,监察机关调查的事项是"涉嫌贪污贿赂、滥用职权、玩忽职守、权力寻租、利益输送、徇私舞弊以及浪费国家资财等职务违法和职务犯罪"。因此,只有存在职务违法或者职务犯罪的事实,才能办理立案手续。需要注意的是,监察机关立案所需的职务违法或者职务犯罪的事实,仅指初步确认的部分职务违法或者职务犯罪的事实,而不是全部职务违法或者职务犯罪的事实,全部事实要到调查阶段结束之后才能得以查清,而且还要经过审理之后才能认定。[1] 对此,《中国共产党纪律检查机关监督执纪工作规则》第37条第2款明确规定:"凡报请批准立案的,应当已经掌握部分违纪或者职务违法、职务犯罪事实和证据,具备进行审查调查的条件。"

2.需要追究法律责任。立案的条件除了"违法性"外,还应符合"有责性"的条

---

[1] 参见中共中央纪律检查委员会法规室、中华人民共和国国家监察委员会法规室编写:《〈中华人民共和国监察法〉释义》,中国方正出版社2018年版,第186页。

件,即存在职务违法和职务犯罪行为的应当承担相应的法律责任。可以说,有职务违法或者职务犯罪的事实,只是立案的必备条件之一,但并不是所有职务违法或者职务犯罪的事实都需要立案查处,能否立案还要看是否需要追究法律责任,如情节显著轻微不需要追究法律责任的,就不需要立案。[1]

二、立案的程序

《监察法》对立案程序的规定比较原则,只有简单的"监察机关应当按照规定的权限和程序办理立案手续"。《监察法实施条例》和《中国共产党纪律检查机关监督执纪工作规则》细化了相关规定,同时,中央纪委国家监委亦曾印发《中央纪委国家监委立案相关工作程序规定(试行)》,对立案程序作出了更细致的设计。[2]

整体而言,立案应当按照规定的权限和程序办理立案手续。对此,《中国共产党纪律检查机关监督执纪工作规则》第 38 条第 1 款规定:"对符合立案条件的,承办部门应当起草立案审查调查呈批报告,经纪检监察机关主要负责人审批,报同级党委主要负责人批准,予以立案审查调查。"有关负责人应当严格审核把关,认为符合立案条件的,批准立案;认为不符合立案条件的,不批准立案,由监察机关作出其他处理;认为需要对某些问题作进一步了解的,退回立案报告,由承办部门作进一步了解。[3]

需要注意的是,《监察法实施条例》还规定了几类特殊的立案程序:一是对涉案人员的立案,如涉嫌行贿犯罪、介绍贿赂犯罪或者共同职务犯罪的涉案人员,这应当一并办理立案手续。二是对单位犯罪的立案,依法对该单位办理立案调查手续。三是对事故(事件)中存在职务违法或者职务犯罪问题需要追究法律责任,但相关责任人员尚不明确的,可以以事立案。对单位立案或者以事立案后,经调查确

---

[1] 参见中共中央纪律检查委员会法规室、中华人民共和国国家监察委员会法规室编写:《〈中华人民共和国监察法〉释义》,中国方正出版社 2018 年版,第 187 页。

[2] 参见周根山:《中央纪委国家监委印发规定规范立案相关工作程序》,载《中国纪检监察报》2018 年 11 月 23 日,第 1 版。

[3] 参见中共中央纪律检查委员会法规室、中华人民共和国国家监察委员会法规室编写:《〈中华人民共和国监察法〉释义》,中国方正出版社 2018 年版,第 187 页。

定相关责任人员的,按照管理权限报批确定被调查人。

此外,出于节约监察机关的办案资源等方面的考量,监察机关根据人民法院生效刑事判决、裁定和人民检察院不起诉决定认定的事实,需要对监察对象给予政务处分的,可以由相关监督检查部门依据司法机关的生效判决、裁定、决定及其认定的事实、性质和情节,提出给予政务处分的意见,按程序移送审理。对依法被追究行政法律责任的监察对象,需要给予政务处分的,应当依法办理立案手续。

第二节 立案后调查方案的确定

在决定立案后,紧接着的工作便是确定调查方案,以便为后续进行的调查程序提供指引。《监察法》第 39 条第 2 款规定:"监察机关主要负责人依法批准立案后,应当主持召开专题会议,研究确定调查方案,决定需要采取的调查措施。"

一、调查方案的确定过程

《中国共产党纪律检查机关监督执纪工作规则》第 39 条第 1 款规定:"对涉嫌严重违纪或者职务违法、职务犯罪人员立案审查调查,纪检监察机关主要负责人应当主持召开由纪检监察机关相关负责人参加的专题会议,研究批准审查调查方案。"

据此,对涉嫌严重违纪或者职务违法、职务犯罪人员立案审查调查,必须经纪检监察机关主要负责人主持召开专题会议,研究批准审查调查方案。立案后不可以随意开展审查调查,必须有章可循、有的放矢,审查调查方案就是实施依据和行动纲领。纪检监察机关主要负责人主持召开专题会议,针对的是涉嫌严重违纪或者职务违法、职务犯罪人员的立案审查调查,对承办部门提交的审查调查方案进行集体研究后批准。监督执纪工作是严肃的政治工作,明确规定由"纪检监察机关主要负责人"主持召开专题会议,目的就是要强化责任担当,将党和人民交给纪检监察机关的监督执纪问责和监督调查处置职责履行好。严重违纪违法案件涉及范围较广、涉案人员较多,采取的调查措施比较严厉,如查封、留置等措施,可能涉及有关人员财产和人身权利,因此要严格把关、谨慎用权。[1]

二、调查方案的主要内容

一般来说,调查方案的内容应包括:应当查明的问题和线索,调查步骤、方法,调查过程中需要采取哪些措施,预计完成任务的时间以及应当注意事项等。调查方案一经确定,案件调查人员应当严格遵照执行,不得擅自更改方案内容,遇有重大突发情况需要更改调查方案的,应当报批准该方案的监察机关主要负责人批准。[2]

需要注意的是,《监察法》第39条第2款特别规定,在研究确定调查方案时,还应决定需要采取的调查措施。那么,究竟需要采取哪些调查措施呢?在实践中,一要根据案情需要,综合考虑拟采取的审查调查措施,善于打"组合拳",形成措施合力。二要确定拟提请有关机关采取技术调查、限制出境措施的对象范围,不仅要明确采取哪一种或哪几种具体的调查措施,还要明确对案件中的哪个人采取。三要做好涉案款物的保管、处置,严格履行审批手续,规范涉案款物管理,确定专人保管,严禁私自占有。[3]

第三节 立案后通知有关单位和个人

监察机关在立案后不应秘而不宣,而应当通知有关单位和个人。对此,《监察法》第39条第3款明确规定:"立案调查决定应当向被调查人宣布,并通报相关组织。涉嫌严重职务违法或者职务犯罪的,应当通知被调查人家属,并向社会公开发布。"此般规定既是保障相应主体的知情权,也是要求有关单位和个人积极配合调查工作的需要。与此同时,向全社会公开发布相关的立案调查信息,还有利于监察

---

〔1〕 参见本书编写组编写:《〈中国共产党纪律检查机关监督执纪工作规则〉学习问答》,中国方正出版社2019年版,第92~93页。

〔2〕 参见中共中央纪律检查委员会法规室、中华人民共和国国家监察委员会法规室编写:《〈中华人民共和国监察法〉释义》,中国方正出版社2018年版,第187~188页。

〔3〕 参见张剑峰:《制定审查调查方案应注意哪些问题》,载《中国纪检监察报》2020年10月21日,第8版。

机关接受全社会的监督,有利于加强反腐败斗争的宣传。

一、向被调查人宣布立案决定

根据《中国共产党纪律检查机关监督执纪工作规则》和《监察法实施条例》等规定,批准立案后,应当由 2 名以上调查人员出示证件,向被调查人宣布立案决定。同时,还应当由纪检监察机关相关负责人或者承办部门负责人与被审查调查人谈话,讲明党的政策和纪律,要求被审查调查人端正态度、配合审查调查。通常来说,纪检监察机关相关负责人或者承办部门负责人宣布立案决定后,一般应当进行首场谈话。谈话时既要充分表明党组织的坚定决心和坚决态度,显示党纪国法的严肃性、权威性,对被审查调查人提出纪律要求,又要把党的政策讲清楚,指明出路,体现党组织的教育挽救,促使被审查调查人认清形势,打消侥幸、对抗等错误心理,端正态度,提高思想认识,积极配合审查调查。[1]

二、向被调查人所在单位等相关组织送达《立案通知书》

除了向被调查人宣布立案决定外,《监察法实施条例》第 184 条第 1 款还明确规定:"宣布立案决定后,应当及时向被调查人所在单位等相关组织送达《立案通知书》,并向被调查人所在单位主要负责人通报。"向被调查人所在单位等相关组织送达《立案通知书》,其主要目的是使相关组织知晓情况,要求相关组织积极配合案件调查。比如,在实践中,有的案件承办部门在立案后未及时向被审查调查人所在单位等相关组织送达《立案通知书》,造成有关单位在不知情的情况下为被审查调查人办理了退休手续,因不再具有公职人员身份无法给予其政务处分。[2] 此外,向相关组织送达《立案通知书》还可以起到强化警示教育的作用,以相关案件为反面典型案例,教育引导公职人员以案为戒、自警自省,切实筑牢拒腐防变的坚固防线。

---

[1] 参见中共中央纪律检查委员会法规室、中华人民共和国国家监察委员会法规室编写:《〈中国共产党纪律检查机关监督执纪工作规则〉释义》,中国方正出版社 2019 年版,第 144 页。

[2] 参见钟纪晟:《如何精准适用立案并移送审理程序》,载中央纪委国家监委网:https://www.ccdi.gov.cn/hdjln/nwwd/202206/t20220623_201032.html,最后访问日期:2022 年 8 月 11 日。

三、通知被调查人家属,并向社会公开发布

根据《监察法》第39条第3款的规定,涉嫌严重职务违法或者职务犯罪的监察对象在被批准立案后,监察机关还应当通知被调查人家属,并向社会公开发布。《监察法实施条例》第184条第2款也有类似的规定。这是考虑到"涉嫌严重职务违法或者职务犯罪的被调查人很可能已经被采取留置措施,需要让其家属知情"。[1] 不过,根据《监察法》第44条的规定,对被调查人采取留置措施后,如果有可能毁灭、伪造证据,干扰证人作证或者串供等有碍调查的情形,可以暂不通知被调查人家属;待有碍调查的情形消失后,应当立即通知被留置人员所在单位和家属。

除了通知被调查人家属,监察机关在批准立案后还应当向社会公开发布。向社会公开发布案件立案信息,既是纪委监委依法履职、依法公开、接受社会监督的一种重要方式,也是加强反腐败斗争社会宣传、形成持续震慑效应的一种重要手段。[2] 至于以何种形式和途径公开,根据《监察法实施条例》第255条的规定,各级监察机关应当通过互联网政务媒体、报刊、广播、电视等途径,向社会及时准确公开监察工作信息。当然,鉴于保密等方面的考虑,纪检监察机关在向社会公开发布相关案件信息时,需要对可公开的内容作出取舍,如不公布具体案情。在实践中,通常表述为"×××涉嫌严重违纪违法,目前正接受纪律审查和监察调查"。

---

[1] 中共中央纪律检查委员会法规室、中华人民共和国国家监察委员会法规室编写:《〈中华人民共和国监察法〉释义》,中国方正出版社2018年版,第188页。

[2] 参见本书编写组编写:《〈中华人民共和国监察法〉案例解读》,中国方正出版社2018年版,第346页。

第十六章　调 查 程 序

知识结构图

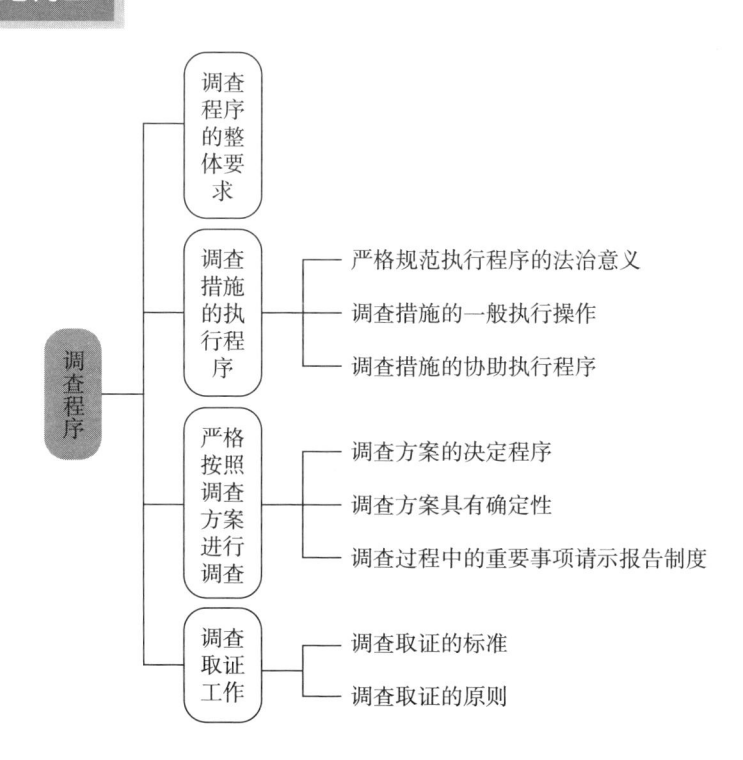

- 调查程序
  - 调查程序的整体要求
  - 调查措施的执行程序
    - 严格规范执行程序的法治意义
    - 调查措施的一般执行操作
    - 调查措施的协助执行程序
  - 严格按照调查方案进行调查
    - 调查方案的决定程序
    - 调查方案具有确定性
    - 调查过程中的重要事项请示报告制度
  - 调查取证工作
    - 调查取证的标准
    - 调查取证的原则

监察机关按照管理权限，履行监督、调查、处置职责，可以采取谈话、讯问、询问、查询、冻结、调取、查封、扣押、搜查、勘验检查、鉴定、留置12项调查措施。结合《监察法》和《监察法实施条例》的有关规定，我们可以通过研究各项调查措施的适用对象和条件，决定和执行主体，还有批准、执行和解除程序等问题，一方面深化对上述调查措施的理解和运用，另一方面通过正当法律程序切实保障公民的基本权利。此外，《监察法》第18条、第33条和第40条规定了监察机关调查取证有关职权及其程序，第28条至第30条规定了技术调查措施、通缉和限制出境措施有关职权及其程序，对此同样需要深入研究理解。在监察委员会有权采取的诸项调查措施中，冻结、查封和扣押措施是对财产权利的限制，留置措施是对人身权利的限制，而搜查措施则同时涉及这两种权利，对于这些限制公民基本权利的调查措施，更有必要单独对其正当法律程序进行专门研究。

第一节 调查程序的整体要求

1.调查程序应当严格执行调查方案。调查方案具有确定性，一经确定即应严格遵照执行，不得擅自更改方案内容，包括调查范围、调查对象、事项和措施等。如需更改，当"遇有重大突发情况需要更改"时，经"批准该方案的监察机关主要负责人批准"可以应急更改；但是，这并不是随意更改，其中部分重要事项，仍须经集体研究后按程序请示报告。对此，《监察法实施条例》第186条第2款明确规定："调查工作应当严格按照批准的方案执行，不得随意扩大调查范围、变更调查对象和事项，对重要事项应当及时请示报告。"

2.调查程序的内容是收集被调查人有无违法犯罪以及情节轻重的证据，目的是查明违法犯罪事实，形成相互印证、完整稳定的证据链。《监察法》第40条第1款规定："监察机关对职务违法和犯罪案件，应当进行调查，收集被调查人有无违法犯罪以及情节轻重的证据，查明违法犯罪事实，形成相互印证、完整稳定的证据链。"在监察机关对职务违法和职务犯罪案件的调查过程中，对案件事实的认定是调查的主要任务之一，正确认定案件事实是合理适用法律以及后续作出处置的前提和基础。监察机关的调查过程在某种程度上，就是收集、审查、甄别、采信证据的过程。证据被认为是案件审理裁判的关键,享有"诉讼之王"的地位,在三大诉讼法中都有专门的章节规定证据制度。在诉讼程序中一般从证据"三性"即真实性、合法性和关联性着手,对其作出形式或者实质判断,去伪存真以便正确审查判断,形成相互印证逻辑缜密的证据链。

3. 监察机关在调查程序中,应当与审判机关、检察机关、执法部门互相配合,互相制约。对此,《监察法》第 4 条第 2 款明确规定:"监察机关办理职务违法和职务犯罪案件,应当与审判机关、检察机关、执法部门互相配合,互相制约。"具体而言,在监察程序中,这项原则主要表现为有关机关和单位有依法向监察机关提供协助的义务。在监察机关行使职权、履行职责的过程中,凡是需要予以协助的机关和单位,都应当根据监察机关的要求依法予以协助。这项法定义务,可能表现为监督程序中的协助义务、调查程序中的协助义务、监察决定中的协助义务和监察建议中的协助义务等。值得注意的是,这种协助,并不单纯是对调查程序的配合,同时也是一种制约,实践中需从其性质着手,既避免完全不予配合、耽误调查正常工作,也要避免过度配合、影响实体或程序公正。

4. 调查程序应当充分保障被调查人合法权益。对此,《中国共产党纪律检查机关监督执纪工作规则》第 43 条第 2 款明确规定:"审查调查应当充分听取被审查调查人陈述,保障其饮食、休息,提供医疗服务,确保安全。严格禁止使用违反党章党规党纪和国家法律的手段,严禁逼供、诱供、侮辱、打骂、虐待、体罚或者变相体罚。"值得一提的是,在审查调查期间,对被审查调查人以"同志"相称,同样是保障被调查人合法权益的一种体现。

第二节 调查措施的执行程序

一、严格规范执行程序的法治意义

严格规范监察机关采取调查措施的有关程序,是监察领域正当法律程序原则的重要体现。从监察机关的职责权限来看,监察机关的各项调查措施的结果是公权得到充分运用、私权受到严格限制。必须承认,这些措施是监察机关查办职务违法和职务犯罪案件所必备的,如果没有这些强有力的调查措施,反腐效果恐难彰显;也要注意,从程序方面对调查行为进行必要的规制,既是保证调查活动顺利开展的前提,更是保障人权的客观需要。

在赋予监察委员会必要权限的同时,也要加强监督制约、防止权力滥用。《监察法》第41条规定:"调查人员采取讯问、询问、留置、搜查、调取、查封、扣押、勘验检查等调查措施,均应当依照规定出示证件,出具书面通知,由二人以上进行,形成笔录、报告等书面材料,并由相关人员签名、盖章。调查人员进行讯问以及搜查、查封、扣押等重要取证工作,应当对全过程进行录音录像,留存备查。"这对监察机关采取调查措施作了程序性规定。此外,《监察法》第19~30条,一方面规定了有关调查措施的职责权限,另一方面也规定了相关的执行程序。上述规定的主要目的,是对监察机关采取调查措施的程序提出明确要求,规范取证工作,防止权力滥用,保护被调查人和涉案人员的合法权益。

二、调查措施的一般执行操作

《监察法》第41条第1款规定:"调查人员采取讯问、询问、留置、搜查、调取、查封、扣押、勘验检查等调查措施,均应当依照规定出示证件,出具书面通知,由二人以上进行,形成笔录、报告等书面材料,并由相关人员签名、盖章。"这规定了监察机关采取调查措施的一般执行操作,包括出示证件、出具书面通知、执行人员和形成书面材料等。

1. 调查人员采取调查措施时,应当出示有效证件。有效的证件可以证明调查人员的调查身份。例如,在询问证人时,即应当出示工作证件,一方面可以证明调查人员的真实身份,另一方面也有利于取得相关单位和人员的积极有效配合。

2. 调查人员采取调查措施时,应当出具书面通知。一是就监察措施的拘束力而言,一般认为,对于监察机关,有关文书一经作出即对自身产生约束;但对于被调查人,有关文书被送达才意味着对其产生约束。二是从实践效果来看,监察机关制作书面通知并交由调查人员向相关单位或个人在现场出示,能够证明调查人员的行为经过监察机关合法授权,还可以使相关单位和人员更为积极地进行配合。反之,如果调查人员不出具书面通知,相关单位和个人就有权不予配合。

3.调查措施应当由2人以上进行。作此规定,一是从调查措施的操作来看,2人共同实施更有利于客观、真实获取和固定证据;二是从调查措施的监督来看,这有利于互相配合、互相监督,防止个人徇私舞弊或发生刑讯逼供、诱供等非法调查行为;三是从公民权利的保障来看,这有利于维护被调查人的人身、财产安全。

4.采取调查措施应当形成笔录、报告等书面材料,并由相关人员签名、盖章。从证据种类的区分及不同证据的证明力来看,笔录、报告等书面材料是证据的重要载体,有利于保证证据的客观和真实。要求由相关人员签名、盖章,是对笔录、报告等书面材料的核对与认可,以防止歪曲被调查人、证人的真实意图,或者出现强加于人的主观臆断甚至捏造事实等情况。

5.为准确惩罚犯罪,切实保障人权,规范强制措施,促进公平公正,当前各项取证工作都越来越重视对取证过程进行录音录像。《监察法》第41条第2款规定:"调查人员进行讯问以及搜查、查封、扣押等重要取证工作,应当对全过程进行录音录像,留存备查。"这规定了监察机关对重要取证工作有特殊的执行程序,即应当全程录音录像,同时留存备案。调查人员进行讯问以及搜查、查封、扣押等重要取证工作,应当全程录音录像,其目的在于留存备查,这既是对重要取证工作的规范,也是对调查人员的保护。[1] 录音录像应当符合全程的要求,如果不能保证全程录音录像,录制设备的开启和关闭时间完全由调查人员自由掌握,录音录像就不能发挥证明取证工作合法性的作用。需要注意的是,根据相关要求,监察机关对调查过程的录音录像不随案移送检察机关。检察机关认为需要调取与指控犯罪有关并且需要对证据合法性进行审查的录音录像,可以同监察机关沟通协商后予以调取。此外,需要注意一点,所有因案件需要接触录音录像的人员,应当对录音录像的内容严格保密。[2]

三、调查措施的协助执行程序

监察机关办理职务违法和职务犯罪案件,应当与审判机关、检察机关、执法部

---

[1] 参见中共中央纪律检查委员会法规室、中华人民共和国国家监察委员会法规室编写:《〈中华人民共和国国家监察法〉释义》,中国方正出版社2018年版,第193页。

[2] 同上书,第193~194页。

门互相配合,互相制约。这种协助机制,既是国家监察体制改革背景下法法衔接的重要体现,也是将反腐败立法优势转化为反腐败治理效能的必然选择。实践中,部分调查措施的执行程序,有赖于司法执法机关,尤其是执法部门的配合与协助。

公安机关与监察程序的对接,主要表现在查办案件中与监察机关的协作配合。具体而言,调查措施中需要公安机关具体协助的主要有四项:(1)配合做好留置工作。《监察法》第43条第3款规定:"监察机关采取留置措施,可以根据工作需要提请公安机关配合。公安机关应当依法予以协助。"根据监察委员会查办案件工作的具体需要,公安机关需要研究制定相关工作办法,在实践中积极探索和配合监察委员会设置留置场所、建立看护队伍、看护留置人员有关工作。(2)协助执行技术调查措施。《监察法》第28条第1款规定:"监察机关调查涉嫌重大贪污贿赂等职务犯罪,根据需要,经过严格的批准手续,可以采取技术调查措施,按照规定交有关机关执行。"从我国目前掌握技术调查能力的执法机构来看,这主要指的是公安机关。(3)监察委员会在采取查封、扣押、搜查、上网追逃、通缉、限制出境等措施的过程中,需要公安机关依法予以协助的,公安机关应当配合。(4)配合采取刑事侦查或者强制手段,这主要针对的是监察委员会办案中发现的被调查人的非职务犯罪问题,以及职务犯罪案件中涉及的非公职人员的问题。

监察委员会采取调查措施的过程中,司法行政机关需要协助的有关措施,主要是以下几个方面:(1)就司法鉴定支持配合监察委员会的工作。《监察法》第27条规定:"监察机关在调查过程中,对于案件中的专门性问题,可以指派、聘请有专门知识的人进行鉴定。鉴定人进行鉴定后,应当出具鉴定意见,并且签名。"司法行政机关应明确司法鉴定相关部门归口受理反腐败违法犯罪案件,严格按照有关规定做好监察委员会委托的司法鉴定工作。(2)配合监察委员会工作人员到监狱部门调查取证,如调查询问(讯问)在押罪犯以及做好相关安保防范措施等。(3)关于律师参与的衔接配合。《监察法》并未规定监察机关调查程序期间的律师介入问题,因此司法行政机关需要确保监察委员会调查完毕、案件移送检察机关审查起诉之后,根据法律、法规等相关规定保障律师会见、阅卷等工作的有序进行。

第三节　严格按照调查方案进行调查

一、调查方案的决定程序

确定调查方案和调查措施，必须召开专题会议，经过集体研究后确定。因此，监察机关主要负责人等不得未经专题会议径行决定，也不得以个人意志代替集体意志。这需要区分两种情况：(1)在一般情况下，调查方案虽经集体研究，但仍有"批准该方案的监察机关主要负责人"，[1]此时该调查方案系由"集体研究内容、主要负责人决定"；(2)在特殊情况下，如对调查方案中的重要事项，应当集体研究后按程序请示申报，尤其是当调查方案中包含留置措施时，必须由监察机关领导人员集体研究决定，还要报批上级监察机关批准或备案，此时该调查方案系由"集体研究内容、集体共同决定、上级报批或备案"。

此外，调查方案的内容要根据被调查人情况、案件性质和复杂程度等进而确定，具体主要包括以下内容：一是应当查明哪些问题，二是调查的步骤和方法，三是调查过程中需要采取哪些措施，四是预计完成任务的时间，五是应当注意的事项。

二、调查方案具有确定性

《监察法》第42条第1款规定："调查人员应当严格执行调查方案，不得随意扩大调查范围、变更调查对象和事项。"这明确以调查方案的内容来严格约束调查人员的调查行为。根据《监察法》第39条第2款的规定，调查方案是由监察机关主要负责人主持召开专题会议后所研究确定的。调查方案的确定过程显示出了较高的权威性和严谨性，是集体会议决议的结果，体现了监察机关对调查方案的集体认可。监察机关的定位为政治机关，监察机关工作人员更应该带头遵守政治纪律，注重忠诚和服从，在实际的执行中，调查人员理应严格执行这一方案，且不得随意扩

---

[1]　中共中央纪律检查委员会法规室、中华人民共和国国家监察委员会法规室编写：《〈中华人民共和国国家监察法〉释义》，中国方正出版社2018年版，第188页。

大调查范围、变更调查对象和事项。

另外,监察机关能够行使的各项调查权限,不仅包含对财产权利的限制,还包括对人身权利的限制,故必须明确各项调查措施的行使条件。如果调查人员在实际执行中扩大了调查范围,变更了调查对象或者事项,就会偏离原调查方案的预期设想,这样既有可能影响职务犯罪的调查进度,又将导致被调查人的某些权利受到限制。《监察法》第42条第1款的规定,实际上是从内部制度约束的角度,进一步规范调查人员依法行使调查权。

三、调查过程中的重要事项请示报告制度

《监察法》第42条第2款规定:"对调查过程中的重要事项,应当集体研究后按程序请示报告。"对这一条款的执行需要明确以下几点:(1)在实际执行过程中,应该先明确哪些属于重要事项,只有明确了重要事项的范围,才能在研究后请示报告。一般而言,对被调查人实体性权利有重大影响的事项,肯定属于重要事项的范围。《监察法》第43条规定了采取留置措施应当由监察机关领导人员集体研究决定,正验证了这一制度安排。(2)集体研究中的集体包含哪些人员,《监察法》第42条第2款与第31条、第32条、第43条都包含"集体研究"的表述,该条款中的集体研究是否指某一案件中的所有调查人员,在实践中应该有更明确的说明。另外,对于集体研究的程序和时间要求应具体化;否则,集体研究如果久拖不决,将延缓案件调查的进度。(3)按程序请示报告的对象,是监察机关的主要负责人,还是该案件的分管领导,也需要在实践中进一步明确。另外,如果监察机关主要负责人否决了请示报告的内容,下一步调查活动如何开展也需要有更明确的操作指南,如是否需要重新研究后再作请示报告等。

第四节 调查取证工作

一、调查取证的标准

监察机关在调查程序中,尤其需要注意以下两个标准。

1.法律标准,即能否形成《监察法》第 40 条规定的"相互印证、完整稳定的证据链"。具体而言,就是全案证据之间必须形成一个不相矛盾、能够相互印证且能够证明违法或者犯罪案件事实的证据链条。在我国刑事司法实践中,证据互相印证乃是检察机关审查起诉、法官据以断案的司法传统,甚至可以认为,全案证据相互印证是"事实清楚、证据确实充分"要求中的最低限度标准。虽然监察机关的调查程序有别于传统的刑事侦查程序,但《监察法》第 33 条第 2 款明确规定:"监察机关在收集、固定、审查、运用证据时,应当与刑事审判关于证据的要求和标准相一致。"因而调查程序和侦查程序在搜集、固定、审查、运用证据时,对于证据的要求和标准,都应当是一致的。

2.政治标准,即能否经得起公诉机关和审判机关的审查、经得起历史和人民的考验。"如果证据不扎实、不合法,轻则检察机关会退回补充侦查,影响惩治腐败的效率;重则会被司法机关作为非法证据予以排除,影响案件的定罪量刑;对于侵害当事人权益、造成严重问题的,还要予以国家赔偿。"[1]这要求以法治思维和法治方式,在法治轨道上推进反腐败个案调查取证工作。具体而言,如欲保证监察机关依法、全面收集证据、查清犯罪事实,一个最直接、最基本的要求就是,监察机关工作人员采取调查措施时,必须严格依法、严格按标准收集证据,不得等到临近案件移送司法机关,或者已经进入司法程序后,再去解决证据合法性的问题。为此,监察机关调查取证工作需要牢固树立和有效落实关于依法全面收集证据和严禁以非法方式收集证据的两个原则。

二、调查取证的原则

1.依法全面收集证据。监察机关工作人员必须严格依规定程序,收集能够正式被调查人有无违法犯罪情节以及情节轻重的各种证据。具体而言,有两个要求:(1)收集证据必须要客观、全面,不能只收集一方面的证据。这意味着,调查取证并不只是为了取得被调查人"有"违法犯罪和情节"重"的证据,监察机关还要主动调

---

[1] 中共中央纪律检查委员会法规室、中华人民共和国国家监察委员会法规室编写:《〈中华人民共和国国家监察法〉释义》,中国方正出版社 2018 年版,第 189 页。

查、收集被调查人"无违法犯罪"和情节"轻"的证据。《监察法》第45条第2款规定:"监察机关经调查,对没有证据证明被调查人存在违法犯罪行为的,应当撤销案件,并通知被调查人所在单位。"这进一步贯彻了我国《宪法》规定的平等原则和《刑事诉讼法》规定的"未经人民法院依法判决,对任何人都不得确定有罪"所蕴含的精神。(2)监察机关不仅要收集证据,还要对收集到的证据进行分析研究、鉴别真伪,这样一方面确保有关证据的真实性、合法性和关联性,另一方面还有利于形成相互印证、完整稳定的证据链。

2. 严禁以非法方式收集证据。《监察法》第40条第2款规定:"严禁以威胁、引诱、欺骗及其他非法方式收集证据,严禁侮辱、打骂、虐待、体罚或者变相体罚被调查人和涉案人员。"对于"非法方式"的外延,应作以下理解:(1)"刑讯逼供",即以肉刑或者变相肉刑的方式,本条中表述为"侮辱、打骂、虐待、体罚或者变相体罚"。(2)其他使被调查人或涉案人员在肉体上遭受剧烈疼痛或者痛苦的方法,如以较长时间冻、饿、晒、烤等方式。可见,非法方式并不仅限于对被调查人和涉案人员采取暴力殴打等"有痕"方式,还包括长时间不让其睡眠等"无痕"方式。(3)其他使被调查人或涉案人员在精神上遭受剧烈疼痛或者痛苦的方法,如对其进行精神折磨,或者让其服用药物。(4)"威胁、引诱、欺骗"等方法。特别是以刑讯逼供,或者威胁、引诱、欺骗方式取得的被调查人和涉案人员的口供,是其在迫于压力或被欺骗的情况下提供的,存在虚假的可能性非常之大,仅凭此就作为定案根据,极易造成错案。[1]

---

[1] 参见中共中央纪律检查委员会法规室、中华人民共和国国家监察委员会法规室编写:《〈中华人民共和国国家监察法〉释义》,中国方正出版社2018年版,第190~191页。

第十七章 审理程序

知识结构图

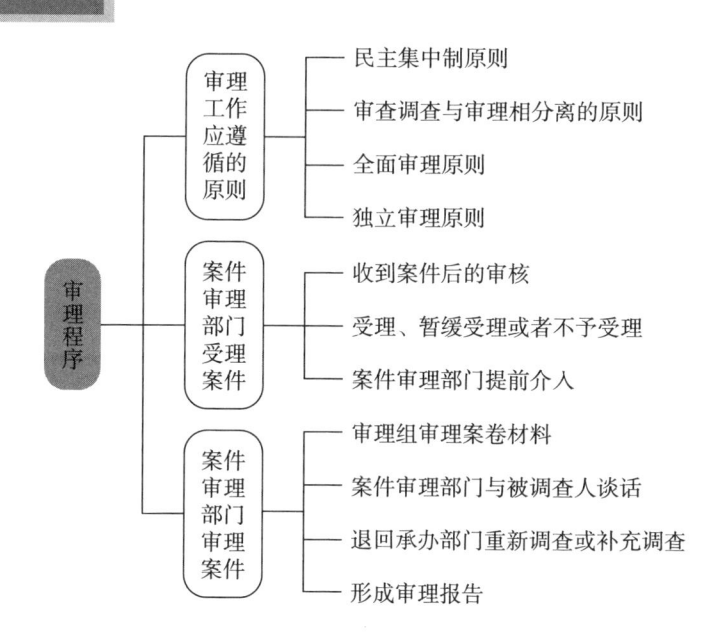

- 审理程序
  - 审理工作应遵循的原则
    - 民主集中制原则
    - 审查调查与审理相分离的原则
    - 全面审理原则
    - 独立审理原则
  - 案件审理部门受理案件
    - 收到案件后的审核
    - 受理、暂缓受理或者不予受理
    - 案件审理部门提前介入
  - 案件审理部门审理案件
    - 审理组审理案卷材料
    - 案件审理部门与被调查人谈话
    - 退回承办部门重新调查或补充调查
    - 形成审理报告

在调查部门完成案件调查工作之后,便进入审理程序,即案件审理部门根据调查结果,对被调查人涉嫌违法或者犯罪形成审理意见,以便为后续的处置程序提供依据。需要注意的是,审理并不必然以调查为前置程序,因为根据《监察法实施条例》第182条的规定,"对案情简单、经过初步核实已查清主要职务违法事实,应当追究监察对象法律责任,不再需要开展调查的,立案和移送审理可以一并报批,履行立案程序后再移送审理"。据此规定,案情简单、经过初步核实已查清主要职务违法事实,便可以不经调查程序,在立案后随即进入审理程序。

第一节 审理工作应遵循的原则

监察机关开展审理工作不得随意为之,根据《监察法》《监察法实施条例》《中国共产党纪律检查机关监督执纪工作规则》等法律法规的规定,审理工作应当遵循以下几项原则。

一、民主集中制原则

民主集中制是一种制度,也是一种方法,监察机关开展审理工作应当遵循民主集中制原则。对此,《中国共产党纪律检查机关监督执纪工作规则》第53条第2款规定:"纪律处理或者处分必须坚持民主集中制原则,集体讨论决定,不允许任何个人或者少数人决定和批准。"事实上,这也契合了监察工作"团队协作、集体作战"的特点。《监察官法》第6条即规定:"监察官应当严格按照规定的权限和程序履行职责,坚持民主集中制,重大事项集体研究。"对于案件审理工作中的民主集中制原则,《监察法实施条例》第193条更是明确规定:"审理工作应当坚持民主集中制原则,经集体审议形成审理意见。"民主集中制在审理过程中的具体要求包括:(1)要集体审议,案件审理部门在集体审议的基础上提出审理意见,交由监察机关审议;(2)在决定的作出方面,应当集体讨论决定,实行少数服从多数的原则,不得个人决定重大事项。[1]

---

[1] 参见秦前红主编:《〈中华人民共和国监察法实施条例〉解读与适用》,法律出版社2021年版,第284页。

二、审查调查与审理相分离的原则

为了强化监察机关内部的监督制约关系,《监察法》第 36 条第 1 款明确规定:"建立问题线索处置、调查、审理各部门相互协调、相互制约的工作机制。"此种内部制约关系,在审理工作中的体现便是"审查调查与审理相分离的原则"。对此,《中国共产党纪律检查机关监督执纪工作规则》第 54 条明确规定:"坚持审查调查与审理相分离的原则,审查调查人员不得参与审理。"之所以作出这样的规定,是因为案件审理工作是在审查调查结束后对违纪违法案件所进行的审核工作。可以说,审理工作既是审查调查工作的继续,也是对审查调查工作审核把关的重要环节。于此层面而言,审查调查人员不得参与审理,是由案件审理工作的任务和性质所决定的,可以避免因先入为主的主客观因素影响对案件的审核,确保参加审理人员秉公执纪,客观公正地审核案件,增强案件审理的权威性。[1]

三、全面审理原则

全面审理原则在《中国共产党纪律检查机关监督执纪工作规则》第 55 条和《监察法实施条例》第 192 条有明确规定。所谓全面审理,既包括形式上的全面,如调查部门向审理部门移送的应当是"全案证据"和"全案材料",审理部门应当对相关案卷材料进行全面审理;亦包括实质上的全面,这集中表现为《监察法实施条例》第 192 条第 2 款规定的"对案件事实证据、性质认定、程序手续、涉案财物等进行全面审理"。既要审理实体性问题,也要审理程序性问题;既要审理被审查调查人、涉案人的处理等"人"的问题,也要审理对涉案财物是否提出处置意见、处置意见是否全面准确等"物"的问题,不能忽视任何可能影响案件质量的细节,要始终做到"事实清楚、证据确凿、定性准确、处理恰当、手续完备、程序合规"。[2]

---

[1] 参见中共中央纪律检查委员会法规室、中华人民共和国国家监察委员会法规室编写:《〈中国共产党纪律检查机关监督执纪工作规则〉释义》,中国方正出版社 2019 年版,第 168 页。

[2] 中央纪委国家监委案件审理室:《准确理解把握〈监察法实施条例〉中关于案件审理工作的规定(一)》,载《中国纪检监察报》2022 年 7 月 31 日,第 6 版。

四、独立审理原则

在某种意义上来说,监察机关依法独立行使职权,既包括外部的独立,此即《宪法》第 127 条第 1 款规定的"监察委员会依照法律规定独立行使监察权,不受行政机关、社会团体和个人的干涉";还应包括内部的独立,即一个部门依法履职不应受到其他部门的不当干涉。在审理工作中,2019 年中央纪委办公厅印发的《关于加强和改进案件审理工作的意见》规定了独立审理原则。例如,案件移送审理前,审查调查报告及处理建议呈报纪检监察机关领导审阅,以及纪检监察机关主要负责人审批同意移送审理,都不意味着已经"拍板定案"。案件审理中发现确有问题的,应实事求是、依规依纪依法提出审核处理意见。[1] 这些都是独立审理原则的具体体现和当然要求。

第二节 案件审理部门受理案件

案件审理工作始于调查部门将相关案件材料移送至审理部门,案件审理部门在收到案件材料后,会依法进行审核,决定受理、暂缓受理或者不予受理。此外,案件审理部门并非在调查工作结束后才出场,在某些特定情况下,其亦可提前介入调查工作当中去。

一、收到案件后的审核

案件调查与案件审理近似于"前端"与"后端"的关系,审查调查部门完成调查工作后,便会向案件审理部门移送相关案件材料。那么,案件审理部门收到移送的材料后应如何处理呢?对此,《中国共产党纪律检查机关监督执纪工作规则》第 55 条第 1 款第 1 项规定:"案件审理部门收到审查调查报告后,经审核符合移送条件的予以受理,不符合移送条件的可以暂缓受理或者不予受理。"

至于审核哪些内容,《监察法实施条例》第 191 条第 1 款规定:"案件审理部门

---

[1] 参见王臻:《准确把握独立审理的四个维度》,载《中国纪检监察报》2020 年 7 月 1 日,第 8 版。

收到移送审理的案件后,应当审核材料是否齐全、手续是否完备。对被调查人涉嫌职务犯罪的,还应当审核相关案卷材料是否符合职务犯罪案件立卷要求,是否在调查报告中单独表述已查明的涉嫌犯罪问题,是否形成《起诉建议书》。"

二、受理、暂缓受理或者不予受理

案件审理部门在审核相关案件材料后,需要根据不同情况作出不同的处理。对此,《监察法实施条例》第 191 条第 2 款规定:"经审核符合移送条件的,应当予以受理;不符合移送条件的,经审批可以暂缓受理或者不予受理,并要求调查部门补充完善材料。"在审理工作实践中,对符合受理条件的,应当起草正式受理请示,报批后予以登记受理;不符合受理条件的,按规定程序报批后可暂缓受理或者不予受理。[1]

三、案件审理部门提前介入

审理工作应当遵循审查调查与审理相分离的原则,并不意味着案件审理部门只能在调查工作完成之后,才能参与到案件当中去。加之审查调查与审理相分离的原则主要是要求"调查人员不得参与审理"。因此,相关法规还规定了案件审理部门提前介入的制度安排,即根据《中国共产党纪律检查机关监督执纪工作规则》第 55 条第 1 款第 2 项的规定,对于重大、复杂、疑难案件,监督检查、审查调查部门已查清主要违纪或者职务违法、职务犯罪事实并提出倾向性意见的;对涉嫌违纪或者职务违法、职务犯罪行为性质认定分歧较大的,经批准案件审理部门可以提前介入。

之所以规定案件审理部门可以提前介入,是因为此举有利于案件审理部门及早了解案件事实和证据情况,是加快办案进度、提高办案效率和保证办案质量的需要。在此过程中,审理人员可以及早发现问题,进而向调查人员提交建议。对于案件审理部门提前介入,有以下几方面的问题需要注意:(1)提前介入必须符合一定

---

[1] 参见本书编写组编写:《〈中国共产党纪律检查机关监督执纪工作规则〉学习问答》,中国方正出版社 2019 年版,第 126 页。

的条件,即提前介入的应当是"重大、复杂、疑难案件",且"监督检查、审查调查部门已查清主要违纪或者职务违法、职务犯罪事实并提出倾向性意见";(2)必须经过严格的批准程序;(3)提前介入不能代替正式审理,即便审理部门已经提前介入了相关案件,但在调查完成移送审理后,审理部门依然需要依法开展审理工作。[1]

第三节 案件审理部门审理案件

如果移送的案件材料符合相关要求,那么案件审理部门便应当受理案件。此时,案件审理部门应当依法开展相应的审理工作。根据《监察法实施条例》第194条的规定,审理工作应当在受理之日起1个月以内完成,重大复杂案件经批准可以适当延长。

一、审理组审理案卷材料

案件审理部门受理案件后,应当成立由2人以上组成的审理组,全面审理案卷材料,提出审理意见。在审理工作实践中,案件审理部门收到呈报审批或移送审理的案件后,案件审理部门负责人应当及时指定承办人,组成2人以上的审理组进行审理,并确定1人主办。审理组承办人应当按照案件审理的基本要求认真开展审理工作,全面审阅案卷材料,提出对违纪违法事实、违纪违法行为性质的认定意见和处理意见。[2]

二、案件审理部门与被调查人谈话

案件审理部门在审理案件的过程中,并非不与被调查人接触。相反,案件审理部门根据案件审理情况,经审批可以与被调查人谈话,告知其在审理阶段的权利义务,核对涉嫌违法犯罪事实,听取其辩解意见,了解有关情况。与被调查人谈话时,案件审理人员不得少于2人。根据《监察法实施条例》第195条第2款的规定,如

---

〔1〕 参见周岩:《如何做好案件审理》,中国方正出版社2021年版,第63~65页。
〔2〕 参见中共中央纪律检查委员会法规室、中华人民共和国国家监察委员会法规室编写:《〈中国共产党纪律检查机关监督执纪工作规则〉释义》,中国方正出版社2019年版,第173页。

果存在以下情形,案件审理部门应当与被调查人谈话。(1)对被调查人采取留置措施,拟移送起诉的;(2)可能存在以非法方法收集证据情形的;(3)被调查人对涉嫌违法犯罪事实材料签署不同意见或者拒不签署意见的;(4)被调查人要求向案件审理人员当面陈述的;(5)其他有必要与被调查人进行谈话的情形。

三、退回承办部门重新调查或补充调查

案件审理部门并不是重复调查工作,由于各种原因,审查调查中有时会发生取证不足或证据难以证明主要事实等情况,这就需要进行重新审查调查或补充审查调查。

1. 退回承办部门重新调查。对此,《中国共产党纪律检查机关监督执纪工作规则》第55条第1款第5项规定:"对主要事实不清、证据不足的,经纪检监察机关主要负责人批准,退回监督检查、审查调查部门重新审查调查。"《监察法实施条例》第196条第1款规定:"经审理认为主要违法犯罪事实不清、证据不足的,应当经审批将案件退回承办部门重新调查。"据此,重新审查调查适用于主要事实不清、证据不足的情况,案件审理部门报经纪检监察机关主要负责人批准后,将案件退回监督检查、审查调查部门重新审查调查。

2. 退回承办部门补充调查。对于何种情形可以退回承办部门补充调查,《中国共产党纪律检查机关监督执纪工作规则》的规定较为原则,即第55条第1款第5项规定:"需要补充完善证据的,经纪检监察机关相关负责人批准,退回监督检查、审查调查部门补充审查调查"。《监察法实施条例》第196条第2款列举了几种可以退回补充调查的情形,分别为:(1)部分事实不清、证据不足的;(2)遗漏违法犯罪事实的;(3)其他需要进一步查清案件事实的情形。

需要注意的是,案件审理部门将案件退回重新调查或者补充调查的,应当出具审核意见,写明调查事项、理由、调查方向、需要补充收集的证据及其证明作用等,连同案卷材料一并送交承办部门。承办部门补充调查结束后,应当经审批将补证情况报告及相关证据材料,连同案卷材料一并移送案件审理部门;对确实无法查明的事项或者无法补充的证据,应当作出书面说明。重新调查终结后,应当重新形成调查报告,依法移送审理。重新调查完毕移送审理的,审理期限重新计算。补充调

查期间不计入审理期限。

四、形成审理报告

在审理工作结束后,案件审理部门应当形成审理报告。案件审理报告是案件审理部门对移送审理的案件进行审核把关,并经集体审议,对案件的事实、定性及处理提出意见的书面报告。[1] 对于审理报告,有以下几方面的问题需要注意。

1.审理报告的主要内容。根据《监察法实施条例》第197条第1款的规定,案件审理报告应当"载明被调查人基本情况、调查简况、涉嫌违法或者犯罪事实、被调查人态度和认识、涉案财物处置、承办部门意见、审理意见等内容"。在形式上,案件审理报告主要由标题、正文、附件、结尾四部分组成:标题通常是"《关于×××(同志)(严重)违纪(违法)案的审理报告》";正文是审理报告的主干部分,一般由导语、被审查调查人的基本情况、审查调查简况、主要违纪违法事实、涉案财物情况、被审查调查人的态度和认识、处理意见、结束语等组成;附件主要包括被审查调查人简历、检讨(忏悔反思)材料、违纪违法事实材料等。涉嫌犯罪拟移送司法机关依法处理的,还应附《起诉意见书》;结尾主要包括单位署名、成文日期。[2]

2.审理报告应经监察机关集体审议。《监察法实施条例》第197条第1款规定,审理报告应当"提请监察机关集体审议"。对此,《中国共产党纪律检查机关监督执纪工作规则》第56条有更具体的规定,即审理报告报经纪检监察机关主要负责人批准后,提请纪委常委会会议审议。需报同级党委审批的,应当在报批前以纪检监察机关办公厅(室)名义征求同级党委组织部门和被审查调查人所在党委(党组)意见。

3.审理包括应根据不同情形,分别提出相应的意见建议。如果被调查人涉嫌职务犯罪且需要追究刑事责任的,那么应当形成《起诉意见书》,作为审理报告的附件。《起诉意见书》应当忠实于事实真相,载明被调查人基本情况,调查简况,采取留置措施的时间,依法查明的犯罪事实和证据,从重、从轻、减轻或者免除处罚等

---

[1] 参见王庆芹:《怎样写好审理报告》,载《中国纪检监察报》2020年7月22日,第8版。
[2] 参见夏学文:《如何规范撰写审理报告》,载《中国纪检监察报》2021年1月13日,第8版。

情节,涉案财物情况,涉嫌罪名和法律依据,采取强制措施的建议,以及其他需要说明的情况。如果案件审理部门经审理认为现有证据不足以证明被调查人存在违法犯罪行为,且通过退回补充调查仍无法达到证明标准的,应当提出撤销案件的建议。

第十八章　处置程序

知识结构图

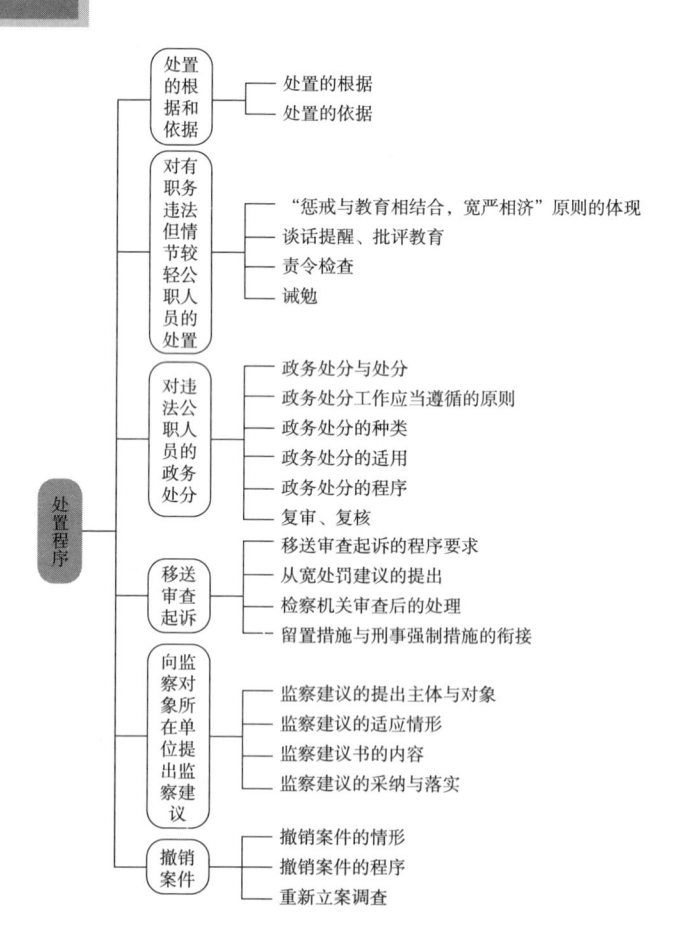

- 处置程序
  - 处置的根据和依据
    - 处置的根据
    - 处置的依据
  - 对有职务违法但情节较轻公职人员的处置
    - "惩戒与教育相结合，宽严相济"原则的体现
    - 谈话提醒、批评教育
    - 责令检查
    - 诫勉
  - 对违法公职人员的政务处分
    - 政务处分与处分
    - 政务处分工作应当遵循的原则
    - 政务处分的种类
    - 政务处分的适用
    - 政务处分的程序
    - 复审、复核
  - 移送审查起诉
    - 移送审查起诉的程序要求
    - 从宽处罚建议的提出
    - 检察机关审查后的处理
    - 留置措施与刑事强制措施的衔接
  - 向监察对象所在单位提出监察建议
    - 监察建议的提出主体与对象
    - 监察建议的适应情形
    - 监察建议书的内容
    - 监察建议的采纳与落实
  - 撤销案件
    - 撤销案件的情形
    - 撤销案件的程序
    - 重新立案调查

处置职责是监察机关的三大职责之一,是"对监督、调查结果的反馈回应以及确保前两项职责得以实效化的保障"。[1] 根据《监察法》第11条第3项的规定,处置职责表现为"对违法的公职人员依法作出政务处分决定;对履行职责不力、失职失责的领导人员进行问责;对涉嫌职务犯罪的,将调查结果移送人民检察院依法审查、提起公诉;向监察对象所在单位提出监察建议"。由此可见,处置职责与监察对象和有关人员的权利密切相关,因而有必要依照法定程序履行。

第一节 处置的根据和依据

"以事实为根据,以法律为准绳"是开展监察工作必须遵循的原则,事实是基础和根本,法律是标准和尺度。[2] 监察机关在履行处置职责时,同样要有根据和依据,即《监察法实施条例》第200条规定的"监察机关根据监督、调查结果,依据监察法、政务处分法等规定进行处置"。

一、处置的根据

根据《监察法》第45条的规定,监察机关履行处置职责,必须以"监督、调查结果"为根据,《监察法实施条例》第200条重申了该要求,这是"以事实为根据"的原则在处置程序中的体现。处置程序可谓是监督、调查的后续程序,唯有监督、调查职责完成并有了一定的结果,监察机关才能据此作出相应的处置决定。

那么,《监察法》和《监察法实施条例》规定监察机关履行处置职责,必须根据监督、调查结果,是否意味着监督、调查结果是处置的唯一根据呢?答案是否定的。例如,对违法的公职人员作出政务处分决定,是监察机关履行处置职责的重要方面。而监察机关调查的只是公职人员的职务违法和职务犯罪行为,职务违法之外的其他违法行为并不属于监察机关的调查范围。在这个意义上来说,监察机关必然会根据其他国家机关对违法事实的认定,作出政务处分决定。例如,《政务处分

---

[1] 马怀德主编:《监察法学》,人民出版社2019年版,第174页。
[2] 参见中共中央纪律检查委员会法规室、中华人民共和国国家监察委员会法规室编写:《〈中华人民共和国监察法〉学习问答》,中国方正出版社2018年版,第15页。

法》第49条第1款规定:"公职人员依法受到刑事责任追究的,监察机关应当根据司法机关的生效判决、裁定、决定及其认定的事实和情节,依照本法规定给予政务处分。"此时,监察机关履行处置职责所依据的是"司法机关的生效判决、裁定、决定",而非"监督、调查结果"。

二、处置的依据

监察机关的处置活动必须"以法律为准绳",即要求监察机关的处置活动必须要在查明案件事实的基础上,依照相关法律之规定对案件作出正确的处理,准确认定是否构成违法、犯罪,以及适应何种处罚,从而作出公正的处置决定。这是"依法监察"原则的根本体现。[1] 换言之,监察机关履行处置职责的依据是"法",即《监察法》第45条要求监察机关的处置必须"依法作出",但该条款并没有严明此处的"法"究竟指的是哪些法律法规。与此不同的是,《监察法实施条例》谈及了"依法处置"中"法"的外延,即第200条规定的"依据监察法、政务处分法等规定进行处置"。

需要注意的是,尽管《监察法实施条例》明确把《监察法》和《政务处分法》列为处置的依据,但监察机关在履行处置职责时,依据的法律法规远不限于这两部法律。例如,将涉嫌职务犯罪的案件移送检察机关审查起诉,是监察机关履行处置职责的重要方面,此时监察机关还需要以《刑法》和《刑事诉讼法》为依据。由此可见,监察机关想要履行好处置职责,不仅需要充分掌握《监察法》,还必须知晓监察领域的相关法律知识。

第二节 对有职务违法但情节较轻公职人员的处置

在《监察法》第45条规定的处置措施中,"对有职务违法行为但情节较轻的公职人员,按照管理权限,直接或者委托有关机关、人员,进行谈话提醒、批评教育、责

---

[1] 参见秦前红主编:《〈中华人民共和国监察法实施条例〉解读与适用》,法律出版社2021年版,第294页。

令检查,或者予以诫勉"属于第一种情形。《监察法实施条例》第 201 条有同样的规定。这被认为是"红红脸、出出汗"的规定,即根据党内监督必须把纪律挺在前面,运用监督执纪"四种形态"不断净化政治生态的精神,对有职务违法行为但情节较轻的公职人员,可以免予处分,而是代之以谈话提醒、批评教育、责令检查,或者予以诫勉等相对更轻的处理。[1]

一、"惩戒与教育相结合,宽严相济"原则的体现

根据《监察法》第 5 条的规定,"惩戒与教育相结合,宽严相济",是开展监察工作必须遵循的原则。惩前毖后、治病救人,是我们党一以贯之的方针。党的二十大报告还进一步提出,要"使严厉惩治、规范权力、教育引导紧密结合、协调联动"。根据《中国共产党纪律检查委员会工作条例》第 31 条第 1 项的规定,在监督执纪"四种形态"中,第一种形态针对的是"党员、干部有作风纪律方面的苗头性、倾向性问题或者轻微违纪问题,或者有一般违纪问题但具备免予处分情形的",相应的应"按照规定进行谈话提醒、批评教育、责令检查等,或者予以诫勉"。这与《监察法》第 45 条和《监察法实施条例》第 201 条的逻辑是一致的。

根据《监察法实施条例》第 201 条第 1 款的规定,无论是"惩戒与教育相结合,宽严相济",还是"红红脸、出出汗"的第一种形态,其适用的前提是"公职人员有职务违法行为但情节较轻"。据此规定,如果公职人员没有职务违法行为,或者公职人员的职务违法行为不属于情节较轻的范畴,那么自然不能适用。与此同时,如果公职人员有职务违法行为但情节较轻,本应根据《政务处分法》进行政务处分,但根据"惩戒与教育相结合,宽严相济"的原则,可以依法进行谈话提醒、批评教育、责令检查,或者予以诫勉。上述方式可以单独使用,也可以依据规定合并使用。

二、谈话提醒、批评教育

监察机关对于公职人员有职务违法行为但情节较轻的,可以依法进行谈话提

---

[1] 参见中共中央纪律检查委员会法规室、中华人民共和国国家监察委员会法规室编写:《〈中华人民共和国监察法〉释义》,中国方正出版社 2018 年版,第 205 页。

醒、批评教育。需要注意的是,谈话提醒、批评教育应当由专人进行,根据《监察法实施条例》第 201 条第 2 款的规定,谈话提醒、批评教育,应当由监察机关相关负责人或者承办部门负责人进行,可以由被谈话提醒、批评教育人所在单位有关负责人陪同。当然,也并不是说必须由监察机关相关负责人或者承办部门负责人进行,因为经批准也可以委托被谈话提醒、批评教育人所在单位主要负责人进行。同时,对于对谈话提醒、批评教育的情况,还应当制作记录。

三、责令检查

监察机关对于公职人员有职务违法行为但情节较轻的,可以责令公职人员作出检查。责令检查的目的是督促公职人员吸取教训、保证不再重犯。[1] 需要注意的是,为了彰显责令检查这一措施的严肃性,公职人员进行检查时应当作出书面的检查。同时,检查本身不是目的,而是为了督促相关公职人员进行整改。因此,公职人员在作出书面检查时,还应当进行整改,整改情况需要在一定范围内予以通报。

四、诫勉

1998 年 5 月,中央组织部印发的《党政领导干部考核工作暂行规定》对诫勉作出规定,要求对在考核中被评定为基本称职的领导干部提出诫勉,限期改进,也可以根据具体情况调整其领导职务。1998 年 6 月印发的《全国党政领导班子建设规划纲要》提出,总结推广实行诫勉制度等干部监督方面的经验,逐步形成制度规范。中央纪委也充分肯定各地方和部门试行的诫勉谈话等制度,认为能够发现问题,早打招呼,及时提醒,把问题解决在萌芽状态。[2]

根据《监察法实施条例》第 201 条的规定,诫勉由监察机关进行,针对的是有职务违法行为但情节较轻的公职人员。监察机关进行诫勉的方式有两种:(1)可以谈话的方式进行,这在实践中被称作诫勉谈话;(2)可以书面的方式进行。其中,以谈

---

[1] 参见《党纪政务处分以外的批评教育和组织处理措施解读》,载《廉政教育与工作动态》2021 年第 9 期。

[2] 参见苏绍龙:《诫勉词源探析与诫勉制度的形成发展》,载《中国纪检监察》2019 年第 16 期。

话方式进行的诫勉,应当制作相应的记录。

第三节　对违法公职人员的政务处分

政务处分是国家监察体制改革和《监察法》作出的一项新的制度设计,虽其源于此前的政纪处分制度,但二者在处分主体、处分对象和处分事由等方面有着较大的差异。根据《监察法》第 11 条第 3 项的规定,对违法的公职人员依法作出政务处分决定,是监察机关履行处置职责的重要方面。《监察法》第 45 条第 1 款第 2 项还列举了"警告、记过、记大过、降级、撤职、开除"等政务处分决定类型。2020 年 6 月,全国人大常委会通过了《政务处分法》,对政务处分制度作出更加细致的规定。

一、政务处分与处分

《政务处分法》第 3 条区分了政务处分和处分,前者的作出主体是监察机关,后者的作出主体则是公职人员的任免机关、单位。如此一来,处分的主体其实是二元化的,即有权对违法的公职人员给予政务处分或处分的主体有二,一是监察机关,二是公职人员的任免单位、机关。相应地,对违法的公职人员作出政务处分或处分的行为,同样包括监察机关作出政务处分的行为,以及任免单位、机关作出处分的行为。整体而言,政务处分活动涉及诸多方面的事项,主要是实体性事项和程序性事项,前者包括政务处分的种类和适用,违法行为及其适用的政务处分;后者包括政务处分的程序,政务处分的救济方式等。

"政务处分"与"处分"既有相同之处,亦不乏相当的差别。其中,相同之处主要体现为:政务处分和处分都是对公职人员违法行为的否定评价,都属于一种惩戒措施;政务处分和处分的种类及适用,皆应根据《政务处分法》第二章和第三章的规定。而二者的差别体现在以下三个方面:一是作出的主体不同,政务处分是由监察机关作出的,处分则是由公职人员的任免机关、单位作出的;二是作出的程序不同,监察机关作出政务处分应当依照《政务处分法》的规定,任免机关、单位作出处分的程序则适用于其他法律、行政法规、国务院部门规章和国家有关规定;三是处分的根据不同,监察机关作出政务处分是根据其对公职人员的监督职责,任免机关、单位作出处分,除了基于其对公职人员的监督职责外,还包括教育和管理职责。

监察机关和任免机关、单位都有权对违法的公职人员作出政务处分或处分,但二者均需"按照管理权限进行"。此处所谓的"管理权限",既可用来确定由哪一层级的监察机关作出政务处分决定,即《监察法》第16条规定的"各级监察机关按照管理权限管辖本辖区内本法第十五条规定的人员所涉监察事项";还可用来区分监察机关与任免机关、单位在进行政务处分时的权限,即对于违法的公职人员而言,哪些应由监察机关进行政务处分,哪些应由任免机关、单位进行处分,哪些情况下二者都有权进行政务处分或处分。《政务处分法》之所以对政务处分与处分作了区分,并构建了处分主体二元化的模式,原因即在于二者的管理权限有较大差异。当然,鉴于监察机关履行的监督职责,若任免机关、单位应当给予处分而未给予,或者给予的处分存在违法、不当的,监察机关应当及时提出监察建议,督促任免机关、单位予以改正。

二、政务处分工作应当遵循的原则

《政务处分法》第4条规定:"给予公职人员政务处分,坚持党管干部原则,集体讨论决定;坚持法律面前一律平等,以事实为根据,以法律为准绳,给予的政务处分与违法行为的性质、情节、危害程度相当;坚持惩戒与教育相结合,宽严相济。"该规定明确了政务处分工作应当遵循的原则。

1.党管干部的原则。我国《公务员法》确立了党管干部的原则,该原则的内涵之一就是"做好对干部人事工作的监督"[1]。与此同时,《监察法》第2条也明确规定"坚持中国共产党对国家监察工作的领导",这些法律规定都可以视为《政务处分法》确立党管干部原则的依据。就政务处分工作而言,党管干部原则表现为党组织对政务处分工作的领导,其中最主要的体现是,政务处分主体在作出政务处分决定之前,需要报请相应层级的党委批准。

---

[1] 本书编写组编:《〈中华人民共和国公务员法〉学习问答》,中国民主法制出版社2012年版,第29页。

2. 集体讨论决定的原则。在监察机关行使职权的过程中,表现出明显的集体负责制特征,如监察法当中有多处"监察机关经领导人员集体研究""集体研究后""监察机关领导人员集体研究决定"等表述。相应地,政务处分作为监察机关履行处置职责的重要方面,亦应遵循集体讨论决定的原则。无论是监察机关作出政务处分决定,还是任免机关、单位给予处分,都应当坚持该原则。

3. 法律面前一律平等的原则。现行《宪法》第 23 条第 2 款规定了"公民在法律面前一律平等"的原则,《监察法》第 5 条也规定了"在适用法律上一律平等"的原则,《政务处分法》对该原则予以重申,凸显了法律面前一律平等原则在政务处分工作中的重要性。监察法上的一律平等原则,是指"监察机关对所有监察对象,不论民族、职业、出身、性别、教育程度都应一律平等地适用法律,不允许有任何特权"。[1] 就政务处分工作来说,政务处分主体对于所有公职人员,也应当确保法律适用上的平等,任何人不能有法律之外的特权。

4. 以事实为根据,以法律为准绳的原则。《监察法》第 5 条将"以事实为依据,以法律为准绳"规定为监察机关应当遵循的基本原则之一,政务处分工作是监察工作的重要组成部分,自然也应当坚持该原则。其中,"以事实为根据"是指公职人员是否存在违法行为,以及违法行为的情节轻重,都要以事实作为判断依据;"以法律为准绳"则是指在监察机关和任免机关、单位,应当严格根据法律的规定开展政务处分工作。

5. 错责相适应的原则。不同种类政务处分的轻重有异,其中最轻的政务处分为警告,最重的则是开除;政务处分的期间也有长短之别,最短的是 6 个月的警告,最长的是 24 个月的降级和开除。给予违反的公职人员哪一种类、多长期间的处分,应当与其违法行为的性质、情节和危害程度相适应。性质恶劣、情节严重、危害性大的违法行为,应当给予较重、较长的处分;反之,则应给予较轻、较短的处分。这就要求监察机关和任免机关、单位在作出处分决定前,应当对公职人员违法行为的性质、情节和危害程度有一个正确的认识。

---

[1] 中共中央纪律检查委员会法规室、中华人民共和国国家监察委员会法规室编:《〈中华人民共和国监察法〉释义》,中国方正出版社 2018 年版,第 69 页。

6. 教育与惩戒相结合的原则。"惩前毖后、治病救人"是毛泽东在延安整风运动中提出的一项重要原则,[1]这与《政务处分法》规定的"教育与惩戒相结合的原则"具有内在一致性。《监察法》第5条也将"惩戒与教育相结合,宽严相济"作为国家监察改正应当遵循的原则。为此,监察机关和任免机关、单位在给予处分时,不仅要严肃查处公职人员的违法行为,并对其作出相应的处分决定;同时还要立足于教育的目的,寓教于惩,通过必要的处分促使公职人员意识到并改正错误。需要注意的是,教育与惩戒是该原则相辅相成的两个方面,在实践中不能有任何偏颇,单纯的教育或惩戒都无法达到标本兼治的效果。

三、政务处分的种类

《监察法》和《政务处分法》共规定了6类政务处分,分别是警告、记过、记大过、降级、撤职、开除。通常认为,警告、记过、记大过、降级属于政务轻处分,撤职和开除则是政务重处分。

警告是对违法公职人员的警示与告诫,作为最轻的政务处分,适用于违法情节较轻但必须给予政务处分的情形。警告与谈话提醒、批评教育等方式不同,尽管后者也对违法公职人员起到警示、告诫的作用,但这些处理不属于政务处分,更侧重对违法公职人员的引导、教育,力图将违法行为扑灭在苗头阶段,一般适用于违法行为情节轻微的情形。

记过、记大过是对违法行为的过错予以记载,也是警戒性的处分方式,实际上是严重警告的意思。[2]

降级是降低公职人员的级别及相应的工资和待遇,降级不只是对违法公职人员的警示与告诫,还会给违法公职人员造成实质性损失,一般适用于违法行为情节比较严重的情形。降级不同于降职。降职不是对公职人员的惩戒,而是一种任用行为,旨在调动公职人员积极性,推动人岗相适,实现优胜劣汰、能者上庸者下。根据《公务员法》和《公务员职务任免与职务升降规定(试行)》的有关规定,降职主要

---

[1] 参见毛泽东:《整顿党的作风》,载《毛泽东选集》(第3卷),人民出版社1991年版,第827~828页。
[2] 参见中共中央纪律检查委员会法规室、中华人民共和国国家监察委员会法规室编写:《〈中华人民共和国公职人员政务处分法〉释义》,中国方正出版社2021年版,第51页。

适用于科员以上职务的公务员在定期考核中被确定为不称职的情形,降职时一般降低一个职务层次或者职级层次任职,其级别超过新任职务对应的最高级别的,应当同时降至新任职务对应的最高级别。降职的公务员,在新的职位工作一年以上,德才表现和工作实绩突出,经考察符合晋升职务条件的,可晋升职务。其中,降职时降低级别的,其级别按照规定晋升;降职时未降低级别的,晋升到降职前职务层次的职务时,其级别不随职务晋升。另外,根据《党政领导干部选拔任用工作条例》第57条的规定,党政领导干部的降职主要适用于领导干部在年度考核中被确定为不称职,以及因工作能力较弱、受到组织处理或其他原因不适宜担任现职务层次等情形。

撤职是撤销违法公职人员担任的职务,给予撤职处分的要按照规定降低职务、职级、衔级和级别,同时降低工资和待遇。撤职是在保留公职人员身份前提下,对违法公职人员实施的最严厉处分,一般适用于违法行为情节严重的情形。撤职不同于免职。免职只是单纯地免去公职人员现有的职务,不是一种惩罚措施。根据《公务员职务任免与职务升降规定(试行)》第14条的规定,免职适用于公务员晋升职务后需要免去原任职务、降低职务、转任、辞职或者调出机关、非组织选派且离职学习期限超过一年、退休和其他原因需要免职等情形。

开除是将公职人员从公职系统中除名,解除其与所在机关、单位的人事关系或者劳动关系,强制剥夺其公职人员身份。受到开除处分的公职人员,不得再被录用为公务员以及参照《公务员法》管理的人员。开除是对违法公职人员实施的最严厉处分,一般适用于违法行为情节特别严重的情形。开除不同于辞退。辞退是机关依据辞退法规,解除公职人员与机关任用关系的一种人事处理措施,不具有惩罚性质。被辞退的公务员可以领取辞退费或者根据国家有关规定享受失业保险。根据《公务员法》第88条的规定,辞退适用的情形有5种,分别是:(1)公务员在年度考核中,连续2年被确定为不称职的;(2)不胜任现职工作,又不接受其他安排的;(3)因所在机关调整、撤销、合并或者缩减编制员额需要调整工作,本人拒绝合理安排的;(4)不履行公务员义务,不遵守法律和公务员纪律,经教育仍无转变,不适合继续在机关工作,又不宜给予开除处分的;(5)旷工或者因公外出、请假期满无正当理由逾期不归连续超过15天,或者1年内累计超过30天的。

《政务处分法》第 8 条还规定了政务处分期间,即受政务处分的有效期间,或者说是处分法律后果的影响期间。比如,《公务员法》第 64 条第 1 款规定:"公务员在受处分期间不得晋升职务、职级和级别,其中受记过、记大过、降级、撤职处分的,不得晋升工资档次。"具体来说,警告的期间为 6 个月,记过的期间为 12 个月,记大过的期间为 18 个月,降级和撤职的期间为 24 个月。政务处分决定自作出之日起生效,政务处分期自政务处分决定生效之日起计算。

四、政务处分的适用

监察机关作出政务处分决定是一项专业性很强的工作,因此《政务处分法》对政务处分的适用作出了具体规定。

1. 公职人员 2 人以上共同违法,根据各自在违法行为中所起的作用和应当承担的法律责任,分别给予政务处分。由于在共同违法中,每个行为人所起的作用和应当承担的法律责任不尽相同,因此处分不能搞"一刀切",而是应当根据每个公职人员在违法行为中所起的作用,分别确定各自应当承担的法律责任,分别给予相应的政务处分,这也符合政务处分与违法行为的性质、情节、危害程度相当的原则。

2. 有关机关、单位、组织集体作出的决定违法或者实施违法行为的,对负有责任的领导人员和直接责任人员中的公职人员依法给予政务处分。需要注意的是,集体违法有别于共同违法,共同违法是指 2 人以上公职人员基于共同故意而共同实施的违法行为,行为人体现的是自身的意志,而非其所在机关、单位、组织集体的意志,是以个人名义作出违法行为,而不是以机关、单位、组织集体的名义实施违法行为。

3. 公职人员有下列情形之一的,可以从轻或者减轻给予政务处分,主要包括:主动交代本人应当受到政务处分的违法行为的;配合调查,如实说明本人违法事实的;检举他人违纪违法行为,经查证属实的;主动采取措施,有效避免、挽回损失或者消除不良影响的;在共同违法行为中起次要或者辅助作用的;主动上交或者退赔违法所得的;法律、法规规定的其他从轻或者减轻情节。需要注意的是,公职人员违法行为情节轻微,且具有上述情形之一的,可以对其进行谈话提醒、批评教育、责令检查或者予以诫勉,免予或者不予政务处分。公职人员因不明真相被裹挟或者被胁迫参与违法活动,经批评教育后确有悔改表现的,可以减轻、免予或者不予政务处分。

4. 公职人员有下列情形之一的,应当从重给予政务处分,主要包括:在政务处分期内再次故意违法,应当受到政务处分的;阻止他人检举、提供证据的;串供或者伪造、隐匿、毁灭证据的;包庇同案人员的;胁迫、唆使他人实施违法行为的;拒不上交或者退赔违法所得的;法律、法规规定的其他从重情节。

5. 公职人员犯罪,有下列情形之一的,予以开除,主要包括:因故意犯罪被判处管制、拘役或者有期徒刑以上刑罚(含宣告缓刑)的;因过失犯罪被判处有期徒刑,刑期超过3年的;因犯罪被单处或者并处剥夺政治权利的。需要注意的是,因过失犯罪被判处管制、拘役或者3年以下有期徒刑的,一般应当予以开除;案件情况特殊,予以撤职更为适当的,可以不予开除,但是应当报请上一级机关批准。此外,公职人员因犯罪被单处罚金,或者犯罪情节轻微,人民检察院依法作出不起诉决定或者人民法院依法免予刑事处罚的,予以撤职;造成不良影响的,予以开除。

6. 公职人员有两个以上违法行为的,应当分别确定政务处分。应当给予两种以上政务处分的,执行其中最重的政务处分;应当给予撤职以下多个相同政务处分的,可以在一个政务处分期以上、多个政务处分期之和以下确定政务处分期,但是最长不得超过48个月。

7. 对公职人员的同一违法行为,监察机关和公职人员任免机关、单位不得重复给予政务处分和处分。公职人员有违法行为,有关机关依照规定给予组织处理的,监察机关可以同时给予政务处分。

8. 对于几类特殊的公职人员,对其作出政务处分决定的规制也有所差别。例如,法律、法规授权或者受国家机关依法委托管理公共事务的组织中从事公务的人员,以及公办的教育、科研、文化、医疗卫生、体育等单位中从事管理的人员,在政务处分期内,不得晋升职务、岗位和职员等级、职称;其中,被记过、记大过、降级、撤职的,不得晋升薪酬待遇等级。被撤职的,降低职务、岗位或者职员等级,同时降低薪酬待遇。又如,国有企业管理人员在政务处分期内,不得晋升职务、岗位等级和职称;其中,被记过、记大过、降级、撤职的,不得晋升薪酬待遇等级。被撤职的,降低职务或者岗位等级,同时降低薪酬待遇。再如,基层群众性自治组织中从事管理的人员有违法行为的,监察机关可以予以警告、记过、记大过;同时,基层群众性自治组织中从事管理的人员受到政务处分的,应当由县级或者乡镇人民政府根据具体情况减发或者扣发补贴、奖金。

五、政务处分的程序

《政务处分法》第6条规定:"公职人员依法履行职责受法律保护,非因法定事由、非经法定程序,不受政务处分。"因此,监察机关对违法的公职人员作出政务处分决定,应当依照法定程序进行。

1.调查。监察机关对涉嫌违法的公职人员进行调查,应当由2名以上工作人员进行。监察机关进行调查时,有权依法向有关单位和个人了解情况,收集、调取证据。有关单位和个人应当如实提供情况。严禁以威胁、引诱、欺骗及其他非法方式收集证据。以非法方式收集的证据不得作为给予政务处分的依据。

2.听取陈述和申辩。作出政务处分决定前,监察机关应当将调查认定的违法事实及拟给予政务处分的依据告知被调查人,听取被调查人的陈述和申辩,并对其陈述的事实、理由和证据进行核实,记录在案。被调查人提出的事实、理由和证据成立的,应予采纳。不得因被调查人的申辩而加重政务处分。

3.调查终结后的处理,即根据不同的情形,分别作出相应的处理。确有应受政务处分的违法行为的,根据情节轻重,按照政务处分决定权限,履行规定的审批手续后,作出政务处分决定;违法事实不能成立的,撤销案件;符合免予、不予政务处分条件的,作出免予、不予政务处分决定;被调查人涉嫌其他违法或者犯罪行为的,依法移送主管机关处理。

4.制作政务处分决定书。决定给予政务处分的,应当制作政务处分决定书。政务处分决定书应当载明下列事项:被处分人的姓名、工作单位和职务;违法事实和证据;政务处分的种类和依据;不服政务处分决定,申请复审、复核的途径和期限;作出政务处分决定的机关名称和日期。同时,政务处分决定书应当盖有作出决定的监察机关的印章。

5.送达政务处分决定书。政务处分决定书应当及时送达被处分人和被处分人所在机关、单位,并在一定范围内宣布。作出政务处分决定后,监察机关应当根据被处分人的具体身份书面告知相关的机关、单位。公职人员受到政务处分的,应当将政务处分决定书存入其本人档案。对于受到降级以上政务处分的,应当由人事部门按照管理权限在作出政务处分决定后1个月内办理职务、工资及其他有关待遇等的变更手续;特殊情况下,经批准可以适当延长办理期限,但是最长不得超过6个月。

6.政务处分的执行。政务处分决定自作出之日起生效。有关机关、单位、组织应当依法及时执行处分决定,并将执行情况向监察机关报告。处分决定应当在作出之日起1个月以内执行完毕,特殊情况下经监察机关批准可以适当延长办理期限,最迟不得超过6个月。

六、复审、复核

监察机关的政务处分会对公职人员的权利造成减损,因而在公职人员受到政务处分之后,畅通有效的救济途径便显得尤为重要。对于此种救济途径,《监察法》和《政务处分法》中有明确规定的有复审和复核程序。

公职人员对监察机关作出的涉及本人的政务处分决定不服的,可以依法向作出决定的监察机关申请复审;公职人员对复审决定仍不服的,可以向上一级监察机关申请复核。监察机关发现本机关或者下级监察机关作出的政务处分决定确有错误的,应当及时予以纠正或者责令下级监察机关及时予以纠正。复审、复核期间,不停止原政务处分决定的执行。公职人员不因提出复审、复核而被加重政务处分。

如存在以下情形之一的,复审、复核机关应当撤销原政务处分决定,重新作出决定或者责令原作出决定的监察机关重新作出决定。包括:政务处分所依据的违法事实不清或者证据不足的;违反法定程序,影响案件公正处理的;以及超越职权或者滥用职权作出政务处分决定的。如果适用法律、法规确有错误的,对违法行为的情节认定确有错误的,或者政务处分不当的,复审、复核机关应当变更原政务处分决定,或者责令原作出决定的监察机关予以变更;如果复审、复核机关认为政务处分决定认定事实清楚,适用法律正确的,应当予以维持。

第四节　移送审查起诉

根据《监察法》第11条第3项的规定,对涉嫌职务犯罪的,将调查结果移送人民检察院依法审查、提起公诉,这同样是监察机关履行处置职责的重要方面。对此,《监察法》第45条第1款第4项有进一步规定,即对涉嫌职务犯罪的,监察机关经调查认为犯罪事实清楚,证据确实、充分的,制作起诉意见书,连同案卷材料、证据一并移送人民检察院依法审查、提起公诉。

一、移送审查起诉的程序要求

我国《宪法》第127条第2款规定:"监察机关办理职务违法和职务犯罪案件,应当与审判机关、检察机关、执法部门互相配合,互相制约。"监察机关与检察机关的配合制约,集中表现为职务犯罪案件的移送审查起诉。

监察机关一般应当在正式移送起诉10日前,向拟移送的人民检察院采取书面通知等方式预告移送事宜。监察机关决定对涉嫌职务犯罪的被调查人移送起诉的,应当出具《起诉意见书》,连同案卷材料、证据等,一并移送同级人民检察院。

监察机关办理的职务犯罪案件移送起诉,需要指定起诉、审判管辖的,应当与同级人民检察院协商有关程序事宜。需要由同级人民检察院的上级人民检察院指定管辖的,应当商请同级人民检察院办理指定管辖事宜。监察机关一般应当在移送起诉20日前,将商请指定管辖函送交同级人民检察院。商请指定管辖函应当附案件基本情况,对于被调查人已被其他机关立案侦查的犯罪认为需要并案审查起诉的,一并进行说明。

需要注意的是,根据《监察法》第17条的规定,上级监察机关可以将其所管辖的监察事项指定下级监察机关管辖,也可以将下级监察机关有管辖权的监察事项指定给其他监察机关管辖。因此,还需要注意指定管辖案件的移送审查起诉问题。根据《监察法实施条例》第222条的规定,上级监察机关指定下级监察机关进行调查,移送起诉时需要人民检察院依法指定管辖的,应当在移送起诉前由上级监察机关与同级人民检察院协商有关程序事宜。

二、从宽处罚建议的提出

《监察法》第 31 条规定了从宽处罚建议制度，即涉嫌职务犯罪的被调查人主动认罪认罚，监察机关经领导人员集体研究，并报上一级监察机关批准，可以在移送人民检察院时提出从宽处罚的建议；以及职务违法犯罪的涉案人员揭发有关被调查人职务违法犯罪行为，查证属实的，或者提供重要线索，有助于调查其他案件的，监察机关经领导人员集体研究，并报上一级监察机关批准，可以在移送人民检察院时提出从宽处罚的建议。之所以规定从宽处罚建议制度，一是鼓励被调查人犯罪后改过自新、将功折罪，积极配合监察机关的调查工作，争取宽大处理，体现了"惩前毖后、治病救人"的精神。二是为监察机关顺利查清案件提供有利条件，节省人力物力，提高反腐败工作的效率。[1]

对于涉嫌职务犯罪的被调查人而言，监察机关提出从宽处罚建议的情形主要有：（1）自动投案，真诚悔罪悔过的。如职务犯罪问题未被监察机关掌握，向监察机关投案；在监察机关谈话、函询过程中，如实交代监察机关未掌握的涉嫌职务犯罪问题；以及经查实确已准备去投案，或者正在投案途中被有关机关抓获等。（2）积极配合调查工作，如实供述监察机关还未掌握的违法犯罪行为的。如主动交代监察机关尚未掌握的犯罪事实，与监察机关已掌握的犯罪事实属不同种罪行；监察机关掌握的证据不充分，被调查人如实交代有助于收集定案证据等。（3）积极退赃，减少损失的。既包括全额退赃，也包括退赃能力不足，但被调查人及其亲友在监察机关追缴赃款赃物过程中积极配合，且大部分已追缴到位的；还包括犯罪后主动采取措施避免损失发生，或者积极采取有效措施减少、挽回大部分损失的。（4）具有重大立功表现或者案件涉及国家重大利益等情形的。如检举揭发他人重大犯罪行为且经查证属实，提供其他重大案件的重要线索且经查证属实，以及阻止他人重大犯罪活动等。

对于职务违法犯罪的涉案人员而言，监察机关提出从宽处罚建议的情形主要

---

[1] 参见中共中央纪律检查委员会法规室、中华人民共和国国家监察委员会法规室编写：《〈中华人民共和国监察法〉释义》，中国方正出版社 2018 年版，第 160 页。

是揭发有关被调查人职务违法犯罪行为,查证属实的,或者提供重要线索,有助于调查其他案件的。具体来说,既包括揭发所涉案件以外的被调查人职务犯罪行为,经查证属实的;也包括提供的重要线索指向具体的职务犯罪事实,对调查其他案件起到实质性推动作用的;还包括提供的重要线索有助于加快其他案件办理进度,或者对其他案件固定关键证据、挽回损失、追逃追赃等起到积极作用的。

根据《监察法实施条例》相关规定,从宽处罚建议一般应当在移送起诉时作为《起诉意见书》内容一并提出,特殊情况下也可以在案件移送后、人民检察院提起公诉前,单独形成从宽处罚建议书移送人民检察院。对于从宽处罚建议所依据的证据材料,应当一并移送人民检察院。

三、检察机关审查后的处理

对于监察机关移送的职务犯罪案件,检察机关经过审查,根据不同情形分别作出如下处理决定。

1. 人民检察院经审查,认为犯罪事实已经查清,证据确实、充分,依法应当追究刑事责任的,应当作出起诉决定。根据《刑事诉讼法》第 172 条的规定,人民检察院对于监察机关移送起诉的案件,应当在 1 个月以内作出决定,重大、复杂的案件,可以延长 15 日;犯罪嫌疑人认罪认罚,符合速裁程序适用条件的,应当在 10 日以内作出决定,对可能判处的有期徒刑超过 1 年的,可以延长至 15 日。

2. 人民检察院经审查,认为需要补充核实的,应当退回监察机关补充调查,必要时可以自行补充侦查。对于补充调查的案件,应当在 1 个月内补充调查完毕。补充调查以二次为限。根据《人民检察院刑事诉讼规则》第 343 条的规定,需要退回补充调查的案件,人民检察院应当出具补充调查决定书、补充调查提纲,写明补充调查的事项、理由、调查方向、需补充收集的证据及其证明作用等,连同案卷材料一并送交监察机关。需要注意的是,人民检察院对于二次退回补充调查的案件,仍然认为证据不足,不符合起诉条件的,经检察长批准,依法作出不起诉决定。人民检察院对于经过一次退回补充调查或者补充侦查的案件,认为证据不足,不符合起诉条件,且没有再次退回补充调查或者补充侦查必要的,经检察长批准,可以作出不起诉决定。

3. 人民检察院对于有《刑事诉讼法》规定的不起诉的情形的,经上一级人民检察院批准,依法作出不起诉的决定。监察机关认为人民检察院不起诉决定有错误的,应当在收到不起诉决定书后30日以内,依法向其上一级人民检察院提请复议。监察机关应当将上述情况及时向上一级监察机关书面报告。

四、留置措施与刑事强制措施的衔接

在职务犯罪调查阶段,监察机关可能对涉嫌职务犯罪的被调查人采取留置措施。待到移送审查起诉后,检察机关则需依法对犯罪嫌疑人采取刑事强制措施。于是,检察机关在进行审查起诉时,还涉及留置措施与刑事强制措施的衔接问题。

对此,《刑事诉讼法》第170条第2款规定,对于监察机关移送起诉的已采取留置措施的案件,人民检察院应当对犯罪嫌疑人先行拘留,此时留置措施自动解除。人民检察院应当在拘留后的10日以内作出是否逮捕、取保候审或者监视居住的决定。在特殊情况下,决定的时间可以延长1~4日。人民检察院决定采取强制措施的期间不计入审查起诉期限。

《人民检察院刑事诉讼规则》有进一步规定,即对于监察机关移送起诉的已采取留置措施的案件,人民检察院应当在受理案件后,及时对犯罪嫌疑人作出拘留决定,交公安机关执行。执行拘留后,留置措施自动解除。人民检察院应当在执行拘留后10日以内,作出是否逮捕、取保候审或者监视居住的决定。在特殊情况下,决定的时间可以延长1~4日。当然,对于监察机关移送起诉的未采取留置措施的案件,人民检察院受理后,在审查起诉过程中根据案件情况,可以依照本规则相关规定决定是否采取逮捕、取保候审或者监视居住措施。

第五节 向监察对象所在单位提出监察建议

根据《监察法》第11条第3项的规定,向监察对象所在单位提出监察建议,是监察机关履行处置职责的重要方面。所谓监察建议,是指"监察机关依照法定职权,根据监督、调查结果,对监察对象所在单位廉政建议和履行职责存在的问题等提出的。监察建议不同于一般的工作建议,它具有法律效力,被提出建议的有关单位无正当理由必须履行监察建议要求其履行的义务,否则,就要承担相应的法律责任"。[1]

一、监察建议的提出主体与对象

提出监察建议是监察机关履行处置职责的体现。监察建议的提出主体既包括监察委员会,也包括派驻或者派出的监察机构、监察专员。需要注意的是,派驻或者派出的监察机构、监察专员提出监察建议时需要得到相应的授权,因为《监察法》第13条规定"派驻或者派出的监察机构、监察专员根据授权,按照管理权限依法对公职人员进行监督,提出监察建议"。

与政务处分等处置措施不同,监察建议是向监察对象所在单位提出的,而不是向监察对象直接提出的。《监察法》规定的监察对象是"个人"而非"单位",于是,"监察建议只能依据对个人的监督、调查结果向有关单位提出"。[2]

二、监察建议的适应情形

监察机关在何种情形下可以提出监察建议,这规定在《监察法》第45条第1款第5项,即"对监察对象所在单位廉政建设和履行职责存在的问题等提出监察建议"。在实践中,监察机关主要针对以下情形提出监察建议,包括:拒不执行法律法规或者违反法律法规,应当予以纠正的;有关单位作出的决定、命令、指示违反法律、法规或者国家政策,应当予以纠正或者撤销的;给国家利益、集体利益和公民合法权益造成损害,需要采取补救措施的;录用、任免、奖惩决定明显不适当,应当予以纠正的;依照有关法律、法规的规定,应当给予处罚的;需要完善廉政建设制度的;等等。[3]

三、监察建议书的内容

监察机关提出监察建议,必须依照法律的明确规定,其中包括监察建议的内容

---

〔1〕 中共中央纪律检查委员会法规室、中华人民共和国国家监察委员会法规室编写:《〈中华人民共和国监察法〉释义》,中国方正出版社2018年版,第94页。

〔2〕 高伟:《监察建议运用研究》,载《中国纪检监察报》2018年5月23日,第8版。

〔3〕 参见郭珉:《如何把握〈规则〉有关提出纪律检查建议和监察建议的规定?》,载《中国纪检监察》2020年第3期。

必须符合法律的要求。对此,《监察法实施条例》第205条对监察建议书的内容作出了明确规定。监察机关依法向监察对象所在单位提出监察建议的,应当经审批制作监察建议书。监察建议书一般应当包括下列内容:(1)监督调查情况;(2)调查中发现的主要问题及其产生的原因;(3)整改建议、要求和期限;(4)向监察机关反馈整改情况的要求。

四、监察建议的采纳与落实

监察建议有别于一般的工作建议,监察对象所在单位收到监察建议后,必须采纳落实。《监察法》第62条明确规定:"有关单位拒不执行监察机关作出的处理决定,或者无正当理由拒不采纳监察建议的,由其主管部门、上级机关责令改正,对单位给予通报批评;对负有责任的领导人员和直接责任人员依法给予处理。"同时,监察机关作出监察建议的提出主体,也不能"一提了之",还应当积极关注监察建议的采纳和落实情况。为此,《监察法实施条例》第36条第2款规定:"监察机关应当跟踪了解监察建议的采纳情况,指导、督促有关单位限期整改,推动监察建议落实到位。"

第六节 撤 销 案 件

监察机关在调查过程中,发现立案依据失实,或者没有证据证明存在违法犯罪行为,不应对被调查人追究法律责任的,应当及时终止调查,决定撤销案件,并将撤销案件的原因和决定通知被调查人及其所在单位,且在一定范围内为被调查人予以澄清。[1]

一、撤销案件的情形

撤销案件直接导致案件调查的终止,因此自然不可随意撤销,只有存在法定的

---

〔1〕 参见中共中央纪律检查委员会法规室、中华人民共和国国家监察委员会法规室编写:《〈中华人民共和国监察法〉释义》,中国方正出版社2018年版,第9208页。

情形,才能够撤销案件。《监察法》第 45 条第 2 款规定,监察机关经调查,对没有证据证明被调查人存在违法犯罪行为的,应当撤销案件。《政务处分法》第 44 条第 2 项规定,违法事实不能成立的,撤销案件。从名称的口语化"销案"到纪言法语"撤销案件",从适用条件的笼统概括"检举失实"到具体明确"违法事实不能成立",反映了撤销案件规定的规范化、法治化水平不断提升。[1]

《监察法实施条例》第 206 条进一步明确了应当依法撤销案件的两种情形:(1)没有证据证明被调查人存在违法犯罪行为的,包括检举失实、完全查否、违法犯罪事实并非被调查人所为的案件等。(2)现有证据不足以证明被调查人存在违法犯罪行为的,属事实存疑案件,按照证据标准和有利于被调查人原则,也应予以撤销案件。

二、撤销案件的程序

不同主体所享有的撤销案件的自主性与程序要求有所区别。对于省级以下监察机关撤销案件,除上级监察机关指定管辖或者交办的案件以外,其他均具有自主权,可以自行撤销,并制作《撤销案件决定书》。但是,应当在 7 个工作日内向上一级监察机关报送备案报告。这是我国监察制度领导体制的特征之体现,即上级监察机关领导下级监察机关的工作。因此,下级监察机关自然需要及时向上级监察机关对重要事项进行报告,如撤销案件就是重要事项,应当及时做备案报告。

对于上级监察机关指定管辖或者交办的案件,省级以下监察机关无自主撤销权。这同样是由我国监察制度领导体制的特征所决定。由于案件是上级监察机关指定管辖或者交办,这类案件涉及的内容往往影响较大或重大,只有相关事实等适宜由下级监察机关查明才交由下级监察机关办理。但是由于受到上级监察机关的领导,案件的重要性等因素的影响,以及案件的本质是由上级监察机关负责,因此针对此类案件,省级以下监察机关并不享有自主撤销权,须经指定管辖或交办的监察机关审查。具体的审查程序包括:(1)报送审查的材料包括《撤销案件意见书》、

---

[1] 参见许展、徐磊:《确保撤销案件权依法规范行使》,载《中国纪检监察》2022 年第 6 期。

案卷材料。（2）报送审查的时间限制是法定调查期限到期 7 个工作日前。针对重大、复杂案件，报送审查的时间限制放宽为法定调查期限到期的 10 个工作日前。只有完成上述程序，当指定管辖或者交办案件的监察机关同意撤销案件时，下级监察机关才能作出撤销案件决定，并需要制作《撤销案件决定书》；若不同意撤销案件，下级监察机关就无法撤销案件，需要继续执行。这同样体现我国监察制度领导体制之特征。

撤销案件的必经程序有：第一，监察机关向被调查人宣布撤销案件的决定。第二，被调查人在《撤销案件决定书》上签名、捺指印。上述两项程序能够确保被调查人的知情权。第三，解除留置措施。根据《监察法实施条例》第 206 条的规定，解除留置措施的时间被限定为"立即解除"，这体现了监察机关对监察工作效能原则的贯彻，也体现了监察机关尊重与保障被调查的公职人员的权益。因为监察调查活动会造成被调查公职人员的权益的暂时性克减，当满足撤销案件的情形时，这种克减便缺乏客观的事实基础与法律依据，若不立即解除留置等措施，会严重损害被调查人员的合法权益。第四，通知被调查人所在单位。这一程序性措施有利于监察机关为被调查人消除影响，必要时监察机关可以在一定范围内对被调查人的情况予以澄清，[1] 从而保障被调查人的合法权益。

三、重新立案调查

监察机关办案需要遵循"以事实为依据，以法律为准绳"的基本原则，在无法或现有证据不足以证实被调查的公职人员存在违法或犯罪事实的情况下，监察机关自然应当尊重客观事实，撤销案件。但是，若出现可以重新证明被调查的公职人员存在违法或犯罪的事实，并且依法应当被追究法律责任的情况，那么自然也需要尊重客观事实，重新进行立案调查。对此，《监察法实施条例》第 206 条第 5 款规定了重新立案调查，即"撤销案件后又发现重要事实或者有充分证据，认为被调查人有违法犯罪事实需要追究法律责任的，应重新立案调查"。这一程序的设立能够提高腐败治理的效果，确保腐败行为无处遁形。

---

[1] 参见马怀德主编：《〈中华人民共和国监察法〉理解与适用》，中国法制出版社 2018 年版，第 177 页。

第六编

对监察的监督、救济与法律责任

本编重点介绍对监察的监督的理论基础、原则、类型与机制,监察救济的法理基础、具体机制和监察法律责任的基本内容。

第十九章　对监察的监督

知识结构图

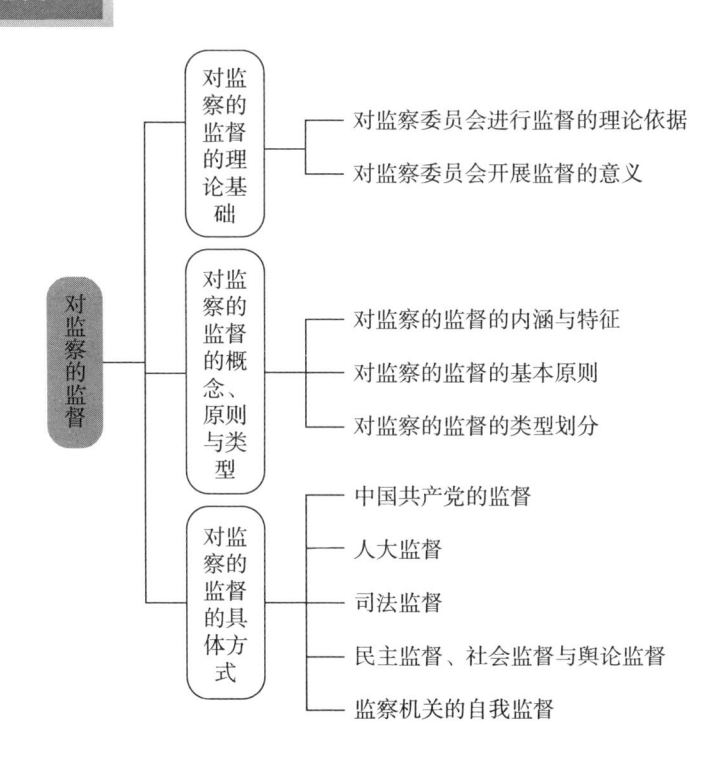

- 对监察的监督
  - 对监察的监督的理论基础
    - 对监察委员会进行监督的理论依据
    - 对监察委员会开展监督的意义
  - 对监察的监督的概念、原则与类型
    - 对监察的监督的内涵与特征
    - 对监察的监督的基本原则
    - 对监察的监督的类型划分
  - 对监察的监督的具体方式
    - 中国共产党的监督
    - 人大监督
    - 司法监督
    - 民主监督、社会监督与舆论监督
    - 监察机关的自我监督

党的十八大以来,通过加强党对反腐败工作的统一领导,整合行政监察、预防腐败和检察机关查处贪污贿赂、失职渎职以及预防职务犯罪等工作力量,成立监察委员会,作为监督执法机关与纪委合署办公,实现了对所有行使公权力的公职人员监察全覆盖。由此,我国人大之下的"一府两院"转变为"一府一委两院"。监察委员会由同级人大产生,对其负责,受其监督,这拓宽了人民监督权力的途径,丰富和发展了人大制度的内涵,对推进国家治理体系和治理能力现代化具有深远的意义。在中国特色国家监察体制中,监察权力所担负的责任很重,开展廉政建设和反腐败工作,维护宪法和法律的尊严,更要受到严格的监督。随着我国监察体制改革的不断深入推进,如何对监察委员会及其工作人员实施有效的再监督,是实现"监察全覆盖"改革目标绕不开的重要问题。

第一节　对监察的监督的理论基础

长期的历史经验证明,"只要公权力存在,就必须有制约和监督"。[1] 对于"谁来监督监督者"的问题,习近平总书记特别强调,"打铁还需自身硬""执纪者必先守纪,律人者必先律己"。[2] 因此,在深化国家监察体制改革的新阶段,针对监察权的特性构建起全面而有效的权力监督制约体制,具有充足依据与重要作用。

一、对监察委员会进行监督的理论依据

纪委监委作为执纪执法机关,自觉遵守党纪国法,做严守纪律、改进作风、拒腐防变的表率,清除害群之马,防止"灯下黑",保持队伍纯洁,是党中央的一贯要求。对监察委员会进行监督,其理论依据主要包括权力必须受到监督制约原理、基本人权保障原理、有限且有效的国家监察法治原理。

(一)权力必须受到监督制约原理

"纵观人类政治文明史,权力是一把双刃剑,在法治轨道上行使可以造福人民,

---

〔1〕 习近平:《论坚持全面依法治国》,中央文献出版社2020年版,第240页。
〔2〕 习近平:《全面贯彻落实党的十九大精神　以永远在路上的执着把从严治党引向深入》,载《中国纪检监察报》2018年1月12日,第1版。

在法律之外行使则必然祸害国家和人民。"[1]越是位高权重者越须予以监督制约,而且监督制约的强度应该同监督制约对象的权力体量及其强度相适应。如何规范权力运行,确保公权力行使不发生腐败是人类政治发展的永恒课题。作为一种新型国家权力的监察权,借由合署办公体制使"监察权中融入了中国共产党的纪律检查权",[2]具有了"强政治性"的特征。在此背景下,"谁来监督监督者""对监督权如何实施再监督"成为深化国家监察体制改革新阶段的重要理论命题,是权力必须受到监督制约原理的具体体现。中国共产党作为马克思主义执政党,历来高度重视对自身的权力监督。党的十九届四中全会专门就"坚持和完善党和国家监督体系,强化对权力运行的制约和监督"作出了顶层设计。规范权力运行,确保公权力不发生腐败是实现国家治理现代化的基础和前提,也是执政党永葆青春和活力的基础和关键。党的十八大以来,以习近平同志为核心的党中央聚焦权力腐败问题,围绕权力运行制约和监督发表了一系列重要讲话并作出了一系列重要论述,是习近平法治思想的重要组成部分,是新时代党和国家监督实践的理论提炼,为规范权力运行提供根本遵循和行动指南。

习近平总书记特别重视对高级干部这一"关键少数"权力的制约与监督,提出"越是领导机关,越是领导干部,越是主要领导,越要廉洁自律,加强监督,以身作则,当好表率"。[3]党的二十大报告进一步要求:"全面加强党的纪律建设,督促领导干部特别是高级干部严于律己、严负其责、严管所辖。""关键少数"是一个相对的概念,领导干部相对于普通干部是"关键少数",上级领导干部相对于下级干部是"关键少数",中央领导干部相对于地方干部是"关键少数"。"关键少数"是"绝大多数"的主心骨,因此,权力制约和监督要突出"关键少数"。在逻辑上,行使国家监察权、履行国家监察职责的纪检监察领导干部当然属于"关键少数"。这些群体拥有专责监督权,尤其是掌握核心资源分配的权力,是党和国家事业骨干中的骨干,其拥有的权力如若发生腐败,带来的危害则是巨大的。

---

[1] 中共中央文献研究室编:《习近平关于协调推进"四个全面"战略布局论述摘编》,中央文献出版社2015年版,第117页。
[2] 翟志勇:《论监察权的宪法性质——兼论八二宪法的分权体系》,载《中国法律评论》2018年第1期。
[3] 习近平:《之江新语》,浙江人民出版社2017年版,第81页。

党的十九届六中全会指出,经过百年奋斗特别是党的十八大以来新的实践,我们党又给出了第二个答案,这就是自我革命。[1] 从"让人民来监督政府"到"依靠党的自我革命",这是我们党在波澜壮阔的斗争实践中,对党的建设规律和执政规律认识不断深化的重要理论成果,更是对党的十八大以来深入推进权力监督实践的科学总结。作为中国共产党意识形态的核心话语,党的自我革命体现了对马克思主义革命话语的守正创新,成为理解百余年来"中国共产党为什么能"的一把金钥匙,是共产党人革命精神在新时代语境下的重要逻辑展现。[2] 自我革命话语不仅是文化软实力的重要体现,更是我党丰富执政实践的理论升华。以监察官制度为例,《监察官法》将严格监督的要求贯穿法律条文始终。可以说,强化对监察官的严格监督,是制定《监察官法》的重中之重,也是该部法律的鲜明特色和品格。组织监督上,要坚持在党的管理、监督下开展工作;外部监督上,要发挥民主监督、社会监督、舆论监督功能;内部监督上,要规范工作流程、健全内部制约机制。[3] 从法律上构筑起对监察官的监督制约体系,促进监察官提高自身免疫力,习惯在受监督约束的环境中工作生活,形成了对监察官的监督闭环,既保障了监督的实效,又是对"如何监督监督者"这个国家监察体制改革以来受到各界持续关注的重大命题的回应。

国家监察体制改革围绕整合资源、独立监察、扩大覆面、法纪衔接等不同角度,塑造了集主动、独立且高效为一体的监察权,实现了对所有行使公权力的公职人员监察全覆盖,确立了监察权在行政权、司法权等"公权群体"中的优势地位。但是,权力的二重属性会在所有的权力行使者身上得以体现,行使监督权的监督者自然也不例外,[4] 这也意味着监察权必须受到监督制约。

(二)基本人权保障原理

人权具有广义与狭义之分,基本人权主要是指每个人基于其作为人或特定国

---

[1] 参见《习近平谈治国理政》(第4卷),外交出版社2022年版,第541页。
[2] 参见王海军:《习近平关于党的自我革命话语的多重意蕴:逻辑演进、建构路径与价值旨归》,载《社会科学辑刊》2022年第5期。
[3] 参见石泽华:《〈监察官法〉实施背景下如何强化对监察官之监督》,载《荆楚法学》2022年第2期。
[4] 参见陈朋:《监督权的再监督:逻辑理路与空间拓展》,载《河海大学学报(哲学社会科学版)》2021年第1期。

家的社会成员而应享有的最起码的权利。[1] 现代民主国家均将人权的保障和实现作为国家治理的出发点和归宿,把人权是否得到有效保障作为衡量和评估国家治理的基本标准。尊重和保障人权是全面依法治国的重要价值与应有之义,是党的一贯主张,也是习近平法治思想的重要组成部分。[2] 同时,尊重和保障人权也是坚持发展为了人民、发展依靠人民、发展成果由人民共享的以人民为中心发展思想的具体体现。要将尊重和保障人权作为全面依法治国的一项重要工作,努力提升人权保障的法治化水平必须要确保宪法确立的尊重和保障人权原则全面贯彻到法律体系之中,不断促进人权保障法律体系的发展和完善。国家监察体制改革作为宪制层面的重大政治体制变革,自然应当将基本人权保障作为其价值内核与制度面向。正如有学者所言:"监察机关要在人权保护和反腐败的目标之间达成一个平衡,所以解决纪委反腐体制中存在的一系列问题和难题,正是此次改革的重要目标。"[3]

一方面,国家监察体制改革始终坚持依法监察与监察法治的基本要求,将基本人权的保障融入"依法治权"过程之中。依法监察理论,是监察法治原理的核心内容,也是一切监察有关制度及活动的基本前提。[4] 自监察权全面承担国家腐败治理职能以来,监察法制体系建设得到推进,以2018年《宪法修正案》创立国家监察权为肇始,《监察法》与《监察官法》《政务处分法》共同奠定了监察法制体系的基础,国家监察委员会根据立法机关授权出台的《监察法实施条例》以及与中央纪律检查委员会联合制发的相关细则性规定,严密与细化了监察法制的系统,标志着我国腐败治理实现了"权力反腐→制度反腐→法治反腐"的转变。[5] 并且上述法律法规均将"对监察的监督"作为重要组成部分予以规定,彰显了法治的"限权"与"人权保障"功能。

另一方面,依纪依法,保障人权,不仅是基于依法治国的基本要求,也是保障监

---

[1] 参见林来梵:《宪法学讲义》(第3版),清华大学出版社2018年版,第298页。
[2] 参见江必新:《习近平法治思想是全面依法治国的根本遵循和行动指南》,载《环球法律评论》2022年第4期。
[3] 秦前红:《国家监察体制改革宪法设计中的若干问题思考》,载《探索》2017第6期。
[4] 参见秦前红、石泽华:《论依法监察与监察立法》,载《法学论坛》2019年第5期。
[5] 参见周佑勇:《推进国家治理现代化的法治逻辑》,载《法商研究》2020年第4期。

察权本身正当性的需要。根据权力运行的一般规律和历史经验,经过驯化的权力往往更容易实现其最初的目的。权力一旦偏离起初的设定初衷而肆意运作,不仅会打破国家权力的既定均衡状态,更容易造成人权被侵犯的现象。监察权的依法行使,不仅关乎国家监察体制改革的成效,更涉及被监察者甚至是普通公民的基本人权。为了平衡监察法律关系的双方法律地位,回归于监察制度建立的初衷,就需要从制度设计上来回应。对处于优势地位的监察者,应予以必要的法律限制;对处于相对弱势地位的被监察者,应予以配套的权利保障。其要义有二:一是强调无论何人,其合法权利都应当受到保障;二是监察者必须严格依照法定的权限和程序办事。只有建立起一套全方位对监察权予以监督制约的制度,才能保证监察权在法治轨道内高效运作,以保障基本人权不受侵犯。

国家监察体制改革在基本人权保障原理的指引下,不仅将宪法、法律中的人权规范落实为具体的制度机制,也实现了中国特色反腐价值理念的代际更新。深化国家监察体制改革的着力点由权力博弈与高压惩腐转变为效能反腐与人权保障的均衡,揭示了监察法治从规则之治向良法善治的逻辑转型,这也是腐败治理中国特色的内涵式表达。

(三)有限且有效的国家监察法治原理

"自我监督是世界性难题,是治国理政的哥德巴赫猜想。"[1]如何既能够实现对监察的有效监督,又能够保障监察权效能的充分发挥,是有限且有效的国家监察法治理论的要旨所在。宪法是国家法律秩序和价值秩序的根基和根本,不仅禁止任何破坏根本规范的行为,更要求形成具体的国家制度落实国家根本规范,从而形成现实的法秩序。从这个意义上说,宪法是国家全面深化改革的根本遵循。国家监察体制改革正是谋求建立一种更合理的国家监察制度,无论是健全国家监察组织架构,还是集合国家反腐资源,都必须落实宪法的精神,实现宪法设定的价值秩序。我国宪法的根本规范是建设现代化的国家,而公权力的受限性应是现代化的内容之一。这就意味着,国家监察权作为公权力,定然具备受限之特征。"'有限'

---

[1] 中共中央党史和文献研究院编:《习近平关于全面从严治党论述摘编》,中央文献出版社2021年版,第412页。

意指权限和监督。在权限的维度上,监察权力必须是有限权力,而非无限权力。"[1]这就要求,监察委员会的一切权力必须来自宪法、法律的授权。对公权力而言,法无授权不可为,监察权也不例外。同时,过于宽泛的授权意味着权力边界的模糊不清。因此,权力事项的授权规定也应当是清晰、具体和明确的。概言之,在权限的维度,防止监察权过于宽泛的关键是建立监察组织法、监察行为法和监察基准法的有机体系,分别明确监察权力的范围、行使的程序和处置的标准。

作为监督公职人员行使公权力的制度,国家监察必须是"有效"监察,方才符合宪法根本规范的要求,也是建设现代化国家的根本要求。一般而言,"有效"意旨高效和实效。"高效要求监察权限配置适当、相对集中,监察组织构架完整,内部组织结构合理,监察程序设定清晰,监察标准明确,权力行使流程化;实效则要求监察委员会以维护法制的权威为首要目标,将规范层面的法秩序转化为实践中的权力受监察状态。"[2]在监督的维度上,必须建立具有实效性的对监察权的监督机制。对监察委员会的监督是如何监督监督者的问题,我国现行法律确立了多元监督机制,如人大的权力机关监督、政协的民主监督、检察机关的诉讼监督、人民法院的司法监督以及社会媒体、组织和公民的社会监督,这是对监察委员会进行有效监督的制度基础。只要切实地将有效的国家监察体制深深嵌入现行法律设定的监督体系之中,就可以形成各种监督机制的合力,从而实现宪法和法律所规定的权力间监督配合的良性运作模式。

需要注意的是,监察权的"有限"和"有效"之间并不冲突。"有限"是从监察权属于公权力,具有传统公权力"天然扩张"的本性而言,其必须在现行法律设定的监督体系之中运行,彰显了权力的规范性与谦抑性。"有效"是从权力的功能性配置角度而言,意在强调监督的实效与稳定,旨在实现对腐败的全过程、无漏洞、动态性、全方位治理。[3]在某种程度上,规范、透明、公正的监察权是实现腐败有效治理的前提和基础,这也是有限且有效的国家监察法治理论的核心意旨所在。

---

[1] 叶海波:《国家监察体制改革的宪法约束》,载《武汉大学学报(哲学社会科学版)》2017年第3期。
[2] 同上。
[3] 参见曹鎏:《论监察法治的核心要义及发展图谱》,载《行政法学研究》2022年第5期。

二、对监察委员会开展监督的意义

党中央极为重视对监察委员会进行监督的问题,习近平总书记在第十八届中央纪律检查委员会第六次全体会议的讲话中强调指出:"监督别人的人首先要监管好自己,执纪者要做遵守纪律的标杆。"概括来说,加强对监察委员会的监督制约,对于防止监察机关滥用权力,确保其依法履行监察职能,保障监察对象和有关人员合法权益不受侵犯,维护社会公平正义具有重要意义。

(一)对监察的监督是监察机关依法行使监察职能的重要保障

监察委员会作为中国特色监察体系的创制之举,实质上是反腐败工作机构,代表党和国家行使监察权。因此,对其自身的监督制约必须予以足够重视,这既是监察机关依法履职的重要保障,也是全面从严治党的必然要求。

一方面,在改革以前,监督职权往往附属于行政权、司法权等其他公权力,权力位阶的低等级与权力配置的分散性决定了反腐功能不彰。在国家权力配置结构中,监督权相比其他传统公权力处于劣势地位,这也意味着监督者无法对被监督者形成有效的制衡。抛开改革后关于监察权是"现代公共权力'第四权'""五种权源加总之和的监察权""具有'准司法性'的监察权"等属性之争,不可否认其是"一种高位阶独立性的复合性权力"。[1] 改革后的监察权由监督、调查、处置三大职权构成,经过国家监察体制改革的有机整合,三大职权并行不悖、环环相扣,共同服务于腐败治理。[2] 监察权的影响力涵盖腐败预防、腐败发现与腐败惩治的全流程,在监察事项上形成了逻辑闭环,在监察对象上实现了全覆盖。

另一方面,在国家监察体制改革后,常常面临着这样的诘问:执纪与执法的措施和程序何以能够高度融合贯通?作为行使国家监察职能的监察机关何以是政治机关?在以人大为核心的宪制结构中,监察委员会又为何不像法院、检察院那般向人大报告工作?如欲寻求合理解答,必须准确把握合署办公体制下纪律检查权对

---

[1] 徐汉明:《国家监察权的属性探究》,载《法学评论》2018年第1期。
[2] 参见周佑勇:《监察权结构的再平衡——进一步深化国家监察体制改革的法治逻辑》,载《东方法学》2022年第4期。

国家监察权的吸纳与融合,[1]必须深刻理解处理好党政关系需"从制度安排上发挥党的领导这个最大的体制优势"[2]的深意。在此基础上,监察权不仅是原有监督权的简单叠加,更是在"物理整合"基础上实现了"化学融合",变成了集中且有效的反腐权力。

因此,在监察权提质增效的基础上,如何相应保证监察机关的权力得到正确行使,换句话说,也就是如何监督制约如此"位高权重"的监察机关,就成为一个必须解决的难题。中国特色社会主义的基本原则是党的领导、人民当家作主和依法治国的有机统一。党的二十大报告提出要:"健全党统一领导、全面覆盖、权威高效的监督体系,完善权力监督制约机制,以党内监督为主导,促进各类监督贯通协调,让权力在阳光下运行。"对此,《监察法》第七章共9个条文规定了对监察机关和监察人员的监督,为如何强化对监察委员会的监督制约架构了一套全方位且立体的体系,回应了人民群众的关切。通过强化对监察权的监督制约,使监察权得以处于有效规制的良性轨道之内,保障与之相关的反腐行动能够有效得以实施,从而建立起权威高效的国家监察体制。

(二)对监察的监督是监察机关发挥监察权持续公信力的基本途径

以往分散的监察模式无力承担监督和预防腐败的重任,往往采取"重拳压腐"的方式惩治腐败,强调高压反腐,目的是清除腐败存量与降低腐败增量。在积极治理主义者看来"腐败治理、预防第一"是腐败治理理念的灵魂,应当由严惩腐败向以减少腐败发生机会、提高腐败发现可能的"预惩协同"模式转型。[3]国家监察体制改革契合了此种转型逻辑,实现了腐败治理理念与道路的重大转变。在此种腐败治理模式之下,特别注重防止"灯下黑",注重监察权公开、公正地行使。因此,对监察的监督是这项新的国家权力正常行使的需要,也是国家监察权发挥持续公信力的保证。

---

〔1〕参见喻少如、许柯:《中国特色纪检监察学范畴体系的建构与展开》,载《廉政文化研究》2022年第3期。

〔2〕本书编写组编著:《〈中共中央关于深化党和国家机构改革的决定〉〈深化党和国家机构改革方案〉辅导读本》,人民出版社2018年版,第84页。

〔3〕参见魏昌东:《监督职能是国家监察委员会的第一职能:理论逻辑与实现路径——兼论中国特色监察监督系统的规范性创建》,载《法学论坛》2019年第1期。

阳光是最好的防腐剂。监察权力的行使具有一定的秘密属性，监察机关可能以案件复杂涉及国家秘密为由，无形之中排斥外在监督，而权力行使的非公开性往往是产生权力滥用和权力寻租的温床。因此，监察权力行使的公开性是十分必要的。监察工作信息是监察权力运行的载体，监察工作信息公开则是监察工作全领域、全口径、全流程的外化表现，在法治轨道上构建科学合理的监察工作信息公开制度是实现"对监督权进行再监督"的必要保障。[1] 随着民主与法治的发展，秘密主义和权威政治已不再是监察机关保持权威高效的利器，反而会影响其监察实效和社会评价。相反，监察工作的可视化与公众的参与可以实实在在地提升监察机关的公信力，从而塑造了一种"可视的正义"，实现了监察工作信息公开、监察公信力与基本人权保障之间的良性互动。监察机关在阳光下行使权力，在阳光下办案，可以防止和杜绝"暗箱操作"，使监察权行使的轨迹有迹可循、有据可查，避免权力寻租、利益输送、徇私舞弊和贪赃枉法等腐败行为。

让监察权力在阳光下运行，目的是让广大人民群众监督权力。《监察法》第54条规定："监察机关应当依法公开监察工作信息，接受民主监督、社会监督、舆论监督。"信息公开制度的实质在于利用监察信息公开倒逼监察公平，用监察信息公开推进法治反腐建设。通过监察公开，使监察工作保持一定的透明度，不仅可以打消社会公众对监察委员会工作神秘的担忧，而且也可为公众参与监察工作创造一定的条件。这也是对监察机关开展群众监督、媒体监督、社会舆论监督的前提和基础。把监察权力关进制度的笼子，方法有多种，但都离不开监察信息公开。监察工作虽然更多地需要依靠专业技术，依靠专门机关的工作，但不能神秘化，必须同时依靠人民群众的参与。社会公众参与到实际的监督活动中来，不仅扩充了监督的方式种类，而且一定程度上加强了监察权力的社会公信力。由此可见，无论是确保监察权的公正行使，还是保证监察权力的社会公信力，监察信息公开都是不可缺少的。

（三）对监察的监督是保障被监察对象权利和当事人合法权益的根本措施

人权保障状况是衡量一个国家或地区法治水平的重要标志。我国《宪法》规

---

[1] 参见许柯：《监察工作信息公开制度的建构与完善》，载《廉政文化研究》2022年第2期。

定,国家尊重和保障人权。由此可见,尊重和保障人权是国家权力的义务和责任,如果没有人权保障的约束,公民在国家权力行使中的弱势地位很容易被放大,国家权力就会失去枷锁、自我膨胀乃至突破正义的底线。因此,作为国家权力之一的监察权亦应当尊重和保障人权。换言之,保障公民基本权利始终应当是国家监察体制改革的价值基准和终极目标。监察权凭借在国家权力结构中的优势地位所形成的"权力惯性",很容易演变为公、检、法、监四机关关系中的"监察中心主义",而监察体制改革通过强化被监察对象权利和当事人合法权益的保障,很大程度上弥合了此种权力裂痕。

从我国的历史渊源来看,凡是设立监察制度的同时,也会制定相应的救济措施。例如,我国《刑事诉讼法》就有大量的关于侦查阶段犯罪嫌疑人人权保障的规定,已废止的《行政监察法》规定了监察对象对监察决定有权申请复审、复核,党内法规也赋予了被监察党员的申辩、申诉等相关权利。《监察法》更不例外,与上述党规国法一脉相承,其立法目的体现了保障人权、保护人民的价值理念。《监察法》第5条规定:"国家监察工作严格遵照宪法和法律,以事实为根据,以法律为准绳;在适用法律上一律平等,保障当事人的合法权益;权责对等,严格监督;惩戒与教育相结合,宽严相济。"此外,《监察法》还通过建立登记备案、回避、申诉、复审、复核等制度来实现对监察对象和当事人的权利保障。因此,监察机关在行使权力的过程中必须以人权保障为其基本宗旨,自觉接受宪法和法律的约束,为当事人提供相应的救济措施。

第二节 对监察的监督的概念、原则与类型

权力的行使须仰仗必要的控制,现代国家与社会通常都会通过各种方式对包括监察权在内的公权力的行使施以一定的监督与制约。因此,在明确对监察的监督的理论基础后,需要厘清"对监察的监督"这一概念的内涵、开展对监察的监督工作需要遵循哪些基本原则、对监察的监督本身又可以划分为哪些类型和不同的方式等相关具体问题。

一、对监察的监督的内涵与特征

如欲明晰"对监察的监督"这一概念的内涵,需对"监察""监督""制约"等词的含义进行细致解剖。"监"这个字最早见于我国商代甲骨文,在目前能识别出来的1000多个甲骨文单字中就有"监"这个字,"监"描绘的是一个人俯身低头面对盛水的器皿,本意是以水为镜照视自己,于是引申出自上视下的意思。这个字"走过"几千年,外形几经演变,其核心含义却一直沿用至今。故"监察"一词,就是意指监督、督察。[1] 自国家监察体制改革以来,无论从监察立法的现实角度还是监察法治建设的应然角度,"监察"作为一个有特定含义的专用术语,特指一种专门的国家监督方式并由各级监察委员会作为行使国家监察职能的专责机关,其行为结果具有宪法和法律上的意义。[2] 监督与制约是政治学上的基本范畴,实质上代表的是两种不同的控权制度,在权力配置方式、权力运行机制与责任追究形式等方面存在着较大差异。[3] 然而,在法学研究者看来,监督和制约均是以法治进行控权的基本实现机制,二者在根本目标上没有质的差别,因此,本编统一使用"监督"一词。相比于"监察"一词,"监督"的内涵与外延更大,不仅包括监察监督,还包括党的监督、民主监督、社会监督、舆论监督等。

通过对以上词源的辨析,可以将"对监察的监督"概括为:特定主体按照法定程序,以法定方式对各级监察委员会及其工作人员履行监督、调查与处置职责进行的专门监督活动。综观我国《宪法》《监察法》与相关法律法规的规定,它一般在两层含义上使用:一层含义是指特定国家机关依据法律授权性规定,按照法定程序,对各级监察委员会所实施的反腐监督行为实施检查、调查、督促、纠正、处理的一系列权力行为;另一层含义是指公民及社会组织依据法律规定,通过相应的程序,对监察委员会所实施的反腐监督行为实施批评、建议、申诉、控告、检举、揭发的一系列权利行为。具体而言,对监察的监督具有如下特征。

---

[1] 参见秦前红:《监察权一词的流变和现实观照》,载《中国纪检监察》2019年第8期。
[2] 参见张瑜:《从"应然"层面解析国家监察体制相关概念及内涵》,载《行政法学研究》2017年第4期。
[3] 参见陈国权、周鲁耀:《制约与监督:两种不同的权力逻辑》,载《浙江大学学报(人文社会科学版)》2013年第6期。

(一) 对监察的监督具有主体的广泛性

民主形态的确定,与民主监督形态的确定,是内在而紧密地联系在一起的。[1] 当"全过程人民民主"这一概念被提出后,权力监督的理念也就需要更新。具体到对监察的监督主体方面,强调的是一种"全方位监督",意即在对权力进行监督的过程中,各类监督主体都可以从不同的角度行使监督的权力,从而形成全方位监督的复合体系,发挥合力效应。[2] 在对监察的全过程监督当中,全方位监督既包括了党的监督,也包括了国家监督、社会监督,这三种监督形式构成了全方位的监督网络,提高了监督的有效性。首先,党的监督是全方位监督的重中之重,是民主监督的根本。党的监督表现为监察委员会应当接受中国共产党的领导和监督,监察委员会同党的纪律检查机关合署办公,是加强党对反腐败工作统一领导的重要举措,实现依规治党和依法治国、党内监督和国家监察的有机统一。其次,国家监督是对监察进行全方位监督的重要形式。包括国家权力机关、国家司法机关、审计机关、统计机关、财政部门等实行的人大监督、司法监督、审计监督、统计监督、财会监督,打造了包括司法监督和其他各项专门监督在内的多维度的国家监督体系。最后,当前我国的社会监督体系主要包括民主监督、群众监督和舆论监督。[3] 社会监督通过调动人民群众、人民政协及各民主党派和新闻媒体等监督力量,通过更灵活多变的形式和渠道,对党内监督、国家监督予以补充。所以,从监督的主体涵盖范围来看,依法对监察委员会实施监督的主体具有广泛性。

(二) 对监察的监督具有对象的特定性

在监察委员会进行惩治腐败行为过程中,享有监督权的相应主体可以有针对性地对监察委员会是否依据法律授予的权限和相应程序实施监察的一系列行为活动进行监督。由此可见,对监察的监督是将各级监察委员会作为具体监督对象,同时,以各级监察委员会是否遵守法律规定的权限和程序等情况作为具体监督内容,

---

[1] 参见任剑涛:《"全过程人民民主"中的权力无缝隙监督》,载《广州大学学报(社会科学版)》2022年第3期。
[2] 参见佟德志、张朝霞:《全过程监督:主体、客体与程序》,载《广州大学学报(社会科学版)》2022年第3期。
[3] 参见赵园园、张明军:《协同监督的现实困境及拓展路径》,载《行政论坛》2020年第4期。

主要是指各级监察委员会依照《监察法》和有关法律规定履行监督、调查、处置职责的相关情况。不以此为对象和内容的监督或者检查行为不能看作对监察的监督。对监察的监督这一特征，使其不同于其他类型的监督模式。

（三）对监察的监督具有行为的差异性

如前所述，对监察的监督主体是广泛的，具体包括党的监督、人大监督、司法监督、民主监督、群众监督和舆论监督。虽然从根本意义而言，所有不同类型的监督主体对监察的监督行为都具有宪法和法律属性，但以监督主体所对应的行为属性来划分，不同主体间的监督行为是存在差异性的。例如，党的监督可以认为是政治监督，人大监督可以看作权力监督，群众监督可以看作民主权利监督之类等。国家监察体制改革将原本分散于不同部门机构的相关反腐职能集中配置于监察委员会，其中涉及的部门机构有中国共产党的纪律检查委员会、行政监察机关、人民检察院及预防腐败局。所以，监察委员会的监察行为不置可否地具有综合性、混合性和独立性。既然监察行为本身具有属性上的差异，那么，不同主体所实施的对监察的监督行为在属性上当然具有一定的差异性，这也就成为监督形式划分的主要依据之一。

（四）对监察的监督具有程序的法定性

监察程序旨在实现监察权的形式法治理性，[1] 主要规定监察权行使过程中的时序、步骤、流程等，具体体现在《监察法》的第五章。然而，程序法治的要义在于依规则而行，这不仅是对公权力行使的根本要求，也是权利行使的基本规范。因此，不仅监察权要依据法定程序规范行使，对监察的监督也要按照法定程序进行。具体而言，在党的监督中，要按照《监察法》《监察法实施条例》《监察机关监督执法工作规定》《中国共产党党内监督条例》中有关党的领导规范的要求进行。比如，《监察法实施条例》第 10 条规定，国家监察委员会在党中央领导下开展工作。地方各级监察委员会在同级党委和上级监察委员会双重领导下工作，监督执法调查工作以上级监察委员会领导为主，线索处置和案件查办在向同级党委报告的同时应当一并向上一级监察委员会报告。在国家机关的监督中，要按照《监督法》《审计法》

---

[1] 参见张红哲：《论监察法学的研究论域》，载《行政法学研究》2022 年第 1 期。

《监察法》等相关法律法规的具体要求进行。比如,《监察法》第53条规定,各级人民代表大会常务委员会听取和审议本级监察委员会的专项工作报告,组织执法检查。而各级人大在开展具体的监督工作时要按照《监督法》的相关要求进行。在社会监督中,主要按照《监察法》《监察法实施条例》《纪检监察机关处理检举控告工作规则》《国家监察委员会特约监察员工作办法》等法律法规的相关程序要求进行。比如,《监察法》第60条规定了被调查人及其近亲属的申诉权,具体行使该项权利时要按照《监察法实施条例》以及相关程序规范进行。由此,对监察开展的监督行为必须按照法定的程序进行,这也是监察法治的应有之义。

(五)对监察的监督具有结果的有效性

"有权必有责,用权受监督",如何确保监察机关及监察人员在行使监察权力时受到严格约束和监督,是社会普遍关注的重要问题。因此,相关法律法规围绕监察官违纪违法的及时调查和责任追究等方面,规定了对监察官监督实效的保障措施,力争确保监察官违规办案之"有案必察"、监察官办案质量之"有责必追",保障了对监察的监督的实效性。比如,《监察法》《监察官法》均规定了线索移送、申诉程序等保障措施,目的在于保障监察官违纪违法能够得到及时调查。再如,针对监察官责任追究制度,根据《监察官法》第52条第1款规定,监察官如存在本法列举的10种行为者,根据其违纪违法之程度,有两种处理方式:一是违纪违法但未构成犯罪的,依法给予相应处理;二是构成犯罪的,依法追究刑事责任。同时,《监察法》《监察法实施条例》均专章规定了"法律责任",监察人员如违反相关规定,就要承担相应的政治责任、政务责任乃至刑事责任。由此,通过"谁办案谁负责,谁决定谁负责"的办案质量责任制,使得对监察的监督具有实效性。

二、对监察的监督的基本原则

法律原则作为"法律基本真理性表达"的原理性阐述,是法之所以为法的根本依据,是贯穿于法的制定、执行、适用和遵守等全过程的指针。对监察的监督作为监察法学体系中不可或缺的核心一环,也应从基本原则入手,从根本上揭示对监察的监督法律关系的基本价值取向,并解决"监察与监督的关系"这一基本问题,从而为监察法律制度如何规范对监察的监督这一问题提供基础性的原理、准则以及精神。

（一）依法独立行使监察权原则

2018年《宪法修正案》确立了监察委员会的设置，监察权作为独立于立法权、行政权、审判权、检察权之外的新型国家权力，在宪法中的地位得以确立。一方面，《宪法修正案》与《监察法》从组织结构、运行程序和法定职责上确立了监察委员会行使监察权的制度模式。另一方面，为了整合监察力量实现监察对象全覆盖，有效制约监督公权力惩治腐败，达至监察体制改革的预定目标愿景，《宪法》第127条规定了监察权依法独立行使的宪法规范并确立为《监察法》的基本原则予以贯彻实施，即监察委员会依照法律规定独立行使监察权，不受行政机关、社会团体和个人的干涉。监察权成为一种独立的国家权力类型，有其历史必然性和现实合理性，它既符合近代以来的权力分离趋势，又是全面从严治党背景下强化反腐倡廉的重要手段。独立监察原则的根本价值，乃是通过保障监察权行使不受外界不合理干扰，从而确保权力严格遵循法律规定来行使，最终实现所谓"法的统治"（rule of law）。[1]

具体而言，依法独立行使监察权原则具有以下几层内涵。首先，独立意味着监察机关必须依法独立行使监察权，且在相关法律划定的权限范围内按程序独立开展监察活动。宪法对于监察委员会独立行使监察权的原则定位以及《监察法》对于监察权独立行使的宪法遵循、范围边界、组织程序以及权能限度的规定，为监察权独立行使的规范化提供了制度保障并奠定了法治基础。其次，为了确保监察权得以正确行使，《监察法》赋予了广泛主体能够有权对监察机关的监察活动进行监督，但是所有针对监察委员会开展的监督活动，其宗旨都是促进和保障监察机关依法正确行使监察权，在根本上不同于干涉监察机关的具体履职行为。最后，监察机关是依据宪法和法律产生的，已经成为国家机构体系中的特定组成部分，是国家监察体制深化改革之后党集中统一领导下的反腐败机构。所以，监察机关必须遵守民主集中制原则，自觉接受党的领导和监督，接受本级人大及其常委会的权力监督，接受上级监察机关的领导，接受人民的监督。正因如此，我们说监察委员会行

---

[1] 参见秦前红、石泽华：《论依法监察与监察立法》，载《法学论坛》2019年第5期。

使监察权并非绝对意义上的独立,而是应具有相对独立的性质,领导监察工作不能包办代替,监督监察机关不能搞非法干涉。

(二)依法监察与监察法治原则

所谓"依法监察",也称形式上的监察法治、监察法治的合法性原则,所要解决是法律与监察之间的关系问题,其基本含义是各级监察机关及其派驻机构(派出专员)以及其中的工作人员必须在法律规定的范围内行使职权。依法监察原则包含了以下两层含义:第一,监察机关及其工作人员的职权必须依法取得,没有法律的依据,监察职权就没有其存在的合理性。第二,监察机关只能在法律规定的范围内行使职权。所谓"监察法治",特指 2018 年前后全国性党政合署办公改革之后的纪检监察法治运行过程及状态,尽管这一过程的开端其实早于 2018 年整体性的党和国家机构改革。[1] 监察法治所蕴含的监察合法化逻辑,本质上就是要求一切监察活动都符合法律的规定,由此在最低程度上使其获得形式正当性,意在形成监察在法之下的法治监察良道。依法监察理论,是监察法治原理的核心内容,也是一切监察有关制度及活动的基本前提。

依法监察原则对开展"对监察的监督"工作具有两方面的指导意义。一方面,依法监察意味着对监察开展监督的权力源于法。一切监督行为应以监督权为基础,无法定监督权的主体是不能够随意对监察进行监督,倘若对监察的监督成为一种随意性的常态,定然会破坏监察机关的独立性和权威性,监督主体的监督权应由法律明文规定予以授予。另一方面,依法监察意味着对监察开展监督的行为受制于法。仅仅拥有对监察委员会的监督权力尚且不够,监督主体还必须在宪法和法律所明确规定的监督范围内,严格地按照法定程序并通过合法的途径来对受监督事项进行法的监督。监督主体只有在法定的依据、权限、范围、方式和程序内行使监督活动,才能认为是合法的。《监察法》不单是就监督权限进行实体上的划定限制,在程序上也为监督主体行使监督权规定了具体的方式。监督主体的监督权限划定来自法律的明文规定,其具体行使亦必须遵循相应的程序性规定,这是监察法治原则的要求。

---

[1] 参见谭波、赵智:《论"法治中国"的特色之"治"——监察法治》,载《理论导刊》2022 年第 7 期。

法治的本质在于良法善治,对监察的监督是监察法治的过程论和方法论,这就要求在中国特色监察"三法一例"基础上,继续织密反腐败制度与规范体系,以完善"良法"与追求"善治"为道路指引。例如,在全国人大常委会授予国家监察委员会监察法规制定权后,监察法规的基本作用是执行和实施监察法律。作为规范监察官履职行为的《监察官法》,需要国家监察委员会在不与宪法和法律相抵触的前提下,制定《监察官法实施条例》,对监察官的任职条件、法定职责、监督、惩戒等进行细化规定,推动监察权运行的制度化、法定化、统一化。[1]

(三)公开、公正监督原则

公开监督原则,是指要把监察机关的监察活动置于人民群众的民主监督之下,必须不断提高监察活动的公开程度,以"公开为常态、不公开为例外"为基本导向,做到只要不涉及国家安全、国家机密以及商业秘密、个人隐私等需要保密的内容,都应当予以公开。公正监督原则应是依法监督原则视阈下衍生出的重要原则,是保证依法监督活动能够有效进行的基本保障。依法监督原则更多是着眼于实定法上的权限确定以及程序的规定,从而保证监督活动能够在法治轨道内良好运作,而公正监督原则是强调从制度设计上怎样才能保证监督活动的过程和结果得以公正有效开展。公开监督与公正监督二者相辅相成,公开监督是实现公正监督的重要方式和手段,而公正监督是公开监督的价值体现。

对于公开监督原则,应该从两方面来把握。一方面,强调监察机关积极主动将监察活动信息公布于众,以使监督主体能够知悉并能有效开展对监察的监督活动,其目的在于满足公民的知情权,实现公民对监察活动的监督,以达到强化民主政治、防止监察腐败之功效。另一方面,强调对监察的监督活动应适当公开,以确保监督能够阳光运作,避免"暗箱操作"。监督活动相关内容的公示,在于通过增加透明度以保障监督目的能够实现。监督内容以及过程的公开,所涉及的范围十分广泛,但是涉及国家秘密或个人隐私等内容,不得任意公开。在内容上,公开监督包括:制度公开,即有关对监察的监督制度及法律法规要公之于众;内容公开,即公开

---

[1] 参见王学辉、许柯:《监察法规范体系中的监察法规:功能面向与作用发挥》,载《温州大学学报(社会科学版)》2022年第3期。

监察机关的相关监察行为,使其置于社会舆论以及人民群众的监督之下,便于存在利害关系的相关人可以及时了解监察活动信息,进而准确判断;过程和结果公开,即监督主体对监察的监督的整个流程原则上应予以公开。

公正监督原则可以细分为两个子原则。一是正确监督原则,这是要求监督活动要保证监督的过程和结果的正确性。在监督过程中坚持实事求是,坚持以事实为依据,以法律为准绳,重证据、重调查研究,给予当事方同等的表达意见和申辩机会,在适用法律和党纪面前一律平等,保证处理结果公正,不偏私,不枉法,不滥用权力。二是效率监督原则。对监察的监督整个过程提出时效性要求,是确保监督有效开展的前提条件。效率监督原则强调怎么从制度上来确保监督活动的高效运作。加快对监察的合法监督活动进程,不仅是保障监督权能够顺利实现的基本要素,还是推动监察机关完善工作的动力。

三、对监察的监督的类型划分

对监察的监督的主体、监督行为属性、规范依据、法定程序以及效力均具有差异性,因此,依据不同的标准,可以将对监察的监督进行分类。这种分类,一方面有助于我们认识不同类型监督方式的特征、作用以及目的之间所存在的差异性;另一方面有助于我们进一步研究对监察的监督的内在规律,进一步丰富和完善对监察的监督的方式,增强对监察机关监督制约的实效性。

(一)权利监督和权力监督

我国现有的监督方式从监督主体及权力来源的角度区分,可分为权利监督与权力监督两种基本类型。权利监督与权力监督虽然性质不同,但其目的都是一致的,二者之间是并存、衔接、互补的关系。权利监督是不直接行使国家权力的公民或社会团体运用宪法及法律赋予的权利,对监察权的行使主体进行的监督。权利监督主要指的是民主监督、社会监督与舆论监督,即社会团体、企事业单位、民主党派等社会组织以及个人对监察机关的监督。权力监督是指执政党及国家机关行使宪法和法律授予的监督职权,对监察机关及其工作人员进行的监督。权力监督主要包括执政党监督与国家机关监督。在中国特色党的领导体制之下,基于纪委监委合署办公体制,执政党的监督是第一位的监督,也是最具有政治权威与力量的监督主体。国家机关监督是指国家权力机关、审判机关、检察机关等对监察机关的监察活动开展的监督。

(二) 内部监督和外部监督

以监督主体与监督对象的关系为标准进行分类,对监察的监督可以划分为内部监督和外部监督。

内部监督,又称"自我监督",是指监察委员会自身通过规范权力内部运作以及内部控制模式的建立和完善,旨在促进监察机关实现自我监督。监察机关在其机构内部设立专门的监督机构,俗称"纪委中的纪委""监察委中的监察委",其目的是实现机关本身对监察权行使的自我监督。依法在监察机关内部设置专门的监督机构,同时也是体现反腐工作的各个环节既相互衔接又相互制约理念的实质要求,是加强制约监督和避免权力滥用的重要方式。习近平总书记多次强调"执纪者必先守纪,律人者必先律己",要求纪检监察干部做到忠诚坚定、担当尽责、遵纪守法、清正廉洁。忠诚干净担当是打铁必须自身硬的具体化,是每一位监察人员的基本标准。监察人员必须从严要求自己,做到政治忠诚、本人干净、敢于担当。基于此,《监察法》第55条规定,监察机关通过建立内部专门的监督机构等方式来实现自我净化。内部监督的主要内容是监察人员执行职务和遵守法律情况。在程序正义的基本理念下,监察机关须严格依据法定程序的要求来开展反腐败工作,通过设立相应的工作部门和完善相应的监督调查处置流程,旨在建立常态的问题线索处置、调查、审理各部门相互协调且相互制约的工作机制。需要指出的是,设立相应的工作部门也是极其必要的,这是因为监察权力是需要合理细化配置的,尤其是关系到监察机关自我监督权力的配置。设立与线索管理、监督检查、督促办理、统计分析等职能相对应的工作部门,能够有效促进各部门协调配合、相互制约,并形成内设机构之间相互制衡的权力运行机制。同时,《监察法》对强化监察委员会的自我监督做了一系列制度规定。例如,《监察法》第57条针对打听案情、过问案件、说情干预等情况,规定须进行报告和登记备案。同时,在回避制度、脱敏期管理、辞职、退休后从业限制等方面,《监察法》也都有明确规定。

外部监督,通常是指来自监察委员会之外的特定主体所实施的监督,具体而言,这种类型的监督主体主要是监察委员会之外的各级党组织、人大、公民以及社会组织,涵盖执政党、人大、人民群众等多种方式的监督。首先,党的纪检机构和监察委员会合署办公,但"合署"并不是"合并"。所以,合署办公模式并未对各级党组织对本级监察机关开展监督活动产生实质上的影响。更进一步,监察机关应主动将重大问题、存疑案件等事项提交党组织以请示,而且,监察机关也应定期向党组织汇报工作,这些都体现了党的监督的必要性。其次,我国《宪法》明确规定,国家监察委员会的组成人员是经由全国人大选举产生的,应对其负责,受其监督,同时,全国人大有权罢免国家监察委员会主任。据此,基于对监察工作开展的特殊性及人大监督的必要性的考量,《监察法》明确规定,各级监察机关应自觉接受本级人大及其常委会的监督,主要体现在:一方面,各级监察机关应制作相关的专项工作报告,以便于本级人大常委会听取和审议以及开展执法检查活动。另一方面,人大代表或者常委会组成人员可以就监察工作中的有关问题向监察机关提出询问或质询。最后,因监察机关及其工作人员的违法行为而使被调查人合法权益受到损害的,被调查人可以依法通过检举控告、申诉等方式进行监督从而获得权利救济。

(三)法的监督、道德监督和党内法规监督

以实施对监察的监督所依据的社会规范作为标准,我们可以把对监察的监督分为法的监督、道德监督和党内法规监督。法的监督是指通过国家制定的法律法规建构权力监督制约体制,基本方式是推进权力监督的法律化。以法的监督制约权力的总体思路是,权力设定→权力授予→权力划分→权力行使→权力监督等,都完全按照国家法律的规定而展开,法律是权力运行、监督和制约的唯一依据和基础。自国家监察体制改革以来,通过修改宪法,颁布《监察法》《监察官法》《政务处分法》,制定《监察法实施条例》,初步构建起了对监察的监督的法律规范体系。道德监督的基本预设前提是,相信人能够通过自我修养、自我约束,达到对权力的自我约束,这也是道德论者的基本观点。然而,《监察法》第11条将公职人员的"道德操守"情况纳入各级监察委员会的监督检查范围,表明单纯依据道德来约束权力的情形,似乎很少存在,也几无可能。"法律是成文的道德,道德是内心的法律","法治和德治不可分离,不可偏废,国家治理需要法律和道德的协同发力"[1]。因此,

---

[1] 习近平:《论坚持全面依法治国》,中央文献出版社2020年版,第165页。

道德的"自律"需要同法律的"他律"协同发力,才能有助于提升一个社会的权力监督制约水准。例如,在《监察官法》中,就要求监察官"应当忠诚坚定、担当尽责、清正廉洁,做严格自律、作风优良、拒腐防变的表率",在监察官任职资格中要求其"恪守职业道德,模范遵守社会公德、家庭美德",这均是对监察官道德品行的高要求。

党内法规监督是中国共产党开创的权力监督制约的新路径。[1] 在纪委监委合署办公体制之下,行使监察权的党员违反党纪的行为,通常会受到党纪的处分,此种监督往往能覆盖法律外的权力空间。自国家监察体制改革以来,相继颁布和制定了《中国共产党纪律检查委员会工作条例》《中共中央关于加强对"一把手"和领导班子监督的意见》《中国共产党问责条例》《中国共产党纪律检查机关监督执纪工作规则》等党内法规,为开展对监察的监督提供了充足的党内法规依据。

(四)事前监督、事中监督和事后监督

以实施对监察的监督过程的时间节点作为标准,我们可以把对监察的监督划分为事前监督、事中监督和事后监督。事前监督,是指监察机关以及监察人员在作出某一具体监察措施之前,需接受监督主体相应的监督检查,其目的在于保障监察措施作出的正确性,避免作出违法抑或不当的监察行为。例如,《监察法》第28条规定,"监察机关调查涉嫌重大贪污贿赂等职务犯罪,根据需要,经过严格的批准手续,可以采取技术调查措施,按照规定交有关机关执行";第30条规定,"监察机关为防止被调查人及相关人员逃匿境外,经省级以上监察机关批准,可以对被调查人及相关人员采取限制出境措施,由公安机关依法执行"。诸如此类的批准和备案程序,均体现出在监察调查权限设置上,我们应遵循"宽打窄用"的精神,以达到防止权力滥用和避免权力寻租的作用,这也使监察对象的合法权利能够得到更有力地保障。事中监督,是指监察机关在开展监察活动过程中,相应监督主体就特定事项开展监督,旨在保障监察活动顺利实施。例如,《监察法》第58条规定了监察人员应当回避的法定情形。在开展监察工作中,一旦出现规定中的法定情形,办理监察事项的监察人员应当自行回避,同时,监察对象、检举人以及其他相关人员也有权要求其回避。事后监督,则是指监察机关的监察职务活动结束之后,相应监督主体

---

[1] 参见杨建军:《权力监督制约的第三种模式》,载《法学论坛》2022年第4期。

可以就存在的疑义问题进行全面检查,以判断监察活动的预期目的是否达到,过程中是否存在违法或者不当之处,并追究相应的法律责任。例如,《监察法》第 61 条规定:"对调查工作结束后发现立案依据不充分或者失实,案件处置出现重大失误,监察人员严重违法的,应当追究负有责任的领导人员和直接责任人员的责任。"

(五)纵向监督和横向监督

以监督主体和被监督者的地位与相互关系为标准划分,我们可以将对监察的监督分为纵向监督和横向监督。纵向监督,是指监督者与被监督的监察机关以及监察人员之间具有领导或者隶属关系,由此而实施的监督,如执政党的监督,上级监察委员基于领导而对下级监察委员会开展的监督。这种纵向监督是上级对下级实施的全方位监督。例如,《监察法实施条例》第 47 条规定在特定情形下,上级监察机关对于下一级监察机关管辖范围内的职务违法和职务犯罪案件,可以依法提级管辖。此种提级管辖便是典型的上级对下级的监督即纵向监督。横向监督,是指监督者与被监督的监察机关具有平行的分工制衡关系,由此而实施的监督。这种监督模式是双向的、互相的监督,监督者与被监督者的职权具有明确的划分,彼此不能互相代替。由此决定了这种监督往往是一种程序性监督。例如,监察委员会将调查的案件移送检察机关后,由人民检察院依法采取强制措施,对于犯罪事实清楚、证据确实、充分且依法应当追究刑事责任的,人民检察院应当作出起诉决定;检察机关经审查后认为需要补充核实的,应当退回监察机关补充调查,必要时可以自行补充侦查;对于证据不足、犯罪情节轻微,或者没有犯罪事实的,检察机关可以依法作出不起诉决定。由此,形成了从监察委员会调查、人民检察院依法审查起诉到人民法院审判的这一相互衔接且相互制衡的办案流程,这一套工作机制充分地体现了司法机关对监察机关的横向监督。

第三节 对监察的监督的具体方式

监察体制改革实现了监察权的集中统一、权威高效行使,实现了向异体监督的转变,但监察委员会工作人员也属于行使公权力的公职人员,如何开展对监察机关及其工作人员监督,综观《宪法》和《监察法》的制度设计,给出的方案有五种:一是执政党开展的政治监督;二是基于人民代表大会的根本政治制度而实行的人大监督;三是审判机关、检察机关与执法部门在办理职务违法和职务犯罪案件时,与监察机关互相配合、互相制约,可以统称为司法监督;四是以监察工作信息公开为前提的民主监督、社会监督、舆论监督;五是监察委员会对自身的监督。因此,本节主要从这五种监督方式出发,以规范监察权的正当行使,确保监察权在法律轨道上正确运行,防止监督者自身成为权力的脱缰野马。

一、中国共产党的监督

我国实行的是一种政党—国家体制下的"领导党制"模式,[1]这也正是国家监察体制改革作为一项重大的政治体制改革能够取得显著成效的关键密码。在党的领导下建立各级监察委员会,第一位的监督必然是接受执政党的监督。而执政党的监督很大程度上是通过党的领导来实现的,既能够为监察权注入"政治权威"力量,进而提高反腐效能,又能够通过领导实现监督,确保国家监察体制改革沿着正确政治方向推进。具体而言,执政党对各级监察委员会的领导与监督体现在以下方面。

1.各级监察委员会要接受党委的双重领导。各级监察委员会作为独立行使国家监察职能的专责机关,从宏观上要接受党在政治、思想、组织、人事等方面的领导,从微观上通过纪检监察机关合署办公,将党的领导与监督渗入监察机关履行监督、调查、处置职责的每一个具体环节。在合署办公体制之下,国家各级监察委员会与党的各级纪律检查委员会实行"一套人马、两块牌子",在人员构成、组织结构和职责功能上是完全同构的,所以党组织通过控制党的职能部门——纪律检查委员会的方式来领导国家各级监察委员会。《中国共产党纪律检查委员会工作条例》将坚持党的全面领导、坚持党中央集中统一领导作为党的各级纪律检查委员会开展工作必须遵循的基本原则。党的各级纪律检查委员会是由党的各级代表大会选举产生的,在横向上必须受同级党委领导,如中央纪律检查委员会必须接受党中央的领导。而各级纪律检查委员会又要接受来自纵向的上级纪检系统的领导,所

---

[1] 参见陈尧、左梦莹:《"领导党制":类型学视角的中国政体新认识》,载《探索》2021年第3期。

以党组织通过纵向横向两条线领导着国家各级监察委员会。

2. 在实际的政治过程中,各级监察委主任一般由本级纪委书记兼任。这种党政一体化的设置,一方面是落实党的路线、方针与政策的重要抓手,是实现党的领导的重要途径。另一方面也可以通过兼任制,将党的领导与监督权覆盖到党的组织系统—国家治理体系的方方面面。由此,党组织通过监察系统就可以对囊括在体制内的所有公职人员进行监察。

3. 重视请示报告制度建设、严格执行请示报告制度,是中国共产党的优良传统和政治优势。[1] 这也是有效维护党中央权威和集中统一领导,保证党中央科学决策、民主决策、依法决策的重要法宝,同时更实现了对党组织的有效监督,使全党形成集体行动的合力。2020 年,中共中央出台《中国共产党重大事项请示报告条例》,全面规范了请示报告的工作体制,对请示报告内容以及方式作出详细规定。各级监察委员会在实际工作中,不仅对涉及体制机制变革的重要事项严格履行请示报告制度,在具体的履职过程中也形成了重要事项请示报告的优良习惯。例如,《监察法实施条例》第 6 条规定,监察机关坚持民主集中制,对于线索处置、立案调查、案件审理、处置执行、复审复核中的重要事项应当集体研究,严格按照权限履行请示报告程序。

4. 监察程序审批机制兼具政治与法律双重属性,有利于确保领导人员以履行审批职能的形式介入具体监察案件的处理,确保和实现党对监察工作的领导。[2] 审批权在本质上属于行政性权力,遵循科层化的自下而上的层层报批逻辑,而权力的最终决定者处于"金字塔"的顶端。将审批纳入监察办案程序并以此作为贯穿监察线索处置、案件调查和审理等不同阶段的"主色调",其首要功能在于将党委(组)领导人员意志体现和贯彻于监察工作全过程,并以履行审批职能的形式介入具体监察案件的处理之中,进而确保和实现党对监察工作的领导。例如,《监察法》第 22 条规定,在调查过程中,需要将调查人留置特定场所的,应经监察机关"依法

---

[1] 参见刘鹏:《中国共产党请示报告制度建设之百年回眸及经验启示》,载《北京行政学院学报》2021 年第 6 期。

[2] 参见陈辉:《监察程序审批机制的双重属性、制度功能及优化路径》,载《华中科技大学学报(社会科学版)》2021 年第 5 期。

审批"。第38条规定,需要采取初步核实方式处置问题线索的,监察机关应当"依法履行审批程序",成立核查组。在纪委监委合署办公体制之下,监察审批机制有利于将党的领导落实到具体的监察工作之中。

5.执政党对各级监察委员会的监督还体现在党领导监察立法工作之中。国家监察体制改革以来,通过党领导立法工作,先后制定和颁布了中国特色"三法一例",从而使监察法制化迈向了监察法治化,是腐败治理步入法治化发展时代后又一个崭新的肇始,对于探寻公权治理的"中国化"道路必将产生深远影响。[1] 以国家监察委员会拥有的监察法规制定权为例,监察法规作为一种强政治性的法律规范,突破了法律规范的单一性质特征,而成为一种"新的法律渊源"。[2] 这具体表现在《监察法实施条例》的公布施行需要经党中央批准,通过此种宏观领导权与纪委监委合署办公体制的结合,将党的领导与监督贯穿到法律法规文本的具体制度设计之中。

二、人大监督

国家监察体制改革通过机构和职能的调整,设立了监察委员会,形成人大之下的"一府一委两院"的权力格局,进而使监察委员会的监察权与人民代表大会的监督权同属监督权体系。尽管监察委员会的监察权是"通过'国家职权'形式脱离人大监督权",[3] 即监察权是通过人大授权的方式获得独立性,地方人大与地方监察委员会在各自独立职责的限度内,原则上应是互不干涉的。但是,地方监察委员会毕竟是由地方人大依法定程序产生,当然也要对其负责,受其监督,这种监督的主要目的并不是要干涉监察委员会履行职责,而是督促其正确行使权力。在人大主导的此种宪制格局之下,人大监督是对监察的监督机制中最主要、最核心的环节,监察委员会与人大的这一逻辑关系体现了监督制度中的"人民性"这一本质要求。

---

〔1〕 参见魏昌东:《中国特色国家监察权的法治化建构策略——基于对监察"二法一例"法治化建构的系统性观察》,载《政法论坛》2021年第6期。

〔2〕 王建芹、陈思羽:《强政治性法律规范:监察法规性质问题再思考——以〈监察法实施条例〉为依据》,载《河南社会科学》2022年第5期。

〔3〕 靳海婷:《论人大监督权与监察委监察权之关系、界限与衔接》,载《华侨大学学报(哲学社会科学版)》2018年第5期。

具体而言,人大监督具体体现于以下几个方面:

1. 听取和审议专项报告。听取和审议专项报告,是由人大作为监察委员会产生机关的地位所决定的,也是人大开展监督工作的重要前提。[1]《监察法》第53条之所以规定各级人民代表大会常务委员会听取和审议本级监察委员会的"专项工作报告",而非"工作报告",乃是由于监察委作为党领导下行使监察职能的专责机关的此种特殊政治属性所决定的,也是反腐败工作本身所具有的特殊性要求。各级监察委员会除了被动式地向各级人大常委会作专项工作报告外,也可以向本级人大常委会主动报告专项工作。监察委员会负责人应对专项工作进行报告,以便于人大常委会组成人员在听取专项报告后提出相关的审议意见。人大常委会应将审议意见传达至监察委员会,交由其研究处理。经过严谨的研究处理,监察委员会中相关的办事机构应及时将研究处理的情况报告至人大有关的专门委员会,或者向人大常委会相关机构征求意见。之后,监察委员会需要制作相关的书面报告并送交至本级人大常委会。必要时,人大常委会可以对提交的专项工作报告进行决议。监察委员会应将作出的决议予以执行,并在决议规定的期限内向本级人大常委会汇报决议执行的具体情况。

2. 组织执法检查。组织执法检查在确保宪法和法律实施的基础上,还承担起形成、宣传、推行、检校执政党政策的强有力功能。[2] 执法检查是地方人大诸多监督措施中最"刚性"的措施之一,就监督监察委员会的工作情况而言,可以通过判断监察委员会是否严格依法履行监督、调查、处置职责,是否有违反《监察法》规定的行为,来对作为专职专责机关的监察委员会实施整体性监督及对其工作人员进行个别化监督。在具体实施中,对于关系改革发展和与群众利益密切相关的重大问题,各级人大常委会可以有计划地对监察反腐工作中涉及法律法规实施情况进行组织执法检查。在组织执法检查完成后,执法检查组应当及时提出执法检查报告,提请人大常委会审议。该项监督措施对于监督《监察法》《监察官法》《政务处分法》的全面实施,监督监察机关依法严格行权,推动国家监察体制改革的持续深

---

[1] 参见周佑勇:《对监督权的再监督——地方人大监督地方监察委员会的法治路径》,载《中外法学》2020年第2期。

[2] 参见林彦:《执法检查的政策功能》,载《清华法学》2012年第2期。

化具有重要意义。

3. 进行询问或质询。按照《监察法》第53条的规定,提出询问、质询是人民代表大会代表或者常务委员会组成人员对监察委员会及其工作人员实施再监督的两种重要方式:一是询问,是指各级人大及其常委会会议审议议案和有关报告时,本级监察委员会应当派有关人员到会,听取意见、回答询问;二是质询,是指一定数量的县级以上人大常委会组成人员联名,可以向本级人大常委会书面提出对本级监察委员会的质询案,由委员长会议或者主任会议决定交由受质询的监察委员会答复。质询案应当写明质询的问题和内容。委员长会议或者主任会议可以决定由受质询的监察委员会在本级人大常委会会议上或者有关专门委员会会议上口头答复,或者由受质询的监察委员会书面答复。质询案以口头答复的,由受质询的监察委员会负责人到会答复;质询案以书面答复的,由受到质询的监察委员会负责人签署。

4. 人大代表监督。监察体制改革通过整合监察权,重构国家监督体制和宪法权力结构,形成了人民代表大会制度下的监督国家机关和监督国家机关工作人员的"二元"监督体制。[1] 在此种体制之下,人民代表大会及其常委会作为监督权的主体,其主体地位只有通过人大代表共同参与行使监督权力与实施监督活动才能得到实现。人大代表监督本质上仍然是一种民意监督,人大代表不能直接对监察委员会工作人员的违法犯罪行为进行问责,其只能根据民意收集和联络情况行使代表权以及提出批评建议等,其监督职责的履行仍然受到许多限制。具体而言:其一,人大代表要履行特定的程序才能开展对监察委员会的监督工作,通常是递交申请,并经依法批准,只有在有关部门主动联络时才免于申请;其二,人大代表不能直接参与案件办理。按照《监察法》第4条的规定,监察委员会行使监察权时不受干涉,人大代表在履行监督职责时只能以"观察者"的角色记录有关案件的处理情况,当场或在随后的人大及其常委会上提出意见或建议。

总而言之,人大监督主要是人事监督、工作监督和法的监督。《监察法》第53条规定的主要是人大对监察委员会的工作监督方式。根据《宪法》《监督法》《全国

---

[1] 参见刘小妹:《人大制度下的国家监督体制与监察机制》,载《政法论坛》2018年第3期。

人大组织法》的相关规定,且由于"人大及其常委会监督权的权威性,在于它与人事任免权相结合,并以人事任免权为基础",[1]全国人大有权选举和罢免国家监察委员会主任,国家监察委员会的副主任、委员由国家监察委员会主任提请全国人大常委会任免。除此之外,为提高监察机关反腐败工作的法治程度,全国人大可以根据现实情况对监察法及相关法律法规进行适当修订,以确保监察权是在法定权限内依法定程序而运作的。在全国人大及其常委会的主导之下,不断完善中国特色反腐败法律体系,可以为监察权的运行提供充足的规范保障。总之,"要从科学立法、人事任免、听取汇报、询问质询等多重维度加强人大对监察委员会的监督功能,未来的一大趋势是通过有效行使全国人大及其常委会的违宪审查职能,进一步强化权力机关对监察机关的监督"。[2]

三、司法监督

监察权与司法权是一个法治国家必须具备的两类互相配合、互相制约的国家权力,监察委员会主要行使国家监督权、调查权与处置权,并以监督权为核心。司法机关主要行使国家审判权、侦查权、公诉权并以审判权为中心。这两种权力形成有效的分工衔接关系,各自依法独立行权。《宪法》和《监察法》均规定,监察机关办理职务违法和职务犯罪案件,应当与审判机关、检察机关、执法部门互相配合,互相制约。这也为处理好监察权与检察权、审判权之间的关系提供了宪法法律准则。

人民检察院主要通过行使检察职能对监察委员会进行监督。肯定检察机关对职务犯罪调查权运行进行司法监督,符合《宪法》对检察机关法律监督机关的职能定位,符合职务犯罪调查权的权力本质和实践逻辑。[3] 具体而言,检察机关对监察委员会的监督具体表现在以下方面。(1)检察提前介入监察机制。2018年4月,《国家监察委员会与最高人民检察院办理职务犯罪案件工作衔接办法》以专章

---

[1] 杜力夫:《权力监督与制约研究》,吉林人民出版社2004年版,第276页。
[2] 秦前红:《我国监察体系的宪制思考:从"三驾马车"到国家监察》,载《中国法律评论》2017年第1期。
[3] 参见陈伟、郑自飞:《监察机关职务犯罪调查案件的检察衔接及其制约》,载《湖北社会科学》2020年第6期。

形式规定了"最高人民检察院提前介入工作"的规则,将原属于检警关系视域下的提前介入机制拉入监检关系的研究视野。2019年最高人民检察院前后发布了《人民检察院提前介入监察委员会办理职务犯罪案件工作规定》和《人民检察院刑事诉讼规则》对监察案件提前介入机制在范围、方式等方面作了一些原则性规定,对于均衡发挥监检之间互相配合、互相制约的功能具有重要意义。[1] (2)在证据审查方面发挥制约监督作用。证据作为定罪量刑的基本依据,证据适用的衔接是最核心的问题。《监察法》第33条从证据类型、证据标准、非法证据排除三个方面,对《监察法》和《刑事诉讼法》之间的证据规则提出衔接要求。根据《监察法》第33条的规定,监察机关调查取得的证据材料转为刑事诉讼中的定案依据时,仍然需要经过证据能力与证明力的双重检验,[2]接受检察机关的严格审查。(3)合理利用人民检察院立案侦查司法工作人员相关职务犯罪案件的权限。《关于人民检察院立案侦查司法工作人员相关职务犯罪案件若干问题的规定》以及《刑事诉讼法》第19条第2款均规定了检察机关管辖的14个罪名,从而实际上形成了"监察为主、检察为辅"[3]的职务犯罪侦查格局。因此,检察机关应当充分认识其享有的自行侦查权的重要性,以便合理运用该项法律监督最核心的威慑性力量,提升自身法律监督的效能。

人民法院主要通过审判活动,利用非法证据排除规则和遵循疑罪从无原则对监察委员会进行监督。在审理贪腐渎职犯罪案件中,人民法院应主动对监察机关反腐调查活动的过程及结果的合法性进行司法审查。审判机关检验腐败案件的事实是否清楚、证据是否确凿,对腐败犯罪案件拥有独立审判权,定罪与否、量刑标准由法庭作出独立的裁决。人民法院经审理发现犯罪事实不存在或犯罪事实不清,据此裁判被告罪名不成立。一旦出现这种情形,如果被告的人身或财产受到了损害,人民法院应依法裁判监察机关承担相应的国家赔偿责任;如果监察机关的工作人员在办理腐败案件过程中存在违法行为,人民法院也应依法追究相关人员的法

---

[1] 参见姚莉:《监检衔接视野下的检察提前介入监察机制研究》,载《当代法学》2022年第4期。
[2] 参见姚莉:《〈监察法〉第33条之法教义学解释——以法法衔接为中心》,载《法学》2021年第1期。
[3] 顾永忠:《公职人员职务犯罪追诉程序的重大变革、创新与完善——以〈监察法〉和〈刑事诉讼法〉的有关规定为背景》,载《法治研究》2019年第1期。

律责任。此外,有学者认为,监察委员会的权限包括针对违纪和职务违法行为的监察权以及针对职务犯罪行为的侦查、移送起诉权两种。前者带有行政权的性质,可以纳入行政诉讼的受案范围;后者带有刑事司法权的性质,无法对其提起行政诉讼。[1] 也有学者持有相同的观点,认为针对职务违法监察对象的司法救济制度不仅必要,而且可行。[2] 诸如此类监督机制,均值得继续进行理论探讨。

四、民主监督、社会监督与舆论监督

监察权的民主性决定了社会多元主体应积极参与到对监察机关的监督活动中来,无论是从法治反腐的视角,还是基于多元监督的角度来看,民主监督、社会监督、舆论监督都应看作是推进对监察的监督民主化建设中不可或缺的重要力量,实质上是权利对权力的监督,是现代民主法治社会的普遍性制度,是公民的基本政治权利。[3] 而且,从实践来看,网络和媒体的迅猛发展促使民主监督、社会监督、舆论监督日益成为对监察进行监督的主要方式。

1. 开展民主监督、社会监督、舆论监督的前提是依法公开监察工作信息。监察工作信息公开制度是当代监察法治发展的一个基本品格、基本趋向和基本原则,也是防治腐败的一项重要举措。[4]《监察法》第54条的核心要义是以监察工作信息公开制度为抓手,推动民主监督、社会监督、舆论监督的落实落地。《监察法实施条例》第255条细化了《监察法》的相关规定,对监察工作信息公开的范围进行了明确,包括:监察法规;依法应当向社会公开的案件调查信息;检举控告地址、电话、网站等信息;其他依法应当公开的信息。监察工作信息主要依托互联网政务媒体、报刊、广播、电视等途径进行公开。

2. 民主监督一般是指人民政协或者各民主党派等主体通过政治协商、民主监督和参政议政职能的发挥,从而对监察机关及其工作人员进行的监督。监察体制

---

[1] 参见王锴、王心阳:《如何监督监督者——兼谈对监察委员会的诉讼监督问题》,载《浙江社会科学》2017年第8期。
[2] 参见王昭华、江国华:《法理与逻辑:职务违法监察对象权利救济的司法路径》,载《学术论坛》2020年第2期。
[3] 参见刘用军:《论对监察权的监督》,载《河南财经政法大学学报》2020年第6期。
[4] 参见许柯:《监察工作信息公开制度的建构与完善》,载《廉政文化研究》2022年第2期。

改革在全面推开的过程中会遇到各种政治方面、法律方面和执行方面的问题,需要通过政协这一政治组织形式继续协商,吸收各方面的政治智慧和意见建议。对监察委员会及其工作人员违规违法情况,各民主党派、团体可以向中国共产党各级党委和国家机关投诉,提供违规违法线索。另外,各级政协还可以就人民群众关心的监察委员会的工作运转等问题,开展调查研究,反映社情民意,通过调研报告、提案、建议案等形式,向中国共产党和国家机关提出意见和建议。

3. 社会监督一般是指公民、法人或其他组织对监察机关及其工作人员的工作进行的监督。目前而言,社会监督的主要载体与方式是特约监察员制度。特约监察员制度作为新时代我国纪检监察体制改革的有机组成部分,是监督纪检监察机关及其工作人员的新生力量。[1] 中央纪委国家监委在2018年8月印发了《国家监察委员会特约监察员工作办法》,规定了国家监委特约监察员的聘请范围、任职条件、聘请程序及任期、工作职责、权利义务和履职保障等内容,明确了特约监察员应当着重发挥对监察机关及其工作人员的监督作用,着力发挥参谋咨询、桥梁纽带、舆论引导作用。特约监察员制度的建立为推动监察工作依法接受民主监督、社会监督、舆论监督,提供了重要制度保障。

4. 舆论监督一般是指社会各界通过广播、影视、报纸、杂志、网络等传播媒介,发表自己的意见和看法,形成舆论,从而对监察机关及其工作人员的工作进行的监督。新闻媒体自诞生以来就在国家经济、政治和社会生活中发挥着重要作用,被称为立法、行政、司法之外的"第四种权力"。[2] 对于曝光和披露监察机关及其工作人员违法及其不当行为,促进其依法依纪履职具有重要作用。具体而言,媒体对监察委员会的监督有三个渠道。一是通过对监察委员会的工作报告、腐败案件调查情况的报道,对比分析工作的规范性、严谨性和有效度,倒逼监察委员会提升工作质量。二是通过专家点评、对照,民众社会调查等方式,反映民众的意愿和期盼,促使监察委员会增加工作的透明度、公开度,改进工作方式方法,回应群众的期待和要

---

〔1〕 参见王高贺、周华国:《监督监督者:新时代特约监察员制度的探索与突破》,载《理论探讨》2021年第1期。

〔2〕 吴国斌、沈思雨:《论对监察委员会的监督与制约》,载《北京航空航天大学学报(社会科学版)》2021年第3期。

求。三是通过媒体监督的"探头",记录和曝光监察委员会工作人员工作之外的不当甚至违纪违法的言行,让监察委员会正视和加强自身人员的管理和监督。

五、监察机关的自我监督

自我监督被看作对监察的监督最基本的方式,是监察机关自我免疫和自我净化的主要手段。自国家监委成立以来,中央纪委国家监委领导同志多次强调,纪检监察机关要依法开展工作,严守权力边界,慎用权力,维护党中央权威。纪检监察机关在加强自身监督方面作出很多努力,如建立纪检监察干部监督室;制定《中国共产党纪律检查机关监督执纪工作规则》《监察机关监督执法工作规定》《纪检监察机关监督检查审查调查措施使用规定》《关于加强新时代纪检监察干部监督工作的意见》等,以规范执纪执法行为和加强案件监督管理等内控机制。具体而言,监察机关的自我监督体现在以下方面。

1.组织分设、相互监督,并设立专门的监督机构。与纪委合署办公后,监察委员会设有信访、案件监督管理、执纪监督、执纪审查、案件审理、干部监督等部门。这些部门分别设立,承担不同的职责。这些部门在业务上既紧密联系,在职能上又能够相互制约。执纪监督部门负责联系地区和部门的日常监督;执纪审查部门负责对违纪违法行为进行初步核实和立案审查;案件审理部门负责审核把关;案件监督管理部门负责综合协调和监督管理。这样就让监督、调查与处置三项职责落到实处,不同部门权力边界清晰,相互监督。同时,《监察法》第 55 条规定:"监察机关通过设立内部专门的监督机构等方式,加强对监察人员执行职务和遵守法律情况的监督,建设忠诚、干净、担当的监察队伍。"案件监督管理室负责对监督检查、审查调查工作全过程进行监督管理,着力加强纪检监察机关内部监督,一旦监察人员涉及违法犯罪将坚决处理、追究责任。比如,《监察法》第 61 条规定:"对调查工作结束后发现立案依据不充分或者失实,案件处置出现重大失误,监察人员严重违法的,应当追究负有责任的领导人员和直接责任人员的责任。"目前来看,监察委尚需要制定和完善内部监督的具体工作规范和责任承担方式,包括监察委内部工作具体规程、监察官的考核与奖惩机制等,把内部监督运行机制予以更好的细化完善。[1]

2. 内部管控严密、合理。对公权力的制约是亘古不变的真理,而控制公权力的方式无非是两种:一种是权力与权力之间的制约平衡,着重引入外部权力制约监督;另一种是权力内部运行机制的约束,强调法定程序对权力运行的制约。[2] 监察委员会通过"织密"法定程序,使内部制度设计相当严密,在工作各个环节上保障规范、合法,在内部管理上保障高标准、严要求。主要包括:(1)建立登记备案制度。《监察法》第 57 条通过两款条文规定,以达到完善过程管控制度,避免出现跑风漏气、以案谋私、办人情案等问题。(2)严格执行回避制度和保密制度。为保障监察委员会工作的公正、规范和廉洁,《监察法》第 58 条详细规定了回避的类型以及应当回避的情形。审查审理人员与被审查人存在亲属、利害关系人关系或其他可能影响公正审查审理情形的,不得参与该项工作,其他参与审查审理工作的人员也必须严格执行回避制度。同时,坚持审查与审理相分离,复议复查与审查审理相分离。监察委员会严格执行保密制度,工作人员不准留存和传播问题线索和涉案资料,尤其禁止泄露审查审理工作情况。审查组成员使用专用工作设备,对关键信息使用加密设置。《监察法》第 59 条通过规定监察人员的脱敏期限以及相应的从业限制,进而避免国家机密的泄露,同时,也防止了在监察人员退休、辞职之后,极有可能产生利益勾结的局面。(3)实行全程记录和限时处置制度。监察委员会在工作的全过程中都注意资料的记录、保存和归档,既保证工作的全程留痕,也保留追责的证据。

3. 集体决策程序的制约与监督。集体决策表现在很多方面,在政策设计、制度体系、运行机制、关键步骤等领域和环节均能够起到总揽全局、协调推进的作用。监察委员会的重要决策必须经集体讨论、集体决定。大到监察委员会与检察院、法院以及其他执法部门的有效衔接,内部执纪监督、执纪审查、案件管理部门的分设及其人员安排,内部工作规则、监督流程和操作指南,小到线索移送的规范,留置措施的使用,立案审查决定的作出等都需要集体决策。集体决策既是监察委员会科

---

〔1〕 参见陈伟、刘金政:《监察权运行中的多元监督制约机制探究》,载《贵州师范大学学报(社会科学版)》2021 年第 2 期。

〔2〕 参见秦前红:《监察机关依法开展自我监督之路径研究》,载《深圳社会科学》2018 年第 1 期。

学、规范运行的"导航器",又是监察委制约程序的"穿线针"。比如,《监察法》第42条规定,对调查过程中的重要事项,应当集体研究后按程序请示报告。再如,《监察法》第43条规定,监察机关采取留置措施,应当由监察机关领导人员集体研究决定。

4. 上级监察机关的管辖权。《监察法》第16条第2款还规定了提级管辖这种特殊管辖原则,作为一般管辖原则的必要补充,该规定体现了上级监察委对下级监察委的指令权或命令权,上级监察委可以通过对下级行使这种指令权加强对调查工作的指挥和协调能力。[1] 监察机关的提级管辖是指:"上级监察机关可以办理下一级监察机关管辖范围内的监察事项,必要时也可以办理所辖各级监察机关管辖范围内的监察事项。"提级管辖原则的适用有利于突破下级监察机关在案件办理中可能遇到的办案阻力,提升案件办理效率和质量,同时也是上级监察机关对下级监察机关的领导和监督,有利于防止下级监察机关在行使监察权方面不作为、乱作为,是《监察法》第10条确立的"国家监委领导全国监察工作、上级监委领导下级监委"这一领导体制的具体体现。

总之,在进一步深化国家监察体制改革进程中,必须坚持设权与控权平衡同步的原则,构建全面有效的监察权监督制约体制。[2] 信任不能代替监督,权力越大,风险也就越大,越要受到严格监督。各级监察委员会不仅需要通过内部监督来防止"灯下黑",还必须接受来自外部的监督以提高监察活动的廉洁性,诸如党的监督、人大监督、司法监督、民主监督、社会监督和舆论监督。其目的是建设让党放心、人民信赖的纪检监察干部队伍,确保监察权良性运行。

---

[1] 参见叶青、王小光:《监察委员会案件管辖模式研究》,载《北方法学》2019年第4期。
[2] 参见刘素梅:《国家监察权的监督制约体制研究》,载《学术界》2019年第1期。

第二十章　监察救济

知识结构图

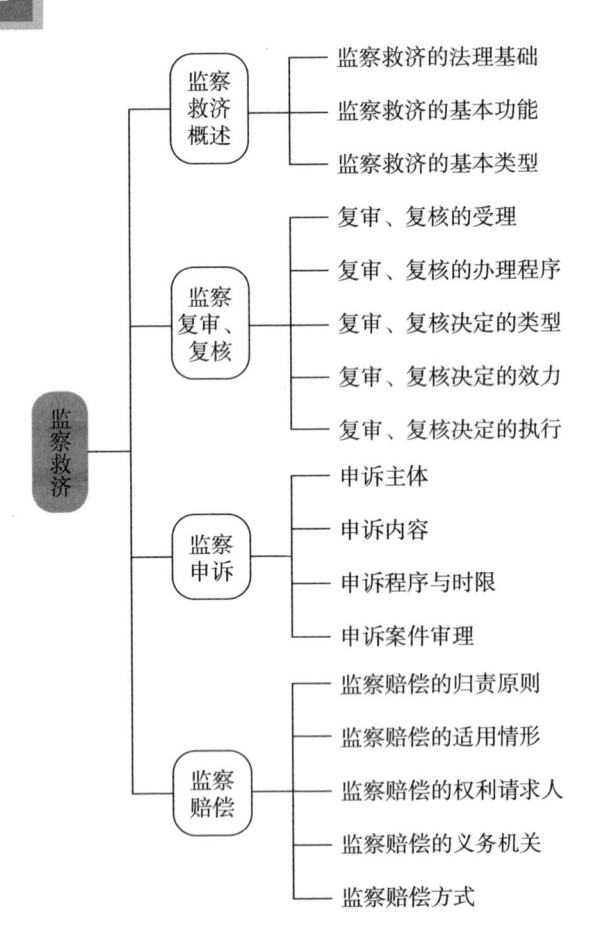

- 监察救济
  - 监察救济概述
    - 监察救济的法理基础
    - 监察救济的基本功能
    - 监察救济的基本类型
  - 监察复审、复核
    - 复审、复核的受理
    - 复审、复核的办理程序
    - 复审、复核决定的类型
    - 复审、复核决定的效力
    - 复审、复核决定的执行
  - 监察申诉
    - 申诉主体
    - 申诉内容
    - 申诉程序与时限
    - 申诉案件审理
  - 监察赔偿
    - 监察赔偿的归责原则
    - 监察赔偿的适用情形
    - 监察赔偿的权利请求人
    - 监察赔偿的义务机关
    - 监察赔偿方式

权利保障拥有两层含义:其一,在权利未受侵犯之前即存在的保障权利充分实现和不受侵犯的措施与制度,其着眼点在于保障原权利的实现,属于权利的事前保障;其二,当权利受到侵犯之后而存在的权利救济措施与制度,其着眼点在于恢复和补偿受到侵犯的原权利,属于权利的事后保障。[1] 一般来说,权利的事后保障模式可以类型化为刑事诉讼、行政诉讼等司法救济,以及申诉、复议等非司法救济两类,该种模式在权利保障上具有直接性、个案性、事后性等特征。[2] 本章所称的监察救济是指各级监察委员会行使监察权对公民、法人或者其他组织的合法权益造成损害的,依法给予救济的制度和机制,主要包括复审、复核、申诉和赔偿。

第一节 监察救济概述

权利救济是衡量法制健全与否的重要标志之一。国家监察体制改革作为事关全局的重大政治体制改革,只有坚持打击与保障、有权利必有救济的理念,坚持"既转权力,又转权利"的改革方向,宪法所要求的"国家尊重和保障人权"才能实现。基于此,本节主要探讨关于监察救济的基础性问题,主要有监察救济的法理基础、制度功能与基本类型。

一、监察救济的法理基础

从历史的发展看,权利救济经历了从私力救济到公力救济为主的变化。在自然法学派的理论中,这一变化的原因是个人的私力救济面临并导致一系列的问题:"第一,在自然状态中,缺少一种确定的、规定了的、众所周知的法律,为共同的同意接受和承认为是非的标准和裁判他们之间一切纠纷的共同尺度……第二,在自然状态中,缺少一个有权依照既定的法律来裁判一切争执的知名的和公正的裁判者……第三,在自然状态中,往往缺少权力来支持正确的判决,使它得到应有的执行。"[3] 质言之,权利受侵害的判断权个人化导致判断上的争议,权利救济执行权

---

[1] 参见范进学:《论权利的制度保障》,载《法学杂志》1996 年第 6 期。
[2] 参见林莉红:《中国行政救济理论与实务》,武汉大学出版社 2000 年版,第 9~10 页。
[3] [英]洛克:《政府论》(下篇),叶启芳、瞿菊农译,商务印书馆 1964 年版,第 78 页。

的个人化导致执行困境，自然法解释权的个人化导致自然法规则统一性的破坏，最终使自然状态下的权利私力救济随着公共权利的产生而走向权利公力救济。

从这种历史变化中我们可以发现权利公力救济制度赖以为基础的两个前提：一是承认人或者公民的基本权利。申言之，承认人或者公民的某些主张和诉求具有正当性。在法治国家，这种正当性源于宪法对基本权利的宣告和保障。这种权利正当性当然延伸到私力救济的正当性。"权利或权利救济的主体性原则不仅是权利主体意识到权利的存在，也使权利主体在权利遭到否定时有自我决定和自我救济的权利。在这个意义上，权利救济只不过是自我救济的外在形式。换句话说，权利救济在本质上属于权利主体自我救济的自由。权利既然属于人或公民，救济权也应当属于相应的人或公民，两者的内在统一性使救济成为权利不可剥离的属性。"[1]二是公权的有限性。权利私力救济权本质上是一种以暴力为内容的强制权，在私力救济的时期，这种救济模式中出现的救济判断错误和暴力失控导致这一模式被公力救济所替代，而公力救济主要是这种私力救济权的国家化和公共化。源于私力救济权的有限性，这种国家的公力救济权当然也是有限的。与此同时，在权利公力救济权基础上发展出来的全部公权力，都存在不能逾越的边界。超越权力边界而侵害基本权利，便必须予以纠正并尽可能地恢复到合法状态。

虽然权利救济方式发生历史性变化，但现代社会的权利救济模式是多元并存的，其中国家的公力救济模式是主导性的。历史上的私力救济以两种制度得以残存，即"正当防卫"和"紧急避险"。但现代国家仍将是否成立这两类的私力救济的判断权置于国家之手，以防止私力救济中的暴力因素溢出制度设计的初始范围。公助救济是一种社会救济形式，是私力救济和公力救济的中间形态，源于国家之外的社会的存在和成熟，主要指权利冲突的双方借助于平等主体的第三方机制，如调停、斡旋或者仲裁等方式。公力救济是权利救济的主角，指国家建立救济制度和机构来维护公民的基本权利，恢复被破坏的法律秩序。在现代国家，司法被视为最主要的权利救济形式。

私力救济、公助救济和公力救济，其适用场景并不相同。私力救济既可以适用

---

[1] 贺仁海：《从私力救济到公力救济——权利救济的现代性话语》，载《法商研究》2004年第1期。

于私人间权利侵犯的场景,也可以用于公权侵害私权的场景。不过,在后一种场景下,服从身份得以明示的公职人员的指令是每个公民的守法义务的一部分,因此,个人的反抗很多时候为妨碍公务责任追究制度所抑制,除非公权行为过度不当。在前一种情景下,也只限于紧急且明显的权利侵害和危险,而个人的救济则必须适度,过当则必须承担法律责任。所以,虽然"救济的第一种方法是自助。自助无需诉诸法院便可实施。但它仅被限制于在少数种类的案件中使用"[1]即法律是抑制私力救济的。公助救济则显然主要适用于私人间的争议,实质是国家将裁判权适度归还于社会,但国家仍享有裁决的执行权和审查权。公助救济的具体形式,如调解和仲裁等,同时也丰富了国家的纠纷调解机制[2]。公力救济作为权利救济的核心方式,既适用于私人间的争议,也适用于公权的侵权行为。特别是,对于公权的侵犯,公力救济是最重要甚至是唯一有效的方式。这是因为公权侵权行为的主体一方通常是强势的公权行使者,手握重要的权力资源,进而导致对这种非法行为的否定更为困难。公力救济大体上可以根据救济渠道区分为内部救济和外部救济。内部救济包括举报、复核等,外部救济包括监察、复议和诉讼。在公力救济中,"更重要的,同时也是更为普遍的救济方法,是法院判决所给予的救济"[3]。

二、监察救济的基本功能

无保障的权利并非权利,就是强调权利受到侵害时要有相应救济措施,对已经受到侵害的人身、财产等合法权利进行补偿、赔偿。而《监察法》设置相应的救济手段,主要是由于监察救济具有以下功能。

(一)保护公职人员的合法权益

《监察法》赋予监察机关对职务犯罪案件中被调查人进行调查的公权力,是以党和国家为后盾的特别监察权,而职务犯罪案件中被调查人的权利作为一种私权利,其性质本身难以和监察机关的调查权同日而语[4]。因此,监察救济的首要功

---

[1]《牛津法律大辞典》,光明日报出版社1988年版,第746页。
[2] 参见范愉:《权利救济与多元化纠纷解决机制简议》,载《广东行政学院学报》2008年第1期。
[3]《牛津法律大辞典》,光明日报出版社1988年版,第746页。
[4] 参见房清侠:《职务犯罪案件中被调查人的权利救济》,载《河南财经政法大学学报》2020年第1期。

能便是保障公职人员的合法权益。正如习近平总书记在十九届中央政治局第十一次集体学习时发表讲话指出："注意保护那些敢于负责、敢于担当作为的干部,对那些受到诬告陷害的干部要及时予以澄清,形成激浊扬清、干事创业的良好政治生态。"[1] 我国历来重视对公职人员合法正当权益的保障,《公务员法》第1条就明确以保障公务员的合法权益作为立法目的,《监察法》第5条也将保障公职人员的合法权益作为制度的原则性规定。公职人员正当权益的保护,一方面强调采取什么措施确保法律赋予公职人员的政治、经济和社会等方面的权利得以实现;另一方面也是指当公职人员的合法权益受到侵犯后可以通过什么途径予以救济。《监察法实施条例》第7条规定更为详细,明确监察机关应当充分保障监察对象以及相关人员的人身权、知情权、财产权、申辩权、申诉权以及申请复审复核权等合法权益。通过相关法律的制定与修改,基本上构筑起了公职人员合法权益的法治保障体系。

(二)保障监察权的合法、合理行使

国家监察体制改革通过整合反腐败资源,建立集中统一、权威高效的监督体系,首要而直接的目的在于"解决反腐低效乏力"这一长期存在的问题。[2] 因此,监察权的行使要以能够"整合反腐败力量"、增强"反腐效能"作为直接目标,进而服务于国家治理体系与治理能力现代化的提高。不可否认的是,权力的规范运行也是监察委员会反腐败职能发挥的关键,如若监察权的运行偏离法治的预设轨道,侵害了监察对象的合法权益,就与创设监察权的此种目标背道而驰,监察委员会的权力配置与其承担的反腐败职能必将南辕北辙。因此,当监察机关及其工作人员在行使职权时,侵犯公民、法人和其他组织合法权益造成损害的,受害人可以通过复审、复核、申诉、申请国家赔偿等方式寻求公力救济。在救济监察对象合法权益的同时,也能够纠正监察机关不当行使监察权的行为。而监察机关依规依纪依法办理复审、复核、申诉、赔偿案件,既是维护党章、宪法权威的重要抓手,也是监察机关防错纠错机制的重要体现,更是推动监察工作高质量发展的重要渠道,有助于树立监察机关的执法公信力,保障监察权的合法、合理行使。

---

[1] 《持续深化国家监察体制改革 推进反腐败工作法治化规范化》,载《新华每日电讯》2018年12月15日,第1版。

[2] 参见王若磊:《论监察体制的制度逻辑》,载《法学评论》2021年第4期。

(三) 引导公职人员正当履职

监察委员会要对"所有行使公权力的公职人员"依法实施监察,由此必然涉及监察委员会和作为被监察者的公职人员之间的关系。[1] 一方面,监察委员会通过行使公权力实现对公职人员的监察;另一方面,作为被监察者的公职人员并非单纯的客体,其作为履行公务的公职人员,也享受着特定的职业保障和相关的权利。基于此,监察救济制度包含两方面内容:(1)具有违法违纪行为的公职人员会受到相应处理。对公职人员违法违纪行为予以处理,处理结果或多或少会影响其职业生涯的发展,程度严重的处理措施还可能会终结居于领导岗位的公职人员的政治生命。所有违法行为都应当依法受到处理,违法人员应当为自己的错误付出代价,这是毋庸置疑的。(2)公职人员合法权益受到保护,没有违法违纪行为不会受到处理,即使由于人认识事物的局限性、客观事物具有复杂多变性等其他主观和客观原因,纪检监察机关及其工作人员出现了工作上的错误、失误,公职人员也可通过申诉、申请复审复核等澄清正名,弥补合法权益的损失。除此之外,还可以通过对违法行使监察权的监察人员追究监察法律责任,促使其规范、合法、合理履职。监察救济制度从"违法违纪者将受处理,合法权益会受到保护"两方面威慑,引导公职人员正当履职。

三、监察救济的基本类型

综观《宪法》《监察法》《政务处分法》《监察法实施条例》等相关法律法规的规定,依据救济事项与情形的不同,监察救济主要包括对监察政务处分、监察问责、监察调查措施的救济。

(一) 对监察政务处分的救济

要注意区分监察政务处分与任免机关、单位作出的处分决定。按照《政务处分法》第2条的规定,监察机关作出政务处分,适用《政务处分法》的程序,任免机关、单位作出处分决定,适用《公务员法》《行政机关公务员处分条例》《检察官法》《法官法》《事业单位工作人员处分暂行规定》等规定的程序,二者分别是落实权力责

---

[1] 参见周佑勇:《监察委员会权力配置的模式选择与边界》,载《政治与法律》2017年第11期。

任制与工作责任制的工具。[1] 在救济制度上,公职人员对监察机关作出的针对本人的处置决定不服,按照《监察法》《政务处分法》《监察法实施条例》的规定,可在法定时限内向法定机关申请复审、复核。公职人员不服任免机关或单位作出的处分,按照《公务员法》的规定,可向有权处理机关申请复核、申诉,对省级以下机关作出的申诉处理决定不服的,可以向作出处理决定的上一级机关提出再申诉。本章所称监察政务处分决定仅限于监察机关依据《监察法》等规定行使监察权进而所作出的政务处分决定,不包括公职人员任免单位、主管机关作出的处分决定。

具体到对监察政务处分的救济,根据《监察法》《政务处分法》《监察法实施条例》的相关规定,不服政务处分决定,可申请复审、复核。监察对象对监察机关作出的涉及本人的处理决定不服的,可以在收到处理决定之日起1个月内,向作出决定的监察机关申请复审,复审机关应当在1个月内作出复审决定;监察对象对复审决定仍不服的,可以在收到复审决定之日起1个月内,向上一级监察机关申请复核,复核机关应当在2个月内作出复核决定。复审、复核程序可以核验原处理决定程序、事实、法律适用等方面的正确性。复审、复核机关经审查,认定处理决定有错误的,原处理机关应当及时予以纠正,改变或撤销原处分决定,澄清正名,保护监察对象合法权益。复审、复核机关认定处理决定正确的,应当完成释法说理工作,对于无理纠缠的监察对象,适当批评教育。

(二) 对监察问责的救济

《监察法》第45条第1款第3项规定,依据调查结果,监察机关对不履行或者不正确履行职责负有责任的领导人员,按照管理权限对其直接作出问责决定,或者向有权作出问责决定的机关提出问责建议。对于问责决定,被问责领导干部有权依据《监察法》第49条的规定,向作出问责决定的监察机关申请复审,向作出复审决定的上一级监察机关申请复核。

由于问责建议的直接作用和约束对象是有权对领导人员作出问责决定的机关而非领导人员本身,在此情况下,问责建议程序是否需要为涉案领导人员预设必要的救济权利则值得作进一步的讨论。问责建议与问责决定二元划分的基础在于监

---

[1] 参见屠凯:《公职人员双轨惩戒制度的宪法基础》,载《法学家》2022年第1期。

察机关管理权限的有无,然而,建议和决定作为一种结果,在作出前的调查阶段,二者并不存在明显的差异,均应受到陈述申辩、回避听证等现代化正当程序元素的规制。但是,当监察机关基于管理权限不足而作出问责建议时,建议所涉及的领导人员不应对该建议结果进行申请复审复核。其主要原因在于,第一,问责建议的法律效果在于督促有权对涉案领导人员作出问责决定的有关机关启动问责程序,这种问责程序的启动对涉案领导人员而言,仅属于一种阶段性和过程性的内部程序,在最终形成对其有约束力的正式结果之前,不具有可救济性。第二,问责建议的执行主体是有权对领导人员作出问责决定的机关,而非涉案领导人员本人,也就是说,在问责建议中并没有真正的问责对象。而监察机关与其他有权问责机关之间主要体现为一种职权衔接或制约关系,缺乏适用救济机制的空间。第三,有权作出问责决定的机关本身自有一套问责救济程序,问责对象对该机关作出的问责决定不服的,有权申请复审或复核,该救济机制的保护程度与监察问责决定的救济机制大体相当,均属于系统内部的救济;而在该救济程序之前(外),对不服问责建议再设定一套复审复核程序有无必要,也值得反思。

(三)对监察调查措施的救济

监察调查措施是指监察机关在调取证据、查清职务违法、职务犯罪案件事实时所采取的包括人身留置、查封、扣押、冻结财物在内的方法。根据《监察法》第60条第1款规定,监察机关及其工作人员有下列行为之一的,被调查人及其近亲属有权向该机关申诉:(1)留置法定期限届满,不予以解除的;(2)查封、扣押、冻结与案件无关的财物的;(3)应当解除查封、扣押、冻结措施而不解除的;(4)贪污、挪用、私分、调换以及违反规定使用查封、扣押、冻结的财物的;(5)其他违反法律法规、侵害被调查人合法权益的行为。

被调查人及其近亲属认为监察机关及其工作人员违法实施了查封、扣押、冻结与案件无关的财物等违法行为,便可向作出该决定的监察机关提出请求,申请纠正相应违法行为。受理申诉的监察机关应当在受理申诉之日起1个月内作出处理决定。申诉人对处理决定不服的,可以在收到处理决定之日起1个月内向上一级监察机关申请复查,上一级监察机关应当在收到复查申请之日起2个月内作出处理决定,情况属实的,应当及时予以纠正。

第二节 监察复审、复核

复审、复核是《监察法》给被处置人设置的救济机制，《政务处分法》对复审、复核的程序进行了专章规定。复审是指监察对象对监察机关作出的涉及本人的处理决定不服，在法定时间内向作出决定的监察机关申请复审，作出决定的监察机关依法受理后，应当对原处理决定进行审查核实并作出复审决定。复核是指监察对象对复审决定不服，在法定时间内向作出复审决定的监察机关的上一级监察机关申请复核，上一级监察机关依法受理后，对原复审决定进行审查核实并作出复核决定。复审是复核的前置程序。规定复审、复核程序的目的在于保证监察机关正确、及时处理复审、复核案件，维护复审、复核申请人的合法权益，维护和监督监察机关依法办事。[1]

一、复审、复核的受理

复审、复核是监察救济的重要内容，是保障监察对象合法权益，确保监察机关及其工作人员正确行使监察权的重要手段。但复审、复核并非自动核查纠错程序，监察对象享有申请复审、复核权。监察对象向法定监察机关申请复审、复核是复审、复核程序启动、监察机关受理案件的前提。按照《监察法》的规定，监察机关受理复审、复核案件主要有如下条件。

1.监察对象只能向作出原处理决定的监察机关申请复审，向作出复审决定的上一级监察机关申请复核。这是对复审、复核案件审理机关的要求。一般而言，作出处理决定的监察机关更了解案件事实，更便于收集、整理案件材料，能够更加有效率调查、处理复审案件。同时，这也是《监察法》给作出处理决定的监察机关自查自纠，勇于改错的机会。另外，该条件也明确了复审、复核案件监察审理机关的级别限制，强调监察对象不能越级申请复审、复核。监察对象申请复审，只能向对

---

[1] 参见中共中央纪律检查委员会法规室、中华人民共和国国家监察委员会法规室编写：《〈中华人民共和国监察法〉释义》，中国方正出版社2018年版，第221~222页。

其作出处理决定的监察机关申请。监察对象申请复核,只能向对其作出处理决定、复审决定的监察机关的上一级监察机关申请。

2. 监察对象申请复审的对象仅限针对其本人的原处理决定,申请复核的对象仅限复审机关针对其本人作出的复审决定。复审、复核程序主要在于保障监察权正确行使,维护监察对象合法权益。因此,监察对象认为监察机关作出的涉及本人的处理决定不合理、不合法时,作出处置决定的监察机关才会予以受理。

3. 监察对象必须在法定时限内向监察机关申请复审、复核。按照《监察法》第49条的规定,监察对象对监察机关作出的涉及本人的处理决定不服的,可以在收到处理决定之日起1个月内,向作出决定的监察机关申请复审,复审机关应当在1个月内作出复审决定;监察对象对复审决定仍不服的,可以在收到复审决定之日起1个月内,向上一级监察机关申请复核,复核机关应当在2个月内作出复核决定。可见,监察对象需要在收到处理决定之日起1个月内申请复审,收到复审决定之日起1个月内,向上一级监察机关申请复核,复审、复核机关才会受理复审、复核申请。

二、复审、复核的办理程序

《监察法实施条例》第211条规定:"复审、复核机关承办部门应当成立工作组,调阅原案卷宗,必要时可以进行调查取证。承办部门应当集体研究,提出办理意见,经审批作出复审、复核决定。"监察机关办理复审、复核案件,通常由监察机关申诉复查工作部门承办,具体包括确定审理方式、指定承办人、阅卷调查、集体决议,最终作出复审、复核决定的程序。

1. 确定案件审理方式。复审、复核案件审理方式主要有书面审查、直接审查核实、与原执纪部门共同审查核实三种,一般以书面审查为基本原则,但具体采用哪一种方式,应当根据案件的具体情况来决定。书面审查适用于案卷材料比较齐全的案件。直接审查核实或与原执纪单位共同审查核实,适用于原案材料不齐全、证据不足或案卷材料不能回答申诉人所提出的问题的案件。需要进一步审查核实的,应当确定需要审查核实的主要问题,拟制审查核实方案,报部门和监察机关领导同意后,按规定程序进行。

2.指定案件承办人。为充分保障监察对象合法权益,维护公平正义,应当遵循复审、复核与调查审理相分离的原则,复审、复核案件一般指定原承办案件以外的其他人员办理。一般案件,由2人承办;重要、复杂的案件,由2人以上承办。

3.阅卷。复审、复核机关从原执法执纪单位调取相应案卷材料,进行阅卷。阅卷时,要查明申诉人的自然情况和原处分的情况,具体包括作出处分决定的单位、原处分的时间、原处分所依据的事实,是否有领导的重要批示等内容。其中,重点审查原处分决定所依据的案件事实是否清楚,证据是否确实、充分,行为定性是否准确,处分种类和幅度是否合理,程序是否合法。承办人在阅卷过程中,应当制作阅卷笔录。以政务处分决定为例,依据《政务处分法》第57条、第58条对于复审、复核机关撤销、变更或重做政务处分决定的规定,处理决定的复查复审内容就包括法律、程序、事实、证据等多个方面。

4.补充审查。承办人在阅卷过程中如发现事实不清,证据不足的,应进行补充审查。补充审查可以由负责申诉复查工作的部门单独进行,也可以和原执纪部门共同进行审查。审查的具体程序、方法及手段与审理违纪案件补充审查的程序、方法及手段相同。承办人在阅卷及补充审查的基础上,提出承办人意见,提请负责申诉复查工作的部门集体审议。

5.集体审议。由承办人汇报办理申诉案件的情况,包括承办人的意见及理由。会议成员集体讨论后,提出部门意见。承办人根据集体审议的意见,制作复审、复核报告,报监察机关相关负责人批准或者委员会研究决定,作出复审、复核决定;对原处分决定是经同级党委主要负责人或党委常委会审议的,复审、复核若改变原处分决定的,仍需履行党委审批程序。

三、复审、复核决定的类型

《监察法实施条例》第211条第2款规定:"复审、复核机关经审查认定处理决定有错误或者不当的,应当依法撤销、变更原处理决定,或者责令原处理机关及时予以纠正。复审、复核机关经审查认定处理决定事实清楚、适用法律正确的,应当予以维持。"复审、复核机关应对处理决定合法性、合理性进行全面审查。在决定的形式上,根据最后调查结果,复审、复核机关可按规定作出变更、撤销、维持原处理决定或重做处理决定。具体而言,复审、复核机关认为原处理决定事实认定清楚,法律适用正确,违法行为情节认定正确,定案证据确实、充分,符合法定程序,处分恰当合理,应当予以维持。复审、复核机关认为原处理机关作出的处理决定具有适用法律、法规确有错误的、对违法行为的情节认定确有错误的、处分不当情形之一的,可以对原处理决定予以变更。复审、复核机关认为处理决定所依据的违法事实不清或者证据不足的,作出处理决定的监察机关及其工作人员违反法定程序以至影响案件公正处理的,作出处理决定的监察机关及其工作人员超越职权或者滥用职权作出政务处分决定的,应当作出撤销原政务处分,自行作出决定或责令原作出决定监察机关重新决定。

四、复审、复核决定的效力

关于复审、复核决定的效力,根据《监察法》的规定,复审、复核期间不停止原处理决定的执行。公职人员不因提出复审、复核而被加重政务处分。如此规定有利于保障监察机关代表国家作出的处理决定、复审复核决定的效力,维护监察机关的工作秩序,维护法律秩序和公共利益。同时,作这样的规定,也不影响对复审、复核申请人合法权益的保护,监察机关经过复审、复核认为原处理决定不适当的,可以作出变更或者撤销原处理决定的复审、复核决定。这一复审、复核决定的效力始于原处理决定生效之时。

五、复审、复核决定的执行

复审、复核机关经审查认定处理决定有错误或者不当的,应当依法撤销、变更原处理决定,或者责令原处理机关及时予以纠正。公职人员的处理决定被复审、复核决定予以变更,需要调整该公职人员的职务、职级、衔级、级别、岗位和职员等级或者薪酬待遇等的,应当按照规定予以调整。复审、复核决定撤销原处理决定的,应当恢复该公职人员的级别、薪酬待遇,按照原职务、职级、衔级、岗位和职员等级安排相应的职务、职级、衔级、岗位和职员等级,并在原政务处分决定公布范围内为其恢复名誉。没收、追缴财物错误的,应当依法予以返还、赔偿。公职人员因复审、复核决定被撤销或减轻原处理决定的,应当对其薪酬待遇受到的损失予以补偿。

复审、复核决定一经作出，应当送达复审、复核程序申请人，抄送相关单位，并在一定范围内宣布。复审、复核决定对监察机关、监察对象、监察对象所在单位均具有相应约束力。送达、抄送、宣告复审、复核维持决定，即肯定了原处理决定的效力，对原处理机关程序履行、事实认定、法律适用的合法性以及处理决定的恰当性均予以确认。同时，及时送达本人，做好释法说理工作，便于其及时主张享有的权利。送达、抄送、宣告复审、复核撤销、变更、重做决定，会及时终止原处理决定的效力，纠正原处理机关在公职人员违法案件中有关程序、实体的不当行为。其中，撤销、减轻原处理的复审、复核决定在一定范围的宣布，是对监察对象可能存在职务违法行为的澄清正名，符合《监察法》"保障当事人合法权益"的基本理念。

第三节 监察申诉

监察申诉是指对于监察权滥用或者不当行使的，向监察机关申述情由，诉说请求。监察机关在收到申诉后应当遵循《监察法》《监察法实施条例》等相关规定中关于申诉主体、申诉对象、申诉程序、申诉时限等要求，以正确落实申诉制度，保障被调查人合法权益。

一、申诉主体

申诉主体是指认为监察机关及其工作人员调查职务违法、职务犯罪行为时，其人身财产合法权益受到损害的人。《监察法》第 60 条规定："监察机关及其工作人员有下列行为之一的，被调查人及其近亲属有权向该机关申诉……"这一规定将申诉的主体限定为被调查人及其近亲属。被调查人的人身财产合法权益受到监察机关及其工作人员不法行为的侵害，自然有权以自己的名义向有权处理机关提起申诉。鉴于被调查人可能因涉嫌职务违法、职务犯罪案件被监察机关留置，无法与外界取得联系，保障自己合法权益，故《监察法》授权被调查人近亲属以被调查人名义提起申诉。被调查人近亲属并未当然享有提起申诉的权利，只是在被调查人无法自行提起申诉时代被调查人向法定机关提起申诉。

二、申诉内容

根据《监察法》第 60 条规定,被调查人及其近亲属具体可对两种类型行为提起申诉。第一,监察机关及其工作人员对被调查人的人身权益造成不法侵害的行为。监察调查措施中,留置措施直接影响被调查人的人身权益。如果留置法定期限届满,而监察机关不予以解除的,就构成了申诉的法定情形之一。第二,监察机关及其工作人员对被调查人的财产权益造成不法侵害的行为。监察机关及其工作人员对被调查人的合法财产权益造成不法侵害,即对财产使用权、所有权造成影响的不法行为。如监察机关及其工作人员具有查封、扣押、冻结与案件无关的财物行为,应当解除查封、扣押、冻结措施而不解除行为,贪污、挪用、私分、调换以及违反规定使用查封、扣押、冻结的财物行为,均属于侵害被调查人财产权益的不法行为,被调查人有权提起申诉。

三、申诉程序与时限

根据《监察法》第 60 条的规定,受理申诉的监察机关应当在受理申诉之日起 1 个月内作出处理决定。申诉人对处理决定不服的,可以在收到处理决定之日起 1 个月内向上一级监察机关申请复查,上一级监察机关应当在收到复查申请之日起 2 个月内作出处理决定,情况属实的,及时予以纠正。被调查人或被调查人近亲属收到申诉处理决定之日起 1 个月内向作出申诉决定的上级监察机关提交申诉复查申请,超过时限,被调查人及其近亲属无权再提起申诉复查请求,上一级监察机关也可不再受理。同时,申诉、申诉复查应当按照规定向对应级别的监察机关提起,不应越级提起申请。

四、申诉案件审理

监察机关审理申诉案件,审理程序、内容与复审复核审理程序、内容大致相同。针对被调查人提起的申诉案件,监察机关也应当审查调查措施适用是否正确,调查过程中作出的决定事实是否清楚,证据是否确实充分,适用法律、法规、规章等是否正确,定性是否准确,是否符合法定的办案程序等内容。审理申诉案件,同样可以采取对案卷材料进行书面审查、直接调查核实或要求原决定机关限期补查、补证的形式,以作出最后的申诉处理决定。需要注意的是,监察机关审理申诉案件应当给申诉人当面陈述的机会,兼听申诉人针对案件的说明、申辩,以更加全面了解案件事实。

第四节 监察赔偿

监察赔偿制度是国家赔偿制度的重要组成部分,对保护公民、法人和其他组织的合法权益方面有着重要作用。[1]《监察法》第 67 条初步规定了监察赔偿制度,《监察法实施条例》第 280 条、第 281 条将这一规定予以细化,确立了监察赔偿的归责原则、适用情形、赔偿请求人、赔偿义务机关等,使得监察赔偿制度具有了可操作性,具有极强的实践意义。

一、监察赔偿的归责原则

监察赔偿的归责原则,是指监察法律法规规定的监察机关承担赔偿责任所遵循的标准,监察机关仅对符合标准的行为依法承担相应的赔偿责任。《监察法》关于国家赔偿的规定比较原则,未就监察赔偿的归责原则作出具体规定,并且学术界也存在一定的争议。现行《国家赔偿法》在不同的赔偿领域确立了不同的归责原则,即在行政赔偿领域,确立的是单一的违法归责原则。[2] 在刑事赔偿领域,我国采用的是多元归责原则,即违法责任和无过错责任并存,具体而言,是以违法归责原则为主、结果归责原则为辅。[3] 从《国家赔偿法》的现行规定来看,国家赔偿显然并非只是对国家机关及工作人员违法行为所造成损害的弥补,而是分别包括了两种情形,即对国家机关及工作人员"违法行为"所造成损害的弥补以及对国家机关及工作人员"非违法行为"所造成损害的弥补。因此,过错责任应当作为我国国家赔偿的主要归责原则。与违法责任相比,过错责任不仅可以包括违法责任,而且

---

[1] 参见王青斌:《论监察赔偿制度的构建》,载《政法论坛》2019 年第 3 期。
[2] 参见《国家赔偿法》第 3 条和第 4 条的规定。
[3] 参见《国家赔偿法》第 17 条和第 18 条的规定。

可以将国家赔偿义务机关部分不违法但有过错的行为囊括在内。无过错责任应当作为我国国家赔偿的辅助归责原则。事实上,《国家赔偿法》在刑事赔偿的部分领域所确立的结果归责原则就是无过错责任,即无论赔偿义务机关及其工作人员是否有过错,只要发生了相应的结果,国家就承担赔偿责任。

二、监察赔偿的适用情形

《监察法》对监察赔偿的情形规定得比较抽象,《监察法实施条例》第280条对监察赔偿制度进行了细化,列举了受害人可以申请国家赔偿的五种情形,分别是:(1)采取留置措施后,决定撤销案件的;(2)违法没收、追缴或者违法查封、扣押、冻结财物造成损害的;(3)违法行使职权,造成被调查人、涉案人员或者证人身体伤害或者死亡的;(4)非法剥夺他人人身自由的;(5)其他侵犯公民、法人和其他组织合法权益造成损害的。上述前四种情形已经囊括了侵犯受害人财产权、人身权的绝大多数情形,但是列举式立法往往会出现漏洞,如对被调查人人身检查时知悉个人隐私后并未严格保密,侵犯被调查人隐私权,此时被调查人当然也有权申请国家赔偿。为了全面保障受害人的权益,《监察法实施条例》第280条将第5款作为兜底条款,为受害人其他合法权益遭受损害后获得赔偿提供了请求权基础。

三、监察赔偿的权利请求人

《国家赔偿法》中的赔偿申请人包括行政赔偿申请人和刑事赔偿申请人,虽然此两类人员申请国家赔偿的身份不同,但赔偿请求人的范围均被规定在《国家赔偿法》的第6条之中。《监察法》《监察法实施条例》规定的监察赔偿请求人的范围与国家赔偿的请求人范围相同,即受损害的公民、法人和其他组织。在实务中,监察赔偿请求人应是人身或财产权益受到侵害的受害人。基于监察机关的监察职责和范围,监察赔偿的请求人一般都是行使公权力的公职人员和主体。另外,监察赔偿请求权在赔偿情形发生时就已存在,如果赔偿主体死亡或注销,其赔偿请求权应允许继承与继受。《监察法实施条例》第280条规定,自然人受害人死亡的,继承人和有扶养关系的亲属可以申请赔偿,法人和其他组织作为受害人终止后其权利承受人可以申请赔偿。

四、监察赔偿的义务机关

《监察法实施条例》第 281 条规定,监察机关违法行使职权侵犯他人合法权益的,该机关作为赔偿义务机关。将监察机关直接作为赔偿义务机关,是因为监察委员会是国家的监察机关,作为国家机关,具有赔偿主体资格,而且根据监察机关的监察权限和行为结果,监察机关也并不属于国家赔偿的免责范围,应当将其纳入赔偿义务机关,承担赔偿义务责任。此外,受害人申请赔偿时应当向赔偿义务机关提出,由该机关负责复审复核工作的部门具体受理。

五、监察赔偿方式

根据《监察法实施条例》第 281 条的规定,监察赔偿以支付赔偿金为主要方式,能够返还财产或者恢复原状的,予以返还财产或者恢复原状。《监察法实施条例》规定的赔偿方式与《国家赔偿法》中刑事赔偿、行政赔偿的赔偿方式共通。

显然,《监察法》《监察法实施条例》对于监察赔偿的规定较简略,《国家赔偿法》作为保障公民、法人和其他组织依法取得国家赔偿的权利、促进国家机关依法行使职权的法律规范,除却只能适用于行政赔偿、刑事赔偿的专门规定外,目前并无针对监察赔偿的专门规定。基于监察损害与行政损害、刑事损害的差异性,未来应构建独立的监察赔偿程序,使监察赔偿工作的开展更具可操作性。[1]

---

[1] 参见王学辉、徐寅智:《国家监察赔偿程序的确立与展开》,载《江苏行政学院学报》2022 年第 4 期。

第二十一章 监察法律责任

知识结构图

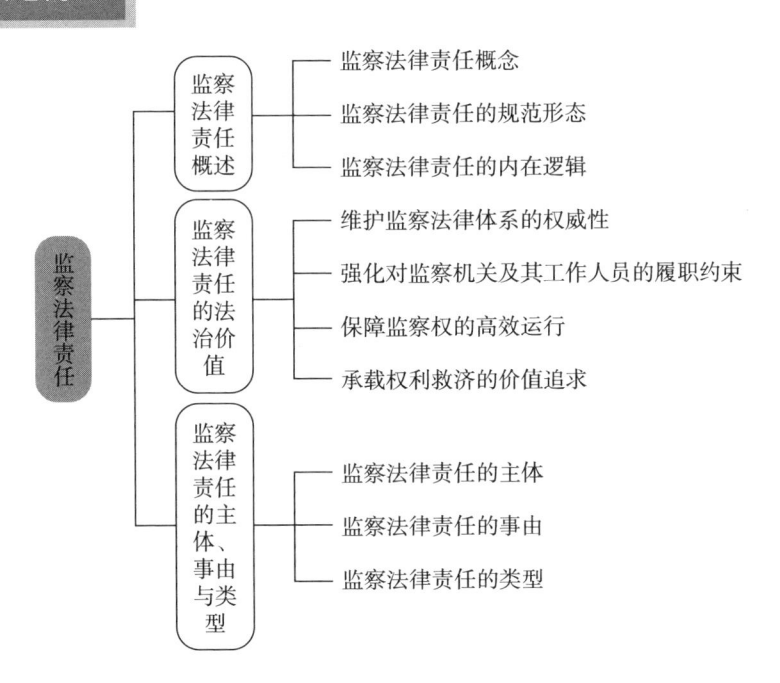

- 监察法律责任
  - 监察法律责任概述
    - 监察法律责任概念
    - 监察法律责任的规范形态
    - 监察法律责任的内在逻辑
  - 监察法律责任的法治价值
    - 维护监察法律体系的权威性
    - 强化对监察机关及其工作人员的履职约束
    - 保障监察权的高效运行
    - 承载权利救济的价值追求
  - 监察法律责任的主体、事由与类型
    - 监察法律责任的主体
    - 监察法律责任的事由
    - 监察法律责任的类型

在健全党和国家监督体系的时代背景下，监察法律责任是监察法学研究中的关键衔接点，是监察法学基本范畴体系中的重要内容和核心机制，[1]对推进反腐败工作法治化、规范化，具有一定的现实价值，并在《监察法》《监察法实施条例》中以专章的形式进行了规定。

第一节 监察法律责任概述

《监察法》在确立监察委员会的性质和地位、规定监察委员会的领导体制和工作机制、明确监察委员会与其他机关配合制约关系的同时，也对相关主体的法律责任进行了系统设定，《监察法实施条例》对相关法律责任条款进行了细化规定。本节主要以《监察法》《监察法实施条例》作为规范样本，对监察法律责任的概念、规范形态以及内在逻辑进行阐述。

一、监察法律责任概念

从某种意义上说，法律对社会关系的调整是通过责任的形式来完成的。具体来说，一个社会的运作需要通过规则来事先确定某些事项由谁来负责，并在纠纷出现的时候能够通过一种机制来确定具体由谁来负责。[2]《监察法》规定了监察权的权力内容和运行程序，监察权作为反腐败工作的国家权力，必须接受严格的监督，必须在法定范围内行使，而设置监察法律责任最主要的目的就在于约束和保障监察权的运行。《监察法》关于法律责任的具体规定构成了监察委员会行使监察权限、深入开展反腐败工作的义务性保障框架。监察法律责任是以监察法律关系为主要依据设定的违法责任，主要包括政务责任和刑事责任，与其他法律责任一样，监察法律责任也具有法定性和稳定性，即除法律明确规定的配合义务外，监察主体不能随意配置监察关系相对方的配合义务。作为反腐败国家立法，为确保反腐败工作的"集中统一、权威高效"，《监察法》所规定的法律责任除了具有惩罚性、

---

〔1〕 参见秦前红、石泽华：《新时代监察法学理论体系的科学建构》，载《武汉大学学报（哲学社会科学版）》2019年第5期。

〔2〕 参见李拥军：《法律责任概念的反思与重构》，载《中国法学》2022年第3期。

强制性外,还具有加强监察机关的自我监督、规范反腐败执纪执法、依法排除对监察调查的干扰等区别于其他一般法律责任的鲜明特点。

基于此,监察法律责任是《监察法》所规定的、监察主体和监察对象之间基于监察法律关系形成的法律责任,是指违反监察法规定的义务而承担的相关后果。所谓监察法律关系,是指在国家监察活动过程中,受监察法律规范调整的主体之间,为实现国家监察职能所进行的各种活动在法律上所形成的权利、职务(职责)、义务关系。[1] 监察法律关系是监察法律责任形成的基础,而监察法律责任又是监察法律关系的外化和表现。由于监察法律关系的主体是双边或者多边的,监察法律责任的承担主体并不只是监察机关及其工作人员,还包括参与到监察活动中的相关人员。

二、监察法律责任的规范形态

关于监察法律责任的表述方式,有列举式与总括式两种。对于列举式的表述方式,如《监察法》第63条,"有关人员违反本法规定,有下列行为之一的,由其所在单位、主管部门、上级机关或者监察机关责令改正,依法给予处理:(一)……(二)……(三)……(四)……(五)……",这类法律条款首先对法律责任进行前置规定,然后以监察委员会的调查程序为逻辑顺序,分层次列举相关违法行为。对于总括式表述方式,如《监察法》第67条,"监察机关及其工作人员行使职权,侵犯公民、法人和其他组织的合法权益造成损害的,依法给予国家赔偿",该条款并未对"造成损害"的所有具体情形和后果进行详细列举,仅以"侵犯权益造成损害"的表述,进行了概括性指引。该条款前置规定了因监察机关和监察人员在行使职权过程中侵犯被监察对象之外的公民、法人和其他组织的人身权及财产权的违法行为,后置了造成损害后的相关法律责任。

关于监察法律责任的表述结构,第一种是"行为主体—违法行为—追责主体—法律责任"表述结构,对应的是直接适用情形,《监察法》对法律责任作出明确具体的规定,可以直接对照该条文追究法律责任,《监察法》中采用此种文本构造的有

---

[1] 参见杨抒见:《监察法律关系刍论》,载《西南政法大学学报》2020年第6期。

第 62 条、第 63 条。第二种是"行为主体—违法行为—法律责任"表述结构。该表述结构对应的是指引适用情形，《监察法》只对追究违法主体的法律责任进行了规定，因此还需要援引其他相应法律法规进行追责，《监察法》中采用此种文本构造的有第 64 条、第 65 条、第 66 条和第 67 条。

三、监察法律责任的内在逻辑

监察法律责任的内在逻辑体系主要包括以下三个维度：一是以监察法律关系为依据，设定监察机关及其工作人员、监察对象及涉案人员、监察调查相关人员的法律责任；二是以违法行为强度是否构罪为界限，设定法律责任；三是以单位和个人为界限，设定法律责任。

1. 依据监察法律关系设定法律责任。监察法律关系涉及《监察法》调整的监察机关与其他国家机关、监督对象及其他监察工作参与人之间的权利义务关系。一是设定监察机关和监察人员的责任。例如，《监察法》第 65 条共 9 项对监察主体即监察机关及其工作人员违反监察程序、破坏监察秩序所应承担的责任进行了设定。《监察法实施条例》第 278 条对此进行了细化规定。二是设定监察对象及涉案人员的责任。《监察法》第 64 条一方面对监察对象打击报复控告人、检举人、证人和监察人员的行为应承担的法律责任进行设定，体现了对监察对象的从严要求；另一方面规定了控告人、检举人、证人诬告陷害监察对象应承担的法律责任。三是设定监察调查中相关人员的责任。《监察法》第 63 条共 5 项采用列举的方式对严重妨害监察活动的违法行为后果进行了规定，并特别追加设定了最严厉的刑事责任作为惩罚方式。

2. 以违法程度为标准设定法律责任。设定法律责任要遵循比例原则，要求责任应当与行为损害的具体度量相适应。[1] 监察法律责任分别涉及违法和犯罪两个层面。当监察活动违法但尚未触犯刑律时，违法主体主要承担"责令改正""通报批评"等法律责任，如《监察法实施条例》第 279 条规定，对监察人员在履行职责中存在违法行为的，可以根据情节轻重，依法进行谈话提醒、批评教育、责令检查、

---

[1] 参见叶传星：《论设定法律责任的一般原则》，载《法律科学（西北政法学院学报）》1999 年第 2 期。

诫勉,或者给予政务处分。当违法的监察活动构成犯罪时,则应依法追究相关主体的刑事责任。

3. 对单位和个人分别设定法律责任。监察建议是监察机关及其派出机构在履行监督、调查和处置职责的个案基础上,为了改进腐败治理的制度问题,在法定职权范围内以建议的形式与其他机关形成的互动型权力监督关系的表现。[1] 基于此,监察机关的监督责任和监察对象所在单位的主体责任形成了互动基础,最终要靠监察对象所在单位的有效落实,监察机关的建议权才能真正产生法律实效。《监察法》第62条详细规定了收到监察建议的单位无正当理由拒不采纳的责任后果,既列举了"不执行监察机关作出的处理决定""不采纳监察建议"等违法情形,也明确了主管部门和上级机关应成为追责主体,更设定了单位和个人应承担的法律责任。《监察法》既设定了有关单位拒不执行监察建议的法律责任,又设定了相关责任人的法律责任,体现了《监察法》"全覆盖"的监察范围和一体推进"三不"的反腐败策略。

第二节　监察法律责任的法治价值

法律责任之所以是尤为重要的法律现象,是因为它关涉谁要接受惩罚或作出赔偿、补偿的问题,法律责任关乎着法律关系主体的切身利益,表征着国家与公民之间的关系。因此,在监察法律责任背后有着重要的法治价值,既体现了法律规范的一般原理,也有着国家监察体制改革的特殊价值诉求。

一、维护监察法律体系的权威性

法律所具有的权威性是通过法律义务的设定来实现的,而此种法律义务又具有强制性与规范性,[2] 并且借由法律责任获得了权威性。《监察法》的权威性一方面因为其是反腐败法律体系中的基础性、根本性、全局性法律,另一方面通过其对

---

[1] 参见喻少如、李勇峰:《监察建议"柔性"对事监督权的属性厘定与功能实现》,载《江西社会科学》2021年第2期。
[2] 参见吴玉章:《法律义务亦行为理由论》,载《法学》2022年第8期。

监察权力和监察法律责任的严格配置从而调整监察法律关系得以体现。《监察法》第八章所规定的法律责任,在本质上就是监察法律关系的主体在监察活动中的义务分配模式,与监察权力的配置、监察程序的设置形成严密衔接的立法链条,共同起到保障监察活动依法高效运行和维护《监察法》权威的作用。此外,监察法律责任的科学配置在结构上保障了《监察法》的立法完整性,没有设定法律后果的法律规范,其权威性也就无从谈起。配置法律责任的立法目的和直接作用,就在于赋予法条规定的权力与责任、权利与义务关系具备现实约束力。设定监察法律责任就是通过对违反《监察法》的行为进行约束,将文本上的法条规定转化为反腐败实践中的行为准则,保障《监察法》的权威。

二、强化对监察机关及其工作人员的履职约束

反腐败斗争包含着规制权力依法运行和保证反腐败工作自身公正严明的双重逻辑。《监察法》法律责任条款作为《监察法》立法链条的末端,一方面可以保障监察委员会在查处腐败、打击职务违法犯罪时的反腐败权力在法定轨道内运行;另一方面也是对监察权力本身进行法律规制和约束。这既体现了监察机关开展廉政建设和行使反腐败职能的制度要义,也蕴含着配置监察法律责任背后实现监察机关"刀刃向内"自我监督的立法目标。《监察法》第65条与《监察法实施条例》第278条采用列举的方式设定了监察主体违法行使监察权产生不利法律后果的追责情形,是监察机关"刀刃向内""严防灯下黑"的自我监督,与《监察法》《监察法实施条例》第四章"监察权限"、第五章"监察程序"和第七章"对监察机关和监察人员的监督"相互照应,覆盖了线索处置、日常监督、立案调查、案件审理和监察处置等各个环节。需要明确的是,这种追责包含两个层级:一是追究直接责任人员的法律责任;二是追究相关领导人员的法律责任。这种规定的目的在于强化对监察机关及其工作人员依法行使监察权的监督。

三、保障监察权的高效运行

习近平总书记指出:"深化国家监察体制改革的初心,就是要把增强对公权力和公职人员的监督全覆盖、有效性作为着力点,推进公权力运行法治化,消除权力

监督的真空地带,压缩权力行使的任性空间,建立完善的监督管理机制、有效的权力制约机制、严肃的责任追究机制。"[1] 通过监察法律责任的设定,一方面可以使监察机关严格依法排除干扰。在反腐败斗争中,监察机关不仅要严格执行《监察法》关于监察权限和监察程序的规定,做到在法律授权的范围内严格行使查处职务违法和职务犯罪的反腐败职权,而且要做到对监察主体自身以外的监察法律关系相对方干扰监察活动的非法行为进行严格追责,以保证监察执法的严格性。另一方面可以严格维护监察秩序。《监察法》是调整监察法律关系的独立法律部门,监察法律关系是监察机关在行使监督、调查、处置职权过程中与相对人形成的法律关系。这种法律关系具体到《监察法》领域就是监察秩序,所有监察对象作为监察活动的重要一方,有义务与监察主体协调配合,共同维护权威高效的监察秩序,这就要求相对人严格依法履行配合义务。例如,《监察法》第63条列举了非法阻碍、破坏干扰监察活动的行为,其主要目的是通过设定追责制度在最大程度上消除对监察权运行的各类阻碍,以保证监察权的严格依法运行。

四、承载权利救济的价值追求

无救济即无权利,权利救济是对规范链条断裂的缝合,是维持法律秩序的制度保障。法律责任是"由于侵犯法定权利或违反法定义务而引起的、由专门国家机关认定并归结于法律关系的有责主体的、带有直接强制性的义务,即由于违反第一性法定义务而招致的第二性义务"。[2] 国家赔偿责任作为监察法律责任的一种,是国家对监察机关和监察人员违反《监察法》的规定,对公民、法人及其他组织的合法权益造成损害后的强制性赔偿义务,是对合法权益的救济。《监察法》第67条对监察机关的国家赔偿责任作出规定,其目的在于保障和救济监察相对方的合法权利,实现权利保障和权力行使的平衡,体现了用权利救济监督权力行使的立法技术,也就是通过保障监察相对方的救济权利来逆向监督监察机关及其公职人员依法依规使用监察权力。

---

[1] 习近平:《在新的起点上深化国家监察体制改革》,载《求是》2019年第5期。
[2] 张文显:《法哲学范畴研究》(修订版),中国政法大学出版社2001年版,第122页。

第三节　监察法律责任的主体、事由与类型

就立法层面而言,《监察法》和《监察法实施条例》第八章通过列举和概括的方式,对监察活动中可能产生的监察法律责任作出了系统全面的规定,体现了反腐败工作法治化、规范化的实质要求,涉及监察法律责任的主体、事由与类型等问题。

一、监察法律责任的主体

《监察法》不仅规定了监察机关的监察义务,也规定了其他相关个人和单位的配合、协助义务,因此,监察法律责任不仅指监察机关及其工作人员违反《监察法》要承担的责任,还包括相关个人和单位违反《监察法》规定要承担的责任。

(一)监察机关及其工作人员

承担监察法律责任的监察责任人指监察机关及其工作人员。监察机关工作人员承担责任是指监察权行使的责任人,如《监察法》第 65 条便规定,存在该条规定的行为之一的,负有责任的领导人员和直接责任人员,依法给予处理,承担法律责任。根据《宪法》第 41 条的规定,对于监察机关及其工作人员的违法失职行为,公民可以申诉、控告或者检举。因此,监察机关若违法行使监察权,亦应当承担监察法律责任。另外,监察机关与党的纪律检查机关合署办公,党的纪律检查机关行使监督执纪问责的权力,监察机关行使监督调查处置的权力,二者一体两面,共同构成我国的监察机制。《中国共产党纪律处分条例》第 9 条规定:"对于违犯党的纪律的党组织,上级党组织应当责令其作出检查或者进行通报批评。对于严重违犯党的纪律、本身又不能纠正的党组织,上一级党的委员会在查明核实后,根据情节严重的程度,可以予以:(一)改组;(二)解散。"党的纪律检查机关存在违反党章党内法规的情形时,必须承担责任。因此,各级监察委员会因与党的纪律检查机关合署办公,监察机关违法违纪时,事实上承担党纪责任。除此之外,《监察法》第 62 条也规定了有关单位拒不执行监察机关作出的处理决定,或者无正当理由拒不采纳监察建议时的相关责任。

(二) 其他相关人员与单位

监察机关在行使监察权时,相关单位与人员应当给予配合和协助,当这些人员和单位违反监察法的规定时,便要承担相应的法律责任。因此,相关单位和人员也是监察法律责任主体。例如,《监察法》第 62 条规定的有义务执行监察机关作出的处理决定和采纳监察建议的单位和相关责任人;第 63 条和第 64 条规定的影响监察权正确行使的相关人员。

二、监察法律责任的事由

责任事由是指追究监察法律责任的因由,即违反监察法律规定的具体情形,在《监察法》《监察法实施条例》中均有规定。

(一) 违法行使监察权

根据《监察法》第 65 条的规定,监察权的行使违反《监察法》等法律法规的规定,便是承担监察法律责任的直接事由,《监察法实施条例》第 278 条进行了细化规定,这些情形包括:贪污贿赂、徇私舞弊的;不履行或者不正确履行监督职责,应当发现的问题没有发现,或者发现问题不报告、不处置,造成严重影响的;未经批准、授权处置问题线索,发现重大案情隐瞒不报,或者私自留存、处理涉案材料的;利用职权或者职务上的影响干预调查工作的;违法窃取、泄露调查工作信息,或者泄露举报事项、举报受理情况以及举报人信息的;对被调查人或者涉案人员逼供、诱供,或者侮辱、打骂、虐待、体罚或者变相体罚的;违反规定处置查封、扣押、冻结的财物的;违反规定导致发生办案安全事故,或者发生安全事故后隐瞒不报、报告失实、处置不当的;违反规定采取留置措施的;违反规定限制他人出境,或者不按规定解除出境限制的;其他职务违法和职务犯罪行为。

(二) 影响监察权正确行使

相关单位和人员若违反《监察法》等规定,影响监察权的正确行使,便要承担法律责任。这些情形包括:

1. 不执行监察机关作出的处理决定、不采纳监察建议。《监察法》第 62 条规定,有关单位拒不执行监察机关作出的处理决定,或者无正当理由拒不采纳监察建议的,对单位给予通报批评;对负有责任的领导人员和直接责任人员依法给予处理。《监察法实施条例》第 274 条细化了监察机关作出的"处理决定",分别是政务处分决定;问责决定;谈话提醒、批评教育、责令检查,或者予以诫勉的决定;采取调查措施的决定;复审、复核决定;监察机关依法作出的其他处理决定。

2. 阻碍监察权正确行使。《监察法》第 63 条规定,有关人员违反监察法的规定,有下列情形的,承担法律责任:不按要求提供有关材料,拒绝、阻碍调查措施实施等拒不配合监察机关调查的;提供虚假情况,掩盖事实真相的;串供或者伪造、隐匿、毁灭证据的;阻止他人揭发检举、提供证据的;其他违反本法规定的行为,情节严重的。这些情形主要是指有关人员不配合甚至阻碍监察权的正确行使。

3. 报复陷害和诬告陷害的情形。《监察法实施条例》第 275 条规定,监察对象对控告人、申诉人、批评人、检举人、证人、监察人员进行打击、压制等报复陷害的,监察机关应当依法给予政务处分;构成犯罪的,依法追究刑事责任。第 276 条规定,控告人、检举人、证人采取捏造事实、伪造材料等方式诬告陷害的,监察机关应当依法给予政务处分,或者移送有关机关处理。构成犯罪的,依法追究刑事责任。

三、监察法律责任的类型

作为违反法律规定的义务而承担的不利后果,法律责任因其内容不同而可以区分为不同的责任类型。监察法律责任既是对传统的法律责任类型的运用,也形成了新的责任类型。

(一)政务责任

政务责任是指《监察法》和《政务处分法》规定的,因实施违法行为而产生的,由监察机关强制违法的公职人员承担的法律责任。根据《政务处分法》的规定,对违法的公职人员可以依法作出警告、记过、记大过、降级、撤职、开除等政务处分决定。政务责任是政务处分的前提,政务处分是政务责任的后果。没有政务责任,就没有政务处分。政务责任的轻重决定政务处分的轻重,政务处分的轻重必须与政务责任的轻重相适应。政务责任主要是通过政务处分来实现的。可以说,政务责任是政务处分的内在素质,而政务处分则是政务责任的外在表现形式。《监察法》第 65 条规定监察机关及其工作人员违法行使监察权的,给予处理,这里的处理当然包括给予政务处分,承担政务责任。

(二)刑事责任

无论是监察机关及其工作人员,还是监察相关单位、人员以及其他相关人员,若其行为违反监察法律规定并且构成犯罪的,自然要承担刑事责任。《监察法》第66条规定,违反监察法规定,构成犯罪的,依法追究刑事责任。具体来说,包括《监察法实施条例》第275条规定的,监察对象对控告人、申诉人、批评人、检举人、证人、监察人员进行打击、压制等报复陷害,而构成犯罪的,依法追究其刑事责任。《监察法实施条例》第276条规定的,控告人、检举人、证人采取捏造事实、伪造材料等方式诬告陷害,而构成犯罪的,依法追究其刑事责任。《监察法实施条例》第279条规定的,监察人员在履行职责中构成犯罪的,依法追究其刑事责任。违反《监察法》《监察法实施条例》规定承担刑事责任的情形,主要包括监察机关及其工作人员滥用职权、玩忽职守、徇私舞弊等情形。其他监察相关单位和人员,则可能因为妨碍公务、作伪证、打击报复或者诬告陷害而承担刑事责任。违反《监察法》《监察法实施条例》的规定是否构成犯罪及是否应当承担刑事责任,由相关机关调查或者侦查并由人民法院审判决定。

(三)其他责任

除政务责任、刑事责任之外,《监察法》第63条还规定了由违法者所在单位等机构组织予以依法处理的责任形式。即当有关人员违反《监察法》规定,发生拒绝、阻碍调查措施实施等拒不配合监察机关调查等阻碍监察权正确行使的情形时,由其所在单位、主管部门、上级机关或者监察机关责令改正,依法给予处理。比如,当企业工作人员等民事主体违法时,则由其所在的企业单位给予其内部人事管理上的处理或处分。

后　　记

　　监察体制改革是一项重大的政治体制改革,重构了我国的政治体制的相关内容,改变了政治权力结构以及政治关系,《监察法》以69条的篇幅记录了这场波及甚广,并注定影响深远的改革的成果。毫无疑问,与这场改革的内容的重要性和影响的深远性相比较,《监察法》留下了诸多空白,这使其实施面临着诸多新问题。

　　本书试图对监察体制改革和《监察法》的相关理论和实践问题展开研究,提供一种关于中国监察法的理论言说。对于本书的错漏与不足,敬请广大读者批评指正。

　　本书是集体创作的成果,具体章节的撰写分工情况如下:

　　秦前红(武汉大学法学院教授):"绪论",第六章第二节和第三节、第七章第一节。

　　朱福惠(厦门大学法学院教授):第一编第一至三章。

　　杨解君(武汉理工大学法学院教授)、庄汉(武汉大学法学院副教授)、李俊丰(广东第二师范学院马克思主义学院讲师):第二编第四章和第五章。

　　叶海波(深圳大学法学院教授):第三编第六章第一节,第七章第二节和第三节、第八章,第六编第二十二章、第二十三章。

　　周刚志(中南大学法学院教授):第四编第九章、第十章(与中南大学法学院硕士研究生谢令怡合作)、第十一章(与中南大学中国文化法研究中心助理研究员邓乔月合作)、第十二章(与中南大学法学院博士研究生姚峰合作)、第十三章。

苏绍龙(武汉大学法学院讲师):第五编第十四至第二十章。

喻少如(西南政法大学监察法学院教授):第二十一章。

秦前红

2018年12月4日于珞珈山

再 版 后 记

2018年,我国修订《宪法》,制定《监察法》,将监察制度改革的经验制度化和法治化。本书第一版成书于监察制度刚刚确立、《监察法》留下诸多空白之时,试图对监察体制改革和《监察法》的相关理论和实践问题展开研究,提供一种关于中国监察法的理论言说。

监察制度确立后,以《宪法》和内容精简的《监察法》为基础,监察制度和规范得以进一步充实,监察实践丰富多彩,监察面临的问题和挑战也不断呈现,监察理论研究向纵深发展。我们决定吸纳和回应理论的最新发展,审视制度的最新变迁以及观察实践的丰富探索,对本书第一版加以修订,为监察法学科建设和人才培养贡献力量,并进一步促进监察理论和实践的发展。

本书第一版是合作的成果,各章节作者撰写的第一版内容奠定了本书的基础。本次修订以此为基础,由第一版的部分作者和一些青年研究者参与完成,采用全面修订的方式。本次修订分工和实施如下:

秦前红统筹把握确定修订方针、内容和原则并审阅全书稿。

叶海波和刘怡达、石泽华、陈家勋组成修订工作执行小组,叶海波负责统筹组织推进修订工作;陈家勋承担联络和书稿整合及协调等具体工作。

石泽华修订第一编,交叉审阅第一编和第二编。

陈家勋修订绪论和第二编,交叉审阅第五编和第六编。

叶海波修订第三编,统筹审阅全书稿。

张晓瑜修订第四编。

苏绍龙和刘怡达修订第五编,刘怡达交叉审阅第三编和第四编。

喻少如修订第六编(与许柯合作完成第二十章和二十一章)。

我们力求通过修订以提升质量,但仍不免存有错漏与不足,敬请广大读者批评指正。

秦前红

2022 年 10 月 15 日于珞珈山